高速铁路岗位培训教材

高速铁路
变配电设备检修岗位

铁道部劳动和卫生司
铁 道 部 运 输 局

中国铁道出版社有限公司
CHINA RAILWAY PUBLISHING HOUSE CO., LTD.

内容简介

本书为铁道部规划的高速铁路岗位培训教材之一，是根据《高速铁路变配电设备检修岗位培训规范》编写的。全书共八章，内容包括理论知识和实作技能两大类。理论知识主要内容为安全知识、专业知识、相关知识；实作技能主要内容为基本技能和专业技能，包括：变配电所值班；变配电所高压设备检查维护、试验及故障处理；变配电所二次设备检查维护、试验及故障处理；变配电所应急故障处理。

本书适用于对高速铁路变配电设备检修人员岗前资格性培训和岗位适应性培训，可作为高速铁路职工岗位培训教材，也可供高速铁路变配电设备检修技术人员和运用管理人员学习，对各类职业院校相关师生学习也有重要的参考价值。

本书内容如有不符最新规章标准之处，以最新规章标准为准。

图书在版编目(CIP)数据

高速铁路变配电设备检修岗位/铁道部劳动和卫生司，铁道部运输局编．—北京：中国铁道出版社，2012.10(2024.3 重印)
高速铁路岗位培训教材
ISBN 978-7-113-15290-1

Ⅰ.①高… Ⅱ.①铁… ②铁… Ⅲ.①高速铁路-供电装置-设备检修-岗位培训-教材 Ⅳ.①U238

中国版本图书馆 CIP 数据核字(2012)第 221091 号

书　　名：高速铁路变配电设备检修岗位
作　　者：铁道部劳动和卫生司　铁道部运输局

策划编辑：武亚雯
责任编辑：孙　楠　　编辑部电话：(010)51892546
封面设计：崔丽芳
责任校对：王　杰
责任印制：高春晓

出版发行：中国铁道出版社有限公司(100054，北京市西城区右安门西街 8 号)
网　　址：http://www.tdpress.com
印　　刷：天津嘉恒印务有限公司
版　　次：2012 年 10 月第 1 版　2024 年 3 月第 10 次印刷
开　　本：787 mm×1 092 mm 1/16　印张：17.25　字数：431 千
书　　号：ISBN 978-7-113-15290-1
定　　价：78.00 元

前言

中国已成为世界上高速铁路营业里程最多、运营速度最高、在建高速铁路规模最大的国家。培养和造就一支适应高速铁路发展的高素质人才队伍，是强化安全风险管理基础、确保高速铁路运营安全的战略任务。

为严格落实高速铁路主要行车工种岗位准入制度，满足相关人员岗位培训需要，铁道部决定按照高速铁路主要行车工种岗位标准和培训规范，结合铁路现代化发展的实际，组织开发高速铁路岗位培训教材。教材建设是职业教育培训工作的重要组成部分，是提高教育培训质量的关键。加快高速铁路岗位培训教材建设，已成为加强和改进高速铁路职工教育培训工作的当务之急。

本套教材由铁道部劳动和卫生司、运输局共同组织，集中相关铁路局、部分铁路高职院校和职工培训基地的专家、工程技术人员、任课教师编写及审定，多方合作，共同完成，涵盖了高速铁路基础设施维护（工务、供电、通信、信号）13 个岗位。教材充分体现了近几年来高速铁路新技术、新设备的大量运用及其发展趋势，侧重体现了与既有线相关技术的区别，填补了高速铁路基础设施维护岗位培训教材的空白。教材按照高速铁路岗位培训规范编写，涵盖了培训规范的各个能力项，适用于高速铁路主要行车工种岗前资格性培训和岗位适应性培训，便于现场模块化教学及职工自学。

Preface

本书为《高速铁路变配电设备检修岗位》培训教材。全书共分八章。内容包括理论知识和实作技能两大类。理论知识主要内容为安全知识、专业知识、相关知识；实作技能主要内容为基本技能和专业技能，包括：变配电所值班；变配电所高压设备检查维护、试验及故障处理；变配电所二次设备检查维护、试验及故障处理；变配电所应急故障处理。为便于教学和使用，书中各章节都配有思考题和复习题，书末并附有高速铁路变配电设备检修岗位技能实训设备配置标准建议表。

本书由王亚妮、张渝立主编并统稿，孙晓薇参与了本书的统稿工作。参编人员有孙晓薇、李西岐、李蔚、李文起、赵强、陈学民、廖鸿雁、宋新江。其中，宋新江、廖鸿雁参与编写第一章；王亚妮参与编写第二章；孙晓薇参与编写第三章、第四章；李蔚、李西岐、张渝立参与编写第五章、第八章；李西岐、赵强、陈学民参与编写第六章；李文起参与编写第四章模块三和第七章。

本书由铁道部劳动和卫生司、运输局统一组织审定。主要审定人员有：李焱、马珂、范华、赵寅辉、陈红英、任天德、韩钧、武亚雯。本书在编写、审定过程中，还得到广州铁路职业技术学院刘让雄、谭慧铭、陈海军、黄鉴标、钟波，洛阳供电段李继科、张明，广州供电段王维北、童武荣，石家庄供电段宋荣书等许多同仁的大力支持和帮助，在此一并表示感谢。

编　者

2012 年 6 月

目录

理论知识

实作技能

Contents

Contents

理论知识

LiLun ZhiShi

第一章　安 全 知 识

通过本章学习，掌握安全用电常识、电气化铁路发生火灾的消防措施和人体触电急救方法；掌握电气化区段的六大伤害防范措施；掌握牵引供电系统运行管理安全体系的组成、《变电所安全工作规程》、《铁路电力安全工作规程》的有关规定；了解《劳动保护条例》和《铁路运输安全保护条例》有关规定；掌握劳防用品、器具的使用规定；熟悉与变配电相关的《行车组织规则》、《铁路技术管理规程》、《铁路交通事故应急救援和调查处理条例》等规章制度；熟悉高速铁路、客运专线技术管理办法的有关规定。

第一节　安全基本知识

一、安全用电

安全电压是指对人体不会引起生命危险的电压，它是根据人体电阻确定的，人体电阻一般在 800 Ω～1 MΩ 之间。当流经人体的电流达到 50 mA，持续时间为 1 s 的情况下，人就有生命危险。按照欧姆定律可推知人体安全电压应小于 40 V。我国规定 36 V 以下为安全电压，在某些特殊场合规定 12 V 为安全电压。

低压指对地电压在 250 V 及以下，如 380/220 V 三相四线制居民生活用电线路、直流 220/110 V 电源等。高压指对地电压在 250 V 以上，如 10 kV 电力线路、25 kV 接触网线路等。

跨步电压是指电气设备或电力系统一相发生接地短路时，电流从接地处四散流出，在地面上形成不同的电位分布，人走近短路点时，两脚之间的电位差。当跨步电压达到 40 V 以上时，人将有触电危险，特别是人被跨步电压击倒后，人体承受的电压加大，从而造成死亡。遇有跨步电压危险时，应单足或并双足跳离危险区。

发生高压接地故障时，在切断电源前，任何人与接地点的距离，室内不得小于 4 m，室外不得小于 8 m，离接触网断线接地点不得小于 10 m。必须进入上述范围作业时，作业人员要穿绝缘靴。

安全用电的原则是不接触低压带电体，不靠近高压带电体。常用的安全用电措施有：

1. 火线必须进开关

火线进开关后，当开关处于分断状态时，电器设备不带电，不但利于维修而且可减少触电危险。

2. 合理选择照明电压

一般工厂和家庭的照明灯具多采用悬挂式，人体接触机会较少，可选用 220 V 电压供电；在潮湿、有导电灰尘、有腐蚀性气体的情况下，则应选用 24 V、12 V 甚至是 6 V 电压来供照明灯具使用。

3. 合理选择导线和熔丝

导线允许载流量必须大于电路工作电流。熔丝的额定电流选取，必须保证电路能正常工作，并能在电路发生短路时可靠熔断。

4. 保护电气设备的绝缘

电气设备的金属外壳和导电部分间必须要有一定的绝缘电阻，否则当人触及正在工作的电气设备的金属外壳时就会触电。合格的电气设备在出厂前，都测量过它们的绝缘电阻，以确保使用者的安全。在使用电气设备的过程中，应注意保护绝缘材料，预防绝缘材料损伤和老化。

5. 正确安装电气设备

电气设备要根据安装说明进行安装，不可马虎从事。带电部分应有防护罩，高压带电体更应有效加以防护，使一般人无法靠近。必要时应加装联锁装置以防触电。

6. 正确使用各种保护用具

保护用具是保证工作人员安全操作的工具，主要有绝缘手套、绝缘鞋，绝缘钳、绝缘棒、绝缘垫等。干燥的木质桌凳、玻璃、橡皮等也可充当保护用具。

7. 采用保护接地或保护接零措施

正常情况下电气设备的金属外壳是不带电的，但在绝缘损坏而漏电时，外壳就会带电。为保证人触及漏电设备的金属外壳时不会触电，通常都会采用保护接地或保护接零的安全措施。保护接地就是将电气设备在正常情况下不带电的金属外壳或构架，与大地之间作良好的金属连接。保护接零就是将电气设备在正常情况下不带电的金属外壳或构架，与供电系统中的零线连接。

8. 其他安全用电常识

(1)任何电气设备在未确认无电以前，应一律认为有电，不能随意接触电气设备。

(2)不盲目信赖开关或控制装置，只有拔下电器的插头，能看到明显的分断点，才是最安全的。

(3)不损伤电线，也不乱拉电线。若发现电线、插头、插座有损坏，必须及时更换。

(4)拆开或断裂的裸露带电接头，必须及时用绝缘物包好并放置到人身不易触碰到的地方。

(5)尽量避免带电操作，手湿时更应避免带电操作；进行必要的带电操作时，应尽量用一只手工作，另一只手可放在口袋中或背后。同时要有人监护。

(6)当有数人进行电工作业时，应于接通电源前通知他人。

(7)在带电设备周围严禁使用钢皮尺、钢卷尺进行测量工作。

二、供电消防安全

电气线路按安装方式可划分为：室内配电线路、架空线路、电缆线路等。电气线路的火灾原因主要是短路、过载和接触电阻过大等。

(一)电气线路火灾的主要原因

1. 短路

短路一般有相间短路和接地短路两种。相线之间相碰叫相间短路。相线与地线相碰，或相线与接地导体相碰，或相线与大地直接相碰叫做接地短路。造成短路的原因有：

(1)使用绝缘导线、电缆时，没有按具体环境选用，使导线的绝缘受高温、潮湿或腐蚀等作用的影响而失去绝缘能力。

(2)线路年久失修，绝缘层陈旧老化或受损，使线芯裸露。

(3)电源过电压,使导线绝缘被击穿。

(4)裸导线安装太低,搬运金属物件时不慎碰在电线上;金属构件搭落或小动物跨接在电线上。

(5)安装修理人员接错线路,或带电作业时造成人为碰线短路。

2. 过载

电气线路中允许连续通过而不至于使电线过热的电流量,称为电线的安全载流量或安全电流。如电线中流过的电流量超过了安全电流值,就叫电线超负荷,也叫过负荷。

3. 接触电阻过大

在电气设备的连接处,由于连接不牢或其他原因,使接头接触不良,造成接头处电阻过大,称为接触电阻过大。

(二)电气线路的防火措施

1. 短路

(1)必须严格执行电气装置安装规程和技术管理规程,坚决禁止非电工人员安装、修理。

(2)要根据导线使用的具体环境选用不同类型的导线,正确选择配电方式。

(3)安装线路时,电线之间、电线与建筑构件或树木之间要保持一定的距离;在距地面 2 m 以内的一段电线,应用钢管或硬质塑料保护,以防绝缘遭受损坏。

(4)在线路上应按规定安装断路器或熔断器,在线路发生短路时能迅速、可靠地切断电源。

2. 过载

(1)根据负载情况,选择截面积合适的导线。

(2)严禁滥用铜丝、铁丝代替熔断器的熔丝。

(3)不准乱拉电线和接入功率过大的电气设备。

(4)根据线路负荷的发展及时更换载流量足够的导线,或者根据生产程序和需要,采取排列先后控制使用的方法,错开用电时间,防止线路超负荷工作。

3. 接触电阻过大

(1)导线与导线、导线与电气设备的连接必须牢固可靠。

(2)铜、铝线相接,宜采用铜铝过渡接头。也可采用在铜铝接头处垫锡箔,或在铜线接头处搪锡。

(3)通过较大电流的接头,不允许用本线做接头,应采用油质或氧焊接头,在连接时加弹力片后拧紧。

(4)要定期检查和检测接头,防止接触电阻增大,对重要的连接接头要加强监视。

(三)架空线路的火灾原因及防火措施

1. 火灾原因

(1)电杆倒折、电线断落或搭在易燃物上,易造成线路的短路,出现电火花、电弧。

(2)电杆档距过大,线间距过小或布线过松,没有拉紧,在大风和外力作用下,容易碰在一起造成短路,此外,布线时把导线拉得过紧,也易发生导线断裂事故,引起火灾或触电事故。

(3)架空线路上遭到雷击,会使线路绝缘损坏,并产生工频短路电弧,从而使线路跳闸,影响电力系统的正常供电。

2. 防火措施

(1)为了防止倒杆断线,对电杆要加强维修,严禁在电线杆附近挖土和在电线杆上拴牲畜。

(2)架空电线穿过通航河流、公路时,应加装警示,以引起通行车、船注意安全。

(3)架空线路不应跨越屋顶为燃烧材料做成的建、构筑物。

(4)架空线与甲类物品库房、可燃易燃液体贮罐、可燃助燃气体贮罐、易燃材料堆场等的防火间距,不应小于电杆高度的1.5倍;与散发可燃气体的甲类生产厂房的防火间距,不应小于30 m。

(5)架空线路的边导线与建筑物之间的距离,导线与树木之间的垂直、净空距离,架空配电线路导线与导线之间的距离,必须符合有关安全规定。

(6)对电气线路附近的树木要及时修剪,以保持足够的安全距离,防止树枝拍打电线引起事故。

(四)电缆线路的火灾原因及防火措施

1. 火灾原因

(1)电缆的保护铅皮、铝皮受到损伤,或在运行中电缆的绝缘受到机械破坏,会引起电缆芯与电缆芯之间或电缆芯与铅皮之间的绝缘被击穿而产生电弧,会引起电缆的绝缘材料和电缆外层的黄麻护层等燃烧。

(2)电缆长时间过载运行,可能加速电缆绝缘的老化,降低绝缘性能,甚至失去绝缘能力,发生绝缘击穿,发生电缆绝缘燃烧危险。

(3)在三相电力系统中,采用单相电缆或以三芯电缆当作单芯电缆使用时,会产生涡流,使铅皮、铝皮发热,严重时可能发生铅皮、铝皮熔化,电缆外层的铠装钢带也会发热,铅皮、铝皮和钢带发热严重时,会引起电缆的绝缘发生燃烧。

2. 防火措施

(1)电缆应尽量明敷,明敷电缆宜采用有黄麻外护层的裸电缆。电缆明敷在有可能受到机械损伤的地方时,应采用铠装电缆。

(2)敷设在电缆沟、电缆隧道内及明敷在有火灾、爆炸场所内的电缆,应采用不带黄麻外护层的电缆,如果是有黄麻外护层的电缆,应剥去黄麻外护层,以减少火灾危险性。

(3)电缆引入及引出建、构筑物的墙壁、楼板处,电缆沟道引出至电杆或墙壁表面敷设的电缆距地面2 m高及埋入地下0.25 m深处,应将电缆穿套钢管保护,钢管的内径一般不小于电缆外径的2倍。

(4)在有可能进水的电缆沟中,电缆应放在支架上。

(5)电缆直接埋地敷设时,宜采用有黄麻或聚氯乙烯外护层的电缆,埋地深度应小于0.7 m。

(6)有条件的工程应尽量采用难燃电缆或耐火电缆。

(五)电气线路灭火的基本措施

按照燃烧原理,一切灭火方法的原理是将灭火剂直接喷射到燃烧的物体上,或者将灭火剂喷洒在火源附近的物质上,使其不因火焰热辐射作用而形成新的火点。

1. 冷却灭火法

将灭火剂直接喷射到燃烧的物体上,以降低燃烧的温度于燃点之下,使燃烧停止。或者将灭火剂喷洒在火源附近的物质上,使其不因火焰热辐射作用而形成新的火点。冷却灭火法是灭火的一种主要方法,常用水和二氧化碳作灭火剂冷却降温灭火。

2. 隔离灭火法

将正在燃烧的物质和周围未燃烧的可燃物质隔离或移开,中断可燃物质的供给,使燃烧因缺少可燃物而停止。

3. 窒息灭火法

阻止空气流入燃烧区或用难燃、不燃物质冲淡空气，使燃烧物得不到足够的氧气而熄灭。具体方法：一是用沙土、水泥、湿麻袋、湿棉被等不燃或难燃物质覆盖燃烧物；二是喷洒雾状水、干粉、泡沫等灭火剂覆盖燃烧物，把不燃的气体或液体（如二氧化碳、氮气等）喷洒到燃烧物区域内或燃烧物上；三是密闭起火建筑、设备和孔洞，用阻燃气体（如六氟丙烷等）置换空气中的氧气，使火源因缺氧而窒息。

（六）接触网附近发生火灾的处置

（1）要立即报告或设法转报列车调度员、供电调度员或接触网工区值班人员。组织有关人员灭火，再根据火灾地点、火势和消防灭火的需要，确定接触网是否停电。

（2）用沙土灭火时必须位于接触网 2 m 以外；用水或一般灭火器浇灭距离接触网不足 4 m 的燃着物时，必须确认接触网停电接地；燃着物距离接触网超过 4 m 时可在不停电的情况下灭火，但不得将水流向接触网方向喷射；利用消防车灭火时，消防人员和消防器材必须与接触网带电部分保持 2 m 以上的距离。

（3）接触网或其他带电设备着火时，在确认切断电源前不得使用水或泡沫灭火器灭火。

（七）变配电所自动灭火装置

1. 装置功能

高速铁路变配电所均安装了自动灭火装置，自动灭火系统由火灾报警系统、灭火控制系统和灭火装置三部分组成，有三种控制方式。

（1）自动控制方式。将灭火报警联动控制器上控制方式选择键拨到“自动”位置时，灭火系统处于自动控制状态。当保护区发生火情，火灾探测器发出火灾信号，灭火报警联动控制器即发出声、光报警信号，同时发出联动指令，关闭联锁设备，经过 30 s 延时，发出灭火指令，接通消防电源至灭火装置启动器上的电源，灭火装置喷头上的电子启动器瞬间产生高温引爆感温玻璃球，灭火装置喷头上的压板脱落释放六氟丙烷灭火剂，实施灭火。

（2）手动控制方式。将灭火报警联动器上控制方式选择键拨到“手动”位置时，灭火系统处于手动控制状态。当保护区发生火情，可按下手动控制盒或控制器上启动按钮即可启动灭火系统释放灭火剂，实施灭火。

（3）紧急停止方式。当发出火灾警报，而发现有异常情况，不需启动灭火系统进行灭火时，可按下手动控制盒或控制器上的紧急停止按钮，即可阻止灭火指令的发出。

2. 灭火剂

高速铁路变配电所自动灭火系统采用含氢氟烃的灭火剂，以六氟丙烷（HFC-236fa）和七氟丙烷（HFC-237fa）灭火剂较为普遍。六氟丙烷灭火装置，当火灾报警系统探测到火警后，通过指令启动喷射六氟丙烷灭火药剂，达到灭火效果。六氟丙烷灭火剂是无腐蚀性、不导电、无残留物，并且其臭氧消耗潜能值为零的气体，密度大约是空气密度的 5 倍。六氟丙烷灭火剂在热量很高的环境中分解氟化氢（HF），有强烈的辛辣味，对人体有危害。

3. 日常管理

自动灭火系统日常检查内容：火灾报警系统设备运行是否正常；灭火控制系统自检、消音、复位、故障报警、巡检、主备电等是否正常；灭火装置是否正常，发现钢瓶的充气压力指示值低于额定值的 90%或压力表指针降至红区时，应予重新充装。

三、紧急救护常用知识

急救现场处理的首要任务是抢救生命、减少伤员痛苦、减少和预防伤情加重及发生并发症，正确而迅速地把伤病员转送到医院。

1. 急救步骤

(1)报警。一旦发生人员伤亡，不要惊慌失措，马上拨打120急救电话报警。

(2)对伤病员进行必要的现场处理。

① 迅速排除致命和致伤因素。如搬开压在身上的重物，撤离中毒现场，如果是意外触电，应立即切断电源；清除伤病员口鼻内的泥沙、呕吐物、血块或其他异物，保持呼吸道通畅等。

② 检查伤员的生命特征。检查伤病员呼吸、心跳、脉搏情况。如无呼吸或心跳停止，应就地立刻开展心肺复苏。

③ 止血。有创伤出血者，应迅速包扎止血。止血材料宜就地取材，可用加压包扎、上止血带或指压止血等。然后将伤病员尽快送往医院。

④ 如有腹腔脏器脱出或颅脑组织膨出，可用干净毛巾、软布料或搪瓷碗等加以保护。

⑤ 有骨折者用木板等临时固定。

⑥ 神志不清者，未明了病因前，注意心跳、呼吸、两侧瞳孔大小。有舌后坠者，应将舌头拉出或用别针穿刺固定在口外，防止窒息。

(3)迅速而正确地转运伤病员。按不同的伤情和病情，按病情的轻重缓急选择适当的工具进行转运。运送途中应随时关注伤病员的病情变化。

2. 受伤简易处理办法

(1)出血：可以把身上的衣服撕成布片，对出血的伤口进行局部加压止血。

(2)骨折：现场可以找块小夹板、树枝等物，对患肢进行包扎固定。

(3)头部创伤：把伤者的头偏向一边，不要仰着，因为这样会引起呕吐，极易造成伤者窒息。

(4)腹部创伤：将干净容器扣在腹壁伤处，防止发生腹腔感染。

(5)呼吸心跳停止：及时对伤者进行口对口的人工呼吸，并进行简单的胸外按压。

四、人体触电急救方法

1. 触电解救

凡遇有人触电，必须用最快的方法使触电者脱离电源。若救护人离控制电源的开关或插座较近，则应立即切断电源，否则应采用竹竿或木棒等绝缘物强迫触电者脱离电源；也可用绝缘钳切断电线或戴上绝缘手套、穿上绝缘鞋将触电者拉离电源，千万不能赤手空拳去拉还未脱离电源的触电者。在切断电线时还应一根线一根线的剪，不能两根线一起剪。另外，在触电解救中，还应注意高处的触电者坠落受伤。

2. 紧急救护

(1)在触电者脱离电源后，应立即进行现场紧急救护并及时报告医院。当触电者还未失去知觉时，应将他抬到空气流通、温度适宜的地方休息，不可乱走乱动。当触电者出现心脏停跳、无呼吸等假死现象时，不应慌乱而应争分夺秒地在现场进行人工呼吸或胸外挤压。就是在送往医院的救护车上也不可中断。

(2)人工呼吸法适用于有心跳但无呼吸的触电者。其口诀是：病人仰卧平地上，鼻孔朝天颈后仰。首先清理口鼻腔，然后松扣解衣裳。捏鼻吹气要适量，排气应让口鼻畅。吹二秒来停三秒，五秒一次最恰当。

(3)胸外挤压法适用有呼吸但无心跳的触电者。其口诀是：病人仰卧硬地上，松开领扣解衣裳。当胸放掌不鲁莽，中指应该对凹膛。掌根用力向下按，压下一寸至半寸。压力轻重要适当，过分用力会压伤。慢慢压下突然放，一秒一次最恰当。

(4)当触电者既无呼吸又无心跳时，可同时采用人工呼吸法和胸外挤压法进行急救。其中单人操作时，应先口对口(鼻)吹气两次(约 5 s 内完成)，再作胸外挤压 15 次(约 10 s 内完成)，以后交替进行。双人操作时，按前述口诀进行。

五、防止感应电等伤害的措施

1. 静电感应的防护

静电感应是邻线高压电场通过空气介质感应过来的，电压有时高达数千伏，但通常能量有限，只要将停电侧接触网上的各线索按规定可靠接地，感应电压值就会急剧下降。在作业区两端装设接地线就可进行静电感应安全防护。

2. 电磁感应的防护

电磁感应在停电的接触网各线索上产生纵向感应电势。理论计算及现场测试结果表明，将各线索可靠接地后，在邻线电力牵引的列车多种运行方式下，感应电势有效值在 10 V 以下。而邻线发生金属性短路试验的结果表明，最大的感应电势有效值为数十伏。以上值均未超过且远小于《四部(邮电、电力、通信兵、铁道)原则协议》所规定的电磁感应有效值，即“正常不应超过 60 V，短路时不应超过 430 V”的标准值。在作业区两端装设接地线就可进行电磁感应安全防护。

3. 穿越电流的防护

V 停时，作业区两端挂接地线后，尽管有穿越电流流过，但如前所述，接触网上的感应电压很低，而作业人员包括作业机具的阻抗远大于接地线的阻抗，因此，穿越电流对作业组人员产生的分流可视为开路，不会对作业组人员造成危害，但若作业区段内的接触网与接地线构成的回路有开路的情况发生时，则穿越电流将会通过作业人员，对人身产生危害。

接触网开路的可能性有以下几种：

(1)作业区段设有分段绝缘器，且隔离开关开启；

(2)作业区段设有电分段锚段关节，且隔离开关开启或电连接器断线；

(3)进行断线接续作业等。

现场测试数据表明若作业区发生开路时穿越电流可达数安，穿越电流值会因作业人员包括作业机具的阻抗而有所降低，但可能会给人体带来危害，轻者可能灼伤，重者可能造成生命危险，必须采取严格的防护措施，即严禁作业区段接触网开路，因此，除接地线应装设可靠外，作业区段内的隔离开关应按规定闭合；进行断线接续作业或检修隔离开关和电连接器时，应采取旁路措施。

4. 强电侵入的防护

停电作业的实践证明，对强电侵入的最有效的防护措施是在作业地点两端装设可靠的接地线。此外，要求行车部门不得将电力机车放入无电区段。对于双线区段的站场，软横跨的上、下行隔断绝缘子的绝缘水平应加强，在站场内作业也可适当增设接地线。

思考题

1. 我国规定的安全电压是多少？
2. 电气线路火灾的主要原因有哪些？
3. 电缆线路的火灾原因及防火措施有哪些？
4. 变配电所自动灭火装置由哪几部分组成？有哪几种控制方式？
5. 静电感应的防护措施是什么？

第二节 安全规章、规程

一、牵引供电系统运行管理安全体系

铁路运输各个系统与各个工作环节之间紧密联系，须协同配合。为确保铁路安全正点、方便快捷、高速高效，必须加强集中统一管理，为此，必须制定统一、科学的管理规章体系。牵引供电系统作为铁路运输大系统中的子系统，同样需有一套完整的运行管理安全规程规章体系，简称牵引供电系统运行管理安全规程规章体系，此系统可划分为三个层次，如图1-1所示。

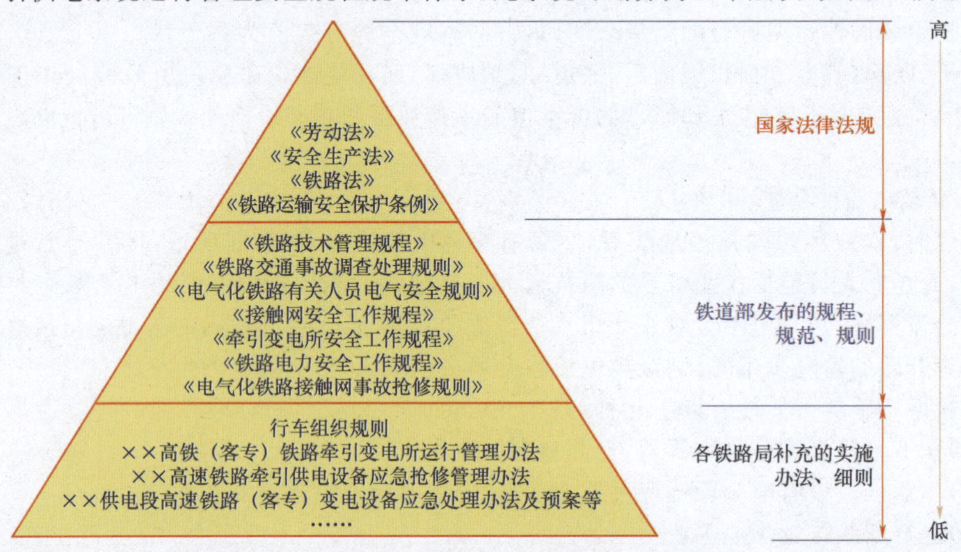

图 1-1 牵引供电系统运行管理安全规程规章体系图

（一）相关的国家法律法规

国家法律法规具有效力高、覆盖面广、通用性强等特点，是指导制订行业规章的重要依据。行业规章不能与相应的法律法规相抵触、相违背。对牵引供电行业生产有重要影响的法律法规，主要有《中华人民共和国劳动法》（简称《劳动法》）、《中华人民共和国安全生产法》（简称《安全生产法》）、《中华人民共和国铁路法》（简称《铁路法》）和《铁路运输安全保护条例》等。

（二）铁道部发布的规程、规范、规则

在铁道行业所有的规章中，以《铁路技术管理规程》（简称《技规》）[图 1-2(a)]效力最高，铁路其他规章和规范性文件以及各单位制定的技术管理文件等都必须符合《技规》的规定，因此，也是牵引供电从业人员应该重点掌握的。其中《铁路技术管理规程》和《铁路交通事故调查处理规则》与牵引供电系统直接相关条款见第一篇第一章第四节行车安全。主要的铁路供电系统安全规程规章有:《接触网安全工作规程》[图 1-2(b)],《牵引变电所安全工作规程》[图 1-2(c)],《铁路电力安全工作规程》[图 1-2(d)],是牵引供电系统安全工作的主要依据。

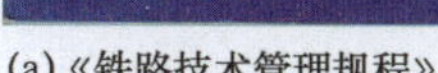

(a)《铁路技术管理规程》

(b)《接触网安全工作规程》

(c)《牵引变电所安全工作规程》

(d)《铁路电力安全工作规程》

图 1-2　规程封面

(三)各铁路局补充的实施办法、细则

为保障铁路运输生产、基本建设和人身、财产安全,加大现场控制力度,提高应急处理水平和能力,强化安全监督检查,落实监督检查职责,确保高速铁路供电设备运行安全,以及铁路消防安全工作,各铁路局根据管辖范围内线路特点,依据国家有关法律法规及铁道部规程规章,制定有关安全的补充规定、细则和办法,并形成文件,发放至各单位执行。

例如:铁路局制定的《××铁路局高速铁路牵引供电设备应急抢修管理办法(试行)》、《××客运专线消防安全管理办法》;段级制定的《××段高铁(城际)铁路无人值班有人值守牵引变电所运行管理办法(试行)》、《××供电段高速铁路(城际)牵引变电所运行检修及试验细则(暂行)》和《××供电段高速铁路(城际)变电设备应急处理办法及预案》等。

随着牵引供电系统技术的不断发展与行业管理的不断改进,牵引供电系统运营管理规章体系还有更多更细的规章。在此不一一叙述。

二、变配电所安全工作规程

(一)《牵引变电所安全工作规程》

《牵引变电所安全工作规程》是为确保人身、行车和设备安全,明确在牵引变电所(包括开闭所、分区所、AT 所、分相所)的运行和检修工作中所应遵守的各项规定。本规程适用于电气化铁道牵引变电所的运行、检修和试验。对从事牵引变电所运行和检修工作的有关人员,必须实行安全等级制度,经过考试评定安全等级,取得安全合格证之后,方准参加牵引变电所运行和检修工作。详细内容查阅《牵引变电所安全工作规程》。

(二)《铁路电力安全工作规程》

《铁路电力安全工作规程》是明确电力(配电所)的运行和检修工作中所应遵守的规定,为了防止事故发生,制定的安全生产管理规定。本规程适用于运营铁路电力(配电所)设备上的各项作业。在运营铁路电力(配电所)设备上的各项作业均必须按《铁路电力安全工作规程》的规定严格执行。详细内容查阅《铁路电力安全工作规程》。

三、有关电压等级的安全规定

根据中华人民共和国行业标准关于《电业安全工作规程》(发电厂和变电所电气部分)的规定：

(1)不论高压设备带电与否，值班人员不得单独移开或越过遮栏进行工作；若有必要移开遮栏时，必须有监护人在场，并符合表1-1规定的安全距离。

表1-1 设备不停电时的安全距离

电压等级(kV)	安全距离(m)	电压等级(kV)	安全距离(m)
10及以下(13.8)	0.70	220	3.00
20～35(27.5)	1.00	330	4.00
60～110	1.50	500	5.00

(2)进行地电位带电作业时，人身与带电体间的安全距离不得小于表1-2的规定。35 kV(27.5 kV)及以下的带电设备，不能满足表1-2规定的最小安全距离时，必须采取可靠的绝缘隔离措施。

表1-2 人身与带电体的安全距离

电压等级(kV)	10	35(27.5)	63(66)	110	220	330	500
距离(m)	0.4	0.6	0.7	1.0	1.8(1.6)	2.6	3.6

(3)进行地电位带电作业时，绝缘操作杆，绝缘承力工具和绝缘绳索的有效长度不得小于表1-3的规定。

表1-3 绝缘工具最小有效绝缘长度

电压等级(kV)	有效绝缘长度(m)		电压等级(kV)	有效绝缘长度(m)	
	绝缘操作杆	绝缘承力工具、绝缘绳索		绝缘操作杆	绝缘承力工具、绝缘绳索
10	0.7	0.4	220	2.1	1.8
35(27.5)	0.9	0.6	330	3.1	2.8
63(66)	1.0	0.7	500	4.0	3.7
110	1.3	1.0			

(4)进行地电位带电作业时，更换绝缘子或在绝缘子串上作业时，良好绝缘子片数不得少于表1-4的规定。

表1-4 良好绝缘子最少片数

电压等级(kV)	35(27.5)	63(66)	110	220	330	500
片数	2	3	5	9	16	23

(5)等电位作业人员对地距离应不小于表1-2的规定，对邻相导线的距离应不小于表1-5的规定。

表1-5 等电位作业人员对邻相导线的最小距离

电压等级(kV)	10	35(27.5)	63(66)	110	220	330	500
距离(m)	0.6	0.8	0.9	1.4	2.5	3.5	5.0

(6)等电位作业人员在绝缘梯上作业或沿绝缘梯进入强电场时，其与接地体和带电体两部

分间所组成的组合间隙不得小于表 1-6 的规定。

表 1-6　组合间隙最小距离

电压等级(kV)	35(27.5)	63(66)	110	220	330	500
距　离(m)	0.7	0.8	1.2	2.1	3.1	4.0

(7)等电位作业人员沿绝缘子串进入强电场的作业,只能在 220 kV 及以上电压等级的绝缘子串上进行。扣除人体短接的和零值的绝缘子片后,良好绝缘子片数不得小于表 1-4 的规定,其组合间隙不得小于表 1-6 的规定。若组合间隙不满足表 1-6 的规定,应加装保护间隙。

(8)等电位作业人员在电位转移前,应得到工作负责人的许可,并系好安全带。转移电位时人体裸露部分与带电体的距离不应小于表 1-7 的规定。

表 1-7　转移电位时人体裸露部分与带电体的最小距离

电压等级(kV)	35(27.5)、63(66)	110、220	330、550
距　离(m)	0.2	0.3	0.4

(9)带电水冲洗用水的电阻率一般不低于 1 500 Ω·cm,冲洗 220 kV 变电设备时水电阻率不应低于 3 000 Ω·cm,并应符合表 1-8 的要求。每次冲洗前都应用合格的水阻表测量水电阻率,应从水枪出口处取水样进行测量。如用水车等容器盛水,每车水都应测量水电阻率。

表 1-8　带电水冲洗临界盐密值[①](仅适用于 220 kV 及以下)

爬电比距[②](mm/ kV)	发电厂及变电所支柱绝缘子							
	14.8～16(普通型)				20～31(防污型)			
水电阻率(Ω·cm)	1 500	3 000	10 000	50 000及以上	1 500	3 000	10 000	50 000及以上
临界盐密(mg/cm^2)	0.02	0.04	0.08	0.12	0.08	0.12	0.16	0.2
爬电比距[②](mm/ kV)	发电厂及变电所支柱绝缘子							
	14.8～16(普通型)				20～31(防污型)			
水电阻率(Ω·cm)	1 500	3 000	10 000	50 000及以上	1 500	3 000	10 000	50 000及以上
临界盐密(mg/cm^2)	0.05	0.07	0.12	0.15	0.12	0.15	0.2	0.22

注:[①]330 kV 及 500 kV 等级的临界盐密值尚不成熟,暂不列入。

[②]爬电比距指电力设备外绝缘的爬电距离与设备最高工作电压之比。

(10)以水柱为主绝缘的大、中、小型水冲(喷嘴直径为 3 mm 及以下者称小水冲;直径为 4～8 mm者称中水冲;直径为 9 mm 及以上者称大水冲),其水枪喷嘴与带电体之间的水柱长度不得小于表 1-9 的规定。大、中型水冲水枪喷嘴均应可靠接地。

表 1-9　喷嘴与带电体之间的水柱长度(m)

喷嘴直径(mm)		3 及以下	4～8	9～12	13～18
电压等级(kV)	63(66)及以下	0.8	2	4	6
	110	1.2	3	5	7
	220	1.8	4	6	8

(11)绝缘工具电气试验项目及标准见表 1-10。

表 1-10 绝缘工具的试验项目及标准

额定电压(kV)	试验长度(m)	1 min 工频耐压(kV)		5 min 工频耐压(kV)		15 次操作冲击耐压(kV)	
		出厂及型式试验	预防性试验	出厂及型式试验	预防性试验	出厂及型式试验	预防性试验
10	0.4	100	45	—	—	—	—
35(27.5)	0.6	150	95	—	—	—	—
63(66)	0.7	175	175	—	—	—	—
110	1.0	250	220	—	—	—	—
220	1.8	450	440	—	—	—	—
330	2.8	—	—	420	380	900	800
500	3.7	—	—	640	580	1 175	1 050

思考题

1. 牵引变电所的电气设备从何时开始认定为带电设备?
2. 供电调度员下达的倒闸和作业命令必须具备什么条件才有效?
3. 电力工作人员必须具备哪些条件方能参加作业?
4. 在电力设备上工作,保证安全的组织措施有哪些?
5. 在配电所使用的标示牌分为哪几类?有什么内容的标示牌?

第三节 劳动安全

一、高铁变配电维修岗位标准

1. 岗位描述

高速铁路变配电设备的运行维护、巡视检查、试验维修、施工配合及缺陷和故障处理。

2. 基本素质要求

(1)文化程度:中职毕业。

(2)专业要求:铁道牵引供电、电气工程或相关专业,或经 2 年专业培训合格。

(3)职业资格:电气钳工或变电检修工中级工职业资格。

(4)工作经历:在非提速区段从事变、配电工作不少于 2 年,或在提速区段从事变、配电工作不少于 1 年。

(5)身体要求:身体健康,听力、嗅觉及辨色力正常,无高血压、心脏病及精神类等严重疾病,能胜任本职工作。

(6)职业道德:遵章守纪、爱岗敬业、服从指挥、团结协作。

3. 基本技能要求

(1)熟悉仪器、仪表、工具的使用:

① 掌握常用电气仪表和试验仪器使用方法,能对变、配电设备进行测试试验。

② 掌握试验设备、检修工具的使用方法和安全要求。

③ 掌握检修、试验所需要采取的安全防护措施及安全防护用具的使用方法。

④ 能测量试验安全工具。

⑤ 能进行仪器、仪表、工具的日常维护。

(2)设备巡视、维护：

① 能对变、配电所变压器、高压隔离开关、断路器、互感器、避雷器、绝缘子等高压设备进行巡视、检查，发现问题进行维护处理。

② 能对变、配电所交直流系统、综合自动化系统等二次设备进行巡视、检查，能调取运行数据；分析确认设备运行状态，处理异常情况。

③ 能根据巡视(含远程视频巡视)情况，分析、判断设备运行状态，提出维修方案。

④ 能填写巡视、检查记录。

(3)设备试验、检修：

① 能对变、配电所高压、低压设备进行试验、维修。

② 能对低压设备进行试验、维修。

③ 能进行全所设备的功能性传动试验，对试验过程中存在的问题进行处理。

④ 能签发、办理变、配电所设备试验、检修的工作票。

⑤ 能调试、操作试验仪器、仪表，判定设备故障，使之恢复正常技术状态。

⑥ 能操作变、配电所综合自动化设备，对变、配电所保护定值进行修改和校核。

⑦ 能填写各项技术台账和检修试验记录，出具试验报告。

⑧ 能对充油、充气设备的油、气取样。

⑨ 能对计量设备、仪表进行维护、试验。

(4)故障处理：

① 能正确分析设备故障的信息内容，提出处理措施。

② 能按故障抢修预案处理常见故障，采取作业安全防范措施。

③ 能熟练掌握灭火装置使用方法。

④ 能撰写设备故障处理报告，并提出预防措施。

4. 工作质量要求

(1)严格执行《铁路技术管理规程》、《铁路电力安全工作规程》、《铁路电力管理规则》、《牵引变电所安全工作规程》、《牵引变电所运行检修规程》、《铁路营业线施工安全管理办法》和高速铁路有关规定。

(2)变、配电设备试验、检修、维护达到工艺标准。

(3)巡视、测量的设备发现缺陷无遗漏。

(4)正确填写设备试验报告和检修记录。

(5)无信息传递不及时影响检修、安全和运输的现象。

(6)无责任事故，无违章违纪。

5. 培训考核要求

(1)高速铁路变配电维修人员须按规定参加岗前资格性培训，考试考核合格后方可上岗。

(2)在岗高速铁路变配电维修人员每年须按规定参加适应性培训。培训内容根据岗位实际需要，以设备维护、施工标准，新技术、新设备、新规章、新工艺等四新知识，应急故障处理方法等内容为主。

(3)高速铁路变配电维修人员实行定期考核鉴定制度。每两年由铁路局组织对在岗人员进行一次鉴定,鉴定不合格者需脱产培训,三个月内再次鉴定,仍不合格者须调整工作岗位。未参加鉴定者,不得继续上岗。

二、《铁路运输安全保护条例》有关规定

(1)铁路运输企业应当加强铁路运输安全管理,建立、健全安全生产管理制度,设置安全管理机构,保证铁路运输安全所必需的资金投入。铁路运输工作人员应当坚守岗位,按程序实行标准作业,尽职尽责,保证运输安全。

(2)铁路运输企业的安全生产管理人员应当对铁路线路进行经常性巡查和维护。对巡查中发现的安全问题,应当立即处理;不能处理的,应当及时报告本企业有关负责人。巡查及处理情况应当留存记录。

(3)铁路运输企业应当建立、健全并严格执行铁路运输的设施、设备的安全管理和检查防护的规章制度,加强对铁路运输的设施、设备的检测、维修,对不符合安全要求的应当及时更换,确保铁路运输的设施、设备性能完好和安全运行。

在法定假日和传统节日等铁路运输高峰期间,铁路运输企业应当加强铁路运输安全检查,确保运输安全。

(4)铁路运输企业应当加强对从业人员的安全教育和培训。铁路运输企业的从业人员应当严格按照国家规定的操作规程,使用、管理铁路运输的设施、设备。

三、劳动防护用品、器具的使用规定

1. 安全带

(1)安全带使用期一般为3～5年,发现异常应提前报废。

(2)安全带的腰带和保险带、绳应有足够的机械强度,材质应有耐磨性,卡环(钩)应具有保险装置。保险带、绳使用长度在3 m以上的应加缓冲器。

(3)使用安全带前应进行外观检查:组件完整、无短缺、无伤残破损,绳索、编带无脆裂、断股或扭结,金属配件无裂纹、焊接无缺陷、无严重锈蚀,挂钩的钩舌咬口平整不错位,保险装置完整可靠。

(4)安全带应系在牢固的物体上,禁止系挂在移动或不牢固的物件上。不得系在棱角锋利处。安全带要高挂和平行拴挂,严禁低挂高用。

2. 安全帽

(1)戴安全帽前应将帽后调整带按自己头型调整到适合的位置,然后将帽内弹性带系牢。

(2)安全帽的下领带必须扣在颌下,并系牢,松紧要适度。

(3)由于安全帽在使用过程中,会逐渐损坏。所以要定期检查,检查有没有龟裂、下凹、裂痕和磨损等情况,发现异常现象要立即更换,不准再继续使用。

(4)严禁使用只有下颌带与帽壳连接的安全帽,也就是帽内无缓冲层的安全帽。

(5)施工人员在现场作业中,不得将安全帽脱下搁置一旁,或当坐垫使用。

3. 接地线

(1)工作之前必须检查接地线。软铜线是否断头,螺栓连接处有无松动,线钩的弹力是否正常,不符合要求应及时调换或修好后再使用。

(2)挂接地线前必须先验电。未验电挂接地线是基层中较普遍的习惯性违章行为,而验电

的目的是确认现场是否已停电，能消除停错电、未停电的人为失误，防止带电挂接地线。

(3)在打接地桩时，要选择黏结性强的、有机质多的、潮湿的实地表层，避开过于松散、坚硬风化、回填土及干燥的地表层，目的是降低接地回路的土壤电阻和接触电阻，能快速疏通事故大电流，保证接地质量。

(4)要爱护接地线。接地线在使用过程中不得扭花，不用时应将软铜线盘好，接地线在拆除后，不得从空中丢下或随地乱摔，要用绳索传递，注意接地线的清洁工作，预防泥沙、杂物进入接地装置的孔隙之中，从而影响正常使用的零件。

4. 绝缘棒

(1)使用前必须对绝缘操作杆进行外观的检查，外观上不能有裂纹、划痕等外部损伤。

(2)必须是经校验后合格的，符合操作设备电压等级的才能使用。

(3)操作时在连接绝缘操作杆的节与节的丝扣时要离开地面，不可将杆体置于地面上进行，以防杂草。

(4)使用时要尽量减少对杆体的弯曲力，以防损坏杆体。

(5)使用后要及时将杆体表面的污迹擦拭干净，并把各节分解后装入一个专用的工具袋内，存放在屋内通风良好、清洁干燥的支架上或悬挂起来，尽量不要靠近墙壁，以防受潮，破坏其绝缘。

(6)半年要对绝缘操作杆进行一次交流耐压试验，不合格的要立即报废，不可降低其标准使用。

5. 绝缘手套

(1)在使用前必须进行充气检验，发现有任何破损则不能使用。使用 6 个月必须进行预防性试验。

(2)作业时，应将衣袖口套入筒口内，以防发生意外。

(3)使用后，应将内外污物擦洗干净，待干燥后，撒上滑石粉放置平整，以防受压受损，且勿放于地上。

(4)应储存在干燥通风室温－15～＋30 ℃，相对湿度 50%～80%的库房中，远离热源，离开地面和墙壁 20 cm 以上。避免受酸、碱、油等腐蚀品物质的影响，不要露天放置，避免阳光直射，勿放于地上。

6. 缘绝鞋

(1)绝缘鞋(靴)的使用不可有破损。使用时不得直接用手接触电气设备。

(2)穿用绝缘靴时，应将裤管套入靴筒内。穿用绝缘鞋时，裤管不宜长及鞋底外沿条高度，更不能长及地面，保持布帮干燥。

(3)在购买绝缘鞋(靴)时，应查验鞋上是否有绝缘永久标记，如红色闪电符号，鞋底有耐电压多少伏等表示；鞋内有否合格证、安全鉴定证、生产许可证编号等。

7. 高压验电器

(1)它主要用来检验设备对地电压在 250 V 以上的高压电气设备。目前，广泛采用的有发光型、声光型、风车式三种类型。

(2)在使用高压验电器进行验电时，首先必须认真执行操作监护制，一人操作，一人监护。操作者在前，监护人在后。使用验电器时，必须注意其额定电压要和被测电气设备的电压等级相适应，否则可能会危及操作人员的人身安全或造成错误判断。

(3)验电时，操作人员一定要戴绝缘手套，穿绝缘靴，防止跨步电压或接触电压对人体的伤害。操作者应手握罩护环以下的握手部分，先在有电设备上进行检验。检验时，应渐渐地移近带电设备至发光或发声止，以验证验电器的完好性。然后再在需要进行验电的设备上检测。同杆架设的多层线路验电时，应先验低压，后验高压，先验下层，后验上层。

四、劳动保护条例的相关规定

1. 劳动保护的定义

劳动保护，就是劳动者在生产劳动过程中的安全与健康的保护，由劳动保护科学管理、安全技术和职业卫生三个部分组成。

2. 安全培训

用人单位对劳动者必须进行劳动保护教育培训，提高劳动保护意识，掌握必要的劳动保护知识。对从事特种作业的劳动者，必须进行专业安全技术培训，并经劳动行政部门考核，取得特种作业操作证后，方可上岗作业。

3. 用人单位对劳动者应当实行定期健康检查制度，建立健全劳动者健康档案

(1)对依法招用并签订劳动合同的劳动者必须进行就业前健康检查。

(2)对从事职业危害作业的劳动者必须进行定期健康监护检查。

(3)对确诊患有职业病的劳动者必须及时予以治疗、康复，不宜继续从事原工作的应当调换岗位，妥善安置。

(4)不得安排患有职业禁忌症的劳动者从事该职业的劳动。不得安排女职工和未成年工从事国家禁忌的劳动。

4. 劳动者权利和义务

劳动者在劳动过程中必须遵守国家和省有关劳动保护法律、法规、规章及有关技术标准、规程和行业规范，遵守劳动纪律和劳动保护管理制度，执行岗位职责和安全操作规程。

劳动者依法享受劳动保护，参加劳动保护教育培训；对管理人员违章指挥或强令冒险作业，有权拒绝执行；对危害生命安全和身体健康以及违反劳动保护法律、法规规定的行为，有权提出批评、检举和控告。

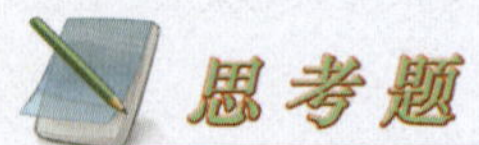

思考题

1. 高铁变配电维修岗位职责是什么？
2. 安全带使用期一般为多少年？
3. 劳动保护的定义是什么？由哪三部分组成？

第四节 行车安全

为确保行车安全，提高运输效率，各铁路局应根据《铁路技术管理规程》，结合管内具体条件，制定《行车组织规则》。

为了加强铁路交通事故的应急救援工作，规范铁路交通事故调查处理，减少人员伤亡和财产损失，保障铁路运输安全和畅通，制定了《铁路交通事故应急救援和调查处理条例》。

一、《行车组织规则》与变配电相关规章制度

第127条 加强安全教育和宣传的规定

凡在电气化区段工作的职工，须经过电气化安全技术教育培训考试合格后，方准正式担任工作。对临时通过电气化区段的有关人员（包括回送机车、客车、机械冷藏车乘务员，押运员等）及电气化铁路沿线路外人员，要广泛进行安全注意事项宣传。

第131条 越区供电时行车指挥的规定

电化区段需越区供电时，牵引供电调度员应将越区供电方案书面通知列车调度员，列车调度员据此安排好列车运行并向有关站段发布调度命令。越区供电时仅保证旅客列车或重要列车通过。

二、《铁路技术管理规程》与变配电相关规章制度

《铁路技术管理规程》（铁道部令第29号，自2007年9月1日起施行）

第153条 牵引供电设备应有牵引变电所、接触网、远动装置，以及牵引供电变电检测、试验设备，接触网检修、检测设备，绝缘子冲洗设备等。应具备快速抢修能力及调度系统。牵引供电调度系统应具备对牵引供电设备状况实时远程监控的条件，并纳入调度系统集中统一管理。

第154条 牵引供电设备应保证不间断行车可靠供电。牵引供电能力必须与线路的运输能力相适应，满足规定的列车重量、密度和速度的要求。接触网额定电压值为25 kV，最高工作电压为27.5 kV，最低工作电压为20 kV。

牵引变电所须具备双电源、双回路受电。牵引变压器采用固定备用方式并具备自动投切功能。当一个牵引变电所停电时，相邻的牵引变电所能越区供电。平均功率因数不低于0.9。

接触网的分段、分相的位置应考虑检修停电方便和缩小故障停电范围，并充分考虑电力机车牵引的列车（电力动车组）正常运行和调车作业的需要。双线电化区段应具备反方向行车条件。确需由车站接触网引接小容量非牵引负荷时，须经铁路局批准。

枢纽及较大区段站应设开闭所。枢纽及较大区段站的负荷开关和电动隔离开关应纳入远动控制。

第158条 为保证人身安全，除专业人员执行有关规定外，其他人员（包括所携带的物件）与牵引供电设备带电部分的距离，不得小于2 000 mm。

在设有接触网的线路上，严禁攀登车顶及在车辆装载的货物之上作业；如确需作业时，须在指定的线路上，将接触网停电接地后，方准进行。

双线电气化铁路实行V形天窗作业时，为确保人身安全，应在设备、机具、照明、作业组织等方面采取相应措施。

第159条 供电设备应具备：线路由两端变、配电所供电的互供条件，变、配电所跨所供电的条件，电气试验设备，快速抢修能力。10 kV及其以上电力线路不允许附挂通信、有线电视等非供电线路设施。

铁路各车站及设有人员看守的道口都应有可靠的电力供应，沿线车站原则上通过电力贯通线供电。外部电源不能满足要求时，铁路应自备发电所或发电机组。自动闭塞信号应由单独架设的自闭电线路供电。

电力工程竣工必须进行交接试验，试验合格后方能投入运行。

第 160 条　铁路供电设备应满足下列要求：

1. 一级负荷应有两个独立电源，保证不间断供电；二级负荷应有可靠的专用电源。

2. 受电电压根据用电容量、可靠性和输电距离，可采用 110 kV、35(63) kV、10 kV 或 380 V/220 V。

3. 用户受电端供电电压允许偏差：

(1)35 kV 及其以上高压供电线路，电压正负偏差的绝对值之和不超过额定值的 10%；

(2)10 kV 及其以下三相供电线路为额定值的±7%；

(3)220 V 单相供电的，为额定值的+7%～－10%；

(4)自动闭塞信号变压器二次端子，为额定值的±10%。

在电力系统非正常情况下，用户受电端的电压值允许偏差为额定值的±10%。

第 172 条　全国铁路行车组织工作，应根据本规程规定办理。各铁路局应根据本规程规定的原则，结合管内具体条件，制定《行车组织规则》。

第 173 条　铁路行车组织工作，必须贯彻安全生产的方针，坚持高度集中、统一领导的原则，发扬协作精神，运输、机务、车辆、工务、电务、供电、信息等部门要主动配合，紧密联系，协同动作，组织均衡生产，不断提高效率，挖掘运输潜力，完成和超额完成铁路运输任务。

第 329 条　铁路职工或其他人员发现设备故障危及行车和人身安全时，应立即向开来列车发出停车信号，并迅速通知就近车站、工务、供电或电务人员。

第 385 条　铁路行车有关人员，在任职、提职、改职前，必须经过拟任职业的任职资格培训，并经职业技能鉴定、岗位任职资格考试合格，取得相应等级的职业资格证书和相关岗位任职资格后方可任职。在任职期间，应按规定周期参加任职岗位适应性培训和业务考试，考试不合格的，不得上岗作业。

第 386 条　铁路行车有关人员，在任职前必须经过健康检查，身体条件不符合拟任岗位职务要求的，不得上岗作业。在任职期间，要定期进行身体检查，身体条件不符合任职岗位要求的，应调整工作岗位。

第 387 条　对行车有关人员，应加强日常安全生产知识和劳动纪律的教育、考核，并有计划地组织好在职人员的日常政治和技术业务学习。每位在职行车人员，每两年不少于 10 天的专业培训(机车、动车组司机每年不少于 15 天的专业培训)。

第 389 条　铁路行车有关人员在执行职务时，必须坚守岗位，穿着规定的服装，佩带易于识别的证章或携带相应证件，讲普通话。

第 390 条　铁路行车有关人员，接班前须充分休息，严禁饮酒，如有违反，立即停止其工作所承担的任务。

第 392 条　铁路职工必须严格遵守和执行本规程的规定，在自己的职务范围内，以对国家和人民极端负责的态度，保证安全生产。

第 393 条　铁路各单位对遵守本规程成绩突出者，应予表扬或奖励；对违反者，应视其违反程度和造成事故的性质、情节及后果，给予教育、纪律处分或追究法律责任。

思考题

1.《行车组织规则》是什么部门制定的？是根据什么规定制定的？

2.《行车组织规则》规定的正式担任电气化区段工作的职工，须经过什么考试？

3.《技规》规定的接触网额定电压值为多少？最高工作电压为多少？最低工作电压为多少？

4.《技规》规定的一级负荷应有多少个独立电源？

5.《技规》规定的铁路供电设备的用户受电端220 V供电电压允许偏差为多少？

复习题

1. 消防安全工作中的“三懂三会”具体内容是什么？

2. 凡涉及改变高速铁路(客运专线)设备保护定值时，需什么部门批准？

3. 铁路200～250 km/h客运专线电力负荷应根据对供电可靠性的要求和中断供电造成的损失及影响程度分为多少级？

4. 铁路300～350 km/h和200～250 km/h客运专线的《铁路客运专线技术管理办法(试行)》有什么区别？

5. 在220 kV设备上进行地电位带电作业时，人身与带电体间的最小安全距离是多少？

6. 为什么在一个电气连接部分内，同时只允许一个作业组在一项设备上进行高压试验？

第二章　专 业 知 识

通过本章学习，掌握高速铁路牵引供电系统的组成及牵引供电方式；掌握铁路变配电系统的运行方式；熟悉高速铁路变配电所、分区所、AT所主接线形式及高压一次设备的结构、工作原理、特点和技术参数；掌握高速变配电所二次回路作用、原理及微机保护的基本原理；了解变配电所综合自动化系统的结构、特点；熟悉变配电所综合自动化系统的功能；了解高速铁路SCADA的功能和结构组成。

第一节　供电系统概述

一、电力系统与铁路供电系统组成

（一）电力系统组成

电能的生产、输送、分配和使用组成了一个系统，称为电力系统，主要由发电厂、电力网、电能用户组成。图2-1是电力系统工作原理示意图。

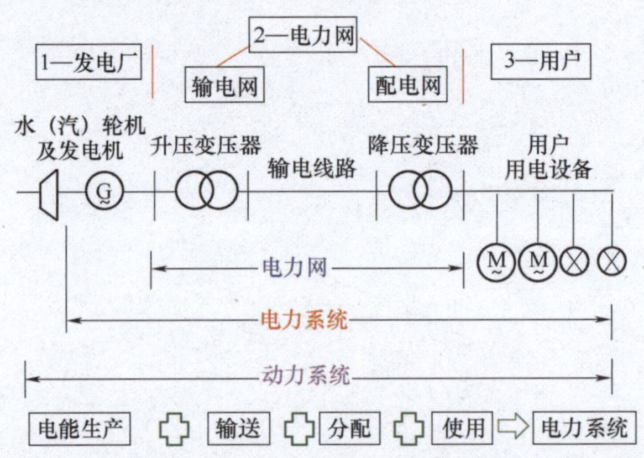

图2-1　电力系统工作原理示意图

1. 发电厂

发电厂就是将煤、水力、原子能等一次能源转换为电能——二次能源的工厂。按照发电厂所使用的一次能源不同，发电厂可分为火力发电厂、水力发电厂、核发电厂等，火力发电和水力发电在我国电能生产中占有很大的比例，除此之外，还有风力、地热和太阳能发电等。

2. 电力网

电力网担负着将发电厂和电能用户连接起来组成系统的任务，它对于电力系统的可靠性和经济性运行有着重要的意义。图2-2是电力系统组成示意图，虚线框内是电力系统的电力网部分。

从图2-2可以看到，电力网由各种电压等级的输、配电线路和变（配）电站（所）组成。电力

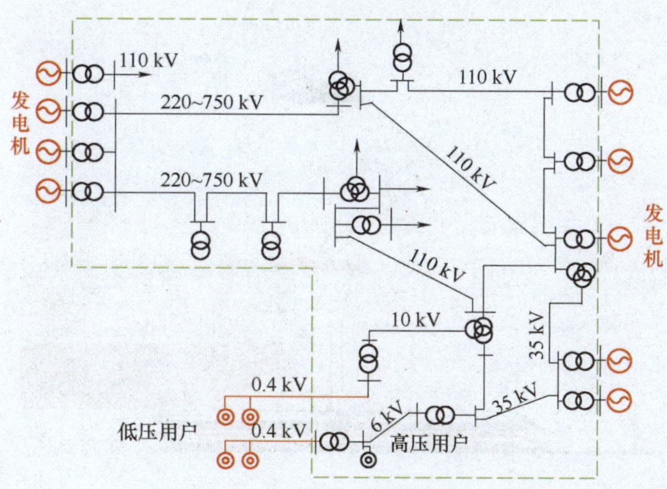

图 2-2　电力系统组成示意图

网的任务是将电能从发电厂输送和分配到电能用户。按其功能常分为输电网和配电网两大部分,输电网是由 220 kV 及以上的输电线路和与其相连接的变电所组成,是电力系统的主要网络,其作用是将电能输送到各个地区的配电网或直接输送给大型企业用户。配电网是由 110 kV及以下的配电线路和与其相连接的配电所(或简单的配电变压器)组成,其作用是将电能输送到各类用户。

为了减少电流在输电网络上产生的电能损耗,在远距离的输电网中,一般采用超高压(330 kV以上)输电方式。发电厂的发电机端电压不可能过高(一般为 6～10 kV),电能用户的电压也不可能很高(一般为 10 kV 及以下),因此,电力网还担负着改变电压等级的作用,这就是变、配电所(站)。变电所(站)由电力变压器和配电装置组成,它是改变电压和分配电能的场所:将电压升高的称为升压变电所(站);将电压降低的称为降压变电所(站);而配电所(站)只负担分配电能的任务。

3. 电能用户

电能用户主要包括工矿企业、铁路企业和居民区等。

工矿企业、铁路企业的电能一般取自于电力系统,为了在企业内部合理、经济、可靠地分配、使用电能,大型企业往往又建构自己的供电系统。

(二)铁路供电系统的组成

铁路供电系统按功能划分由电气化牵引供电系统、变配电系统两部分组成。

1. 牵引供电系统

向电力机车(动车组)提供电源,其负荷称为牵引负荷,其供电可靠性直接影响行车,是重要的一级负荷。图 2-3 是电力机车(动车组)受电示意图,牵引变电所相当于牵引供电系统的电源,但它本身须通过高压输电线取电于区域变电所或发电厂,经牵引变压器降压后送到铁路轨道上方的接触网上,电力机车(动车组)利用车顶的受电弓从接触网获得电能,牵引列车运行。

2. 铁路变配电系统

向牵引负荷以外所有的铁路负荷提供电源,包括信号系统、生产、车站、供水系统以及生活等铁路用电负荷,其供电可靠性根据负荷的性质有不同的要求,如与行车密切相关的通信、信号、运营调度系统等负荷是特别重要的一级负荷。

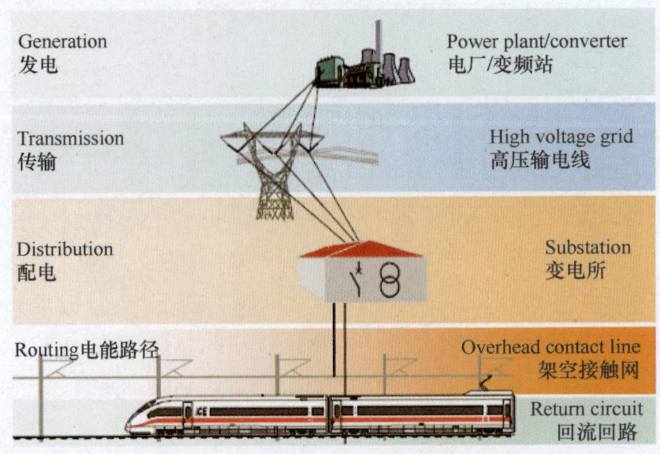

图 2-3 电力机车(动车组)受电示意图

二、牵引供电系统组成及牵引供电方式

(一)牵引供电系统工作原理

我国电力牵引供电系统采用工频、单相的交流电，接触网额定电压为 25 kV。图 2-4 是牵引供电系统工作原理示意图，从电路原理看，我国普速、高速铁路采用的牵引供电系统工作原理是相同的，可简化为"牵引变电所(电源)—接触网(输电导线)—电力机车(负荷)—回流设备(由钢轨、大地和回流线等构成)—牵引变电所(电源)"电路。可见，与一般电路相比，牵引供电系统电路中最独特的部分是"回流设备"。

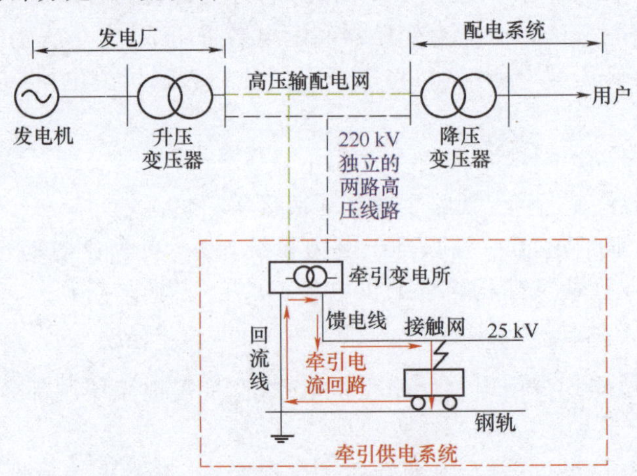

图 2-4 牵引供电系统工作原理示意图

(二)牵引供电系统组成

图 2-5 是牵引供电系统组成的示意图，下面对它的主要组成部分做简单介绍。

1. 高压输电线路

牵引负荷是重要的一级负荷，为保证高铁牵引供电系统具有更高的供电可靠性和足够大的容量，要求电力系统送至高铁牵引变电所的高压输电线，采用电压等级为 220 kV 及以上的独立的双回路线路，并互为热备用。高压输电线路由国家电力部门修建并管理，以牵引变电所的进线高压铁塔靠变电所一侧的耐张线夹为分界点。

2. 牵引变电所

牵引变电所的功能是将电力系统送来的高压电变换成 27.5 kV 的电压，然后再向铁路沿线的牵引网供电。

3. 牵引网

牵引网包括馈电线、接触网、钢轨、大地和回流线。

(1)馈电线(供电线)

馈电线是连接牵引变电所和接触网的导线或电缆。它把牵引变电所主变压器二次侧 27.5 kV 的电压输送到接触网。馈电线一般选用大截面的钢芯铝绞线，但高铁牵引供电系统采用了大量的电缆式馈电线。

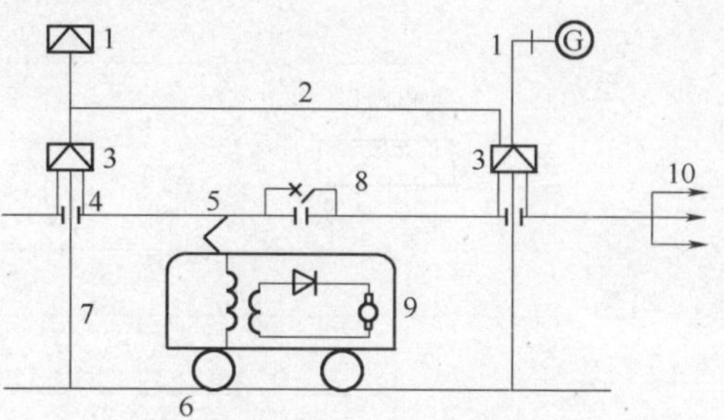

图 2-5 电气化铁道牵引供电系统组成

1—区域变电所或发电厂；2—高压输电线；3—牵引变电所；4—馈电线(或供电线)；5—接触网；6—钢轨；7—回流线；8—分区所；9—电力机车；10—开闭所

(2)接触网

接触网是牵引网的主体，额定电压为 25 kV。电力机车的受电弓通过对接触网密贴接触并顺畅滑行取得电能，所以接触网和一般的配电线路在结构和材料上均有很大的区别，接触网结构复杂，运行环境恶劣，日常维修工作量大，短路故障也较多。受电弓与接触网的关系称为“弓网关系”，与“轮轨关系”、“列控系统”共同构成高速铁路的三大核心技术。

(3)钢轨、大地和回流线

在牵引供电系统中，钢轨是牵引电路的组成部分，它和大地将牵引电流引回牵引变电所，但钢轨和大地是不能将全部的电流引回牵引变电所的，如果单纯由它们完成这个工作，不仅会降低牵引变压器的容量利用率，对通信线路也缺乏必要的防护作用。在牵引供电系统中，为了利于牵引电流能流回牵引变电所，一般设架空回流线，它和接触网的支柱同杆架设，既有利于牵引电流的回流，通过和其他一些设备的配合(如 AT 供电方式)，又能大大降低牵引负荷电流对通信的干扰作用。

4. 分区所

我国牵引供电系统均采用单边供电方式，两个牵引变电所之间采用分相绝缘器进行绝缘，每个供电分区(供电臂)只由一个变电所供电。在复线单边供电方式中，均在供电分区的末端设置分区所，其作用如图 2-6 所示。供电臂末端采用断路器，将接触网上下行同相并联供电；用并联的隔离开关和分相绝缘器将相邻的接触网隔离开来，当一个牵引变电所因故停电时，隔离开关闭合，可由另一个变电所对停电变电所的供电臂实行临时越区供电。复线分区所的设置具有十分重要的意义，它不但可以提高供电臂末端的电压水平，当接触网发生故障时，还可以通过馈线断路器和分区所断路器的配合动作，切除事故区段，缩小事故范围。

5. 开闭所

开闭所的主要作用是增加牵引变电所的馈电线数目，将长供电臂分段，降低牵引变电所的复杂程度。它不进行电压变换，类似一个配电所，可以由它向牵引变电所的大宗负荷如枢纽站、电力机务段供电。为保证开闭所供电的可靠性，一般从相邻变电所的供电臂上引入两路电源。

6. 电力机车

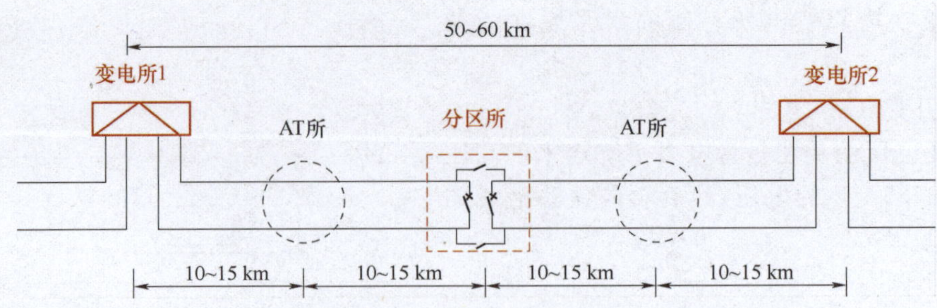

图 2-6 AT 供电方式下复线分区所的作用示意图

我国高速铁路主要采用 CRH(China Railways High-speed)动车组系列机车。机车受电弓将接触网电压引入机车变压器降压整流，将交流电转换为直流电，再将直流电逆变为电压和频率可调的三相交流电，供给三相异步牵引电动机，实现牵引运行，这种“交—直—交”变频电力机车，具有功率大、速度高、功率因数高的特点，并能降低牵引负荷对通信信号的干扰，是中国高速铁路走向世界的代名词。

(三)牵引供电方式

交流电气化铁道不对称的单相负荷在牵引网附近的空间中产生不平衡的磁场，对架空的弱电线路(主要是通信线路)可能造成严重的影响。一方面，牵引网的高电压将会在通信线路上产生较高的感应电压，严重到足以危及设备或人身安全;另一方面，牵引网中大量的高次谐波将破坏通信线路的正常工作，例如出现杂音干扰，降低了通信信号的质量。如何才能降低对弱电线路的干扰，是早期选择牵引供电方式的主要考虑因素，常用的有带架空回流线直接供电方式、BT(吸流变压器)供电方式、AT(自耦变压器)供电方式。

20 世纪 90 年代后期，随着我国电气化铁路的提速、通信干线的光缆化及通信技术的进步，牵引供电方式的选择主要考虑因素主要是:供电能力、接触网架设环境和电磁兼容要求等条件，BT 供电方式因不适宜于高速电气化铁路逐渐被淘汰，带架空回流线直接供电方式和 AT 供电方式逐步得到普及性运用，AT 供电方式更是成为我国高速铁路牵引供电方式的首选。

目前，各国高速铁路大多采用 AT 供电方式和带回流线的直接供电方式。其中，日本、法国均采用 AT 供电方式;德国和意大利采用带回流线的直接供电方式;西班牙两种供电方式都有应用。

下面介绍这两种供电方式。

1. 带回流线的直接供电方式(DN 供电方式)

直接供电方式，也称为简单供电方式，该供电方式没有专门的回流线，牵引电流经接触网、电力机车、钢轨和大地回到牵引变电所，如图 2-4 的虚框内牵引供电系统所示。这样，牵引电流不能完全回流至牵引变电所，钢轨和接触网的电流大小不相等，既影响了牵引变压器的容量利用率，也因其对于相邻通信线路的合成磁场不为零，对临近的通信线路产生严重的电磁干扰，所以直接供电方式没有得到采用。

为了减小直接供电方式的这种负面影响，在直接供电方式中加设架空回流线，每隔一定距离用吸上线将钢轨中的回流引入到架空回流线上。架空回流线和接触网同杆架设，流过它们的电流方向相反，大小差值减小，对通信线路有一定的防护作用，同时，牵引电流回流效率也大大提高。这种供电方式称为“带回流线的直接供电方式”，简称“DN 供电方式”，图 2-7 为其接触悬挂结构示意图，图 2-8 为其电路示意图。

DN 供电方式，具有牵引网结构简单，单位阻抗小，接触线硬点少，利于机车的高速行驶等优点，虽然对相邻的通信线路仍有较高的要求，但随着通信技术的发展，这个缺点已经不再限制其被广泛应用，因而具有较强的生命力。我国最早在广深准高速铁路采用 DN 供电方式，此后在广珠城际、海南东环铁路等客运专线中也采用了这种供电方式。

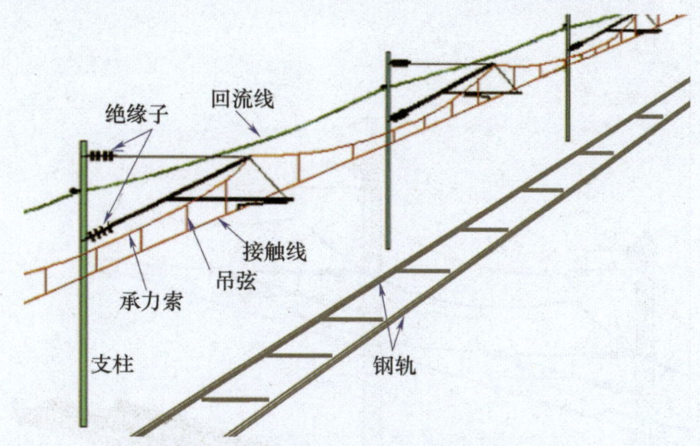

图 2-7　DN 供电方式结构示意图

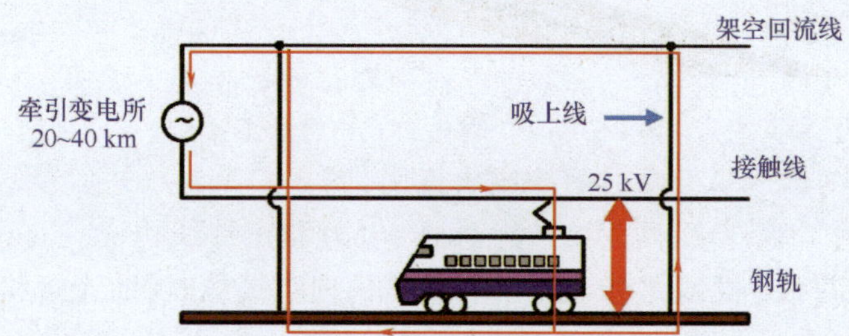

图 2-8　DN 供电方式电路示意图

2. AT 供电方式

AT 供电方式是自耦变压器供电方式的简称，这种供电方式对通信线路具有良好的防护措施，并且具有接触网电压高，线路电能损耗和电压损失低，供电臂距离较长，适合带高速、大功率的牵引负荷等一系列优点。AT 供电方式最早在日本高速电气化铁道得到应用，我国 1985 年开通的京秦铁路首次采用 AT 供电方式，现已成为我国高速电气化铁路首选的供电方式。传统的 AT 牵引供电系统一般采用单线或两端并联的复线 AT 供电方式，我国高速铁路采用的是全并联 AT 供电方式。

(1)工作原理

图 2-9 为 AT 供电方式电路示意图。从图中可以看到，牵引变电所牵引侧电压为 2×27.5 kV，其绕组两端分别接至接触导线和正馈线，其中性点则与钢轨相连接。为保证接触导线和正馈线之间的电压水平达到 55 kV，AT 供电方式每隔 10～15 km，在接触网与钢轨之间并联接入一台自耦变压器，其中性点与钢轨相连，自耦变压器将牵引网的电压提高一倍，而供给电力机车的额定电压仍为 25 kV，称为 AT 所。

(2)AT 供电方式牵引网的构成

图 2-10 为 AT 供电方式接触悬挂结构示意图，实景图如图 3-1 所示。与图中不同的是，我国一般采用正馈线田野侧肩架安装，PW 线田野侧无肩架安装。

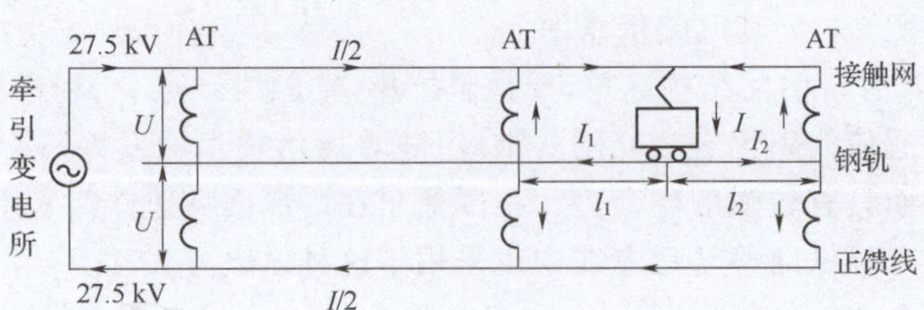

图 2-9 AT 供电方式电路示意图

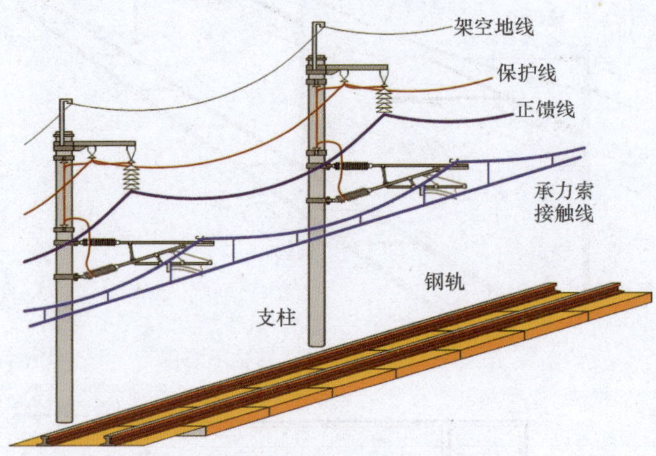

图 2-10 AT 供电方式结构示意图

图 2-11(a)、(b)为单线 AT 牵引网构成示意图，图 2-11(c)、(d)为复线 AT 牵引网构成示意图。在图(a)、(c)中，AT 牵引网仅由接触悬挂、轨道和正馈线构成；图(b)、(d)中，AT 牵引网除了接触悬挂、轨道和正馈线之外，还有保护线、横向连接线、辅助连接和横向连接(复线)。

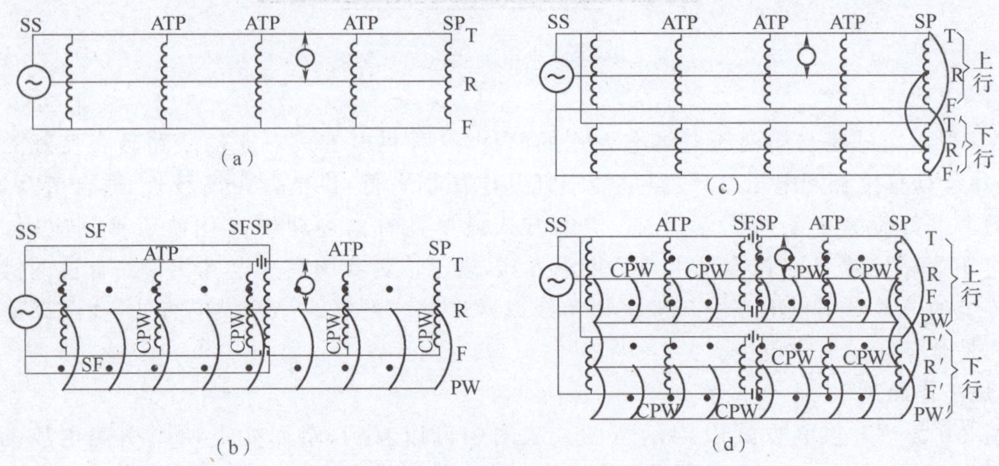

图 2-11 AT 牵引网构成示意图

ATP—自耦变压器所；SP—分区所；SFSP—辅助开闭所；T—接触线；R—钢轨；F—正馈线；PW—保护线；SS—变电所；CPW—钢轨和保护线间的辅助连接；SF—单馈电线

我国采用图 2-11(b)、(d)式的 AT 牵引网构成方式，上下行牵引网的接触线(T)、钢轨(R)和正馈线(F 或 AF)在变电所出线处及 AT 所处通过横连线并联起来，称为全并联 AT 供电方式牵引网。AT 的中性点引出线除直接与钢轨连接外，还和一条专门架设的保护线相连，设置保护线的目的主要是为了避免将接触网支柱的接地部分直接与轨道相连，以提高信号轨道电路的工作可靠性。当牵引网发生短路故障时，又可为短路电流提供一条良好的金属通路，便于继电保护动作。AT处采用横向连接线CPW实现轨道、保护线和AT中点的连接，通过放电器(SD)将AT的中性点与大地相连，其接线如图2-12所示。对多雷地区，除了保护线外，还应加设架空避雷线，每隔200 m作一次接地，其接地电阻不大于30 Ω。

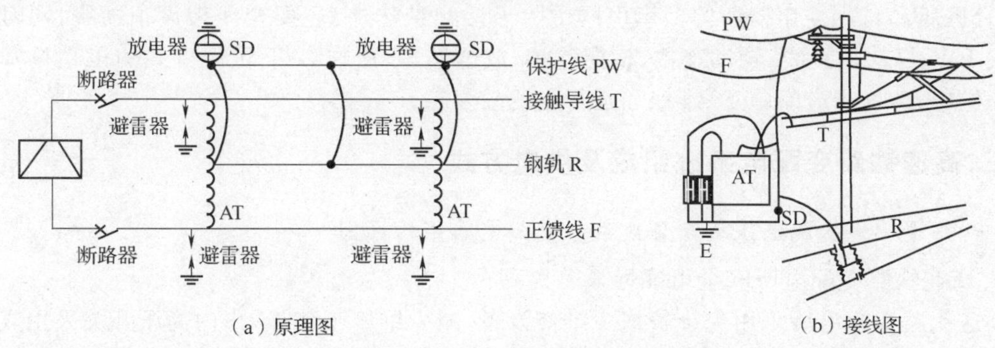

图2-12 AT供电回路的绝缘保护图

与不并联的AT供电方式相比，全并联AT供电方式更具有线路载流能力大、供电区段长、适应高速等优点。

(3)AT供电方式下的开闭所

AT牵引网供电臂一般较长，可达50～60 km，一般为了满足重要的区段站、编组站或电力机务段供电需要，在所在站、段设置开闭所进行分段，可减小牵引网故障时的停电范围。

(4)AT供电方式下的分区所

复线区段分区所的作用主要是使上、下行牵引网实现并联供电，以改善牵引供电条件。此外，无论是单线区段还是复线区段，当相邻牵引变电所因故全所停电时，可通过分区所的联络开关实现越区供电。

①接触网正常运行方式

正常情况下，我国高速铁路采用的是全并联AT供电方式：接触网上下行在AT所处和末端的分区所处并联，实现全并联运行。

②事故情况下运行方式

牵引变电所故障，退出运行，由相邻变电所越区供电时，需对行车加以限制，限制行车分为两种情况：维持追踪间隔时分不变，限制行车速度；维持行车速度，加长追踪间隔时分。如某牵引变电所越区供电时，最长供电臂约为54 km，牵引网综合载流量为1 525 A(导线最高工作温度为100 ℃)，从接触网载流量分析，初近期如维持4 min追踪间隔不变，速度不应超过275 km/h，如维持350 km/h速度不变，追踪间隔时分应不小于7 min，远期如维持3 min追踪间隔不变，速度不应超过231 km/h。

(5)AT供电方式的优缺点

AT供电方式的一个极为可贵的优点是，它无需提高牵引网的绝缘水平即可将供电电压提高一倍。在相同的牵引负荷条件下，接触悬挂和正馈线中的电流大致可减少一半。AT供电方式牵引网单位阻抗(归算至27.5 kV侧)约为BT供电方式牵引网单位阻抗的1/4左右。从而提高了牵引网的供电能力，大大减小了牵引网的电压损失和电能损失。牵引变电所的间距从理论上来说可增大到90～100 km，不但变电所需要数量可以减少，而且相应的外部高压输电线数量也可以减少，还有利于选择既方便运营管理又缩短外部高压输电线长度的变电所位置。由于AT供电方式无需在AT处将接触悬挂实行电分段，故当牵引重载列车运行的高速度、大电流电力机车通过AT处时，受电弓上不会产生强烈电弧，能满足高速、重载列车运输的需要。同时，AT供电方式对邻近通信线的综合防护效果要优于BT供电方式。

AT供电方式的缺点主要是结构比较复杂。如除了牵引变电所结构比较复杂外，还有开闭所、分区所和自耦变压器所等。牵引网中除了接触悬挂外，还要全线架设正馈线，同时还有保护线PW、横向连接线、辅助连接、横向连接、放电器等，所以，AT供电方式的工程投资要大于DN供电方式，相应的施工、维修和运行也比较复杂。

三、高速铁路变配电系统组成及供电方式

(一)高速铁路变配电系统与普速铁路变配电系统的区别

1. 高速铁路变配电所安全可靠性显著提高

高速铁路变配电所采用免维护或少维修设备，减少维修工作量，户内高压开关采用气体绝缘开关柜或组合电器(简称GIS柜或GIS组合电器)，具有小型化、可靠性高、安全性好、寿命长及维修工作量少等优点；所内电气设备实现了无油化；采用综合自动化系统实现远程监控，自动化程度高、信息处理速度快、信息量大，为无人值班创造了条件，大大提高了铁路变配电系统运行的安全可靠性。

2. 高速铁路沿线电力线路回路的名称和功能特点

普速铁路，沿线两回10 kV电力线路一般称为自动闭塞电力线路和电力贯通线路。电力贯通线路作为沿线与行车有关的用电负荷(除自动闭塞信号设备外)的主供电源，兼做自动闭塞信号设备的备用电源。自动闭塞电力线路作为自动闭塞信号设备的主供电源及沿线其他一级用电负荷的备用电源。

高速铁路着重考虑电力供电的安全性、可靠性和可维护性。相比于普速铁路，高速铁路沿线的通信、信号等与行车密切相关的一、二级负荷增大，全线车站用电负荷较大，区间用电负荷点多而分散，各点容量较小，平均2～3 km就有一个负荷点，宜采用两回10 kV电力贯通线路供电。高速铁路采用一级贯通和综合贯通两回线路供电，两路贯通线的电源取自各变配电所设置的调压器馈出的专用母线段，不仅可以保证供电可靠性和电能质量，而且相对经济。沿线与行车有关的通信、信号、综调系统等由一级贯通线主供，综合电力贯通线备供，一级贯通线电缆截面为70 mm^2(京沪高铁)；沿线客专的其他用电负荷及各牵引所的所用电源由综合电力贯通线提供10 kV电源，综合负荷电力贯通线电缆截面为95 mm^2(京沪高铁)。

为提高高速铁路电力配电所电源的可靠性，在条件成熟的地区可建立110/10 kV变电所。

3. 高速铁路沿线电力线路回路的路径及敷设方式

普速铁路中两回10 kV电力线路，自动闭塞电力线路和电力贯通线路均为架空线路(部分受地形所限的区段可改为电缆线路)，线路路径基本在铁路限界以外，环境条件复杂，诱发故障成因较多，运行维护、事故抢修易受外界因素影响。

在我国目前已经开通运行或在建的武广、郑西、石太、京石、石武、京津、京沪、合武等高速铁路的两回10 kV贯通线路，一级贯通线路均采用电缆方式；综合贯通线路除石太、郑西客运专线采用架空与电缆线路混合方式，其余线路均采取和一级电力贯通相同的敷设方式。一级贯通线和综合贯通线采用单芯电缆沿铁路两侧预制的电缆槽敷设，沿线区间、车站等负荷均从

两回贯通线上各接取一回电源。电缆蛇形敷设于沿线路两侧路肩设置电缆槽内，且同信号、通信电缆之间设置了实体隔断。同架空线路相比，不仅运行环境得到改善，提高了供电可靠性和安全性，而且减少了故障处理和更新改造等维修工作量。

4. 高速铁路变配电系统多采用低电阻接地形式

我国普速铁路 10 kV 电力贯通线绝大多数采用架空线路，线路电容电流不大，10 kV 供电系统一般采用中性点不接地系统。高速铁路 10 kV 电力贯通线绝大多数采用电缆线路，当发生单相接地故障时，故障相的电容电流较大，以武广高铁为例，每公里 10 kV 电缆故障相的电容电流约为 1～1.5 A，约为架空线路的 30 倍。线路单相接地电容电流过大，电网安全运行受到威胁，因此在 10 kV 供电系统中采用中性点不接地系统已是不可能了。

关于配电网络中性点接地方式，目前国内外中压配电网络普遍采用了消弧线圈接地和低电阻接地方式为主，比如德国、法国、俄罗斯等国采用消弧线圈接地方式，美国采用低电阻接地方式。我国北京、天津、上海、广州、深圳等特大城市采用低电阻接地方式，其他城市一般采用消弧线圈接地方式。

(1)两种接地方式的比较

中性点经消弧线圈接地方式，运行可靠，对瞬间故障能自动熄弧，能够准确自动选线，减少架空线系统跳闸 63%，适合架空线系统采用。

中性点经小电阻接地方式，单相接地的异常过电压能抑制在 2.8 倍相电压以下，继电保护的选择性和灵敏度较好，供电可靠性较高。缺点是故障点地电位高，对人身及设备安全不利。对通信、电子设备干扰大。以电缆线路为主的 10 kV 供电系统，由于发生瞬间故障的概率较低等原因，宜采用中性点经低电阻接地运行方式。

(2)高速铁路供电系统接地方式及接地电阻阻值

① 10 kV 全电缆线路的贯通线系统采用低电阻接地方式(大电流接地系统)。

② 10 kV 混架的电源线路及全电缆的站馈线路仍采用不接地方式(小电流接地系统)。

③ 低压动力照明采用三相四线制，接地形式主要采用 TN-S(系统中的中性线 N 线与保护线 PE 线合并为 PEN 线)或 TN-C-S 系统(系统中的 N 线与 PE 线部分合并，部分相互独立)。插座回路及插座箱均设漏电开关。所有电气设备不带电的金属外壳均与 PE 线可靠连接。

④ 电力接地值的要求：10 kV 及以上变配电所，接地电阻≤1 Ω；10 kV 变电所及箱式变电站，接地电阻≤4 Ω；低压配电系统接地电阻≤4 Ω。

(二)高速铁路变配电系统的构成及负荷特点

1. 系统构成

高速铁路变配电系统主要由从地方电网接引的 110 kV 及 10 kV 高压电源线路、110/10 kV变电所、10 kV 配电所、沿线两路 10 kV 电力贯通线路、站场及区间高、低压电力线路、车站 10/0.4 kV 变电所、10/0.4 kV 箱式变、室外动力照明、电气设备防雷接地等构成。高速铁路变配电系统与牵引供电系统通过远动系统纳入 SCADA 系统统一调度。图 2-13 为铁路变配电系统组成示意图。

2. 负荷分布

(1)站、段(所)负荷主要包括：车站设备、通信、信号、信息系统、接触网上电动隔离开关操作电源、动车段(所)设备、综合维修设备、给排水等。

(2)区间负荷主要包括：信号中继站、通信基站、光纤直放站、电力牵引各所用电、隧道照明及监控设备、接触网上电动隔离开关操作电源、立交桥隧道排水设备等。

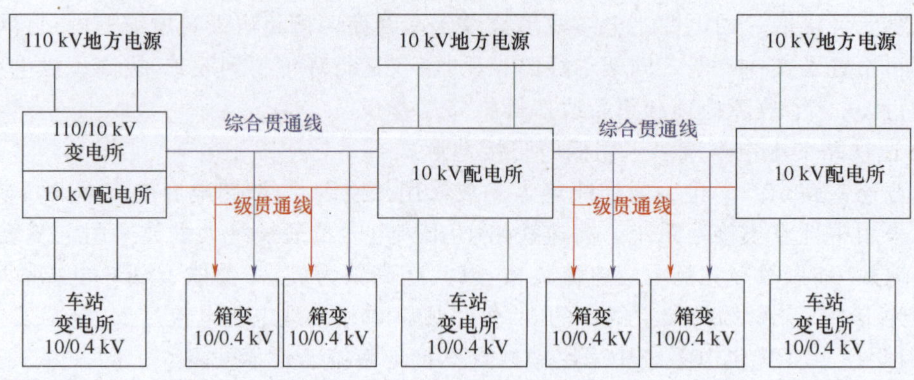

图 2-13 铁路变配电系统组成示意图

3. 用电负荷等级及供电原则

(1)用电负荷等级

一级负荷主要包括：与行车密切相关的通信、信号及信息系统的主要设备；电力牵引各所用电；大型中间站公共区照明供电负荷；隧道、车站及有关大型建筑应急照明防灾报警系统等。其中一级负荷中特别重要的负荷有：与行车密切相关的通信、信号、运营调度系统。

二级负荷主要包括：为通信、信号主要设备配置的专用空调和人员密集场所的车站候车室及贵宾候车空调；动车组检修设施；综合维修工区；检测中心；给排水设施；站、段(所、场)接触网上电动隔离开关操作电源等。

其余负荷原则上为三级负荷。

(2)用电负荷供电原则

一级负荷供电：两路相对独立电源分别供电至用电设备或低压双电源切换装置处，当两个电源中一个电源发生故障时，另一个电源不应同时受到损坏。其中与行车密切相关的通信、信号、运营调度系统等一级负荷中特别重要的负荷采用两路 10 kV 贯通线供电。

二级负荷供电：有条件时提供两路高压电源供电，当两路电源供电确有困难时可为一路高压电源供电。

三级负荷供电：一般采用单回路供电，当供电系统为非正常运行方式时，允许将其切除。

4. 电压等级和质量

(1)铁路变配电系统采用 110 kV、35 kV、10 kV 或 380/220 V 电压供电。

(2)电压波动幅度应不超过额定电压的百分数规定：

① 35 kV 及以上，电压偏差为额定值的±10%。

② 10 kV 及以下，电压偏差为额定值的±7%。

③ 220 V，电压偏差为额定值的＋7%～－10%。

④ 行车信号、通信变压器二次端子，电压偏差为额定值的±10%。

思考题

1. 牵引供电系统由哪几部分组成？

2. 我国高速铁路为什么要用 AT 供电方式？

3. 高速铁路沿线电力线路回路的名称及功能是什么？

4. 高速铁路变配电系统为什么多采用低电阻接地形式？

5. 对一级负荷供电的电源有什么要求？

第二节　变配电所的一次设备

一、高速铁路变配电所的外部电源

1. 牵引供电系统

电力牵引为一级负荷，牵引变电所应由两路互为独立的电源供电，当任一路故障时，另一路应能正常供电。高速铁路牵引变电所外部电源的电压等级一般要求为 220 kV 及以上，以满足高速铁路负荷大的特点。200～250 km/h 的客运专线也有采用 110 kV 电源，如广珠城际等线路。

2. 铁路变配电系统

高速铁路变配电系统应优先从地方电网引入外部电源，当技术经济合理时，可与牵引变电所共用 220(110) kV 电源，也可与地方电网协商单独接引相互独立的两路 220(110) kV 外部电源。对特大型客站，应设柴油发电机组作为应急电源。

二、变配电所的主接线

(一)变配电所的主接线的作用及画法

变配电所的设备可分为一次设备和二次设备，一次设备是变配电所的主体，也称为高压电气设备，它包括各种电压等级的开关、变压器、互感器、母线和电缆、电抗器等。将这些设备按照一定的关系连接起来，组成一次接线，即变配电所的主接线。简单地说，根据用户负荷的供电要求，电源怎样进入变配电所、又如何向下一级负荷供电，就构成了变配电所的主接线。变配电所的主接线设计方案对变配电所安全运行、电气设备的选择、配电装置的布置和电能质量等起着决定性的作用。

表 2-1　变配电所高压设备的文字符号、主要特点与作用

分类	名　称	旧文字符号	国标文字符号	主要作用
变换电器	牵引变压器	B	T	变换电力系统的电压，使之便于传输和应用
	电力变压器			
	电流互感器	LH	TA	变换电路中的电流和电压，使之便于用于测量、保护和控制
	电压互感器	YH	TV	
开关电器	断路器	DL	QF	关合和开断正常和故障电路，具有良好的灭弧功能
	隔离开关	G	QS	关合和开断无负荷的电路，具有明显的分断点，没有灭弧功能
	负荷隔离开关	F	QL	关合和开断正常运行的电路，具有明显的分断点，具有一定的灭弧功能
保护电器	熔断器	RD	FU	避免电气设备因短路故障或过负荷遭受损坏
	电抗器、滤波器	DK	LC	限制电气设备承受的短路电流；过滤高次谐波
	避雷器、放电器	BL	F	限制电气设备承受的过电压
补偿电器	电容器	DR	C	补偿变配电系统中的无功功率，提高系统的功率因数
GIS(Gas Insulated Switchgear)组合电器、GIS 开关柜				将断路器、隔离开关、电流互感器、电压互感器等按一定的接线装配成一个整体

由于电力系统为三相对称系统，三相连接的方法、所接的电气设备基本上一样，所以，电气主接线图通常以单线图来表示，即用一条线代表三相，使其简单清晰。而对于有的元件，例如互感器，不一定三相全部装设，故表示互感器的局部电路图用三线图表示。这样，变电所的电气主接线就可以直观清晰地表示出变电所的结构特点、运行性能、使用电气设备的多少及其前后排序等。

我国铁路供电图纸中采用的电气元件文字符号比较混乱，虽然国家早就推荐使用国标，但大部分的图纸仍采用旧的文字符号，或者国标符号和旧符号混用，为了便于学习者阅读变配电所的原始图纸，在表 2-1 中对变配电所高压设备的文字符号、主要特点与作用进行说明，表 2-2 是变配电所高压设备的国标图形符号。

表 2-2　变配电所高压设备的图形符号

图　　形	电气元件名称	图　　形	电气元件名称
G	发电机，电力系统	三相母线	汇流母线
	三相变压器 单相变压器		避雷器 放电器
	熔断器		（二绕组） 电压互感器 （三绕组）
	断路器 小车式断路器		（两个铁芯，副绕组） 电流互感器 （一个铁芯，两个副绕组）
	隔离开关 电动隔离开关 带接地闸刀的隔离开关 三位置隔离开关		电缆密封终端头
			抗雷线圈
			电抗器

（二）牵引变电所、AT 所、分区所的主接线

我国高速电气化铁路牵引供电系统多采用 AT 供电方式，本节选取牵引变电所等主接线示例，均为 AT 供电方式下的主接线形式。

我国高速电气化铁路牵引变电所、分区所、AT 所、开闭所均按无人值班设计，适当考虑值守、检测、维护工作时的生活条件。

1. 牵引变电所主接线

我国高速电气化铁路牵引变电所的主接线主要有以下特点。

(1)高压侧接线方式

在牵引变电所两路电源均非常可靠的条件下，牵引变电所高压侧通常采用线路变压器组接线。两路变压器组设备和接线完全相同，正常工作时，一台运行，一台备用，虽然两路变压器组在高压侧没有联系，但两路外部电源处于热备用状态，完全可以满足牵引变电所的用电可靠性需要，因简化了高压侧的设备，在高铁牵引变电所得到了广泛采用。

牵引变电所电源侧亦可采用分支接线，在两回进线之间设置两台隔离开关的跨条，实现电

源进线与变压器直列或交叉供电的运行方式，提高运行方式的灵活性。我国目前已经实施的高速铁路中，京沪、郑西、京津、合武等牵引变电所采用线路变压器组接线方式；武广、京石、石武等采用分支接线。

图 2-14 为武广高铁某牵引变电所(高压侧)主接线图，采用分支接线，接有两路 220 kV 电源线路，主变压器(简称主变)按设置两台单相接线的主变设计，为固定全备用方式。正常时由一路电源通过任一台主变向两段独立的牵引母线供电，各隔离开关和断路器的运行状态如下：

①直列运行方式：两路 220 kV 电源线路进线隔离开关 1011、1021 合闸，互为热备用；跨条隔离开关 1001(电动)分闸、1002(手动)合闸；主变 1B(或 2B)前的断路器 101(或 102)合闸。

②交叉运行方式：220 kV 进线隔离开关 1011(或 1021)合闸；跨条隔离开关 1001(电动)、1002(手动)合闸；主变 2B(或 1B)前的断路器 102(或 101)合闸。

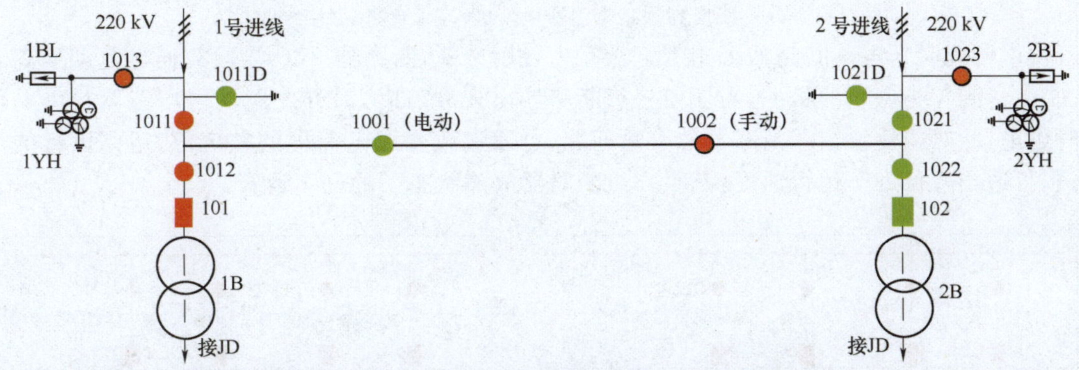

图 2-14　武广高铁某牵引变电所(高压侧)主接线图

—隔离开关(红色表示合闸，绿色表示分闸，下同)；　—断路器

(2)27.5 kV 侧接线方式

图 2-15 所示为常用的单母线隔离开关分段接线形式，这种接线方式适用于有一个工作电源和一个备用电源的变配电所。为了母线检修的安全，设有两组母线分段隔离开关。这种接线一般正常运行时是不分段的，只有当电源、母线检修或故障时才分段运行。各段母线应分别各设一组电压互感器和避雷器。

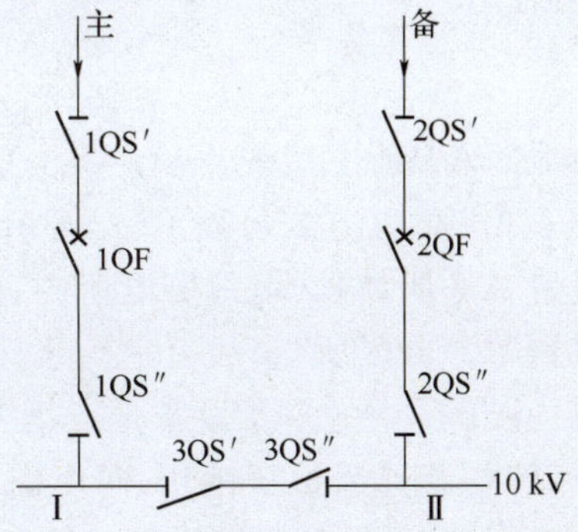

图 2-15　单母线隔离开关分段接线

图 2-16 为武广高铁某牵引变电所 27.5 kV 侧主接线图。武广高铁采用 AT 牵引供电方式，变电所采用单相主变，主变二次侧母线电压为 55 kV(2×27.5 kV)，一端接 T 母线，另一端接 F 母线。图 2-15 与图 2-16，看似不同，但实际上采用的都是单母线分段接线形式。图 2-16 中，两段母线(T1—F1 与 T2—F2)没有联系，但主变二次侧各设置了两组断路器，主变 1B 通过 201、203 两组断路器分别向两段母线(T1—F1 与 T2—F2)供电，主变 2B 通过 202、204 分别向两段母线(T1—F1 与 T2—F2)供电，每一段牵引母线均可方便地从两台主变获取电源，操作更加方便安全，供电可靠性更高。

(3)馈线侧接线方式

图 2-17 所示为武广高铁某牵引变电所馈线侧主接线图。主变 1B 工作时，通过 201、203 两组断路器分别向两段母线(T1—F1 与 T2—F2)供电，212—214 四组断路器同时工作，向上

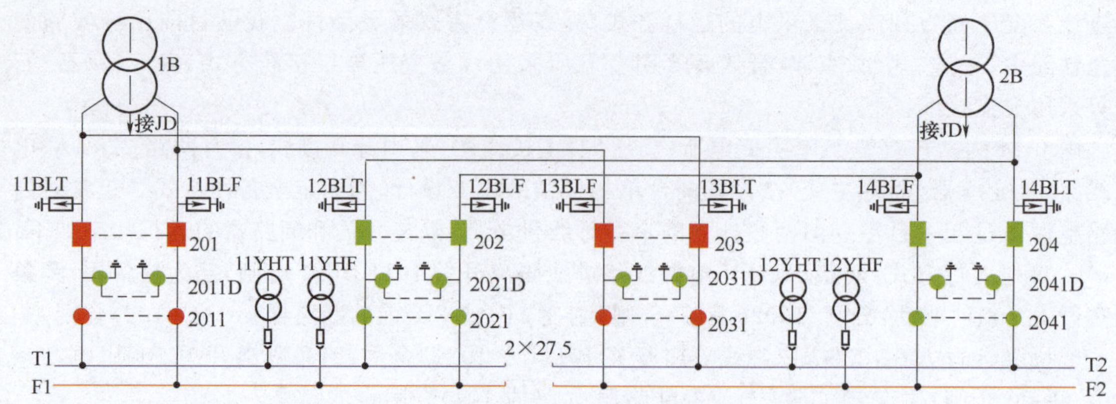

图 2-16 武广高铁某牵引变电所(27.5 kV 侧)主接线图

下行供电臂同时送电。断路器采用上下行互为备用方式,断路器 211 与 212,通过电动隔离开关 3101 达到互为备用的目的,当任何一组断路器出现故障时,另外一组均可向上下行供电臂同时供电,此时应注意馈线断路器的容量问题,可通过改变继电保护的整定值,达到运行的需求;也可适当降低列车运行速度,满足一组断路器故障状态下的列车运行。

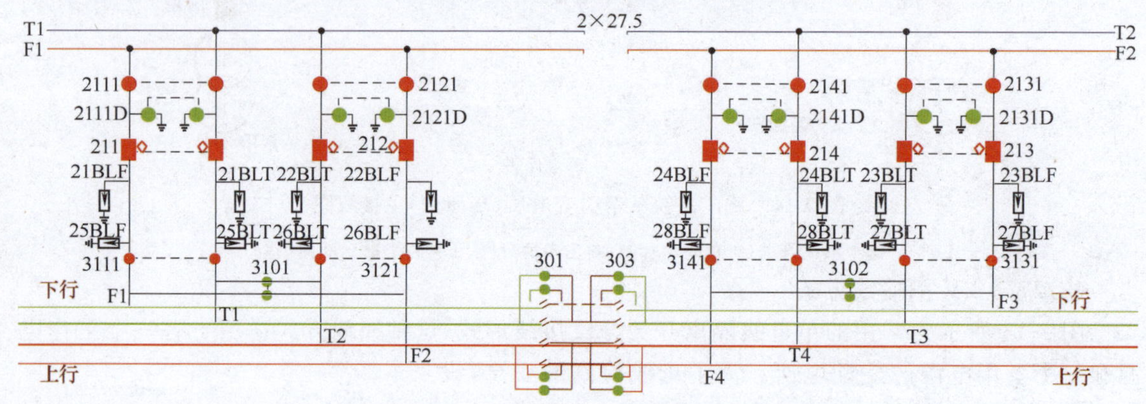

图 2-17 武广高铁某牵引变电所(馈线侧)主接线图

2. AT 所主接线

AT 供电方式每隔 10～15 km 设置一个 AT 所,AT 所的位置有 3 种:供电臂首端,不单独设置 AT 所,置于牵引变电所内;供电臂之中,设置 AT 所,或者设置 AT 开闭所;供电臂末端,设置 AT 分区所。

AT 所中的主要设备是自耦变压器及其开关设备等,AT 中点经中性线(N)与接触网保护线(PW)相连后接至钢轨,两个引线端子分别接至接触网和正馈线。

图 2-18 为武广高铁某 AT 所主接线图,工作情况简单说明如下。

(1)图 2-18 中,两组断路器(241、242)和电动隔离开关(2411、2421)从接触网接入两台自耦变压器(1AT、2AT),AT 中性点与钢轨相连。正常运行时,一台自耦变压器工作,两台自耦变压器互为备用。

(2)每回 27.5 kV 馈线上均设有氧化锌避雷器,用于过电压保护;设有电压互感器,用于测量及保护。

(3)27.5 kV 母线上设一台单相所用电变压器;另外从 10 kV 电力贯通线上引一回电源入所,并设置一台 10/0.4 kV 三相所用电变压器(图中未画出),二者之间互为备用。

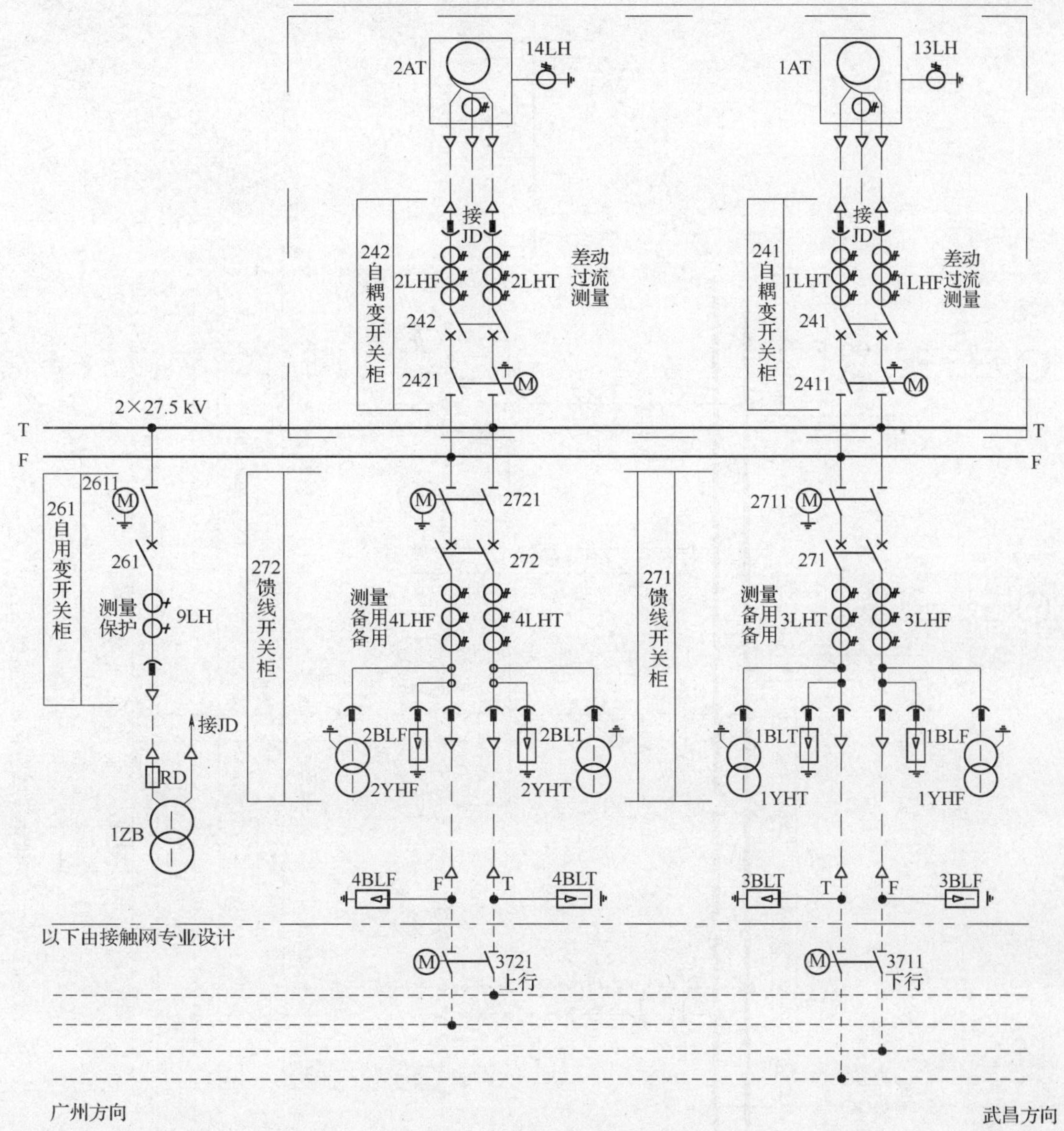

图 2-18　武广高铁某 AT 所主接线图

3. AT 分区所主接线(与 AT 所共建)

图 2-19 为武广高铁某分区所主接线图,工作情况简单说明如下。

(1)在每个供电臂上、下行接触网之间用两组断路器相连。正常运行时,断路器均闭合,实现上下行并联,两个供电臂之间设置带有隔离开关的跨条以实现越区供电。

(2)在两台断路器内侧设有两台自耦变压器,每台自耦变压器通过双极断路器和电动隔离开关接于进线上,两台自耦变压器互为备用。

(3)每回 27.5 kV 馈线上均设有氧化锌避雷器,用于过电压保护;设有电压互感器,用于测量保护。

(4)27.5 kV 母线上设一台单相所用电变压器;另外从 10 kV 电力贯通线上引一回电源入所,并设置一台 10/0.4 kV 三相所用电变压器(图中未画出),二者之间互为备用。

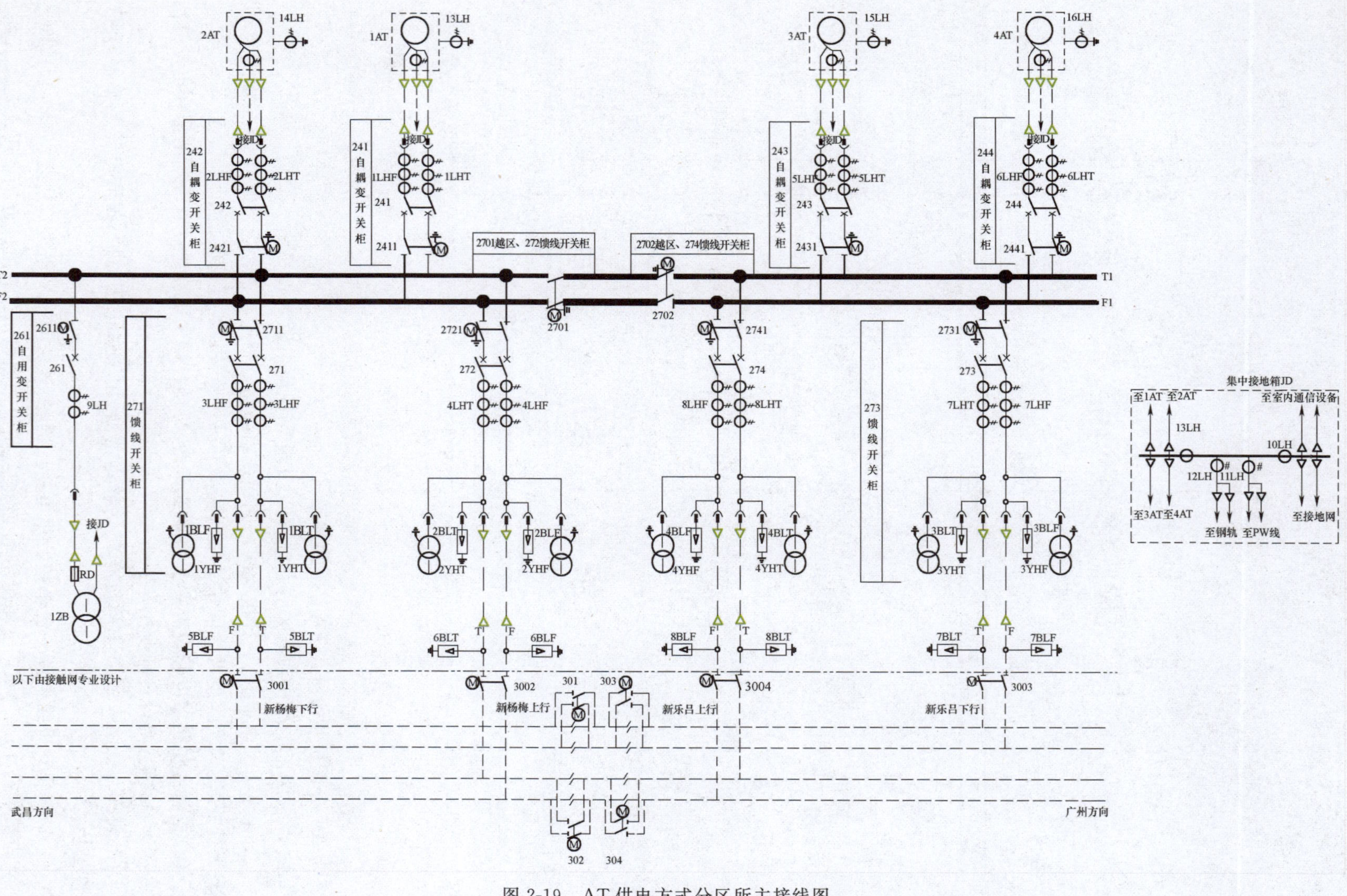

图 2-19　AT 供电方式分区所主接线图

（三）变配电所主接线

高铁线路每间隔 40～60 km 设置 110/10 kV 变配电所 1 座，向沿线一级贯通和综合贯通线路供电，相邻所对贯通线路形成互供条件，需要时还可跨所供电。高铁 110/10 kV 变电所主接线方式与普速铁路没有太大的差别，采用双电源单母线断路器分段主接线方式，高铁变配电所 110 kV 侧一般采用户外装置，在用地困难情况下可采用 GIS 组合电器；10 kV 侧一般采用户内 GIS 开关柜。

1. 10 kV 变配电所主接线

如图 2-20 所示，高铁 10 kV 变配电所采用双电源单母线断路器分段运行方式，两路10 kV 电源来自地方电源，分别送至两段母线上，正常时，母联断路器打开，两路电源同时运行，互为备用；当一路检修或发生故障时，母联自动闭合，由另一路电源供电。一级贯通和综合贯通线分别经调压器调压后供电。调压器中性点经小电阻装置接地。各站、段（所）负荷集中的地方设 10/0.4 kV 变电所，2 台变压器一次侧分别接在 10 kV 两段母线上，二次侧分别馈出一段低压母线，为单母线真空断路器分段运行方式，用电负荷分别接在两段低压母线上，两台变压器同时运行，母联断路器打开。当一路检修或发生故障时，母联闭合，两段母线一、二级负荷由另一台变压器供电。低压侧 0.4 kV 母线设电容补偿装置（图中未画出）。

2. 10 kV 箱式变电站主接线

沿线与行车有关的通信、信号、综合调度系统采用箱式变电站供电。电源由一级贯通线主供，综合电力贯通线备供。

箱式变电站内设备配置：高压开关柜选用 SF_6 气体绝缘环网柜。变压器采用干式变压器，低压柜采用模数化组合式开关柜，低压空气开关选用远程可操作式。

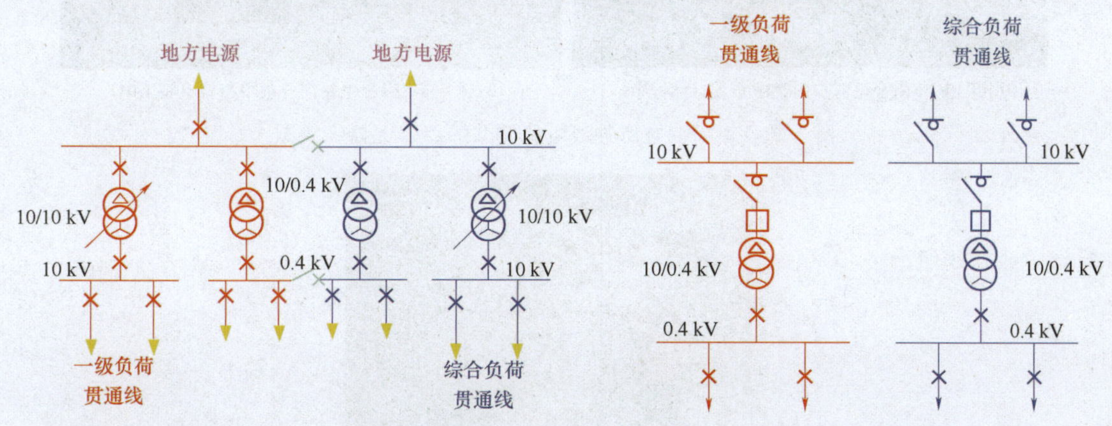

图 2-20 京沪高铁某 10 kV 变配电所主接线示意图　　图 2-21 京沪高铁某箱式变电站主接线示意图

三、高压电气设备的组成及作用

（一）高压电气设备结构形式

高压电气设备是变配电系统的主体，我国高速铁路牵引变电所高压侧配电设备多数采用单体设备，室外分散布置设计，如图 2-22 所示。在用地困难情况下，进线电源侧采用 GIS 组合电器，可户内或户外集中布置，如图 2-23 所示。牵引变电所、分区所、AT 所、开闭所 27.5 kV 侧开关设备采用 GIS 开关柜，如图 2-24(a)所示；时速 200～250 km/h 的客专 27.5 kV 侧采用户外单体设备布置方式或空气开关柜方式，如图 2-24(b)所示。表 2-3 为我国高速铁路牵引变电所高压电气设备结构形式。

表 2-3 我国高速铁路牵引变电所高压电气设备结构形式

<table>
<tr><th>序号</th><th>220 kV 侧</th><th>27.5 kV 侧</th></tr>
<tr><td>1</td><td rowspan="2">采用单体设备，户外分散布置</td><td>GIS 开关柜，户内布置</td></tr>
<tr><td>2</td><td>馈线柱式 SF_6 断路器，户外布置</td></tr>
<tr><td>3</td><td>采用 GIS 组合电器，户外集中布置</td><td rowspan="2">GIS 开关柜，户内布置</td></tr>
<tr><td>4</td><td>采用 GIS 组合电器，户内集中布置</td></tr>
</table>

图 2-22 牵引变电所高压侧采用单体设备室外设备布置实景图

(a) 采用GIS组合电器户内集中布置（运行中）

(b) 采用GIS组合电器户外集中布置（施工中）

图 2-23 牵引变电所进线电源侧 GIS 组合电器实景图

图 2-24 牵引变电所 27.5 kV 侧 GIS 开关柜实景图

（二）变 压 器

变压器是变配电所中最重要的一次设备，其主要功能是变换电压和传输电能，将一次侧的电能通过电磁能量转换的方式传输到二次侧，同时根据应用的需要将电压升高或降低，完成电能的输送和分配。

高铁牵引变电所通常采用 220(110) /27.5 kV 的油浸自冷式变压器，作为牵引变压器。高速铁路牵引变压器接线形式，应根据各地电网的具体情况和牵引变压器的容量综合确定。

主要接线形式有:V/V、V/X 和纯单相,具体接线方式见图 2-25～图 2-27。

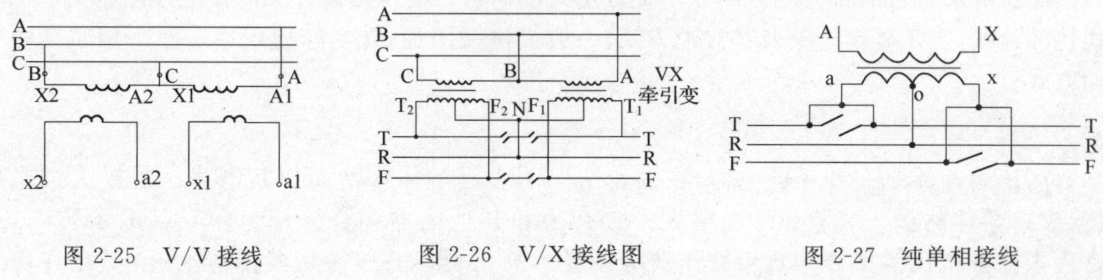

图 2-25 V/V 接线 图 2-26 V/X 接线图 图 2-27 纯单相接线

(1)V/V 接线

如图 2-25 所示的 V/V 接线的变压器,可以减轻牵引负荷带来的三相电压不平衡度,在直供方式的高铁牵引变电所得到大量采用。图 2-25 的 V/V 接线中,原边绕组接入三相电力系统的 A、B 相。副边绕组出线端子分别接到上下行牵引母线上,通过馈电线向变电所两侧供电臂的牵引网供电。

(2)V/X 接线

我国高速铁路 AT 供电方式中的牵引变电所使用最多的是 V/X 接线牵引变压器,有三相 V/X 和两台纯单相变压器组成 V/X 接线两种型式。由于高铁线路牵引负荷大,单台牵引变压器安装容量大,制造和运输均困难,目前多采用两台纯单相变压器组成 V/X 接线,如图 2-26 所示。两台单相变压器的原边线圈作 V 形连接形成与高压电网连接的三个输入端,副边线圈的四个端点形成 X 形连接的四个输出端子,副边线圈各引出中间接地点,为 X 的中心点。其中连接接触网的次边绕组是 T 绕组,接正馈线的次边绕组是 F 绕组。该接线形式由两台各具有独立磁路、电路、油箱和散热组件的单相变压器组合而成。此接线方式具有纯单相变压器的大部分优点,并且在超大容量时不会给变电所设计带来困难。

(3)纯单相接线

如图 2-27 所示为纯单相接线,我国哈大铁路最早全部采用纯单相接线,武广高铁牵引变电所在广东境内采用纯单相接线,设置两台单相牵引变压器,固定全备用。

单相接线采用副边绕组带中点抽头的单相牵引变压器。原边绕组接入三相电力系统的 A、B 相。副边绕组出线端子 a、x 分别接到 2 段 2×27.5 kV 牵引母线上。2 组牵引母线分别通过馈电线向变电所两侧供电臂的牵引网供电。在 AT 供电方式中,单相变压器都已经集成了自耦变压的功能,从而减少了二次出口侧的自耦变压器,简化了牵引供电系统的接线和设备投资。

(三)高压断路器与高压隔离开关

高压断路器具有专门的灭弧装置、很强的灭弧能力,是一种具有开关和保护双重作用、性能完善的高压开关。

高压隔离开关是没有灭弧装置的开关电器,在分闸时有明显的断口,合闸情况下能可靠地通过线路的额定电流和短路电流。因为高压隔离开关不具备灭弧功能,所以一般与高压断路器配合使用,在断路器和电动隔离开关的自动控制电路中,必须设置接点闭锁,避免隔离开关带负荷操作。

高压隔离开关主要有手动和电动两种。电动操作机构的作用:可实现远程操作,提高操作人员的安全性;可实现自动控制,便于实现无人值班;易于实现开关间的电气闭锁,提高操作人员的安全性，防止误操作。

高压隔离开关有带接地刀闸和不带接地刀闸两种。高压隔离开关的接地刀闸相当于临时挂接的地线，高压隔离开关及其接地刀闸，一般设机械闭锁，在实际使用中一般采用手动操作的方式。

(四)高压熔断器与高压负荷开关

高压熔断器是一种保护电器，在过流情况下通过熔体熔断而切断电路。主要由金属熔体、支持熔体的触头装置和外壳组成。它必须和其他电器配合使用。在变配电系统中，通常用来保护电压互感器和自用变压器等设备。高压负荷开关能切断负荷电流，不允许切断短路电流。在铁路变配电系统中常与熔断器一起使用，负荷开关起控制作用，熔断器则起短路保护作用。

(五)GIS 组合电器与开关柜

GIS 组合电器与开关柜是成套电器装置，是将断路器、三位置开关(隔离开关、接地开关)、电流互感器、电压互感器、避雷器、母线、进出线套管、电缆终端等主要电气元件(图形符号如图 2-28 所示)，按照一次主接线的要求，依次组成一个整体，高压带电部分均封闭于接地的金属体内，并充以一定压力的 SF_6 气体作为绝缘介质。110 kV 及以上称为 GIS 组合电器，封装了两路断路器及其他设备；27.5 kV 及 10 kV 称为 GIS 开关柜，一般由单个断路器(单极或多极)及其他设备组柜而成，如图 2-29 所示。

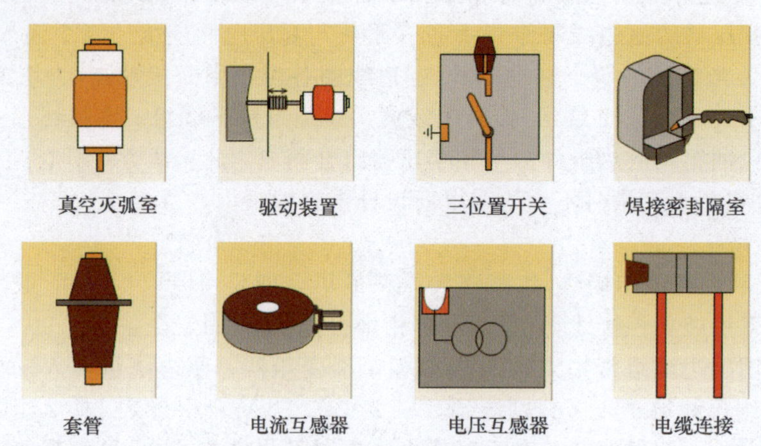

图 2-28 GIS 主要组合电气元件图形符号示意图

1. GIS 的特点

(1)小型化

因采用绝缘性能卓越的 SF_6 气体作为绝缘和灭弧介质，能实现小型化，占地面积小。组合电器的占地面积约只有普通配电装置占地面积的 10%～20%，所占空间只有普通配电装置的 1%～10%，电压等级越高，效果越明显。

(2)可靠性高

由于带电部分全部密封于惰性 SF_6 气体中，坚固的金属外壳(钢板或铝板)可靠接地，大大提高了设备运行的可靠性。此外 GIS 设备被牢固地安装在基础预埋件上，设备重心低，强度高，具有优良的耐振性能。

(3)安全性好

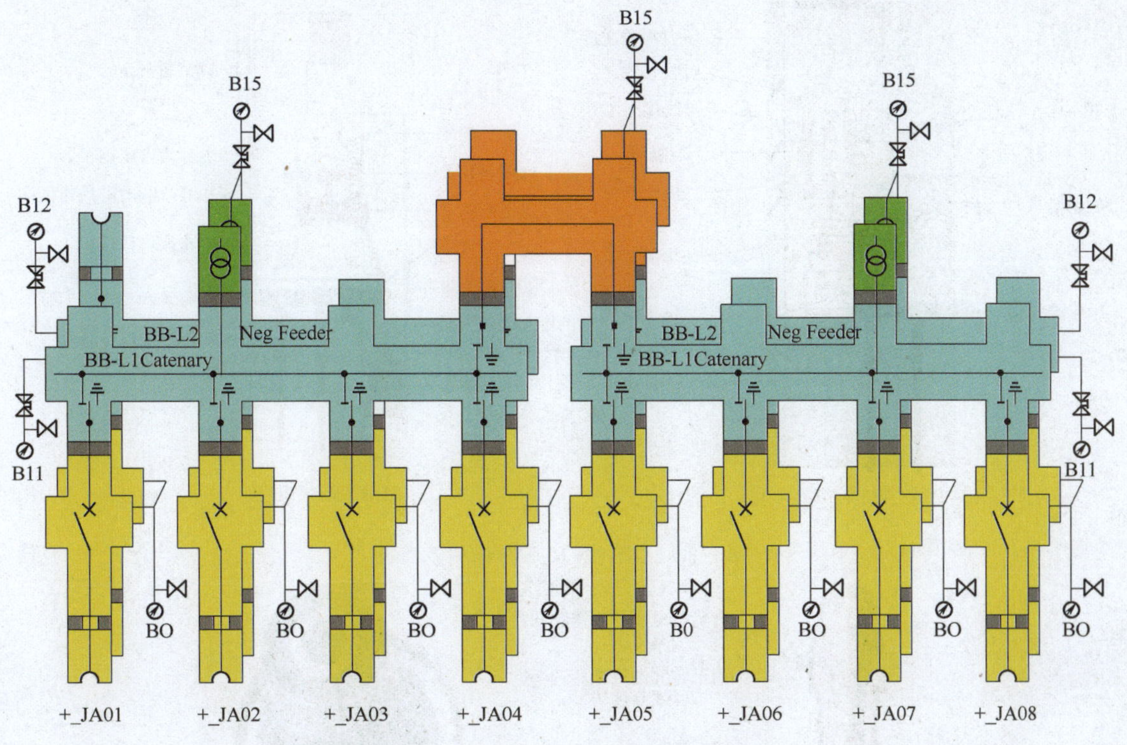

图 2-29　27.5 kV GIS 开关柜结构示意图

带电部分完全封闭，没有触电危险。SF_6 气体为不燃烧气体，无火灾危险。

(4)杜绝对外部的不利影响

全封闭设备噪声小。对电磁和静电实现屏蔽，对外不产生电磁干扰。

(5)安装周期短

可在工厂内进行整机装配和试验合格后，以单元或间隔的形式运达现场，可缩短现场安装工期，提高可靠性。扩建非常方便。

(6)维护方便，检修周期长

可连续十几年不需要检修，平时维护工作主要是监视 SF_6 气体的压力和定期测定气体含水量，检修工作量及费用较小。

2. GIS 的主要设备品种及其组合元件

我国高铁线路采用的 GIS 柜主要有西门子、ABB 公司等合资产品，设计原理相似，在 SF_6 气室结构上及工艺方面存在差异，如图 2-30 所示。

(1)GIS 柜气室工艺

GIS 柜气室的密封性能是衡量其品质的重要指标，从图 2-30 可以看到西门子、ABB GIS 柜的主要设备(真空断路器、三工位开关)均设置在 SF_6 气室内，与外部的接口主要有套管、三工位机构驱动轴、断路器机构驱动装置，压力释放板或防爆膜。

西门子 NXPLUSC 开关柜对外部接口处理上采用激光完全焊接技术密封(图 2-31)，不采用橡胶密封圈密封，气体泄漏率低于 0.1%，远低于国家标准。在 SF_6 气体压力监视设计是非接触性的，依靠磁耦合元件相互作用于气室内外压力元件和指示装置，反映气室内 SF_6 气体压力变化情况，工作原理如图 2-32 所示。

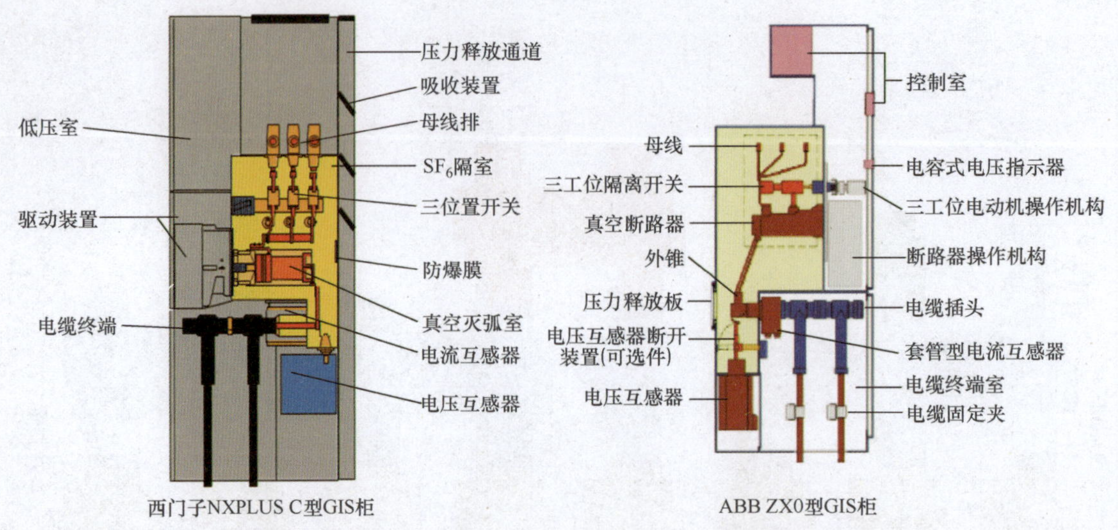

图 2-30　GIS 柜(10 kV)结构示意图

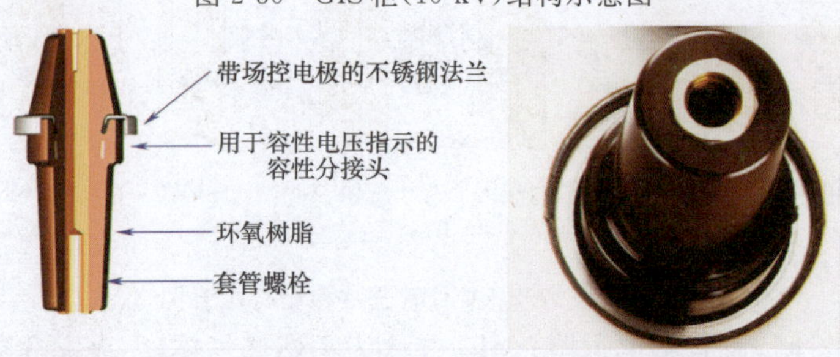

图 2-31　西门子 NXPLUS C 型 GIS 柜套管采用激光焊接

ABB ZX0 型 GIS 柜气室主要也是通过激光焊接密封，但对外接口上与西门子有差异，是通过绝缘垫刷胶螺钉固定处理的，并且留有气室充气装置，通过充气装置利用移动气体压力检测表进行日常检查气体压力变化，ABB ZX0 型 GIS 柜上没有单独的压力监测装置。

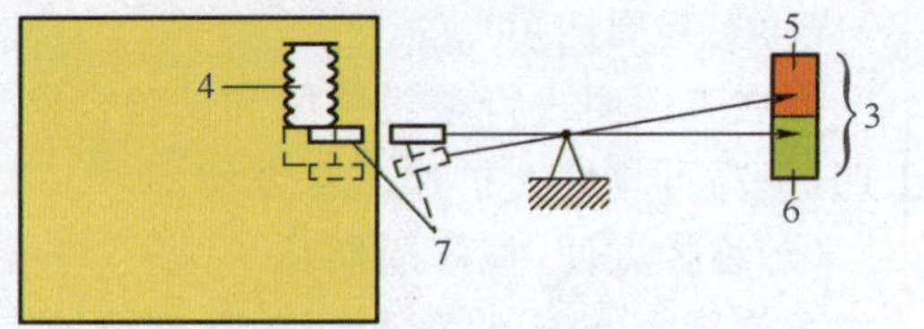

图 2-32　采用磁耦合元件的西门子 SF_6 气体压力监视装置原理示意图

3—准备就绪指示；4—压力元件；5—红色指示：未就绪；6—绿色指示：就绪；7—磁耦合

(2)断路器

断路器是 GIS 组合电器和开关柜的核心设备，可采用性能优良的 SF_6 气体断路器，在电压等级较低的场合，通常采用真空断路器。西门子、ABB 在 35 kV 及以下均采用真空断路器，构成 SF_6 气体绝缘金属封闭的真空开关柜。图 2-33 为西门子、ABB 真空断路器灭弧室剖面图，图中静触头直接与外壳相连，动触头与连接螺栓连接，与真空灭弧室内的金属波纹管形成通向气体室的真空密封连接。

ABB 触头采用螺旋状结构，可减少触头热应力，减小触头的烧蚀，提高断流能力。西门子采用新型材料 Cr—Cu 合金和独特的触头结构，提高了耐电弧能力和降低了弧压降，确保了稳定的开断电流，如图 2-34 所示。

(3)断路器操作机构

断路器操作机构功能原理基本一样，只是结构形式有所差别，均属于弹簧储能、机械防跳

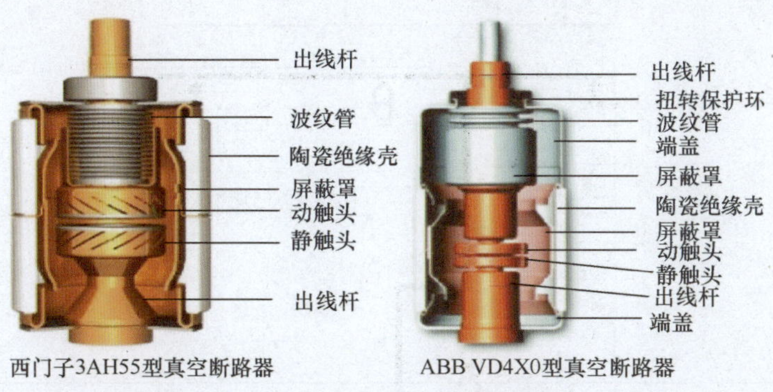

图 2-33 西门子、ABB 真空断路器灭弧室剖面图

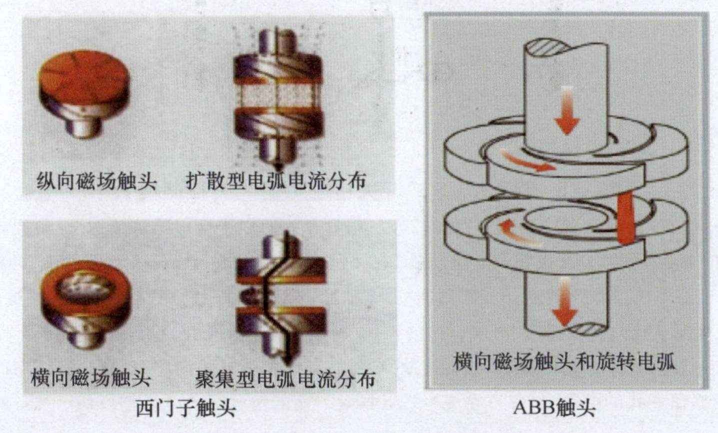

图 2-34 西门子、ABB 真空断路器触头

类型和具有手动、电动功能。

(4)三工位开关

三工位开关将隔离开关和接地开关融为一体，是配合 GIS 开关柜而设计的，具有结构简单、操作可靠、性能高、调试简单、重量轻等优点。三工位开关装置设在 SF_6 气室中，操作机构在气室外，其功能是连接、隔离、接地。西门子、ABB 的 GIS 柜中的三工位开关原理、结构基本一样，图 2-35 为 NXPLUS C 开关柜(10 kV)三工位开关控制面板，下面以该设备为例说明三工位开关的工作情况。

① 三位置开关和断路器可以实现电气联锁。

通过二次联锁回路实现：

a. 仅当断路器处于分位，三位置开关才允许操作；

b. 三位置开关操作时，断路器不允许合闸。

② 三位置开关和断路器可以实现机械联锁，联锁关系如表 2-4 所示。

表 2-4 三位置开关和断路器机械联锁关系

图 2-36	隔离位置	接地位置	断路器	操　　作
(a)	分	分	分	隔离母线：允许进行三位置隔离开关和断路器的操作
(b)	合	分	合	连接母线：无法操作三位置隔离开关，允许操作断路器
(c)	分	合	分	接地就绪：无法进行三位置隔离开关隔离操作，允许操作断路器
(d)	分	合	合	馈线接地：无法操作三位置隔离开关，允许操作断路器

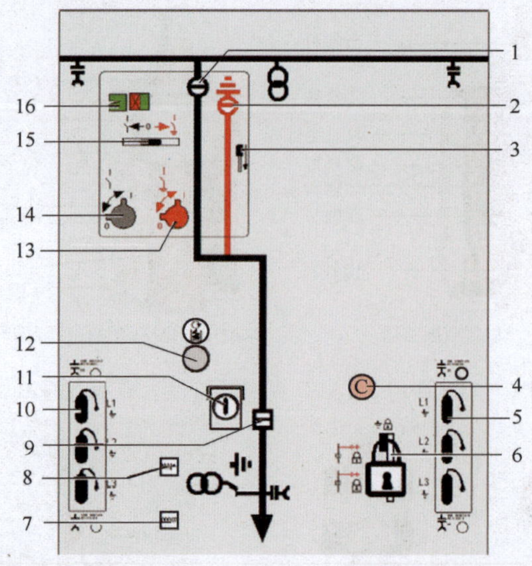

图 2-35 NXPLUS C 开关柜三工位开关控制面板

1—三位置开关的位置指示器（“隔离”功能）；2—三位置开关的位置指示器（“接地/准备接地”功能）；3—应答杆；4—断路器的 OFF 按钮；5—电压检测系统的测试插座，馈线；6—“馈线接地”的锁定装置；7—断路器的操作计数器；8—断路器“弹簧储能”指示器；9—断路器的位置指示器；10—电压检测系统的测试插座，母线（可选）；11—断路器的 ON 按钮；12—断路器的手动储能；13—接地开关操作开孔（“接地、准备接地”功能）；14—负荷开关操作开孔（“隔离”功能）；15—用于释放操作开孔的控制门（仅可在应答杆 3 推到下面的情况下才可操作）；16—准备就绪指示器

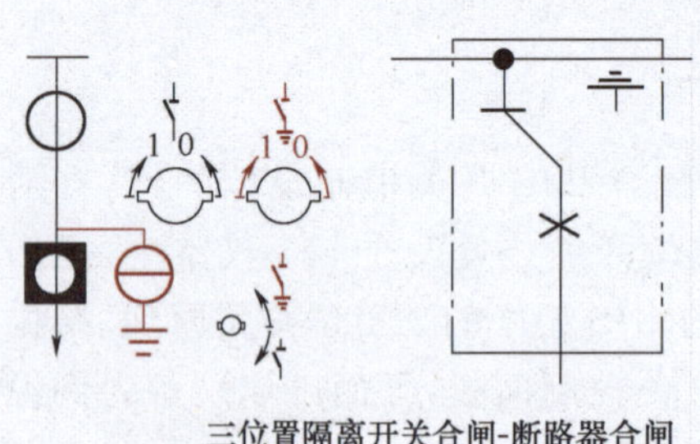

三位置隔离开关合闸-断路器合闸

(a)

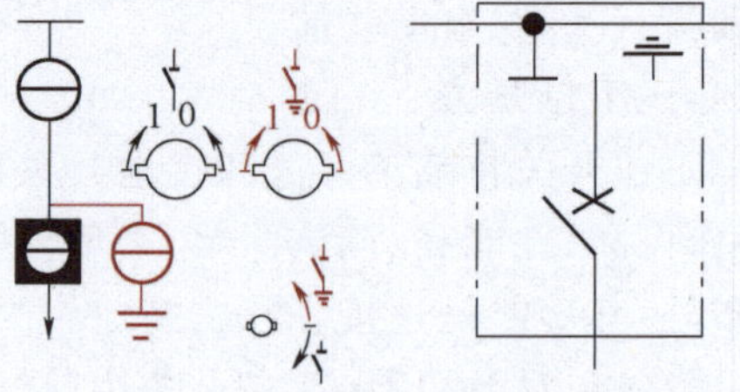

三位置隔离开关分闸-断路器分闸

(b)

三位置隔离开关准备接地-断路器分闸

(c)

三位置隔离开关接地-断路器合闸

(d)

图 2-36 NXPLUS C 开关柜三工位开关四种工作状态

③ 应用三工位开关实现馈线接地的操作顺序：

a. 断路器分闸。

b. 三工位隔离开关分闸。

c. 三工位接地开关合闸。

d. 监测线路侧带电状态(通过电容电压显示器显示),确认回路已失电。

e. 断路器合闸,回路接地。

(5)电压互感器与电流互感器

GIS开关柜中的电压互感器、电流互感器可根据需求可选为母线型和线路型,结构特点如下:

① 电压互感器

a. 环氧树脂绝缘。

b. 分为电容式和电磁式两种。电容式主要用于电压等级较高的场合。NXPLUS C开关柜配用电磁式压互,因带有金属涂层而可以触摸。

c. 一般没有隔离开关控制。

d. 插入式。

e. 布置在开关柜气箱的外面。

② 电流互感器

a. 设计为穿芯式电流互感器,主电路相当于一次绕组,环形铁芯作为二次绕组。

b. 由于电缆接头和母排为单极设计,因此布置在开关柜气箱的外面。

c. 采用不承受介电应力的环氧树脂部件。

(6)高压HRC熔断器组件

高压HRC熔断器一般和三位置负荷开关组合使用,作为变压器或电机之前的短路保护。

① 高压HRC熔断器组件结构见图2-37。

② 高压HRC熔断器组件特点:

a. 高压HRC熔断器符合DIN 43625(主要尺寸),“中等”型号配有撞针60282-1。

b. 单极绝缘。

c. 高压HRC熔断器和三位负荷开关配套,符合标准IEC 62271。

d. 使用相应的高压HRC熔断器(例如西门子,3GD1型)时,热撞针脱。

e. 不受气候影响,免维护,熔断器盒为环氧树脂绝缘。

f. 熔断器组件布置在开关柜气箱下部。

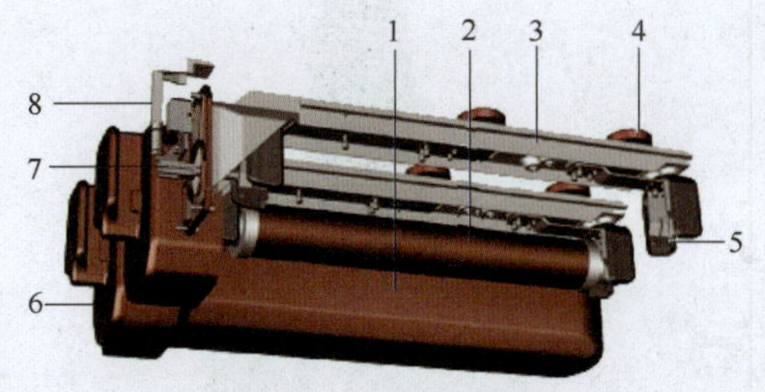

图2-37 高压HRC熔断器构成

1—熔断器仓;2—高压HRC熔断器;3—熔断器滑块(可抽出);4—套管连接;5—装配夹;6—带密封的盖;7—用于使弹簧储能操作机构脱扣的导杆;8—脱扣机构

g. 熔断器组件通过焊接套管以及连接排连接到三位负荷开关/真空接触器。

h. 只有当馈线接地时,才可以更换熔断器。

(7)避雷器:避雷器一般采用金属氧化物避雷器。金属氧化物避雷器体积小、保护性能优良的特点很适合GIS。

(8)母线:母线的布置形式主要有三相共筒式和分相式两种。三相共筒式是将三相母线封闭于一个金属圆筒内,分相式是将三相母线分别封闭在三个金属圆筒内。

(9)充气套管与电缆密封终端:组合电器的进出线与架空线连接采用充气(SF_6)套管,进出线与电缆的连接则采用电缆密封终端。

3. GIS运行注意事项

(1)密封不良的危害

GIS中电力设备应密封良好。设备密封不良有毒气体分解物会从设备中逸出,这时如无适当的通风,则由于其密度大会充满管沟或密闭小室而使工作人员窒息。用SF_6气体作绝缘的电力设备的耐压值,除了与气体及极间距离有关外,还明显地受到电极材料、电极表面粗糙度、电极面积和导电微粒污染等因素的影响,另外固体支撑绝缘子也会引起气体中局部电场的畸变,使SF_6气体的放电特性发生变化。

(2)操作过电压的危害

在GIS中开关操作时,会产生快速暂态过电压,可能导致GIS和邻近设备的绝缘事故。例如:当GIS隔离开关切合小电容电流时,有时会引起对外壳的击穿事故;GIS中开关操作或接地故障均有可能造成GIS外壳电位的暂态升高,引起接地外壳对支持构架放电。

(3)水分杂质的危害

水分是SF_6气体中危害最大的杂质。水分主要有以下几种来源:新SF_6气体中的水分、充气管路中的水分、安装时带入的水分、固体材料析出的水分和运行中大气渗入的水分。SF_6气体含水量过高,会导致灭弧室材料腐蚀,导致机械操作失灵。

(六)高压互感器

220 kV电压互感器采用电容式互感器,如图2-38所示。220 kV电流互感器采用干式或者油浸式电流互感器,220 kV干式电流互感器实景图如图2-39所示。

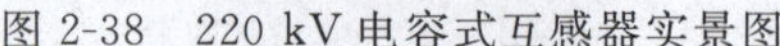

图2-38 220 kV电容式互感器实景图

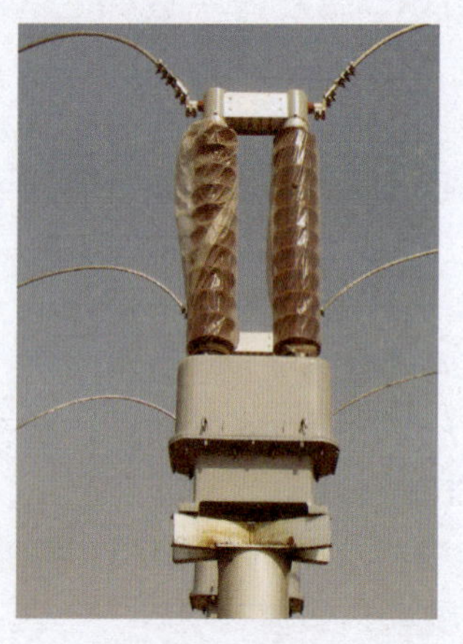

图2-39 220 kV干式电流互感器实景图

(七)配电系统电容补偿装置

电能用户在电网高峰时的负荷功率因数,高压用户应不低于0.9,其他用户功率因数不低于0.85,农业用户不低于0.8。电力电容器是最常采用的功率因数补偿装置。在高速铁路牵引供电系统中,因采用交—直—交型电传动,系统基本不存在功率因数低的问题,牵引变电所不设置电容补偿装置,但预留了滤波装置的安装位置。部分高速铁路变配电系统,在10 kV或者0.4 kV母线上设置电容补偿装置,如图2-40所示。

（八）防雷设备

1. 避雷器

避雷器是一种保护电器，用来防止雷击产生的过电压波沿线路侵入变配电所或其他建筑物内，破坏设备的绝缘。避雷器应与被保护设备并联，装在被保护设备的电源侧，用来限制电气设备绝缘上承受的过电压。避雷器除限制雷电过电压外，还能限制一部分操作过电压，功能上可以称之为过电压限制器。

2. 接闪器

接闪器是专门用来接受直接雷击的金属物体。接闪器的金属杆称为避雷针，接闪器金属线称为避雷线，或称架空地线。接闪器金属带称为避雷带。接闪金属网称为避雷网。

避雷针是变配电所常用的设备，一般采用镀锌圆钢或镀锌钢管制成，通常安装在电杆或构架、建筑物上。它的下端要经引下线与接地装置相连接。避雷针的功能实质是引雷作用，它能将雷电吸引到避雷针本身，然后经与避雷针相连接的引下线与接地装置将雷电流泄放到大地中去，使被保护物免受直接雷击。

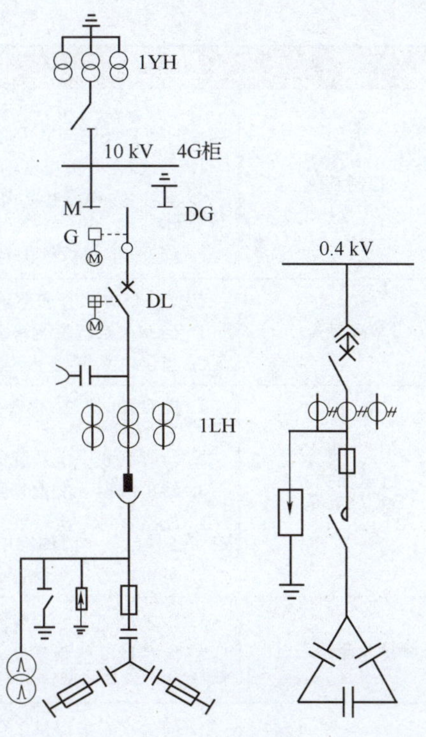

图 2-40　10 kV、0.4 kV 电容补偿接线图

思考题

1. 与普速铁路相比，高速铁路牵引供电系统的外部电源有什么不同？
2. 我国高速铁路牵引变电所高压侧常采用什么接线方式？
3. 我国高速铁路牵引变电所 27.5 kV 侧常采用什么接线方式？
4. 我国高速铁路变配电系统 10 kV 侧主要采用哪些品牌的 GIS 开关柜？有什么区别？
5. GIS 组合电器及开关柜有什么优点？

第三节　变配电所的二次设备

一、变配电所二次设备的基本原理

（一）变配电所二次设备的主要功能

传统的变配电所二次设备由控制、信号、继电保护及自动装置、测量及监察装置等部分组成，也包括电流互感器、电压互感器的二次绕组引出线和所用直流操作电源系统。二次设备所构成的电路，称为二次接线或二次回路，用二次回路接线图（简称二次接线图）进行描述。

二次设备是变配电所必不可少的组成部分，是变配电所安全、经济、稳定运行的重要保证。二次设备的主要功能如表 2-5 所示。

表 2-5 二次设备的主要功能

设备名称	功　能
控制系统	对一次系统的开关设备进行就地或远方分、合闸操作，有"远方"、"屏控"、"当地"三种控制形式，同一时间只能选择其中之一作为控制方式。 1. 当地：在开关设备的实际安装地点进行控制操作。 2. 屏控：在主控制室内，通过控制开关（或计算机）发出命令，对几百米内可电动的开关设备进行控制。 3. 远方：在远方调度中心，通过调度端、信道及出口执行端对可电动的开关设备进行控制
信号系统	能反映事故状态和不正常运行状态，提醒运行人员注意。 1. 当一次系统发生事故时，系统发出的信号即为事故信号。 2. 当供电系统处于不正常运行状态时，系统发出的信号即为预告信号
继电保护及自动装置系统	1. 能自动、快速、有选择性地切除故障设备，减小设备损坏程度，保证电力系统的稳定，增加供电的可靠性。 2. 及时反映一次系统的不正常工作状态，提示运行人员关注和处理。 3. 馈出线设一次重合闸装置；双电源设备用电源自动投入装置。 4. 断路器将一次系统分隔为各种独立的电气单元（也称为元件），如变压器、线路等。相应的就有了各种电气单元的继电保护装置，如变压器保护、母线保护、线路保护等。 5. 对重要的一次设备设置主保护和后备保护
测量及监察系统	1. 指示或记录一次系统的运行参数，作为一次系统运行情况、故障处理及经济核算的依据。 2. 由各种电气测量仪表、监测装置等设备构成，常见的有电流、电压、频率、功率、电能等电气量的测量和交直流绝缘监察
操作电源系统	1. 向二次系统提供工作电源，断路器的跳、合闸操作电源，其他设备的事故电源等。 2. 操作电源均采用 110 V（或 220 V）直流电源，一般由蓄电池及浮充电系统构成

（二）继电保护的基本工作原理及要求

继电保护装置是变配电所最重要的二次设备，高速铁路变配电所均采用综合自动化技术，用微机实现继电保护功能。

在牵引变电所中，常用电流差动保护和瓦斯保护作为主变压器的主保护；用三段（或两段）距离保护和电流保护作为接触网的主保护；在铁路变配电系统中，常用电流保护构成主变压器的主保护，用两段电流保护作为电力线路的主保护。

1. 继电保护的基本工作原理

当供电系统发生故障或出现不正常运行状态时，系统的电气量将有着显著的变化。例如：电流增大、电压降低、电流与电压的相位角发生变化等。继电保护装置就是利用这些变化来反应故障并构成对电力系统的保护。常用的保护有：电流保护、电压保护、距离（阻抗）保护等。

（1）电流保护原理

电流保护是最简单、应用最广的保护。传统的电流保护通过电磁型电流继电器实现，电磁型电流继电器主要由电磁铁、线圈和接点三部分构成，它通过线圈电流的变化控制电磁铁的电磁力，当电流达到整定值时，电磁铁的电磁力使断路器脱扣跳闸。

根据被保护对象的特点，电流保护通常被设计成过电流保护、电流速断保护、低电压启动的过电流保护、零序电流保护等。过负荷保护也是电流保护的一种，一般只作用于信号。

现以图 2-41 所示的电流保护为例说明继电保护的基本原理。在图 2-41 中可以看到，电力线路的一次设备与保护装置依靠电流互感器 2 和断路器 1 联系在一起，当线路正常运行时，线路只有负荷电流，电流互感器二次侧电流（流入电流继电器的电流）I_k 较小，不足以启动继电器，继电器的接点不吸合，保护装置不动作。当线路上的某一点，如 k 点发生短路故障时，I_k

增大，足以使继电器启动，其常开接点闭合，并经断路器的辅助常开接点6接通断路器的跳闸线圈5，断路器迅速跳闸，继电保护装置切除故障线路。

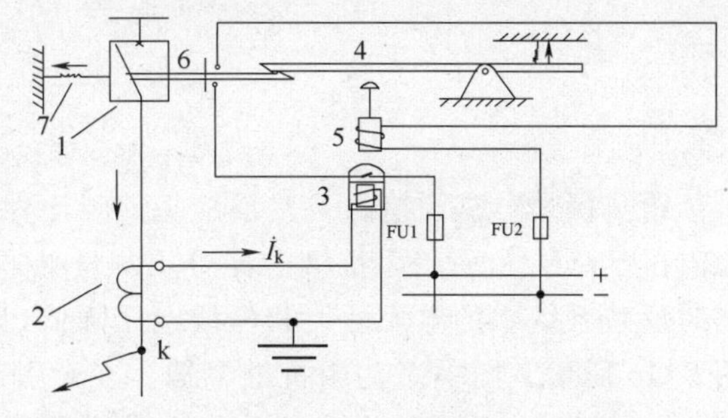

图 2-41 电流保护的基本原理示意图

随着微机保护的发展，图2-41所示的电流保护装置已经被微机保护所代替，微机保护常用原理框图来诠释其保护原理，图2-42为过电流的原理框图，当流过被保护对象的电流大于整定值时，保护装置启动，经过延时元件的延时，保护装置使断路器跳闸，并给出信号。

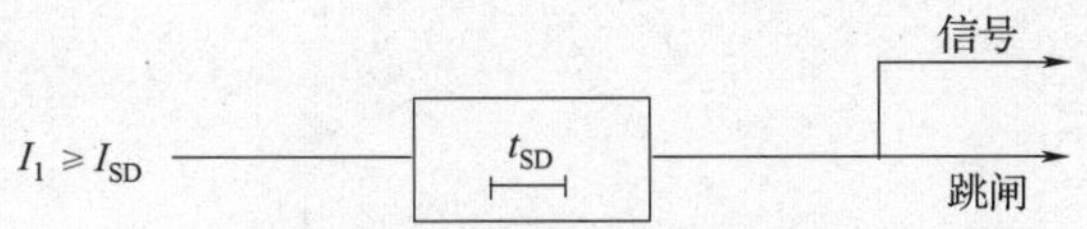

图 2-42 过电流保护原理框图

I_1—流过被保护对象的电流；I_{SD}—装置的整定电流；t_{SD}—装置的整定时间

(2)纵联差动保护原理

差动保护是变压器内部、套管及引出线上发生短路故障时的主保护，不需与其他保护配合，可无延时的切断内部短路，动作于变压器高低压两侧断路器跳闸。规程要求，10 000 kV·A及以上单独运行的变压器、6 300 kV·A 及以下单独运行的重要变压器、2 000 kV·A 及以上用电流速断保护灵敏度不符合要求的变压器，必须采用纵联差动保护作为变压器的主保护。变压器纵联差动保护在原理构成上利用了变压器原次边的电流差，是电流保护的一种形式。此保护单相原理图如图2-43所示。

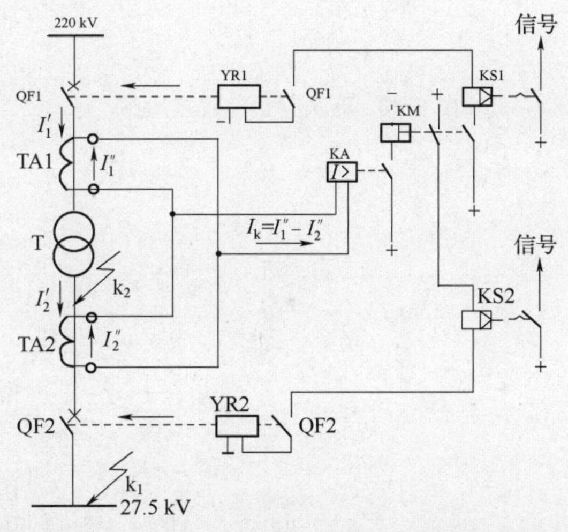

图 2-43 变压器纵联差动保护单相原理图

在图2-43中，只要适当选择变压器的原次边电流互感器的变比，满足 $K_{i1}/K_{i2}=K_{T2}/K_{T1}$，就可以分析得到下面的结果。

① 变压器正常运行时，流过差动继电器的两电流相位相同、大小相等，即 $I_k=I_1''-I_2''=0$，继电器不动作；

② 保护范围外部(如 k_1 点)短路故障时，虽然两个互感器的次边电流都是数值较大的短路电流，但流入电流差动继电器的两电流仍然保持相位相同、大小相等，即 $I_k=I_1''-I_2''=0$，继电器不动作；

③ 差动保护范围内(如 k_2 点)发生短路故障时，流入差动继电器的电流 $I_k=I_1''$(单侧电源时)或 $I_k=I_1''+I_2''$(双侧电源时)，数值都较大，继电器动作，保护装置使变压器两侧的断路器跳闸。

图2-44为差动保护的原理框图，当被保护范围发生短路故障时，变压器两侧差动电流的电流大于整定值，保护装置启动，使断路器跳闸，并给出信号。

(3)距离保护

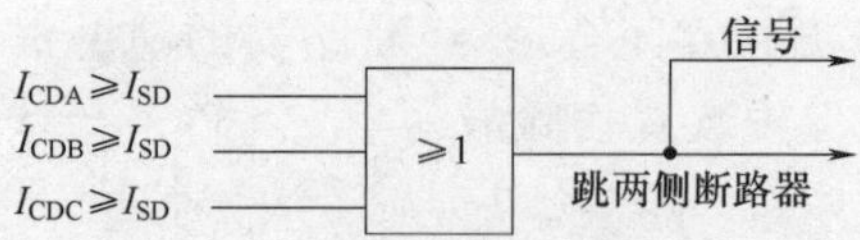

图 2-44　变压器纵联差动保护原理框图

距离保护(或阻抗保护)是反应短路点至保护安装处的距离(或阻抗)的一种保护装置。因为阻抗 $Z=\dot{U}/\dot{I}$,所以阻抗继电器可用测量继电保护安装处的母线电压和线路电流来实现,能同时反映系统中的电流增大和母线电压降低,具有灵敏度高的突出优点。距离保护的原理如图 2-45 所示。图中 Z 为阻抗继电器。在牵引供电系统中,阻抗保护通常采用多边形特性,如图 2-46 所示。根据牵引负荷的特点,为了提高阻抗保护的躲负荷能力,在阻抗保护中增加自适应判据,即根据电流中的谐波含量自动调节阻抗保护的动作范围。牵引网保护原理框图,如图 2-47 所示。

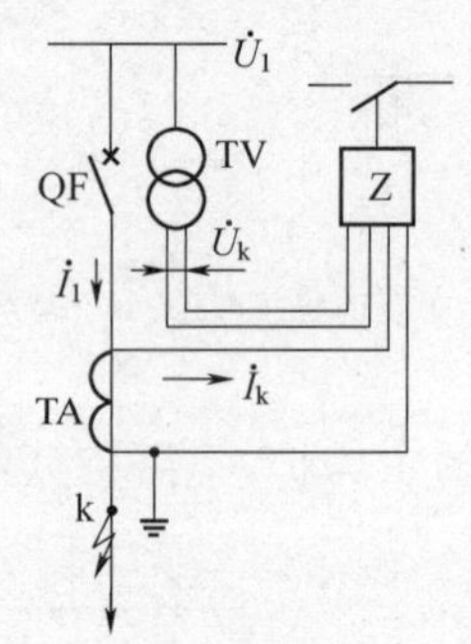

图 2-45　距离保护原理接线图

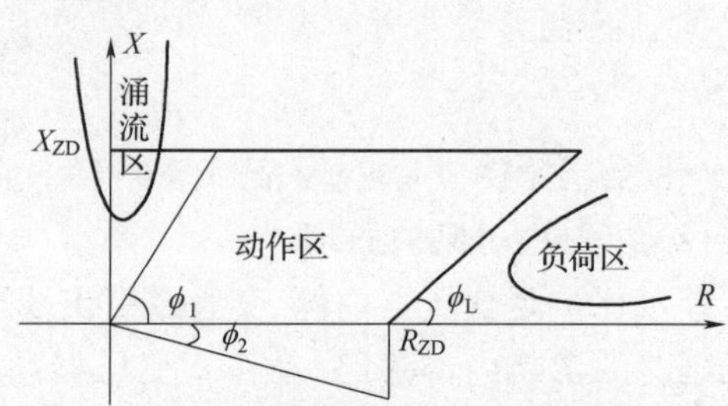

图 2-46　距离保护多边形特性

R_{ZD}—电阻整定值;X_{ZD}—电抗整定值;

ϕ_1—躲涌流偏移角;ϕ_2—容性阻抗偏移角;

ϕ_L—线路阻抗角

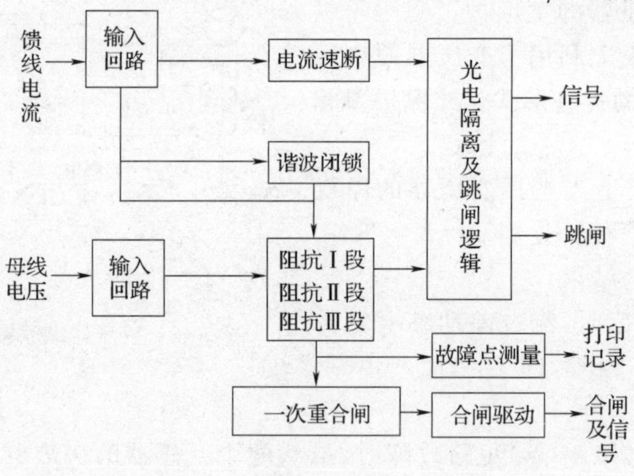

图 2-47　牵引网保护原理框图

2. 对继电保护装置的基本要求

一套完整的继电保护装置,通常应具备以下四种技术性能,即选择性、速动性、灵敏性和可靠性。

(1)选择性

对继电保护装置的选择性要求可包含下面两重意义:

①当电力系统某一元件发生故障时，要求保护装置有选择性地只切除故障元件，将电力系统故障范围缩小到最小。图 2-48 是牵引供电系统示意图，用该图可解释继电保护的选择性要求，当图中接触网 k-2 点发生短路故障时，按照选择性的要求，距离短路点最近的断路器 213 先跳闸，从而保证牵引母线上仍有工作电压。

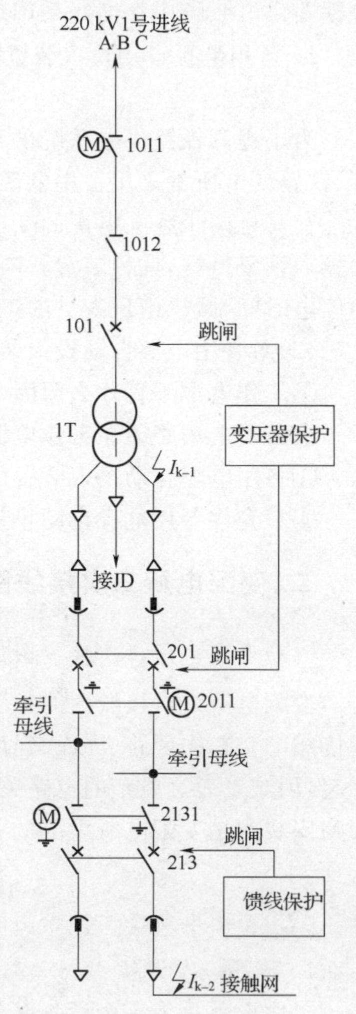

图 2-48 继电保护选择性要求示意图

②由于某种原因，距离短路点最近的保护装置或断路器拒绝动作时，相邻元件的保护装置应起后备作用。保护装置的这种后备作用是十分重要和必不可少的。例如：在图 2-48 中，当 k-2 点发生短路故障时，若馈线保护装置或断路器 213 拒绝动作时，变压器保护装置使断路器 101 和 201 跳闸。这种后备作用可防止故障范围的进一步扩大。

(2)速动性

保护装置的速动性，就是要求继电保护装置能以最短的时间将故障元件从电网上切除。保护装置的速动性要求可减轻电气设备受短路电流损坏的程度，对防止故障的进一步扩大，提高电力系统自动重合闸动作的成功率有很大的帮助。

(3)灵敏性

保护装置的灵敏性，是指在保护范围内发生故障和不正常状态时，保护装置的反应灵敏程度。设计保护装置时，应保证被保护对象在任何一点发生故障时，保护装置均能灵敏反应，使断路器能可靠跳闸。

(4)可靠性

保护装置的可靠性，是指被保护范围内发生故障时，保护装置的可靠程度。保护装置的可靠性包含两种含义：在保护装置应该动作的情况下，不因保护装置本身的某种原因而拒绝动作，即不拒动；在保护装置不应该动作的情况下，不因保护装置本身的某种原因而动作，即不误动。

保护装置的可靠性直接影响到电力系统的安全、可靠运行。为了提高保护装置的可靠性，必须注意以下几点：

①提高保护装置安装和调试的质量，加强经常的维护管理；

②保护装置应当采用质量高动作可靠的保护元件。

对继电保护装置的四个基本要求是相互联系的，也是相互制约的，一套完善的保护装置应该采用最优方案，合理处理四个基本要求之间的关系。

(三)变配电所自动装置工作原理及要求

1. 自动重合闸装置

铁路供电系统运行经验表明，接触网和电力线路的故障大多是瞬时性的，这些故障在断路器跳闸后，大多能自动并快速消除。例如雷击闪络或鸟兽造成的线路短路故障，往往在雷闪过后或鸟兽烧死以后，线路大多能恢复正常运行。因此，如采用自动重合闸装置使断路器重新合闸，迅速恢复供电，可大大提高供电的可靠性，避免因停电而给铁路运输带来的巨大损失。

自动重合闸装置的重合成功率随着重合次数的增加而显著降低，对架空线路来说，一次重合成功率可达60%～90%，而二次重合成功率可达15%，三次重合成功率可达3%左右。因此铁路供电系统中在馈线采用单相一次重合闸。

2. 备用电源自动投入装置

(1)概述

为了提高铁路供电系统的可靠性，保证对牵引负荷等重要负荷的不间断供电，牵引变电所、铁路变电所常采用备用电源自动投入装置。

在具有两个独立电源的变电所，若其中一个电源不论何种原因而断开的，另一个电源能自动投入恢复供电，这种装置就叫备用电源自动投入装置。备投装置可以大大地缩减用电负荷的停电时间，减少值班人员的工作量和减少误操作的可能性。

(2)对备用电源自动投入装置的基本要求

①工作电源不管什么原因(故障或误操作)失压时，应可靠地动作。

②备用电源必须在工作电源已经断开，且备用电源有足够高电压时，才允许投入。

③备用电源自动投入装置的动作应尽量快，以缩短停电时间和利于牵引电机的自启动。

④只允许备用电源自动投入装置动作一次，以避免将备用电源投入到永久性故障上去。

二、变配电所二次接线图及其阅读方法

(一)变配电所二次接线图的类型

变配电所二次接线图的类型主要有三种：二次回路归总式原理接线图、二次回路展开式原理接线图和二次回路(屏面、屏后)安装图。归总式原理图是将二次回路与有关一次设备画在一起，因难以表达复杂的电路关系，变配电所一般不采用。二次回路展开式原理接线图和二次回路安装图是变配电所重要的技术资料，是工作人员进行设备检查、维护和故障排除的主要依据。

(二)变配电所二次接线图的读图方法

1. 熟悉一次设备

二次设备是为一次设备服务的，熟悉变配电所的一次主接线及各种一次设备，才能读懂二次接线图。

2. 熟悉二次设备工作原理

首先，对变配电所要有总体的了解。在了解变电所一次设备和一次主接线的基础上，要了解二次回路总的概况。例如：二次系统采用了哪种形式的综合自动化系统结构；继电保护及自动装置的配置方式；主控制室屏位布置；二次电缆的走向及排列；电流互感器的分配等。这些方面主要是通过布置图和解释性图纸来说明。

对变电站一次、二次系统有了总体的了解后，就要按电气设备的单元，逐个去看二次回路接线图，例如主变压器、馈线、电容器等。每个电气单元的二次回路接线图都包括有屏面布置图、原理接线图和安装接线图。

3. 二次回路展开式原理接线图看图示例

二次回路展开图可以清晰地表示各电器元件的内部连接，是变配电所设计、调试和维护的必备图纸，也是变配电所使用最多的图纸。二次回路展开图由若干张图纸组合而成，按二次回路的性质可分为：交流电流回路、交流电压回路和直流回路。图2-49～图2-51是牵引变压器二次保护回路展开式原理接线图，从图中可以看到展开图的特点如下。

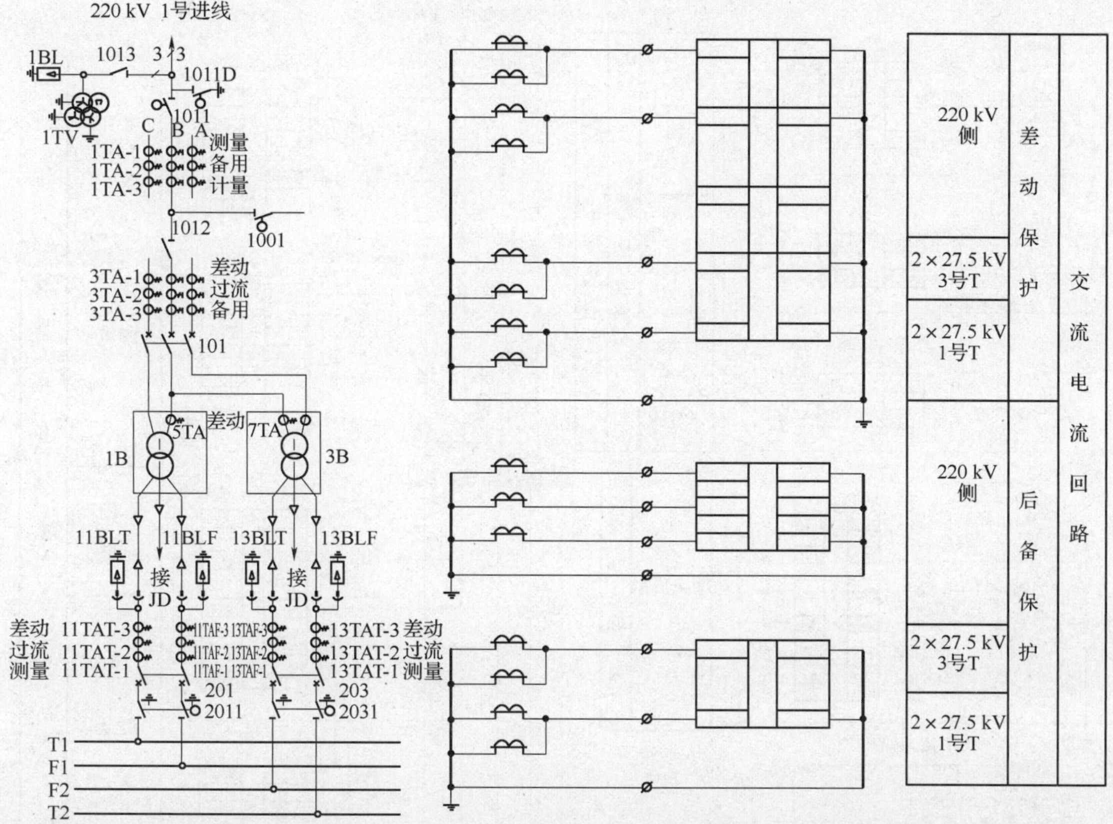

图 2-49 牵引变压器继电保护二次回路展开式原理接线图—交流电流回路

(1)交流电流、电压回路和直流回路分开表示,电路清晰明了,不易混淆。

(2)为了阅图的方便和清晰,整个图中同一元件的线圈和接点,用相同的符号表示;接点除了符号外,另标注下标区分同一元件的多个接点。

(3)回路的排列按动作的顺序由左到右、从上到下排列,并在每一个回路的右边列表说明各回路的用途,为阅图者提供了很大的方便。

对展开图的阅读,一般先从交流电流回路开始,后交流电压回路,最后看直流回路。对于熟练的读者来说,可以直接从图中找到自己需要了解的回路,从后面往前推。展开图的阅读方法如下。

(1)交流电流回路

交流电流回路的电源是电流互感器的二次电流,交流电流回路是按 A、B、C、N 从上到下依次排列,如图 2-49 所示,当 1B 出现短路故障时(如主变套管发生短路),保护装置 WBH-892Z(1X)启动。

(2)直流回路

直流回路的电源是变电所的直流操作电源“±KM(±WC)”,当“+KM(+WC)”……→“-KM(-WC)”回路能导通时,该回路中的继电器线圈得电,继电器动作。

如图 2-50,当 1B 出现短路故障时(如主变套管发生短路),保护装置 WBH-892Z(1X)启动,图 2-51 直流回路中的接点 BCJ1 闭合,启动 101 断路器的跳闸回路,101 断路器跳闸。

直流回路的动作顺序是:

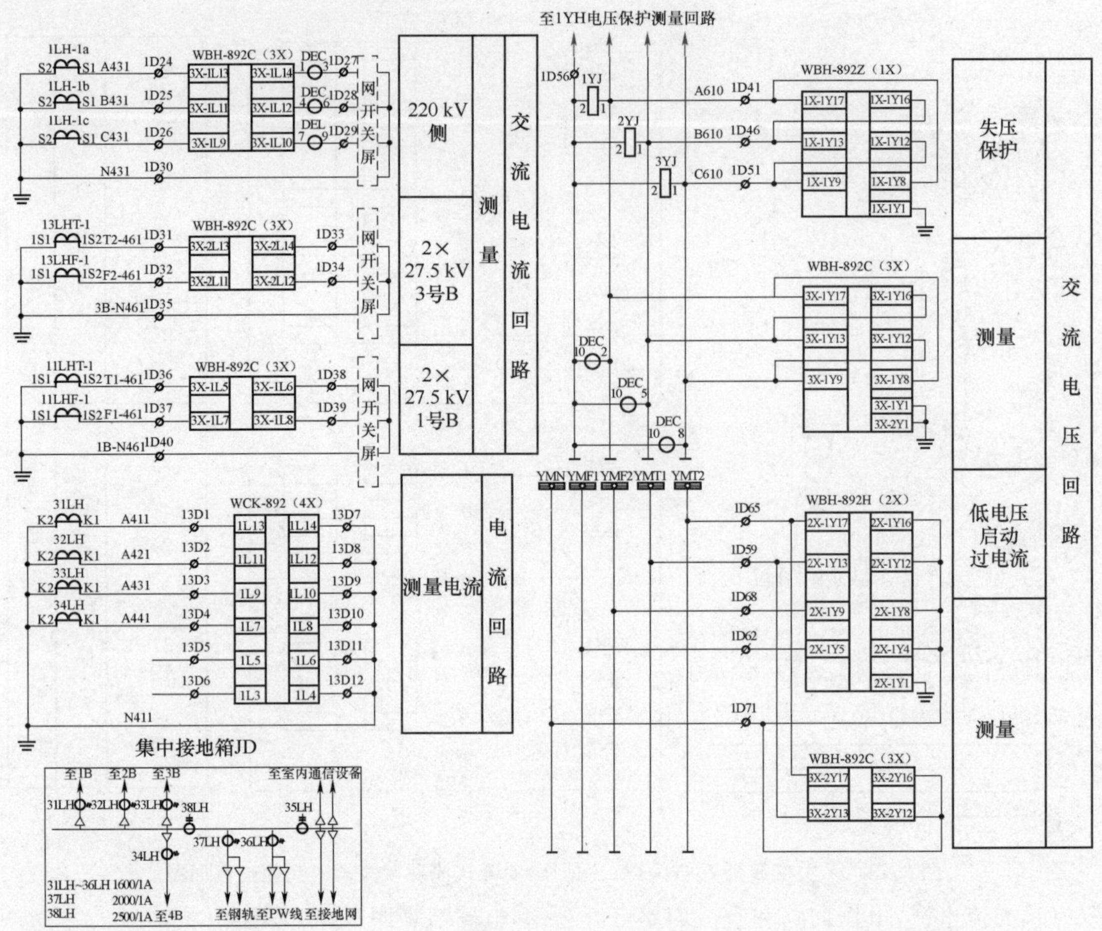

图 2-50 牵引变压器继电保护二次回路展开式原理接线图—交流电流、电压回路

① 断路器跳闸："＋KM"→$1ZK_{3\text{-}4}$→WBH-892Z(1X)-3d2→WBH-892Z(1X)-3d4→连接片1TLP→WBH-892H(2X)-5z6→WBH-892H(2X)-5d4→101 断路器集中控制箱，断路器跳闸线圈→$1ZK_{1\text{-}2}$"－KM"。

② 断路器分闸位置绿灯亮："＋KM"→$1ZK_{3\text{-}4}$→LD 灯→101 断路器集中控制箱，断路器辅助常闭接点→"－KM"。

4. 二次回路安装图

所谓安装图，是供二次回路安装时使用的。安装图通常包括屏面布置图和屏后接线图两种。

牵引变电所常用到的屏面布置图有主变保护测控屏面布置图、馈线保护测控屏面布置图等。屏面布置图是加工制造屏柜和安装屏柜上设备的依据。屏面每个元件的排列布置是根据运行操作的合理性，并考虑运行维护的方便面确定的。因此，应按一定的比例进行绘制，并标注有具体尺寸，在图中还列有设备表。通过这些图纸可以看到这些屏面都装有哪些设备，它们是如何排列和安装的。通过图中的设备表可以了解所装设备的型号、技术参数和安装数量。

屏面布置图是用来表示各元件在屏面布置的位置，因此要标注各元件相互间的距离，以便在屏面安装。

屏后接线图可以详细地表示各元件的连接方式，是安装配线的依据。屏后接线图是以展开图为依据绘制的，图中各元件的编号和展开图是完全相同的。

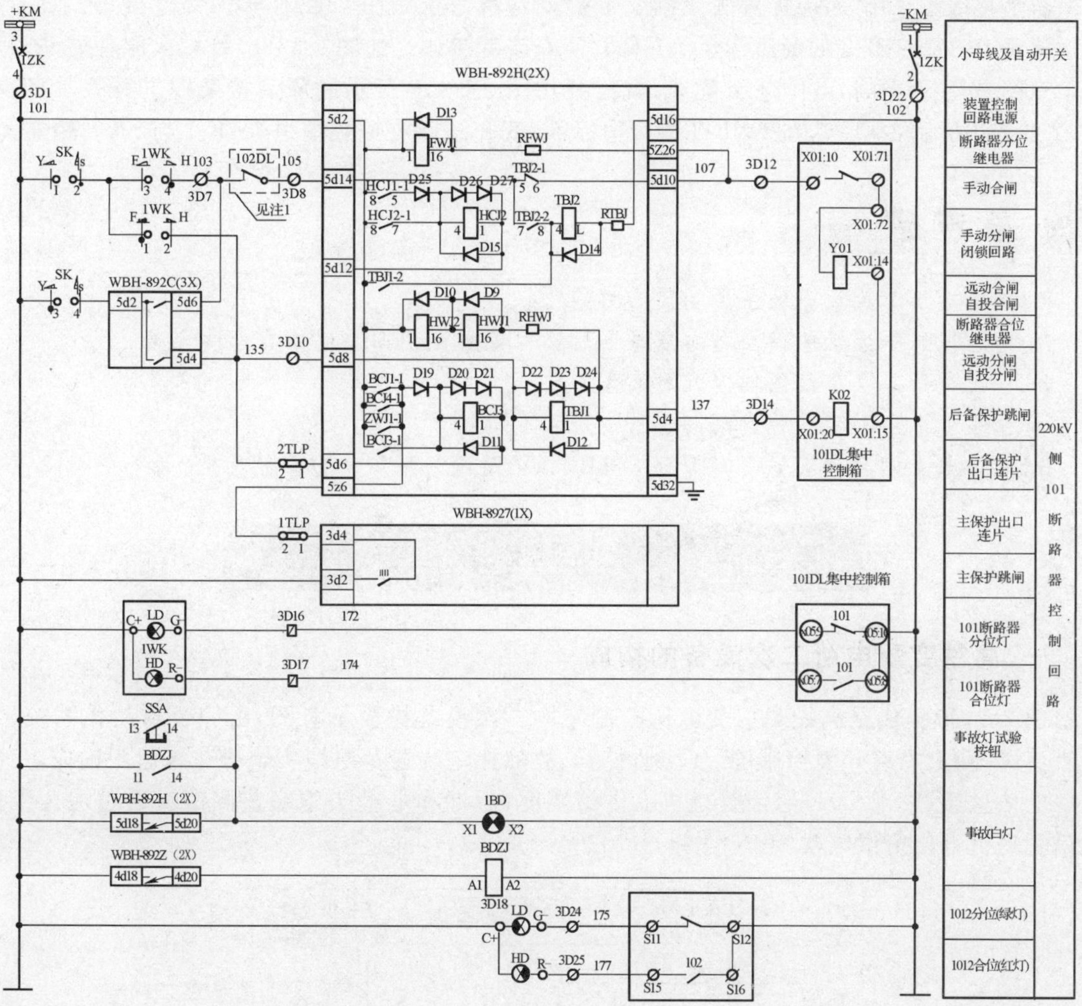

图 2-51 牵引变压器继电保护二次回路展开式原理接线图—直流回路

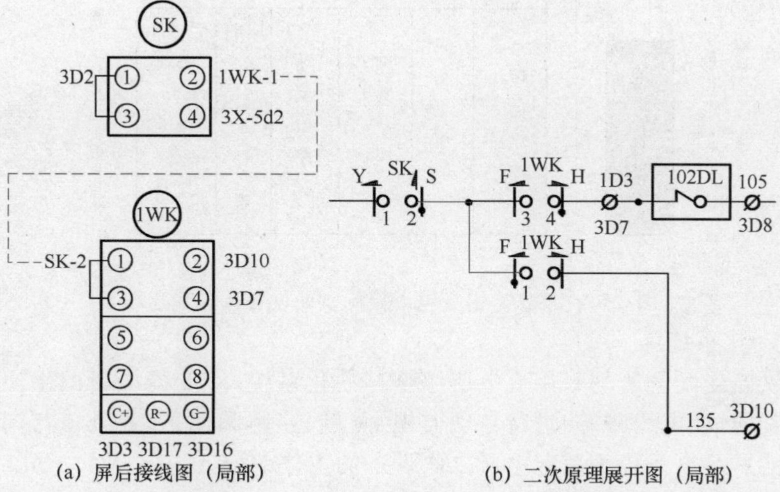

(a) 屏后接线图（局部） (b) 二次原理展开图（局部）

图 2-52 屏后接线图表示方法示意图

屏后接线图采用“对应标号法”绘制，所谓“对应标号法”就是 A1-1 与 B1-2 连接，在 A1-1 的旁边标示 B1-2，在 B1-2 的旁边标示 A1-1，方便安装者辨认。如图 2-52(b)是二次原理展开图局部示意图，安装设备时，具体怎么配线，就需要用图 2-52(a)所示的屏后接线图进行表示，即在 SK-2 的旁边标示 1WK-1，在 1WK-1 的旁边标示 SK-2，表示在原理图中 1WK-1 与 SK-2 相连。

思考题

1. 变配电所二次设备的主要功能有哪些?
2. 对继电保护装置的四个基本要求是什么? 简单说明四个基本要求的含义。
3. 变配电所二次接线图有哪几种类型?
4. 牵引变电所有哪几种自动装置?
5. 自动重合闸有什么作用? 为什么 27.5 kV 馈线采用一次重合闸装置?

第四节 变配电所综合自动化系统

一、高铁变配电所二次设备的构成

图 2-53 虚框内是高铁牵引变电所控制室的二次设备构成示意图，由综合自动化系统屏、交直流屏、网上隔离开关控制屏、环境监控屏、故障标定装置及电缆头绝缘在线监测构成，二次设备的信息通过 SCADA 通信管理机上传给调度；故标和电缆头绝缘监测信息通过综合维修通信管理机上传给供电段。

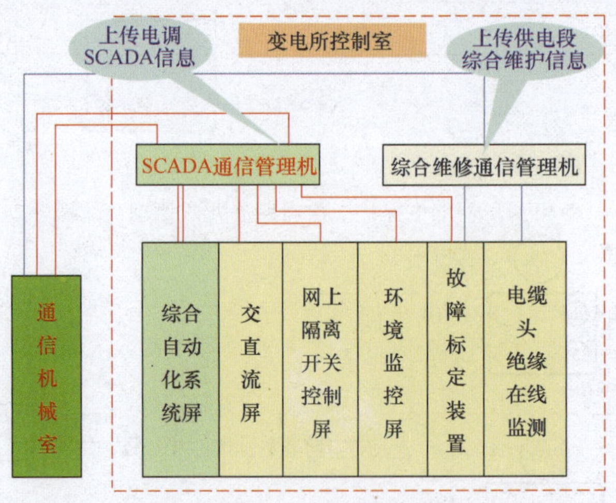

图 2-53 高铁牵引变电所控制室的设备构成示意图

1. 综合自动化系统屏

我国高速铁路变配电所均采用变电所综合自动化系统，对变配电所的主要设备(变压器、电容补偿装置和输、配电线路等)进行自动监视、测量、控制和保护，并具备与调度通信等综合性的自动化功能。综自系统是变配电所二次设备的主体部分。

2. 交直流屏

向变配电所提供交流自用电和直流操作电源，并对交直流系统进行控制、保护和测量监视。

3. 网上隔离开关控制屏

对接触网网上隔离开关进行远方控制，并采集网隔的状态信号。

4. 环境监控屏

实时监测变配电所工作环境，如：温度、人员非法进入、电缆沟动物、电缆沟进水、烟雾、明火、空调工作状况等，当工作环境出现异常时，可及时显示、报警，并可通过通信网络将数据上传，方便地实现了无人值守、远程集中监控的目的。

5. 故障标定装置及电缆头绝缘在线监测

故障标定装置可实现对接触网的故障点进行准确定位。电缆头绝缘在线监测可通过温感原理实现对电缆头绝缘情况的实时监测。

二、变电所综合自动化系统的结构形式

变电所综合自动化系统普遍采用（结构）分层（功能）分布式形式，可分散安装，也可集中安装。按每个设备（例如：一条馈出线或一台变压器或一组电容器等）为对象，集保护、测量、控制为一体，设计在同一机箱中，构成一个保护测控装置。对于 6～35 kV 的配电线路，可以将这个一体化的保护、测量、控制单元分散安装在各个开关柜中，然后由监控主机通过光纤或电缆网络，对它们进行管理和交换信息，这就是分散式的结构。至于高压线路保护装置和变压器保护装置，仍可采用集中组屏安装在控制室内。实际上，各国的习惯不同，西欧国家习惯于将保护装置安装在控制楼中，理由是环境好，检修方便。这种将线路的保护和测控单元分散安装在开关柜内，而高压线路保护和主变压器保护装置等采用集中组屏的系统结构，称为分散和集中相结合的结构，这是我国高铁变配电所综合自动化系统的主要结构形式。

不管是什么结构形式的综自系统，变电所的一、二次设备可大致分为 3 层结构。

1. 站级管理层

站级管理层协调间隔层设备完成所内自动化控制功能，并实现与远程控制中心的"四摇功能"。

站级管理层设备主要包括：计算机设施、通信设备、音响报警等设备，在通信设备上设置与控制中心的接口、管理维护计算机接口。

2. 网络通信层

所内通信网络采用现场总线或以太网方式，通过组网完成所内数字化信息传输。

3. 间隔设备层

采用保护测控一体化设备，这不仅减少了保护与监控之间的接口，减少了故障点，而且系统集成度高，可靠性也随之增强。同时保护测控一体化设备简化了与一次设备之间的接口，实现了数据信息共享、减少硬件重复配置。

间隔层设备通过与一次开关设备、CT/PT 设备接口，完成对所内供电设备的控制、监视、测量及保护功能。

间隔层设备由站级管理层设备管理，并通过所内通信网络实现所内集中监控、数据集中处理及远程通信功能。

我国高速铁路变配电所现主要采用交大许继 TA-21 型安全监控及综合自动化系统和天津凯发 DK3500 型电气化铁路牵引供电综合自动化系统。各种型号的变配电所自动化产品，因为设计理念上的差异，在人机界面和辅助功能方面会有较大的不同，但针对具体对象（如主

变、牵引网等)采用的保护测控原理基本是相同的,学习者对其中的任一种设备进行深入学习后,很容易了解和应用类似的产品。

现以交大许继公司研制的 TA-21 型综合自动化系统为例,介绍变电所综合自动化系统的基本功能。该设备应用在武广高铁等线路上,有一定的代表性。

三、牵引变电所安全监控及综合自动化系统

(一)系统结构

TA-21 型牵引变电所综合自动化系统的结构如图 2-54 所示,它由保护测控单元、当地监控单元、现场总线、视频监控单元和通信单元等组成。

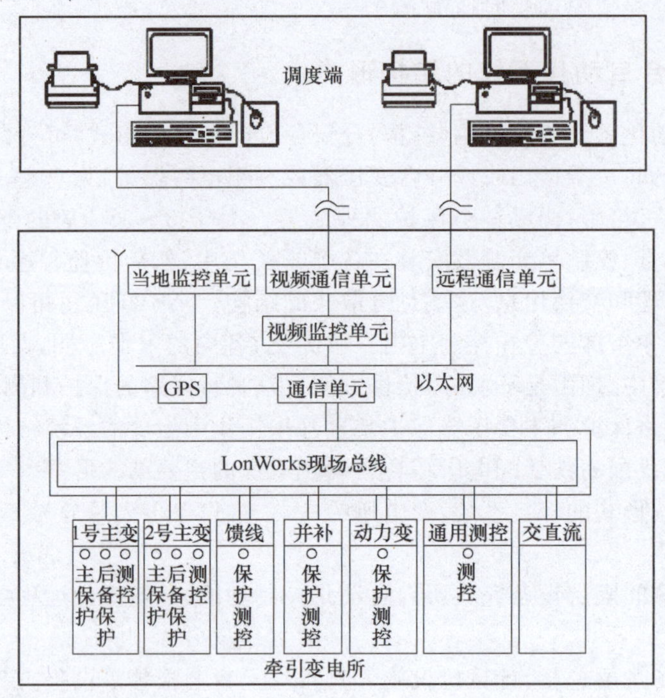

图 2-54 TA-21 型牵引变电所安全监控及综合自动化系统结构图

1. 间隔层设备,保护测控单元

保护测控单元由主变保护测控单元、馈线保护测控单元、并补保护测控单元、动力变保护测控单元和通用测控单元等主要部分构成。各保护测控单元可分散安装,也可集中组屏。

2. 网络通信层,通信单元

在以太网和现场总线之间实现规约转换,同时为全所提供时间基准(GPS)。LonWorks 现场总线为双环光纤网,是实现综合自动化系统功能的核心。调度中心通过通信单元与保护测控单元通信,实现四遥功能。

3. 站级管理层,监控单元

包括当地监控单元和视频监控单元。当地监控单元可就地完成调度中心的操作,不考虑双机备用。视频监控单元与自动灭火系统一起,组成变电所安全监控系统,实现第五遥(遥视)功能。为保证图像传输的实时性,要求为视频提供单独的 2M 光纤口。在远动通道故障时,可临时征用视频通道,而视频主机置于“转发”模式,先保证“四遥”功能。

(二)保护测控单元

保护测控单元对主变压器、馈线等主要设备进行自动监视、测量、控制和保护。

1. 主变保护测控单元

(1)功能(表 2-6)

牵引主变压器是牵引变电所重要的一次设备,为保证其正常运行,对每一台主变设置一套保护测控单元,按主变主保护、主变后备保护、主变测控三套独立装置设计,完成一台牵引主变压器的保护、测量、控制、应急选线控制、备用电源/主变自投等功能。每套装置作为一个节点与 LonWorks 现场总线交换信息。

表 2-6　主变保护测控单元的功能

<table>
<tr><th>装置名称</th><th>保护功能</th><th>测量功能</th><th>控制功能</th><th>遥信功能</th></tr>
<tr><td>WBH-892Z 主变主保护测控装置</td><td>1. 差动速断保护
2. 二次谐波闭锁的三段式比率差动保护
3. 失压保护</td><td>1. 高压侧线电压
2. 高压侧三相电流
3. 低压侧两相电流
4. 高/低压侧差电流</td><td rowspan="2">1. 高压侧断路器分/合闸
2. 低压侧断路器分/合闸
3. 进线电动隔离开关分/合闸
4. 跨条电动隔离开关分/合闸
5. 变压器中性点电动隔离开关分/合闸
6. 装置信号复归
7. 保护软压板投/退</td><td rowspan="2">1."当地/遥控"方式开关位置信号
2. 控制回路断线
3. 断路器位置信号
4. 隔离开关位置信号
5. 低压侧断路器手车位置
6. 电动隔离开关控制回路断线
7. 机构故障信号
8. 装置不良告警
9. 保护动作信号</td></tr>
<tr><td>WBH-892H 主变后备保护测控装置</td><td>1. 低电压启动的高压侧三相过流保护
2. 低电压启动的低压侧单相过流保护
3. 低压侧过电压保护
4. 零序过电流保护
5. 零序过电压保护
6. 反时限过负荷保护
7. 低压侧 PT 断线检测
8. 重瓦斯保护
9. 轻瓦斯保护
10. 温度(Ⅰ、Ⅱ段)保护
11. 压力保护
12. 油位保护</td><td>1. 高压侧三相电压
2. 高压侧三相电流
3. 高压侧有功功率
4. 高压侧无功功率
5. 高压侧功率因数
6. 低压侧母线电压
7. 低压侧各相电流
8. 低压侧有功功率
9. 低压侧无功功率
10. 系统频率
11. 负荷录波
12. 故障录波
13. 断路器分/合闸统计</td></tr>
<tr><td>WBH-892C 主变测控装置</td><td></td><td>1. 高压侧三相电压
2. 高压侧三相电流
3. 低压侧单相电压
4. 低压侧单相电流
5. 地回流
6. 轨回流
7. 变压器绕组温度、油温
8. 系统频率</td><td>1. 备用电源/主变自投功能
2. 高、低压侧断路器和电动隔离开关控制功能</td><td>1. 相关断路器、隔离开关位置信号
2. 监视断路器、主变工作状态的信号
3. 自投动作信号
4. 装置工作状态信号</td></tr>
</table>

(2)备用电源自动投入装置的动作情况说明

图 2-55 为武广高铁某牵引变电所(高压侧)主接线图,采用带跨条的分支接线,两路进线电源互为备用,备用电源自动投入功能模块设置在主变测控单元中,各种运行方式的自投动作说明如表 2-7 所示。

表 2-7 自投动作说明一览表

运行方式	故障类型	逻辑控制字	结果
1 号进线＋1B	进线失压	进线失压备投倒直列	2 号进线＋2B
		进线失压备投倒交叉	2 号进线＋1B
	主变故障	主变故障备投倒直列	2 号进线＋2B
		主变故障备投倒交叉	1 号进线＋2B
2 号进线＋2B	进线失压	进线失压备投倒直列	1 号进线＋1B
		进线失压备投倒交叉	1 号进线＋2B
	主变故障	主变故障备投倒直列	1 号进线＋1B
		主变故障备投倒交叉	2 号进线＋1B
1 号进线＋2B	进线失压	注 1	2 号进线＋2B
	主变故障	注 1	1 号进线＋1B
2 号进线＋1B	进线失压	注 1	1 号进线＋1B
	主变故障	注 1	2 号进线＋2B
1 号进线＋1B（热备用方式）	进线失压	进线失压备投倒直列	2 号进线＋2B
		进线失压备投倒交叉	2 号进线＋1B
	主变故障	注 1	2 号进线＋2B(热备用)
2 号进线＋2B（热备用方式）	进线失压	进线失压备投倒直列	1 号进线＋1B
		进线失压备投倒交叉	1 号进线＋2B
	主变故障	注 1	1 号进线＋1B(热备用)

注 1:备自投无论是倒直列还是倒交叉,结果都是一样。

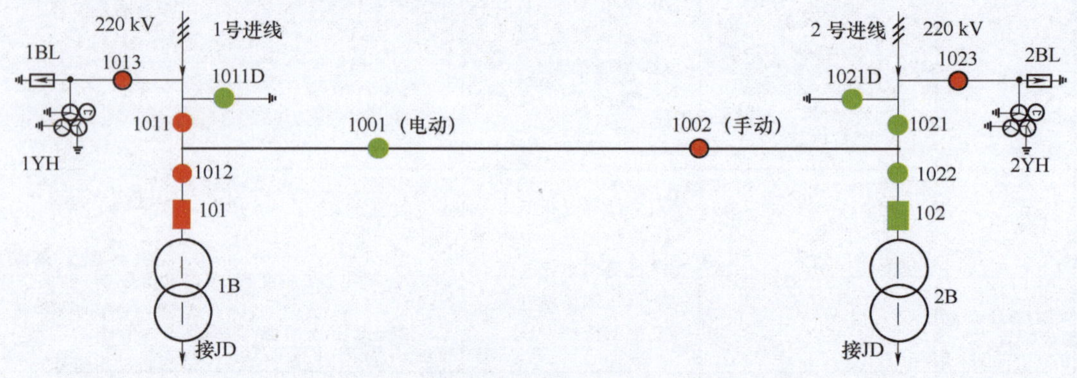

图 2-55 武广高铁某牵引变电所(高压侧)主接线图

① 直列运行方式下,220 kV 进线电源故障(或检修)

当某一路 220 kV 进线电源因故障(或检修)停电退出运行时,此时该线路失压,失压保护装置动作(或手动分闸),切除由其供电的牵引变压器,并将其进线电源隔离开关分闸,退出该路进线电源。备用电源自投装置动作(或手动合闸)合上另一路变压器前的断路器,令另一路 220 kV 进线电源向全所供电,实现直列供电运行。

② 变压器故障(或检修)

倒闸可以实现直列供电运行:当运行中的牵引变压器 1B(或 2B)出现故障(或检修)时,保护装置动作(或手动分闸),将 1B(或 2B)前的断路器 101(或 102)分闸,使之退出运行。备用电源自投装置动作(或人工合闸),牵引变压器2B(或1B)前的断路器102(或101)合闸,投入运行。

倒闸可以实现交叉供电运行:当运行中的牵引变压器1B(或2B)出现故障(或检修)时,保护装置动作(或手动分闸),将1B(或2B)前的断路器101(或102)分闸、220 kV进线隔离开关1011(或1021)分闸,使之退出运行。备用电源自投装置动作(或人工合闸),将跨条隔离开关1001和备用牵引变压器2B(或1B)前的断路器102(或101)合闸,投入运行。

2. 馈线保护测控单元

馈线保护测控单元的功能配置如表2-8所示。馈线保护采用阻抗保护和电流速断保护作为主保护,基本原理在本章第三节已经做了介绍。电流增量保护、过电流保护、反时限过负荷保护/接触网发热保护作为后备保护。

(1)电流增量保护

当牵引网发生高阻接地故障时,故障电流可能小于最大负荷电流,阻抗保护和电流速断、过电流保护不能动作。此时应该设置电流增量保护,电流增量保护的原理框图如图2-56所示。

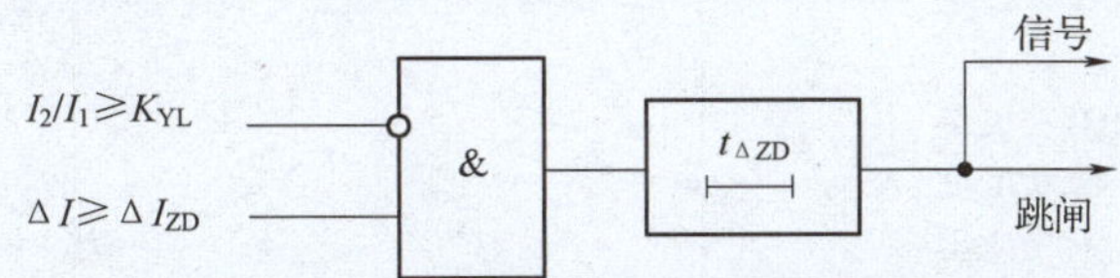

图2-56 电流增量保护原理框图

ΔI—当前和一周波前馈线电流之差;ΔI_{ZD}—电流增量保护整定值;

K_{YL}—二次谐波闭锁整定值;Δt_{ZD}—电流增量保护的动作延时

(2)反时限过负荷保护

当接触网因长期大电流发热达到一定程度时,跳开馈线断路器,以保证行车安全。

表2-8 馈线保护测控装置功能

设备名称	保护功能	测量功能	控制功能	遥信功能
WKH-892 馈线保护测控装置	1. 三段距离保护 2. 电流速断保护 3. 电流增量保护 4. 过电流保护 5. 反时限过负荷保护/接触网发热保护 6. 自动重合闸	1. 27.5 kV母线电压 2. 馈线电流	1. 断路器分/合闸 2. 电动隔离刀闸分/合闸 3. 装置信号复归 4. 保护软压板投/退 5. 重合闸软压板投/退	1. 断路器、隔离开关位置信号 2. 断路器、电动隔离开关控制回路断线信号 3. 各种保护动作信号 4. 装置工作状态信号 5. 装置不良告警

3. 其他保护测控装置的功能(表2-9～表2-11)

表2-9 补偿装置保护测控装置功能

设备名称	保护功能	测量功能	控制功能	遥信功能
WBB-892 并补保护测控装置	1. 电流速断保护 2. 过电流保护 3. 过电压保护 4. 低电压保护 5. 差电流保护 6. 差电压保护 7. 谐波过电流保护 8. 谐波阻抗保护	1. 母线电压 2. 并联电容补偿支路总电流	1. 断路器分/合闸 2. 电动隔离刀闸分/合闸 3. 装置信号复归 4. 保护软压板投/退	1. 断路器、隔离开关位置信号 2. 断路器控制回路断线信号 3. 各种保护动作信号 4. 装置工作状态信号

注:补偿装置保护测控装置在高铁牵引变电所一般不需要设置。

表 2-10 动力变保护测控装置功能

设备名称	保护功能	测量功能	控制功能	遥信功能
WDB-892 动力变保护测控装置	1. 电流速断保护 2. 过电流保护 3. 失电压保护 4. 反时限过电流保护 5. 瓦斯保护 6. 温度保护	1. 母线电压 2. 变压器进线电流	1. 断路器分/合闸 2. 电动隔离刀闸分/合闸 3. 装置信号复归 4. 保护软压板投/退	1. 断路器位置信号 2. 断路器控制回路断线信号 3. 各种保护动作信号 4. 装置工作状态信号

表 2-11 通用测控装置功能

设备名称	测量功能	控制功能	遥信功能
WCK-892 通用测控装置	1. 气温 2. 湿度 3. 风速 4. 变电所有功电度 5. 变电所无功电度 6. 动力变有功电度	1. 电动隔离开关控制 2. 断路器控制	1. 交、直流盘工作状态信号 2. 自动装置动作信号 3. 变电所事故信号 4. 变电所预告信号 5. 隔离开关位置信号 6. 断路器位置信号

(三)监控单元

1. 当地监控单元

当地监控及通信处理系统作为牵引变电所综合自动化系统的一部分,负责采集与显示牵引变电所内的测控、保护单元的各种测量、保护信息,实现对牵引变电所内的各种开关的分/合控制、信号复归、保护装置的复归与定值整定,并实现相应的报表处理、曲线显示、流水打印等信息处理功能。

当地监控及通信处理系统由当地监控主机、流水及报表打印机、通信处理单元(含远程通信)及 GPS 组成。

2. 视频监控单元

远程视频(视频、图像)监控系统,是牵引变电所安全运行的重要设备之一,它既可作为变电所综合自动化系统的一个组成单元,也可作为一套完整的独立视频监控系统。

远程视频监控系统由一个监控中心、所辖的多个执行端(前端设备)以及通信信道组成。各执行端将采集的信号通过铁路信道发送到监控中心。本系统与自动消防系统配合,即构成变电所视频监控及自动消防系统。系统监测信号主要包括摄像机输出的视频信号,各种烟感、温度、门禁、光电传感器的报警信号,控制信号包括对摄像机的控制以及对自动消防系统的控制等。

四、综合自动化系统中的微机保护单元

继电保护装置是电力系统中对可靠性要求非常严格的设备,在综合自动化系统中,保护测控装置中的继电保护单元宜相对独立,其功能不依赖于通信网络或其他设备。各保护单元要有独立的电源,保护的输入应仍由电流互感器和电压互感器通过电缆连接,输出跳闸命令也要通过常规的控制电缆送至断路器的跳闸线圈,保护的启动、测量和逻辑功能独立实现,不依赖通信网络交换信息。保护装置通过通信网络与保护管理机传输的只是保护动作信息或记录数据。为了满足无人值班的需要,也可通过通信接口实现远方读取和修改保护整定值。

（一）微机保护的功能

微机保护系统中的各保护单元，除了具有独立、完整的保护功能外，还必须满足以下要求，也即必须具备以下附加功能。

(1)满足保护装置速动性、选择性、灵敏性和可靠性的要求，它的工作不受监控系统和其他系统的影响。为此，要求保护系统的软、硬件结构要相对独立，而且各保护单元，例如变压器保护单元、线路保护单元、电容器保护单元等，必须由各自独立的 CPU 组成模块化结构；主保护和后备保护由不同的 CPU 实现，重要设备的保护（如变压器保护），最好采用双 CPU 的冗余结构，保证在保护系统中一个功能部件模块损坏，只影响局部保护功能而不能影响其他设备的保护。

(2)具有故障记录功能。当被保护对象发生事故时，能自动记录保护动作前后有关的故障信息，包括短路电流、故障发生时间和保护出口时间等，以利于分析故障。

(3)具有与统一时钟对时功能，以便准确记录发生故障和保护动作的时间。

(4)存储多种保护整定值。

(5)当地显示与多处观察和授权修改保护整定值。对保护整定值的检查与修改要直观、方便、可靠。除了在各保护单元上要能显示和修改保护定值外，考虑到无人值班的需要，通过当地的监控系统和远方调度端，应能观察和修改保护定值。同时为了加强对定值的管理，避免差错，修改定值要有校对密码措施，以及记录最后一个修改定值者的密码。

(6)通信功能。变电所综合自动化系统中的微机保护系统应该改变常规的保护装置不能与外界通信的缺陷。各保护单元必须设置有通信接口，便于与保护管理机等连接。

(7)故障自诊断、自闭锁和自恢复功能。每个保护单元应有完善的故障自诊断功能，发现内部有故障，能自动报警，并能指明故障部位，以利于查找故障和缩短维修时间，对于关键部位故障，例如 A/D 转换器故障或存储器故障，则应自动闭锁保护出口。如果是软件受干扰，造成“飞车”的软故障，应有自启动功能，以提高保护装置的可靠性。

（二）微机保护装置的硬件结构

目前微机保护装置一般采用多 CPU 结构，一个 CPU 完成保护、测量和控制等功能，一个 CPU 完成人机接口和通信功能。多 CPU 微机保护装置的硬件结构如图 2-57 所示。多 CPU 微机保护装置的硬件一般包括以下四个部分。

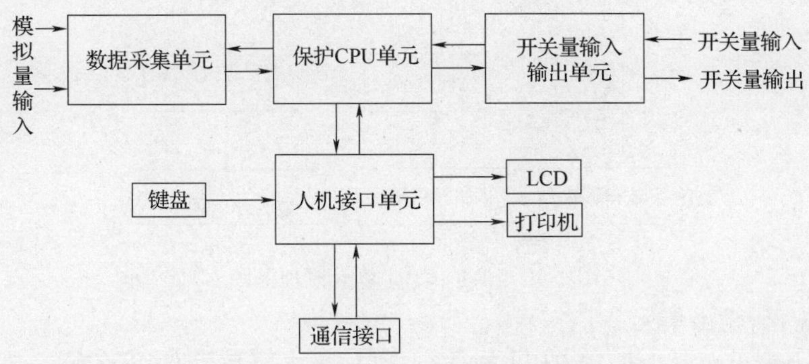

图 2-57 微机保护装置硬件原理示意图

1. 数据采集单元

数据采集单元又称为模拟量输入单元，主要包括电压形成、模拟量滤波、采样保持(S/H)、多路转换(MPX)以及模数转换(A/D)等功能块,完成模拟输入量准确地转换为微型机能够识别的数字量。

(1)电压形成回路

微机保护装置从被保护对象的电流互感器、电压互感器或其他变换器上取得电压、电流等信息,但这些互感器的二次数值、输入范围对典型的微机电路却不适应,需要降低或进行变换。一般采用中间变换器将互感器的输出信号变换为±5 V或±10 V范围内的电压信号。交流电压信号可以采用电压变换器;而将交流电流信号变换为成比例的电压信号,可以采用电流变换器。

(2)模拟量滤波回路

模拟量滤波回路的作用是滤除电流、电压信号中的高频分量(故障发生时,常含有2 kHz以上的高频分量),同时可以降低微机保护装置的采样频率,降低对微机保护装置的硬件要求。模拟量滤波回路有无源滤波器和有源滤波器两种。无源滤波器的特点是结构简单、可靠性高,能耐受较大的过载和浪涌冲击。但它对谐波分量衰减过大。有源滤波器的特点是滤波器特性比无源滤波器好。但元器件参数变化对滤波器的特性影响较大。

(3)模数转换回路

模数转换回路的作用是将模拟量信号转换为数字信号,根据模数转换原理的不同,模数转换器件主要有两类:基于逐次逼近原理的模数转换器件(AD)、基于电压—频率转换的模数转换器件(VFC)。

2. 保护CPU单元

保护CPU单元主要包括微处理器(MPU)、只读存储器(ROM)或内存单元(FLASH)、随机存储器(RAM)、定时器、并行接口以及串行接口等。保护CPU系统执行编制好的程序,对由数据采集系统输入的原始数据进行分析、处理,完成继电保护的测量、逻辑和控制功能。保护CPU单元原理框图如图2-58所示。

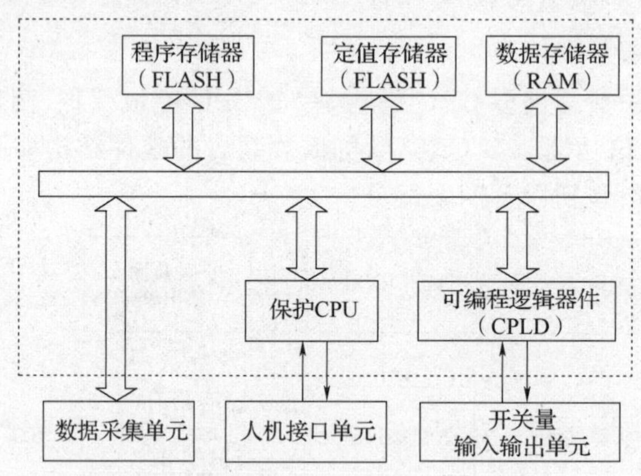

图2-58 保护CPU单元原理框图

3. 开关量输入/输出单元

开关量输入/输出单元由保护CPU的并行接口、光电隔离器件以及有触点的中间继电器等组成,完成各种保护的出口跳闸、信号、外部触点输入等功能。

4. 人机接口与通信CPU单元

人机接口与通信CPU主要完成人机会话功能以及网络通信功能,其原理框图如图2-59所示。

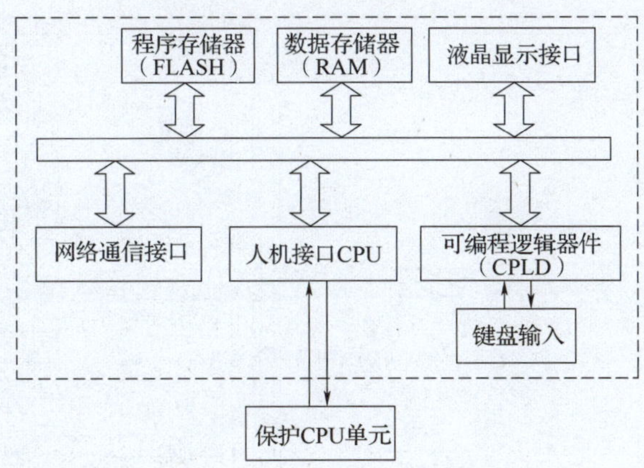

图 2-59 人机接口单元原理框图

5. 对微机保护硬件的要求

(1)高可靠性。可靠性和抗干扰能力一直是微机保护研究的最重要内容之一，涉及硬件和软件的多个方面。实践证明，总线不出芯片的设计思想为提高可靠性起到了非常重要的作用。

(2)开放性。硬件平台对于未来硬件的升级应具有开放性，即随着硬件技术的发展，能够容易地对硬件进行局部或整体的升级而不影响保护对外接口，从而始终保证微机保护装置硬软件性能的先进性。

(3)通用性。不同类型的保护装置应尽可能具有相同的硬件平台，因而可以减少备品备件数量，减少现场调试时间，缩短产品开发周期和减少硬软件的工作量。

(4)灵活性和可扩展性。硬件平台应该适用于不同保护装置的不同需求，对于现场的不同保护应用和对资源的不同需求，可增减相应的模块，完全不必对硬件及软件重新设计。

(5)模块化与智能化状态检测。模块化硬件结构能够充分满足上述硬件平台的要求和特点，装置的硬件数量总体上减少，相互通用，功能模块技术成熟，经历更多的检验与现场考验，因而可靠性更高。硬件模块化的一个重要特点是，装置内部各模块均具有智能化，因而对于实现装置内部各模块全面完善的自检与互检提供了可能。

五、交直流系统

变配电所的交直流系统包括交流自用电系统和直流系统，交流自用电系统向变配电所的照明、动力等负荷供电，直流系统提供变配电所的操作电源。

1. 交流自用电系统

对于采用单相接线变压器的高铁牵引变电所，自用电系统设有两段单相 220 V 和一段三相 380/220 V 交流母线，分别由接引 27.5 kV 的 T 母线的单相自用变压器和铁路 10 kV 线路的三相自用变压器供电。正常运行时单相 27.5 kV 自用变压器向两段单相母线供电，三相 10 kV自用变压器给三相母线供电。当单相 27.5 kV 自用变压器因故障或检修需退出运行时，两段单相 220 V 母线通过自动投切装置，由 10 kV 自用变压器供电。当三相 10 kV 自用变压器因故障或检修需退出运行时，三相 380/220 V 交流母线失电退出运行。

2. 直流系统

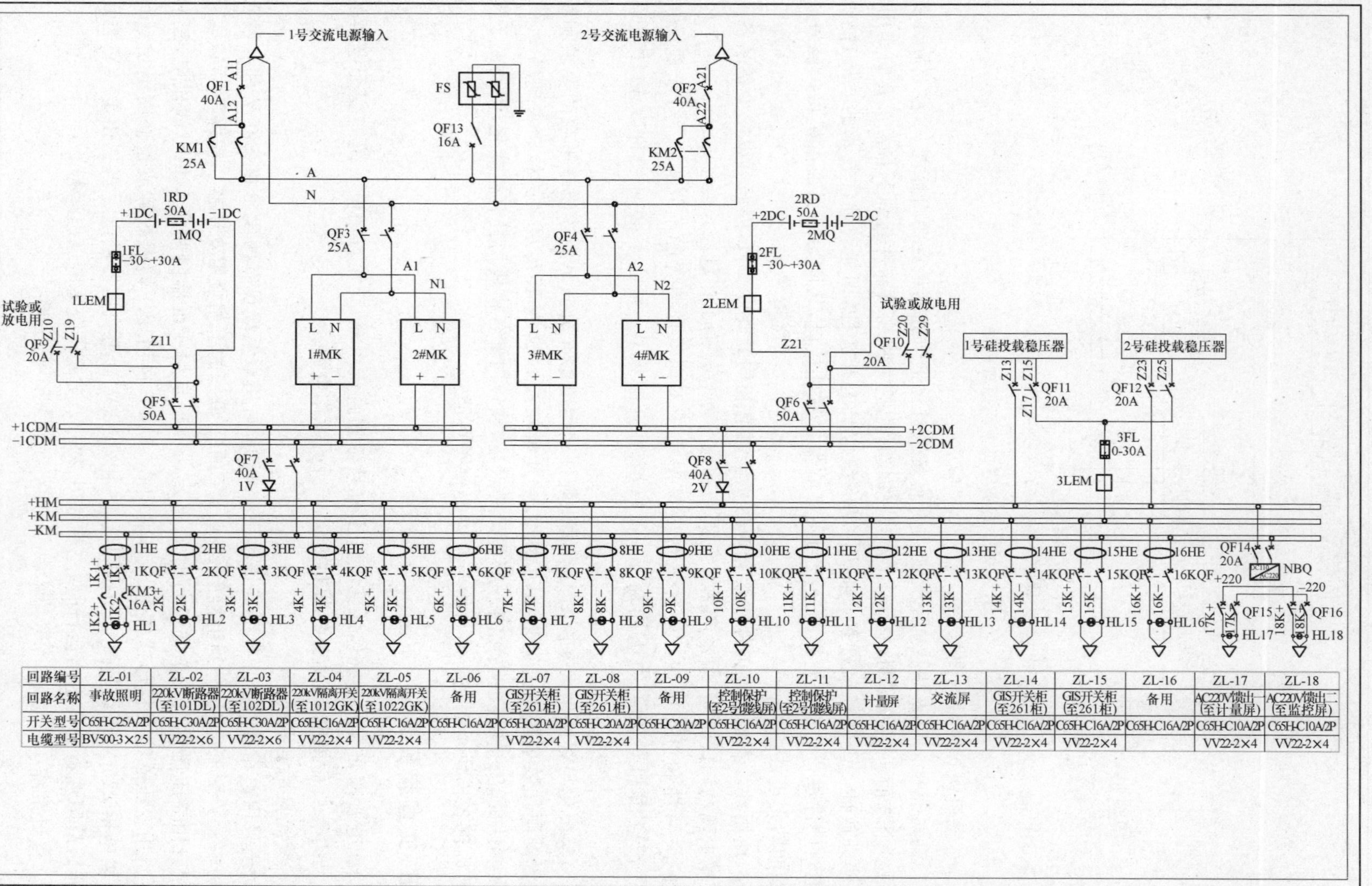

回路编号	ZL-01	ZL-02	ZL-03	ZL-04	ZL-05	ZL-06	ZL-07	ZL-08	ZL-09	ZL-10	ZL-11	ZL-12	ZL-13	ZL-14	ZL-15	ZL-16	ZL-17	ZL-18
回路名称	事故照明	220kV断路器(至101DL)	220kV断路器(至102DL)	220kV隔离开关(至1012GK)	220kV隔离开关(至1022GK)	备用	GIS开关柜(至261柜)	GIS开关柜(至261柜)	备用	控制保护(至2号馈线屏)	控制保护(至2号馈线屏)	计量屏	交流屏	GIS开关柜(至261柜)	GIS开关柜(至261柜)	备用	AC220V馈出一(至计量屏)	AC220V馈出二(至监控屏)
开关型号	C65H-C25A/2P	C65H-C30A/2P	C65H-C30A/2P	C65H-C16A/2P	C65H-C16A/2P	C65H-C16A/2P	C65H-C20A/2P	C65H-C20A/2P	C65H-C20A/2P	C65H-C16A/2P	C65H-C16A/2P	C65H-C16A/2P	C65H-C16A/2P	C65H-C16A/2P	C65H-C16A/2P	C65H-C16A/2P	C65H-C10A/2P	C65H-C10A/2P
电缆型号	BV500-3×2.5	VV22-2×6	VV22-2×6	VV22-2×4	VV22-2×4		VV22-2×4	VV22-2×4		VV22-2×4	VV22-2×4	VV22-2×4	VV22-2×4	VV22-2×4	VV22-2×4		VV22-2×4	VV22-2×4

图 2-60 武广高铁某牵引变电所直流系统原理接线图

变配电所的操作电源是供高压断路器跳、合闸回路和继电保护装置、信号回路、监控回路及其他二次回路所需的电源。变配电所对操作电源的可靠性要求很高，容量要求足够大，尽可能不受供电主系统运行的影响。

图 2-60 是武广高铁某牵引变电所直流系统原理接线图。该所直流系统采用智能型直流屏及两组 100 A·h 铅酸免维护蓄电池，额定电压为 110 V。设置两套故障时能自动切换、具有稳压稳流性能的晶闸管整流装置，以对蓄电池组进行强充电、均衡充电、浮充电及供给正常负荷。

思考题

1. 高铁牵引变电所控制室的二次设备有哪些？各有什么作用？
2. 我国高铁变配电所综合自动化系统的主要结构形式有哪些？
3. TA-21 型综合自动化系统主变保护测控单元由哪几部分组成？
4. TA-21 型综合自动化系统馈线保护测控单元有哪些主要功能？
5. 变配电所的交直流系统的作用是什么？

第五节　远动(SCADA)系统概述

一、远动系统的任务和功能

远动技术即是调度所与各执行端(如变电所等)之间实现遥控、遥测、遥信、遥调(简称“四遥”)技术的总称。远动技术常应用于被控对象远离被控点或是有危险不可靠近的大、中型系统中，如：电力系统、铁路供电系统、石油开采、煤矿、农田灌溉、给排水系统、列车运行、大型联合企业、气象、宇航、原子能及军事目标控制等监控领域。

1. 远动系统的主要任务

远动系统的主要任务分为两大类：集中监视和集中控制。

集中监视：正常状态下，实现系统的合理运行方式；故障状态下，及时了解事故发生原因和范围，加快事故处理。

集中控制：调度人员可以借助远动装置对设备进行遥控或遥调，可提高运行操作质量，改善运行人员的劳动条件，提高劳动生产率。

2. 远动系统的四遥功能

远动系统的四遥功能：遥控、遥测、遥信、遥调。

遥控(YK)：对被控对象进行远距离控制。被控对象可以是固定的，如铁路上的变电所、分区所、开闭所，电力系统的发电厂、变电所的开关等；也可以是活动的，如无人驾驶飞机、卫星等。调度中心运用通信技术，对电厂、变电所的设备发送开停或投切的命令，相应厂、站收到命令后执行。在牵引供电系统中遥控对象主要有牵引变电所、开闭所、分区所内 27.5 kV 及以上电压等级的断路器、负荷开关及电动隔离开关；接触网负荷隔离开关。

遥测(YC)：遥测就是对被测对象的某些参数进行远距离测量。如遥测铁路牵引供电系统中变电所、分区所中的有功和无功功率、电度、电压、电流等电气参数及接触网故障点等非电气参数。这些信息经过采样后，运用通信技术送到调度中心端储存并显示。

遥信(YX):将执行端的设备状态信号远距离传送给调度端。状态信号如将变电所的设备状态信号及报警信号,断路器、隔离开关的位置状态,继电保护、自动装置的动作状态,开关位置只取“合”或“分”,设备状态只取“运行”或“停止”。信号采集后,运用通信技术送到调度中心端储存并显示。

遥调(YT):调度端直接对执行端某些设备的工作状态和参数的调整。如调度中心端利用通信技术,对电厂、变电所可调节设备的电压、功率因数等进行调节。

上述四个功能即是常说的“四遥”功能,在铁路供电系统中主要实现除遥调外的其他“三遥”功能。

二、铁路供电 SCADA 系统构成及工作原理

供电系统的运行、调度、管理工作日益复杂,要做到安全、经济和可靠,必须建立一个能对供电一次系统主要设备进行监视、测量、调整、控制以及管理的自动化系统,这就是 SCADA 系统(Supervisory Control And Data Acquisition,数据采集与监视控制系统)。SCADA 系统是以微型计算机为主构成的远方监视控制和数据收集系统,对现场的运行设备进行监视和控制,以实现数据采集、设备控制、测量、参数调节以及各类信号报警等各项功能。

1. 高速铁路与普速铁路 SCADA 系统设置的不同

高速铁路牵引供电系统调度(简称牵引调度)和变配电系统调度(简称电力调度)均设在铁路局,共用 1 套 SCADA 系统,大大提高了设备的利用效率和可靠性。普速铁路牵引调度和电力调度分设 2 套 SCADA 系统,牵引调度设在铁路局,功能比较完善;电力调度设在供电段,多为后期改造而成,使用效果普遍不够理想。

2. SCADA 系统实现调度自动化的基本过程

铁路供电 SCADA 系统比传统远动系统的功能更加强大、可靠,主要由三部分组成:调度端、执行端和信道,如图 2-61 所示。SCADA 系统实现调度自动化有四个基本的过程。在这四个过程中,远动基本的“四遥”功能和各组成部分的作用将得到体现。

(1)执行端采集被控对象信息并将其传送到调度端

执行端负责采集现场的状态和数据,并将其进行变换后通过远动信道传到调度端,调度端经过一定的变换显示到人机界面上(显示器等)。此过程主要由执行端、现场信息转换机构来实现,实现的是遥信、遥测这两个功能。

(2)调度端对远动装置传来的信息进行实时处理

对传来的 YX、YC 数据进行存储、显示、打印。分析传输的数据是否正确,并加以抛弃或纠正后使用。此过程主要由调度端实现。

(3)调度端做出调度决策

调度计算机根据接收的信息,对被控对象的运行进行自动或人工分析,然后做出适当的调节和控制(调整挡位、分合开关、投撤电容等)。此过程主要由调度端实现。

(4)将调度决策送执行端去执行

调度决策包括对被控对象的控制和调节。调度端发出 YK、YT 命令,经过信道传到执行端,执行端接收到之后具体进行执行。此过程主要由执行端和现场执行机构实施。实现的是 YK、YT 功能。

3. 高速铁路供电 SCADA 系统的构成

图 2-62 为高速铁路供电 SCADA 系统结构示意图。

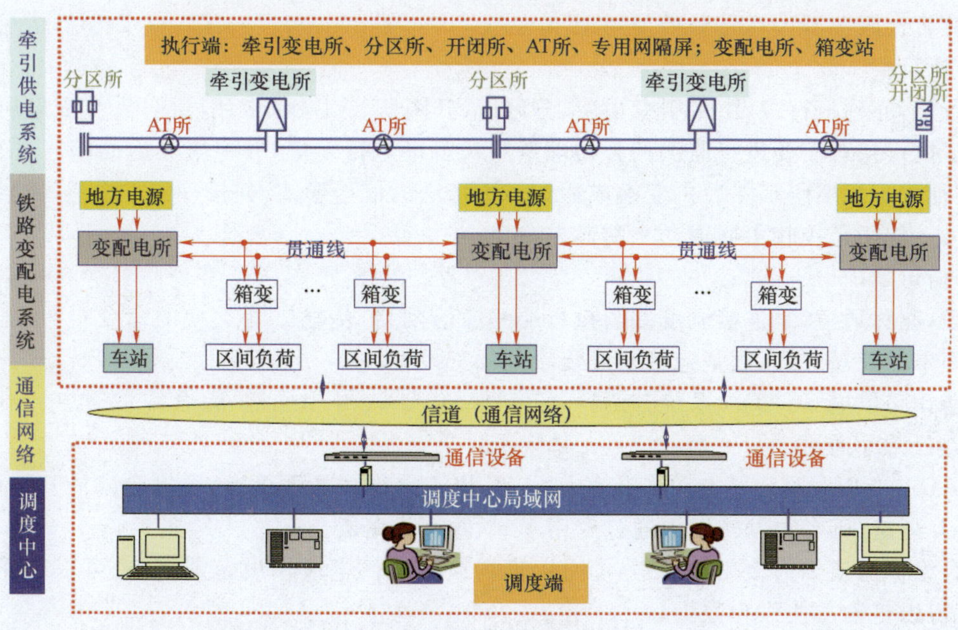

图 2-61　高速铁路供电 SCADA 系统结构示意图(一)

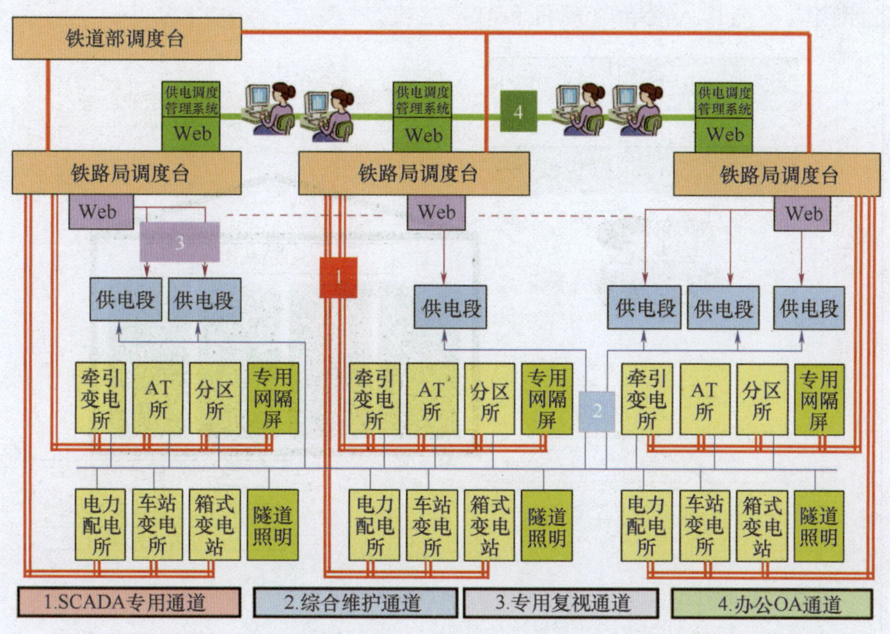

图 2-62　高速铁路供电 SCADA 系统结构示意图(二)

(1)调度端

调度端，亦称调度中心。图 2-63 为高速铁路供电 SCADA 系统调度端功能示意图，调度端的 SCADA 机房有 SCADA 专用通道接口 4 个、办公及通用复视通道接口 1 个、专用复视通道若干。调度端通过 SCADA 专用通道接口和内部局域网，接收和发送信息，完成遥信、遥测、遥控功能，即：完成断路器、隔离开关等状态信息的收集与处理；完成电流、电压、功率等数据信息的收集与处理；根据运行需要发送 YK 命令。另外，调度端将通道送来的信号进行数据处理后，送至后台服务器中，显示各种图形，制作各种报表、曲线；同时，将数据送到铁道部调度，数据存储在后台服务器供运行分析使用。

(2)执行端

执行端,亦称执行端,由牵引变电所、分区所、开闭所、AT所、专用网隔屏、变配电所、箱变等组成。执行端对需要进行监测的各物理量及状态量进行采集,并将采集后的信息进行抗干扰加工(称抗干扰编码),然后再变换成适合通道传送的信号形式,并按一定方式送入通道。执行端的另一作用是接收由通道送来的遥控命令,并执行。

(3)信道

信道,亦称通道,是连接调度端与执行端的通信网络,传输二者交换的命令与数据。通道并不是简单的几条导线,而是包括信号传输的加工设备。

高速铁路供电SCADA系统有四种通道,即SCADA专用通道、综合维护通道、专用复视通道和办公OA通道。

SCADA专用通道1不允许外接任何设备,也不允许附加调度台,调度台以外其他用户均通过Web浏览,所有数据转发也通过专用Web通道3完成。

综合维护通道2为多用途通道,即可以现场设备与供电段调度台连接,也可以车间、班组接入,也可以传输一些人为数据。

为保证供电SCADA系统安全,所有数据来源于执行端的设备采集,不附加人为数据。外接存储设备原则上不能接入后台管理机和监控主机。

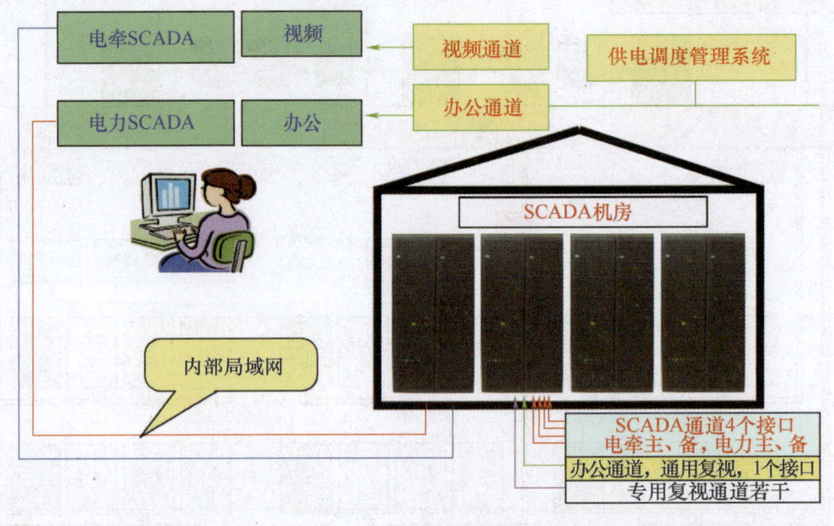

图2-63 高速铁路供电SCADA系统调度端功能示意图

思考题

1. 简述远动系统的四遥功能。
2. 与普速铁路相比,高速铁路供电SCADA系统有什么不同?
3. 高速铁路供电SCADA系统的调度端有什么功能?
4. 高速铁路供电SCADA系统的执行端(被控端)有哪些对象?
5. SCADA专用通道能否允许外接任何设备?为什么?

复习题

1. 高速铁路全并联 AT 供电方式的特点是什么？

2. AT 供电方式保护线的作用是什么？

3. AT 供电方式下高铁牵引变电所主要采用哪种接线的变压器？主要优点有哪些？

4. 我国高速铁路牵引变电所高压电气设备结构形式有哪几种？

5. 三工位开关的作用是什么？应用三工位开关实现馈线接地的操作顺序是什么？

6. GIS 运行注意事项有哪些？

7. 继电保护的作用是什么？

8. 高速铁路 AT 供电方式牵引网发生故障时设备一般的动作顺序是什么？画简图叙述之。

9. 图 2-55 中，以 1 号电源带 1B 运行自投为 2 号电源带 2B 运行，电源备自投的设备动作顺序是什么？

10. 馈线保护为什么设置电流增量保护和反时限过负荷保护为后备保护？各有什么作用？

11. 什么叫 SCADA 系统？主要用于哪些领域？高速铁路供电 SCADA 系统由哪几部分构成？

第三章　相关知识

通过本章学习，了解高速接触网基本知识；掌握接触网与牵引变电所的分界有关规定；了解综合接地系统的相关知识；掌握牵引供电系统接入综合接地系统的方式。

第一节　接触网的基础知识

一、高速接触网基本知识

接触网是沿铁路线上空架设的向电力机车供电的特殊形式的配电线路。其由接触悬挂、支持装置、定位装置、支柱与基础等部分组成。接触网的额定电压为工频单相交流 25 kV，长期最高电压为 27.5 kV，短时(5 min)最高电压为 29 kV，最低工作电压为 20 kV。

(一)有关牵引网的术语

(1)馈电线，连接牵引变电所和接触网的导线。

(2)接触网，沿线路露天敷设，通过和受电弓的滑动接触把电能输送给电力机车的供电设施。由接触线、承力索以及支持、悬挂和定位等装置组成。

(3)轨道与回流线，牵引电流的回流设备。

(4)接触线，与受电弓直接接触，供给机车电能的导线。

(5)承力索，在接触悬挂中，通过吊弦承受接触线垂直荷载的线索。

(6)简单悬挂，接触网直接悬吊于支持结构上的接触悬挂。

(7)链型悬挂，接触线由吊弦悬吊于一根或多根承力索上的接触悬挂。

(8)附加导线，接触网中除了接触悬挂以外的负馈线回流线(NF)、加强线、吸上线、正馈线(AF)、保护线(PW)、横联线(CPW)、供电线、避雷线及架空地线(GW)等架空导线。

(9)电分段，纵向或横向将接触网从电气上互相分开的装置或区段，通过绝缘锚段关节或分段绝缘器实现。

(10)电分相，接触网中用于两段电压不同相位处，避免接触网在受电弓通过时发生相间短路的装置或区段。一般在牵引变电所和分区所处设电分相，通过绝缘锚段关节或分相绝缘器实现。

(二)接触网的运行方式

1. 正常运行方式

我国高速铁路采用全并联 AT 供电方式，此为接触网的正常运行方式。

在正常运行方式下，上下行接触网的电压是同相的，一般由变电所的同一侧母线取流。上、下行接触网在电气上分开，并在供电臂中间 AT 所和末端分区所处实行上、下行并联供电，可以提高供电臂末端电压。

若上行或下行断路器故障，可通过上下行联络隔开采用“一带二”模式供电。此模式不需要限车。

2. 非正常运行方式

非正常运行方式包括全部自耦变压器退出运行、部分自耦变压器退出运行和越区供电等。

当同一供电臂上的自耦变压器全部退出运行时，该供电臂为直接供电方式。

当同一供电臂上的自耦变压器部分退出运行时，该供电臂为AT或混合供电方式。

越区供电方式(也称事故供电方式)是当某一牵引变电所因故障不能正常供电时，故障变电所担负的供电臂，经分区所越区隔离开关同相邻的供电臂接通，由相邻牵引变电所进行临时供电。

非正常运行方式需要根据变电所变压器的容量校核该供电区间是否需要限车，或者调整保护定值。

(三)高速接触网的悬挂类型、支持与定位设备

1. 高速接触网的悬挂类型

电气化铁道的接触网一般采用架空悬挂式，具体的悬挂形式有：简单悬挂和链型悬挂两种。链型悬挂又分简单链型悬挂和弹性链型悬挂。接触网中的悬挂部分主要由承力索、接触线、吊弦、补偿装置、悬挂零件及中心锚节等组成。

国外高速接触网悬挂类型基本上可归为三类：即以日本为代表的复链型悬挂、以法国为代表的简单链型悬挂和以德国为代表的弹性链型悬挂。悬挂类型的选择与其对高速弓网受流质量的评价体系、地理气候条件、运输组织和列车运行模式、施工经验及本国传统模式等有直接的关系。复链的弹性最为均匀，最适合于高速运行，但其结构较为复杂，我国尚无设计、施工及运营经验，故不宜推荐采用；而简链和弹链均能满足高速列车受流要求。我国已经运行或在建设的高速铁路中，悬挂类型一般采用全补偿弹性链型悬挂，图3-1为AT供电方式采用弹性链型悬挂的牵引网实景图。

图3-1 AT供电方式采用弹性链型悬挂的牵引网实景图

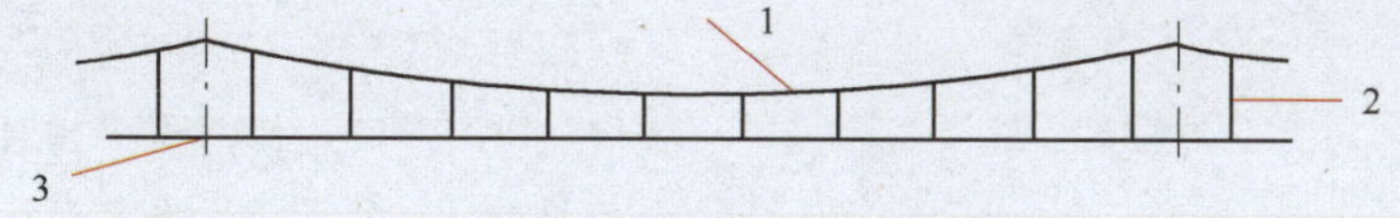

图3-2 简单链型悬挂

1—承力索；2—弹性吊弦；3—接触线

图3-2为普速铁路采用的简单链型悬挂结构示意图，图3-3为高速铁路弹性链型悬挂结构示意图。

2. 高速接触网的支持与定位设备

支持设备用以支持接触悬挂，并将其负荷传给支柱或其他建筑物，根据接触网所在区间、站场和大型建筑物而有所不同。支持装置包括腕臂、水平拉杆、悬式绝缘子串，棒式绝缘子及其他建筑物的特殊支持设备。

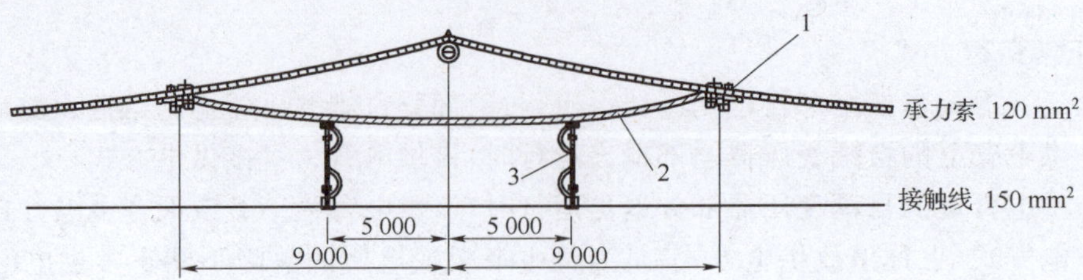

图 3-3 弹性链型悬挂

1—弹性吊索线夹；2—弹性吊索；3—弹性吊索用吊弦

定位装置包括定位管和定位器，其功用是固定接触线的位置，使接触线在受电弓滑板运行轨迹范围内，保证接触线与受电弓不脱离，并将接触线的水平负荷传给支柱。

支柱与基础用以承受接触悬挂、支持和定位装置的全部负荷，并将接触悬挂固定在规定的位置和高度上。我国接触网中采用预应力钢筋混凝土支柱和钢柱，基础是对钢支柱而言的，即钢支柱固定在下面的钢筋混凝土制成的基础上，由基础承受支柱传给的全部负荷，并保证支柱的稳定性。预应力钢筋混凝土支柱与基础制成一个整体，下端直接埋入地下。高速铁路的腕臂柱一般采用 H 型钢柱，对于大型客站腕臂柱一般采用圆形钢管柱，咽喉区跨越多股道时采用轻型钢管硬横梁。

定位方式是指接触悬挂与支持定位装置以及支柱的连接方式，支柱所处位置不同，其定位方式也就不同。正定位和反定位是接触网的基本定位形式。正定位如图 3-4 所示，用于直线区段或半径在 1 200～4 000 m 的曲线区段的支柱定位。反定位如图 3-5 所示，用于曲线内侧支柱或直线区段拉出值方向与支柱位置相反的支柱定位。

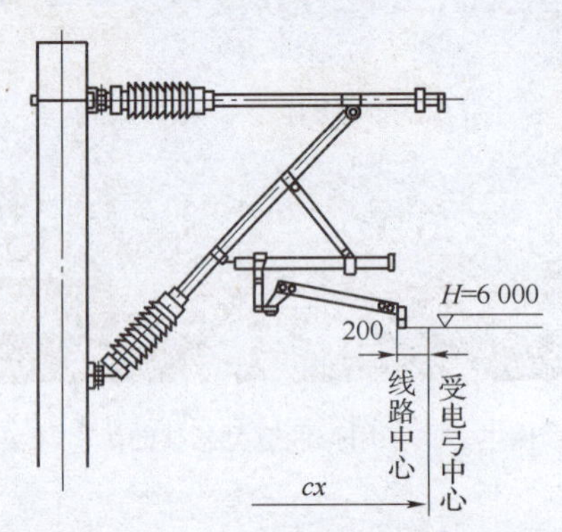

图 3-4 正定位结构安装图

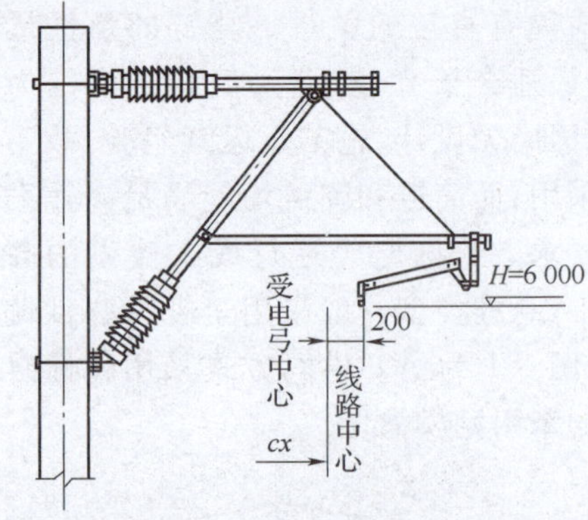

图 3-5 反定位结构安装图

二、变电系统与接触网分界

铁路供电系统由铁路供电段（或铁路水电段）维护管理，对设备进行分界的目的是使责任明确，避免设备漏检漏修，归谁管理没有硬性要求。由于每个供电段的车间、班组设置的功能不尽一致，没有统一的分界标准，但一般的分界方法有如下两种。

1. 变电所、AT 所、分区所一般以所亭的围墙为分界，围墙以内设备归变电专业管理，以外设备归接触网专业管理。

2. 供电线上网点、分相远动隔离开关均以隔离开关传动杆和机构箱的连接法兰为分界点。分界点以上归接触网专业管理，分界点以下设备包括连接螺栓、控制电缆归变电专业管理。

1. 简单链型悬挂与复链型悬挂有什么不同?
2. 什么是电分段?
3. 什么是电分相?
4. 高速接触网的悬挂类型有几种?
5. 变电系统与接触网一般的分界方法是什么?

第二节 综合接地

一、综合接地基本知识

综合接地系统由贯通地线、接地体、接地线、接地端子及接地装置(接地极)等构成。高铁线路上、下行贯通地线及引接线采用截面不小于 70 mm^2 的铜线,联络线与动车走行线采用截面为 35 mm^2 的铜缆;材质应满足环保及使用寿命的要求。贯通地线每间隔 100 m 在线路两侧均引出汇接端子,供相关系统及设备就近接地。线路两侧的贯通地线每隔 500 m 横向连接一次。

在综合接地系统中,建筑物、构筑物及设备在贯通地线接入处的接地电阻不应大于 1 Ω。距线路 20 m 范围内的四电设备,应纳入综合接地系统。

(一)综合接地的一般规定

1. 高速铁路应设置综合接地系统。综合接地系统由贯通地线、接地极、接地端子及接地连接线等构成。

2. 综合接地系统应遵循等电位连接的原则。

3. 接触网带电体 5 m 范围以内的铁路电气设备和金属构件应接入综合接地系统。

4. 线路两侧 20 m 范围以内的铁路建(构)筑物的接地装置应纳入综合接地系统。

5. 避雷针的接地应设独立接地装置,当接地装置与贯通地线的距离小于 15 m 时应接入综合接地系统,其接入点与通信、信号及其他电子设备的接地连接点的间距宜大于 15 m,有困难时应大于 5 m。

6. 综合接地系统的接地电阻不应大于 1 Ω。

7. 综合接地系统应利用桥梁、隧道、接触网支柱基础结构物内的非预应力结构钢筋作为接地钢筋。

(二)综合接地贯通地线、引接线及横向连接线敷设规定

1. 高速铁路应沿线路两侧分别敷设贯通地线。

2. 贯通地线的敷设应符合下列规定:

(1)桥梁地段的贯通地线应敷设在梁体上线路两侧的电缆槽内,每一条贯通地线均应在梁体端部通过接地端子与桥梁接地极连接一次。

(2)隧道地段的贯通地线应敷设在隧道内线路两侧的电缆槽内,每一条贯通地线应每间隔

约 100 m,通过接地端子与隧道接地极连接一次。

(3)路基地段的贯通地线应敷设在线路两侧的电缆槽下方;路堤、土质及软质岩路堑地段,贯通地线埋在距基床底层顶面-300～-400 mm 处;硬质岩路堑地段,将贯通地线埋设于路肩电缆槽下约-200 mm 的沟中,并回填细粒土。

(三)牵引供电系统接入综合接地系统的有关规定

1. 贯通地线与完全横向连接线连接点、PW 线或 NF 线的引下线与扼流变压器或空芯线圈中性点连接点宜在同一里程。

2. 牵引网中的防雷接地装置在贯通地线上的接入点与其他设备在贯通地线的接入点间距不应小于 15 m。

3. 距综合接地系统 20 m 范围内的牵引变电所、开闭所、AT 所和分区所均应单独设置接地装置,并与综合接地系统等电位连接。

4. 桥上的接触网支柱基础内的钢构件应与桥梁接地钢筋可靠连接。

5. 隧道、明洞内的接触网预埋件应与接地钢筋可靠连接。

6. 路基地段的接触网支柱基础接地端子应与贯通地线可靠连接。

(四)其他设施的接地规定

1. 铁路沿线 20 m 范围内电力电缆中间接头和终端头、变压器、开关等设备的接地应就近接入综合接地系统。

2. 其他设施接入贯通地线时,均应通过接地端子连接。

二、变配电所与综合接地的连接方式及分界

(一)变配电所与综合接地的连接方式

高速铁路列车牵引电流大,牵引网短路电流大,可能使得钢轨电位比普速既有线路高得多。这么高的钢轨电位可能会造成:

(1)沿线维护作业人员的触电事故;

(2)在车站站台,乘客上下列车时,可能遭受电击或产生麻电感觉;

(3)会加速钢轨与轨枕间绝缘垫板的老化,甚至烧毁。

降低钢轨电位的措施中有:

(1)对 AT 供电方式牵引网,增设 CPW 线;对带回流线的直接供电方式牵引网,增设吸上线;

(2)利用接触网支柱基础作接地极,把 AT 供电方式的 PW 线和带回流线的直接供电方式的 NF 线接地;

(3)沿线路增设一条或两条埋地裸导线(GW 线),并与上下行的钢轨、PW 线或 NF 线等充分互连;

(4)充分利用线路本身和线路旁边的各种建筑、结构的基础作自然接地极,将有关牵引网导线接地;

(5)特设集中接地极,将有关牵引网导线接地。这也就是综合接地产生的原因。

目前在所有的高速铁路建设中,贯通地线在接触网支柱处线路两侧均有引出接地端子,供相关系统及设备就近接地。因为大多数的牵引变电所亭都分布在线路两侧附近,所有这些变配电所亭也需要纳入综合接地系统。实现的方式是:接触网的 PW 线或 NF 线的引下线与贯

通地线接地端子相连；接触网的PW线或NF线、钢轨与变压器公共端C相或自耦变的中性点在牵引变配电所的集中接地箱内与地网连在一起，具体接线见图3-6。

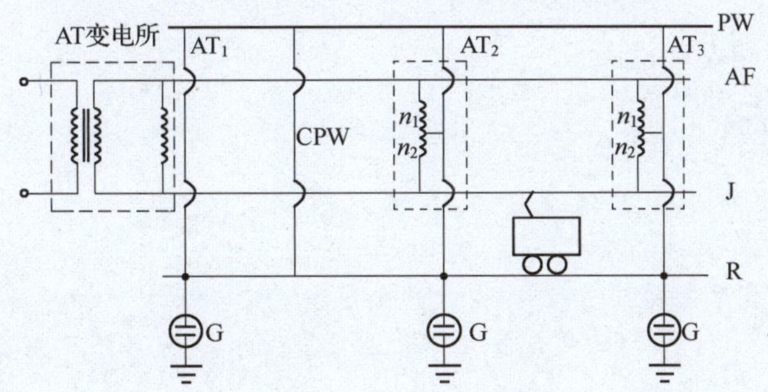

图3-6 牵引网各部分综合接地方式示意图

（二）变配电所与综合接地的分界

变配电所集中接地箱内、接地铜排及接地螺栓归变电专业管理，接触网的PW线或NF线归接触网专业管理。

思考题

1. 综合接地系统由什么组成？
2. 综合接地的一般规定是什么？
3. 牵引供电系统接入综合接地系统的有关规定是什么？
4. 变配电所与综合接地的连接方式是什么？
5. 变配电所与综合接地如何分界？

复 习 题

1. 什么是接触网？接触网主要由哪几部分组成？
2. 接触网的额定电压为多少？长期最高电压为多少？短时(5 min)最高电压为多少？最低工作电压为多少？
3. 什么是锚段？锚段有哪些作用？
4. 什么是锚段关节？锚段关节有哪些作用？
5. 简述电分段和电分相之间的差别。
6. 电连接线的作用是什么？
7. 接触网定位装置由哪几部分构成？各部分的功用是什么？
8. 说出接触网中的五种附加导线，并说明它们的功用。
9. 钢轨电位高可能会造成什么危害？
10. 降低钢轨电位的措施主要有哪些？

ShiZuo JiNeng

实作技能

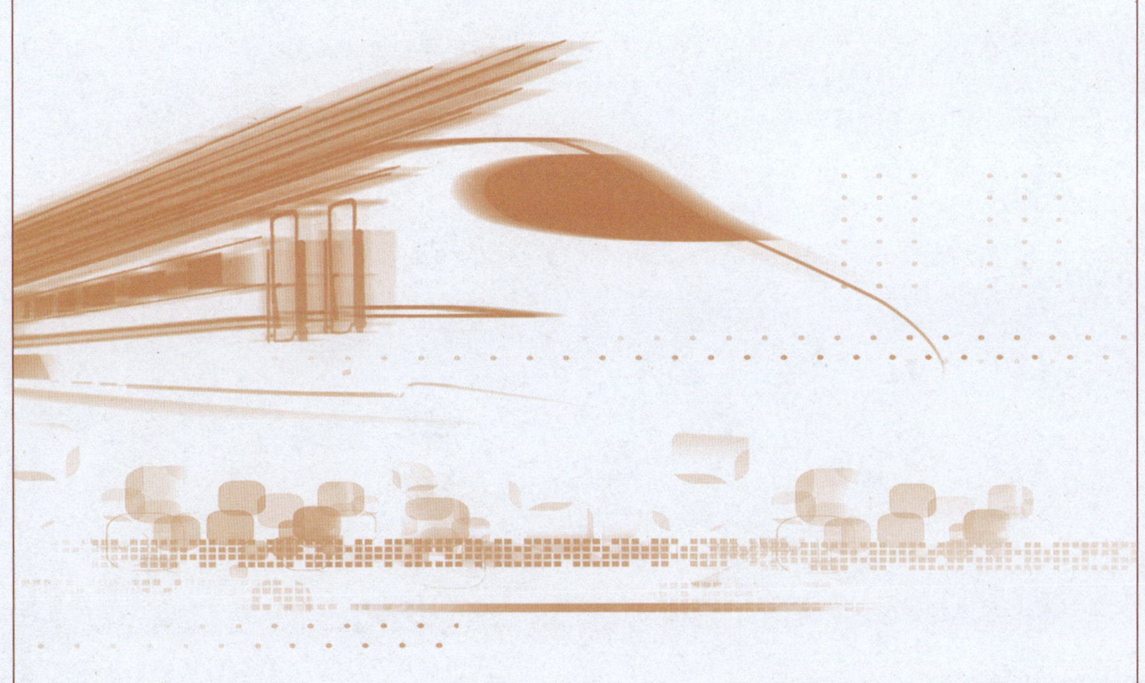

第四章　基本技能

通过本章的学习，使该岗位人员能正确使用标准用语、按标准化作业程序从事值班检修工作；能正确使用安全工具、仪器仪表；掌握触电紧急救护知识等的基本技能。

模块一　作业标准用语及作业程序

模块描述：在变配电所从事值班和检修工作时，能正确使用标准用语，按标准化作业程序进行交接班、值班，按规定办理工作票，完成倒闸操作、验电接地、设备巡视等工作。

完成情况评估方法：从用语规范、标准程序交接班、值班、办理工作票、倒闸操作、验电接地、检修作业、巡视八个方面综合评估。按百分制打分，80 分为合格。

一、变配电作业标准用语

1. 交接班标准用语

交接班巡视检查设备，交班人员介绍，接班人员应答，做到说清、走到、看全，执行呼唤应答，用语准确。如：开关“合位”；变压器“无渗油”；引线“连接良好”。应答“良好”、“正常”等。

2. 值班接听电话标准用语

值班人员接听电话要用普通话，吐字清晰，文明用语。如：“××变电所(配电所)”。

3. 要令标准用语

(1)×××变电所(配电所)×××要令。

(2)要令人逐字逐句念停电作业工作票内容，调度员审核正确、无误后，双方在相应位置记录要令时间、命令号，并相互记录姓名。

4. 发令标准用语

供电调度确认处所、受令人，加发令冠语“操作命令”后，发布发令时间、命令内容、倒闸卡片编号及发令人姓名。

如：“××变电所××时××分、××…(命令内容)、××号倒闸卡片，发令人××”。

5. 接令标准用语

值班员接受供电调度倒闸作业命令，首先报“××变电所(配电所)”，然后复诵命令内容。

“××变电所××时××分、××…(命令内容)、××号倒闸卡片，发令人××、受令人××”。

6. 设备操作标准用语

受令人：手指运行设备编号，并移向操作手柄或按钮，口述：“分(合)××断路器”。

助理受令人复述：“分(合)××断路器”，并操作设备。

采用综合自动化装置监控系统操作时，可程控操作的倒闸卡片优先采用程控操作。

受令人：手指程控表序号，并移向倒闸目标，口述：“第××号××”。

助理受令人复述：“第××号××”，并执行。

7. 检修试验分工标准用语

工作领导人：×××(小组负责人)。

×××(小组负责人)答：到。

工作领导人宣读派工单，×××(小组负责人)答：明白，出列接派工单。工作领导人对组员提问作业内容和安全措施，宣布开工。

8. 销令标准用语

确认命令完成后，值班员及时向供电调度消除本次倒闸操作命令，先报"××变电所(配电所)，××号命令完成"，并填写好记录。

供电调度："××号命令××时××分完成，××"。

受令人："××号命令××时××分完成，××"。

9. 数字读法

一、二、三、四、五、六、七、八、九、零、十、十一…相应为幺、两、三、四、五、六、拐、八、九、洞、幺洞、幺幺…

10. 时间

以北京时间为标准，实行昼夜 24 h 制，时间读成××点××分。

11. 地点

地点应具体到室外、高压室、室内测控盘、电容室等，必要时应指明具体部位。如：进线侧、出线侧，上行方向、下行方向，靠××(设备运行编号)侧，操作把手，回路，操作机构等。

12. 工具、材料、用品名称

采用规程、定额中使用的正式名称。

13. 设备名称及编号

以变配电所一、二次图纸中的名称和编号为准。

14. 发生动作的保护、信号名称

以变配电所整定值记录和二次图纸中的名称为准。

二、标准化作业程序

变配电所标准化作业程序包括交接班、值班、倒闸操作、办理工作票、验电接地、检修试验作业、巡视等环节。

1. 交接班

(1)交接班前，交班值班员检查当班的运行记录、备品、工作票等相关资料，做好交接班准备。

(2)交班值班员向接班人员介绍本班情况，并详细介绍设备运行方式、状态及有关事项。其主要内容为：

① 值班日志内容。

② 发生的设备故障及处理情况；倒闸情况。

③ 跳闸及保护动作情况；设备变更及检修情况。

④ 尚未结束工作票的安全措施和工作进度。

⑤ 已提报的检修计划。

⑥ 工作票、倒闸票。

⑦ 上级指示、命令、文件。

⑧ 环境卫生、工具仪表、通信设备等方面的情况。

(3)交班值班员留守控制室监视设备运行,交班助理值班员和接班人员按设备巡视路线共同巡视检查设备,交班助理值班员介绍,接班人员应答,共同检查核对下列主要内容:

① 设备运行状态。

② 值班日志和相关记录应与实际设备相符。

③ 信号指示、安全设施是否完好。

④ 接地线数量及编号;工具、仪表、事故抢修备用料、安全用具、消防器材和备品状态。

⑤ 配备的钥匙数量是否与实际相符。

交班助理值班员试验信号、表计和绝缘工具,接班人员监护。设备缺陷要指明,关键设备要交接到位。巡视项目和要求按"规定和标准"执行,做到说清、走到、看全,执行呼唤应答,用语准确。

(4)接班人员核对图纸、操作卡片,检查各种记录,有疑问要及时向交班人员提出。

(5)接班人员检查上岗证、安全合格证是否齐全、完备。

(6)交接班双方无问题后,办理交、接班签字手续,接班人员向供电调度核对时间,佩戴值班标志,接班人员签名。

(7)注意事项:

① 正在进行故障处理和倒闸时不得进行交接班;未办完交接班手续,交班人员不得离开岗位。

② 交接班中发现问题要及时沟通,做好记录,并向工长和有关部门汇报,抓紧处理。

2. 值班

(1)根据当日作业内容,值班员组织本班人员有针对性地进行安全预想。有检修作业时,值班员要组织安规、事故案例学习。

(2)监视设备运行,掌握设备现状,及时发现和准确、迅速处理故障,并将故障信息及时报告供电调度和有关部门,做好相关记录。

(3)按规定及时填写值班运行日志和各种记录、报表,做到清楚、整洁,符合要求。修改要采取杠改的方式,记录不允许有空白。

(4)按规定巡视设备,发现异常及时报告给有关部门组织处理。

(5)执行供电调度命令,按规定进行倒闸、办理工作票及准许作业手续。

(6)值班员随时检查作业组的安全情况,发现不安全行为及时纠正,必要时责令停止作业,收回工作票,确保安全。

(7)检修完成后,值班员会同工作领导人按检修工艺、设备标准共同检查、验收设备及作业后的场所,确认是否符合相关规定的要求。

(8)在规定时间内,向供电调度申报次日检修作业计划;值班员按计划签发第二天的工作票。

(9)管理好仪表、工具、安全用具、备品、钥匙及图纸。

(10)注意事项:

① 接听电话要及时。

② 交班前,清扫环境卫生,保持所内整洁,禁止无关人员进入控制室和设备区。

3. 倒闸

(1)根据工作票和所用的操作卡片编写倒闸表(倒闸作业票)。

(2)倒闸作业前将倒闸作业需要的验电器、绝缘靴、绝缘手套、安全帽、操作杆等工具准备好。

(3)接受倒闸作业命令。值班员接受供电调度命令,首先报“××变电所(配电所)”,然后认真复诵命令内容,及时填写倒闸作业命令记录,助理值班员在旁认真监听、校对、确认操作卡片或倒闸表(倒闸作业票)正确。

(4)模拟操作(如果有模拟屏)。值班员(监护人)手持操作卡片,按照操作卡片或倒闸表(倒闸作业票)顺序宣读,助理值班员(操作人)复诵并在模拟盘上模拟操作,确认正确。

(5)倒闸操作。核对设备名称、编号,确认无误后,助理值班员(操作人)操作,值班员(监护人)进行监护;每进行一项操作,值班员均需用手指点应操作的设备发布命令,操作人复诵后按命令操作。确认设备时,精力集中,手指眼看,呼唤应答,按步骤操作。

(6)检查确认。根据设备的机械指示、信号指示、验电器指示及表计指示等确认设备的实际位置应与倒闸目的相符。

(7)销令。确认命令完成后,值班员及时向供电调度消除本次倒闸操作命令,先报“××变电所,××号命令已完成”,然后接受供电调度发布的销令时间,并认真复诵,填写好记录。助理值班员要站在旁边做好监听。

(8)操作卡片、钥匙、安全用具应及时放回原处。

(9)远动倒闸时,值班员接通知后应监视设备动作情况,及时向供电调度汇报并记录。

(10)受令中发现错误要立即向供电调度提出;在倒闸过程中发生故障,应停止操作,报告供电调度,听从调度指挥。

(11)注意事项:

① 倒闸作业必须二人进行,助理值班员操作,值班员监护。

② 操作卡片必须按编号顺序放在专用地点,设备开关钥匙对号悬挂在钥匙箱内。

③ 牵引变电所 27.5 kV 及以上的设备倒闸作业时,撤除或投入自动装置和保护均需供电调度命令。

④ 非供电调度管辖的设备倒闸要经工长或值班员同意,并将倒闸时间、原因、准许人姓名记入值班日志。

4. 办理工作票

(1)审查工作票。工作领导人、值班员审查工作票的安全措施、人员等是否符合要求,对有疑问的事项,及时向发票人提出,保证工作票的正确性和完整性。

(2)做好作业准备。值班人员将倒闸及作业需用的工具、地线提前准备好,并将地线摆放在规定位置。

(3)进行倒闸作业。值班人员根据工作票要求和供电调度命令,将需检修的设备停运。倒闸作业中,严格执行倒闸作业标准。

(4)接受作业命令。值班员接受供电调度准许作业的命令及要求完成的时间,并及时填写在作业命令记录和工作票上。

(5)办理安全措施。根据工作票要求,办理安全措施。助理值班员操作,值班员协助,每办理一项措施,在此项序号上打“√”做标记。

(6)复查安全措施。值班员会同工作领导人共同复查工作票安全措施,值班员向工作领导人指出允许作业的范围及附近有电的设备和要求完成的时间,工作领导人在两张工作票上签字,并填写开工时间。

(7)恢复安全措施。工作领导人在两张工作票上填写完工时间并签字交回工作票后,值班员按照工作票内容逐项恢复安全措施。

(8)结束工作票、销令。检查工作票安全措施完全恢复,确认无影响设备送电的障碍后,向供电调度汇报作业完成情况,消除作业命令,并及时填写消除时间。

(9)收回接地线。在工作票结束后应及时将作业所用接地线收回、整理放好。

(10)办理送电手续。按供电调度命令办理送电手续。

5. 验电接地

(1)检查验电器。验电器电压等级要符合规定。用试验按钮检查后,还要在附近有电设备上试验,确认状态良好。

(2)检查接地线状态。接地线截面积,110 kV 电压等级不小于 25 mm^2,220 kV、330 kV 电压等级不小于 50 mm^2,且不得有松股、断股、接头和缠绕。

(3)验电。在装设接地线的位置进行验电,对被检设备的所有引入、引出线均需验电。

(4)装设接地线。确认停电后,要及时装设接地线。

(5)注意事项:

① 装设接地线的顺序是:先接接地端,再将另一端通过接地杆悬挂在停电设备裸露的导电部分上,此时人体不得接触接地线,且不得触及带电设备。拆除接地线顺序与装设接地线顺序相反。

② 所装的接地线与带电部分应保持规定的安全距离,并装在作业人员可看到的地方。

③ 验电及装设和拆除接地线必须二人同时进行,助理值班员操作,值班员监护,二人均须穿绝缘鞋、戴安全帽,操作人还要戴绝缘手套。

6. 检修作业

(1)准备工作。进行检修作业必须在前一日规定时间内(设备故障处理除外)向供电调度(值班人员)提报检修计划或工作票,说明作业地点、内容、时间、需停电的设备、必要的安全措施等。

(2)审查工作票。工作领导人审查工作票,采取的安全措施是否正确、完备,作业组人员是否符合要求。

(3)安全预想。工作领导人组织全体作业组成员熟悉工作票内容,对有疑问或不清楚的措施及时指出。对作业中可能出现的问题进行分析、预测,制订有针对性的安全措施,并记录。

① 指出本次作业的关键岗位和重点人,加强自控、互控。

② 根据作业的内容进行分工,填写派工单。

③ 根据分工,各自准备作业所需工具、材料,对有关的安全用具进行必要的检查、试验。

④ 安全员(或工作领导人)检查作业人员穿戴好防护、劳保用品。室外作业要穿长袖工作服。学习有关的安规、检规和设备检修工艺、标准。

(4)按规定办理工作票。

(5)开工组织。作业组全体成员列队点名,工作领导人宣读工作票,宣布作业内容、批准时间,命令编号、要求完成的时间。重点讲明地线的位置和附近有电的设备,发放派工单,工作领导人对组员提问作业内容和安全措施,宣布开工。

(6)作业:

① 严格执行设备检修工艺、标准,精检细修,保证质量。

② 工作领导人及监护人要时刻在场监护作业人员的安全，确须短时离开时要指定临时监护人。作业组成员要加强自控、互控，发现问题及时向工作领导人汇报。

③ 作业中断要与值班员办理手续，中断期间，未经值班员同意，作业组成员不得擅自进入作业区。若作业重新开始，工作领导人会同值班员重新检查安全措施，完善后方可开。

④ 登高作业要执行一绳一袋制，严禁抛掷传递。地面辅助人员要认真专心，当用梯子作业时要认真扶梯，严防滑移。

⑤ 作业完毕报告工作领导人，并交回派工单。

⑥ 检修人员要严格遵守作业时间，对需延长工作票时间的，由工作领导人提前向值班员提出，值班员向供电调度办理延长作业手续。

(7)收工：

① 点名、清理现场。作业完毕后，作业人员清点作业用的工具、材料，清理出现场，保证安全距离，设备及现场不得留有影响送电的一切障碍；清点人数，确保人员全部撤离作业设备。

② 收回派工单。工作领导人将发放的派工单全部收回。

③ 设备验收。工作领导人会同值班员按照设备检修工艺和标准共同检查、验收作业设备，确认正常。

④ 收回工作票。工作领导人在两张工作票上签字并填写结束工作时间后，将工作票交回值班员。

(8)收工会。由工作领导人组织召开，主要内容有：

① 对作业中安全、技术上存在的问题总结分析，制定相应的改进措施。

② 按规定要求认真填写检修记录；各组汇报检修作业的完成情况。

③ 工作领导人进行全面总结。

(9)监视设备。对已送电的设备进行监视、检查，必要时进行测量。确认无问题方可离开。

7. 巡视

(1)交接班巡视时，按巡视路线进行，执行手指眼看、呼唤应答，用语标准。

(2)值班员巡视，应记入值班日志。

(3)巡视发现问题要及时通知供电调度及有关部门，并记入有关记录。

(4)注意事项：

① 值班员巡视要通知助理值班员。其他人巡视要通知值班员。

② 巡视次数的规定：包括交接班巡视每班应巡视六次。每周进行一次熄灯巡视。跳闸或故障后应及时巡视。雨雪等恶劣天气时要进行特殊巡视。雷电、大风后要立即巡视。

③ 巡视时，要执行安规、检规的有关规定。

思考题

1. 接令的标准用语有哪些？

2. 变配电标准化作业程序包括哪几个环节？

3. 交接班的注意事项有哪些？

4. 办理工作票的注意事项有哪些？

5. 验电接地有哪些规定？

6. 安全预想的主要内容有哪些？

模块二　常用机具、仪表、仪器的认识和使用

模块描述：在变配电所运行、检修、试验时，能正确使用常用机具、仪器、仪表，并能进行简单的日常维护及保养。

完成情况评估方法：从机具、仪表、仪器的使用范围、操作、使用保养注意事项三方面综合评估。按百分制打分，80 分为合格。

一、常用工具的种类、使用保养知识

(一)常用工具的种类

1. 常用作业工具

数显扭力扳手、力矩扳手、电动压接钳、磁力钻、充电式螺帽切除器、电动组合工具、充电式液压电缆切刀、线号机、电烙铁、对讲机、套筒扳手(配套筒头)、强光泛光工作灯以及梯子等。

2. 常用安全用具

常用安全用具分操作类用具和防护类用具。

操作类用具主要有：绝缘杆(棒)、绝缘夹钳、高低压验电器和装有绝缘手柄的工具等。

防护类用具主要有：绝缘手套、绝缘靴、绝缘垫、接地线、伸缩式防护栏、安全帽和安全带等。

(二)常用工具的保管

1. 常用作业工具的保管

应统一编号，专人保管。入库、出库、使用前应进行检查。禁止使用损坏、变形、有故障等不合格的工具和安全工器具。

2. 安全用具的保管

① 安全工器具宜存放在干燥通风的专用安全工器具室内。

② 安全工器具室内应配置适用的柜、架，并不得存放不合格的安全工器具及其他物品。

③ 接地线宜存放在专用架上，架上的号码与接地线的号码应一致。

④ 绝缘隔板和绝缘罩应存放在室内干燥、离地面 200 mm 以上的架上或专用的柜内。使用前应擦净灰尘。如果表面有轻度擦伤，应涂绝缘漆处理。

⑤ 绝缘工具在储存、运输时不得与酸、碱、油类和化学药品接触，并防止阳光直射、雨淋。橡胶绝缘用具应放在避光的柜内，并撒上滑石粉。

(三)常用工具使用范围、维护保养及注意事项

1. 绝缘杆(棒)

(1)使用范围：主要是用于断开和闭合高压刀闸、跌落式熔断器、安装或拆除临时接地线以及进行正常的带电测量和试验。

(2)使用及保养注意事项：

① 使用前对绝缘操作杆进行外观的检查，表面不能有裂纹、划痕等外部损伤。棒面应用清洁的干布擦净。

② 绝缘杆(棒)应与操作设备的电压等级相符并校验合格才能使用。

③ 雨、雪天气，必须在室外进行操作时，要使用带防雨、雪罩的特殊绝缘操作杆。

④ 使用时，要尽量减少对杆体的弯曲力，以防损坏杆体。

⑤ 每半年要对绝缘操作杆进行一次交流耐压试验，不可降低其标准使用。

⑥ 存放室内应通风良好，绝缘杆放在清洁干燥的支架上或悬挂起来，尽量不要靠近墙壁，以防受潮，破坏其绝缘。

2. 绝缘夹钳

绝缘夹钳由绝缘部分、工作钳口、握手三部分组成。

(1)使用范围：绝缘夹钳是用来安装或拆卸高压熔断器的安全工具，一般用于 35 kV 及以上电压等级。

(2)使用及保养注意事项：

① 操作前，夹钳表面应用清洁的干布擦净。

② 不允许用绝缘夹钳装设接地线，以防接地线在空中摆动时造成触电事故或接地短路。

③ 工作人员应手拿绝缘棒的握手部分，手不可超出护环，并且要戴绝缘手套，穿绝缘靴(鞋)；操作中应戴护目眼镜、绝缘手套和穿绝缘靴(鞋)或站在绝缘垫(台)上。

④ 每年应定期进行一次耐压试验，检查其绝缘是否良好。

3. 高压验电器

高压验电器有发光型、声光型、风车式三种类型。一般都是由检测部分(指示器部分或风车)、绝缘部分、握手部分三大部分组成。

(1)使用范围：检验带高电压的部位是否有电的一种专用安全工具。

(2)使用及保养注意事项：

① 使用前，按被测设备的电压等级，选择合适等级的验电器，不能用高压验电器检测直流电压。

② 使用前，检查一下试验是否超周期、外表是否损坏、破伤。高压声光型验电器在操作前应对指示器进行自检试验，才能将指示器旋转固定在操作杆上，并将操作杆拉伸至规定长度后，再作一次自检后才能进行。

③ 验电前，应先渐渐地移近带电设备至发光或发声止，验证验电器的完好性。然后再在需要进行验电的设备上检测。

④ 验电时，操作人员应手握罩护环以下的握手部分，戴绝缘手套，穿绝缘靴，防止跨步电压或接触电压对人体的伤害。

4. 绝缘手套

绝缘手套电压等级分为：5 kV、12 kV、20 kV、35 kV。

(1)使用范围：用来操作高压隔离开关、高压跌落开关、装设接地线、在高压回路上验电以及低压回路的带电作业等工作。

(2)使用及保养注意事项：

① 使用前，进行外部检查。查看表面有无破损、破漏和划伤，如有沙眼、漏气等情况，严禁使用。

② 使用时，不能抓拿尖利、带刺的物品。

③ 使用后，应将粘在手套上的脏污擦净并晾干。

④ 绝缘手套不准与油脂、溶剂接触，合格与不合格的手套应分开放置并标注明白。

⑤ 绝缘手套每半年试验一次，试验标准按《安规》规定执行并登记记录。

5. 绝缘靴

绝缘靴是使人与大地保持绝缘的辅助安全用具，可以作为防跨步电压的基本安全用具。按耐电压高低分高压绝缘靴(鞋)和低压绝缘靴(鞋)。

(1)使用范围：高压绝缘靴(鞋)适用于各类高压电气设备(对地电压250 V及以上)工作时的辅助安全用具。低压绝缘靴(鞋)是在交流50 Hz、1 000 V及以下或直流1 500 V及以下电力设备上工作时，作为辅助安全用具。

(2)使用及保养注意事项：

① 应根据作业场所电压高低正确选用绝缘鞋，低压绝缘鞋禁止在高压电气设备上作为安全辅助用具使用，高压绝缘鞋可以作为高压和低压电气设备上辅助安全用具使用。但不论是穿低压或高压绝缘鞋，均不得直接用手接触电气设备。

② 布面绝缘鞋只能在干燥环境下使用，避免布面潮湿。

③ 不可使用有破损的绝缘鞋。

④ 穿用绝缘靴时，应将裤管套入靴筒内。

⑤ 非耐酸、碱、油的橡胶底，不可与酸、碱、油类物质接触，并应防止尖锐物刺伤。低压绝缘鞋若底花纹磨光，露出内部颜色时，则不能作为绝缘鞋使用。

6. 接地线

(1)使用范围：高压设备进行停电检修或进行其他工作时，在可能来电或送电到被试设备时，各进出线或被试设备的有关部分、停电设备可能产生感应电压的，均需装设接地线。接地线可防止设备突然来电，防止邻近高压带电设备产生感应电压对人体的危害，还可用以放尽断电设备的剩余电荷。

(2)使用及保养注意事项：

① 根据电压等级选择合适截面的接地线。

② 装拆顺序：装设接地线必须先接接地端，后接导体端，且必须接触良好；拆接地线的顺序与此相反。

③ 装设接地线必须由两人进行，装、拆接地线均应使用绝缘棒和戴绝缘手套。

④ 接地线必须使用专用连接器(线卡或线夹)，使用时，接地线的连接器装上后接触应良好，并有足够的夹持力，以防短路电流幅值较大时，由于接触不良而熔断或因电动力的作用而脱落。

⑤ 接地线在每次装设以前，应经过详细检查，损坏的接地线应及时修理或更换，禁止将不符合规定的导线做接地线或短路线之用。

⑥ 每组接地线均应编号，并存放在固定的地点，存放位置亦应编号。接地线号码与存放位置号码必须一致，以免在较复杂的系统中进行部分停电检修时，发生误拆或忘拆接地线而造成事故。

⑦ 接地线和工作设备之间不允许连接刀闸或熔断器，以防它们断开时，设备失去接地，使检修人员发生触电事故。

二、常用仪表的使用范围及维护注意事项

(一)常用仪表

常用的仪表有万用表、兆欧表、电流表、相位伏安表、高低压核相仪、钳形表，此外，还应配

备 SF_6 气体泄漏检测仪(定性)、氧化锌避雷器运行条件下泄漏电流在线检测仪、局放监测仪(定性)、SF_6 断路器微水测试仪、红外线热成像仪、高倍望远镜等用于监测的仪器仪表。

(二)常用仪表的使用及维护

1. 万用表的使用及维护

万用表一般分为指针式和数字式两种。

(1)使用范围:一般的万用表可以测交、直流电流电压和电阻,有的还可以测量电容、电感、晶体管、温度。

(2)万用表的使用及维护注意事项:

① 指针式万用表应水平放置,使用前将表笔线按要求插入表笔插孔,检查表针是否停在表盘左端的零位。

② 根据被测对象正确选择挡位和量程;指针式万用表测量电阻时,每换一次倍率挡,要进行欧姆挡调零。

③ 使用中,不能用手去接触表笔的金属部分,在测量电量时,不能在测量的同时换挡,如需换挡,应先断开表笔,换挡后再去测量。

④ 测量电压时,要将万用表转换开关打至合适挡位(直流电压挡或交流电压挡)。根据待测电压的大小选择合适的量程。若不清楚电压大小,应用最高电压挡试着测量,逐渐换用低电压挡。

⑤ 万用表使用后将开关旋至“OFF”挡,若无此挡,应旋至交流电压最大量程挡。

2. 兆欧表的使用及维护

(1)使用范围:兆欧表适用于测量各种绝缘材料的电阻值及变压器、电缆及电器设备的绝缘电阻。

(2)兆欧表试验电压等级的选择:

高压兆欧表的试验电压与试品的额定工作电压有关,又远低于工作电压。低压电气设备选用的试验电压等级常高于工作电压;试验电压一般由绝缘试验规程和相应的标准规定。试验规程未作特殊规定时,电气设备或辅助及控制回路的绝缘测量推荐采用如表 4-1 所示电压等级。

表 4-1　电气设备或辅助及控制回路绝缘测量电压等级

被测设备工作电压(V)	选用兆欧表的电压等级(V)
10 000 以上	5 000
10 000～3 000	2 500
3000～500	1 000
500～100	500
100 以下	250

(3)电子式兆欧表的使用及维护注意事项:

① 测量前要先切断被测设备的电源,并进行充分放电。用兆欧表测量过的电气设备,也要及时接地放电,方可进行再次测量。

② 测量前要先检查数字兆欧表是否良好。将测试线正确插入接线柱“线(L)和地(E)”,选择测试电压,断开测试线,按下测试按键,观察显示是否数字是否显示无穷大。将接线柱“线(L)和地(E)”短接,按下测试按键,观察是否显示“0”。如液晶屏不显示“0”,表明有故障,应检

修后再用。

③ 正确接线。绝缘电阻测试仪上有三个接线柱，分别标有 L(线路)、E(接地)和 G(屏蔽)。其中 L 接在被测物和大地绝缘的导体部分，E 接被测物的外壳或大地，G 接在被测物的屏蔽上或不需要测量的部分。接线柱 G 是用来屏蔽表面电流的。

④ 接线柱与被测设备间连接的导线不能用双股绝缘线或绞线，应用单股线分开单独连接，为获得正确的测量结果，被测设备的表面应用干净的布或棉纱擦拭干净。

⑤ 测量大电容设备的绝缘电阻，读数后不能立即断开兆欧表，应在读数后应首先断开测试线，然后再停止测试，在兆欧表和被测物充分放电以前，不能用手触及被试设备的导电部分。

3. 相位表的使用及维护

(1)使用范围：相位表又称相位伏安表。除了能够直接测量交流电压值、交流电流值、两电压之间、两电流之间及电压、电流之间的相位和工频频率之外，还可以进行感性、容性电路的判别和三相三线制相序的判别。

(2)使用及维护注意事项：

① 测量前，应先预热 3～5 min，以保证测量精度，测量后应关闭电源，以延长电池寿命。

② 卡钳在出厂前，钳口平面和转动部位都涂有精密仪表脂以保证不锈蚀，在使用时，擦干净卡钳平面的仪表脂，使用完毕存放时，应在钳口平面涂上仪表脂以保证卡钳的精度。

③ 供二次回路和低压回路检测，不能用于测量高压线路中的电流，以预防通过卡钳触电。

4. 核相仪的使用及维护

核相仪按电压等级分为 380 V、6 kV、10 kV、35 kV、110 kV、220 kV 等 6 种，按显示形式分为指针式和数显式两种。

(1)使用范围：核相仪是一种带电测试工具，在运行电压下，进行高低压线路的核相。

(2)使用及维护注意事项：

① 因是带电作业，高压核相仪接地线要牢固可靠，绝缘杆要定期试验。

② 按不同使用电压等级选择合适的高压核相仪。

③ 做预防性试验时，取下上杆，只做下杆，避免上杆内电子元件损坏造成测量不准确。

三、常用高压试验仪器的使用及维护

(一)常用高压试验仪器

常用高压试验仪器主要有：绝缘电阻测试仪(250 V、500 V、2 500 V 和 5 000 V 四个电压等级)、绕组直流电阻测试仪(感性负载测试仪)、全自动多功能变压器变比测试仪、抗干扰介质损耗自动测试仪、直流高压发生器(200 kV/2 mA，120 kV/2 mA)、工频耐压试验仪(0～150 kV)、便携式互感器综合测试仪、接地电阻测试仪、SF_6 气体定量检漏仪、全自动智能便携式油耐压试验仪、大电流发生器、高压电缆故障探测仪等仪器。

(二)高压试验仪器的使用注意事项

1. 安全事项

(1)高压试验设备必须由高压试验专业人员使用操作，使用前应仔细阅读使用说明书，并经反复操作训练。在试验以前，操作人员应掌握测试方法、测试步骤和测试目的。

(2)使用时应严格遵守本单位有关高压试验的安全作业规程，严格按国家有关标准和规程进行试验操作。

(3)试验现场要整洁、干净,不应存放其他无关的物品;试验区域应有明显、清晰的警示牌,被试品、试验仪器等应与周围保持适当距离。

(4)在试验开始加压前,试验人员必须详细而全面地检查一遍,以免线路接错。特别应关注接地线、高压线和强电回路的连线是否牢固连接。

(5)操作人员应不少于二人,一人操作,一人监护;操作者脚下垫绝缘橡皮垫,戴绝缘手套,以防高压电击危及人身安全。

(6)仪器外壳必须有良好的接地。

(7)排除仪器故障时,必须切断电源。

(8)试验完成,要及时切断电压、电流的输出,并对被试品和仪器进行充分放电,方可拆除接线。

2. 存放保养注意事项

(1)高压试验仪器应存放在温度、湿度相对适宜的铝合金机箱内,不宜在高温、潮湿、多尘的环境中使用或存放,防止酸碱及腐蚀性气体。

(2)使用时,仪器避免阳光正面直射,不要让任何异物掉入机箱内,以免发生短路。

(3)在运输途中应有防振措施。

各高压试验仪器的具体操作步骤详见仪器的说明书。

(三)常用高压试验仪器的使用及维护

1. 绕组直流电阻测试仪的使用及维护

(1)适用范围:适用于 220 kV 电压等级及以下变压器、CT、PT 等所有阻性,感性直阻测量。

(2)使用及维护注意事项:

① 试验时请确认被测设备已断电,并与其他带电设备断开。

② 在接线前应用力擦拭接触点,以确保接触良好,提高测量数据的准确性。

③ 选择合适的测量量程。

④ 在测量无载分接开关时,须退出测量状态,放电完成后才能切换分接开关,不允许直接切换分接开关。

⑤ 禁止在测量过程中,或者放电指示消失前拆除测量接线,以免因为绕组放电危及设备和人员安全。

2. 全自动多功能变压器变比测试仪的使用及维护

(1)适用范围:变压器、互感器变比组别的全自动快速测试,自动进行相位切换,直接显示变比、组别和变比误差,无需人工干预试验过程,具有过压、过流保护功能,高、低压反接的保护功能,变压器短路、匝间短路保护功能。

(2)使用及维护注意事项:

① 在测量期间,不要触摸试品。

② 测试线短路,高、低压接反,会熔断熔丝。

③ 连线要保持接触良好,仪器应有良好的接地。

④ 仪器的工作场所应远离强电场、强磁场、高频设备。

⑤ 仪器工作时,如果出现液晶屏显示紊乱,按所有按键均无响应,或者测量值与实际值相差很远时,按复位键或关掉电源,然后重新操作。

⑥ 如果长期不用或环境潮湿,使用前应加长预热时间,去除潮气。

3. 电容量及介质损耗测试仪的使用及维护

(1)适用范围：可测试变压器本体、套管、互感器、绝缘支架介损及电容量测量。

(2)使用及维护注意事项：

① 确定设备的耐压等级，正确选择仪器升压挡位，以防击穿设备，损坏仪器。

② 只能在停电设备上使用。

③ 仪器自带有升压装置，应注意高压引线的绝缘及人员安全。

4. 断路器及高压开关参数测试仪的使用及维护

(1)适用范围：能进行变电所内各种电压等级的开关机械特性试验。

(2)使用及维护注意事项：

① 仪器在连接、拆除断口测量线及更换位移传感器时必须切断电源。

② 只能在停电设备上使用。

5. 直流高压发生器

(1)适用范围：是避雷器、电缆和高压设备进行直流耐压试验和泄漏电流试验的专用设备。

(2)使用及维护注意事项：

① 试验前检查仪器、放电棒、倍压筒、试品的接线、接地线是否正确，接地线连接可靠，高压安全距离符合要求，方可进行试品的高压试验。

② 试验完毕，降压，将调压电位器回零，切断高压。

③ 直流高压在 200 kV 及以上时，尽管试验人员穿绝缘靴(鞋)且处在安全距离以外区域，但由于高压直流离子电场分布的影响，会使几个邻近站立的物体上带有不同的直流电位，所有试验人员不要相互握手或用手接触接地点等，否则会有轻微电击现象，在干燥地区和冬季比较明显，能量较小，一般不会对人造成伤害。

④ 为保证人身安全，控制箱接地须良好。更换保险时应按保险管座旁标定的安培数更换。

⑤ 用干布擦净脏污倍压筒，不可用酒精、汽油等有机溶剂擦洗，可用洗涤溶剂清洗绝缘筒表面，风干后方可使用。运输或不使用请放入铝合金箱内。

6. 工频耐压试验仪的使用及维护

(1)适用范围：能进行 35 kV 及以下自用变、开关柜电流互感器、电压互感器、穿墙套管、隔离开关的支持绝缘子等设备交流耐压试验。

(2)使用及维护注意事项：

① 在连接被测体时，必须保证高压输出“0”及在“复位”状态；

② 测试时，仪器接地端与被测体要可靠连接，严禁开路；

③ 切勿将输出地线与交流电源线短路，以免外壳带有高压，造成危险；避免高压输出端与地线短路，以防发生意外。

7. 便携式互感器综合测试仪的使用及维护

(1)适用范围：电压互感器、电流互感器伏安特性、比差、角差、变比和极性试验。

(2)使用及维护注意事项：

① 做电流互感器变比试验时，将电流互感器二次绕组的接地线断开。

② 做电压互感器伏安特性时，将被测电压互感器的一次绕组的零位端接地。

8. SF_6 气体定量检漏仪的使用及维护

(1)适用范围：测量各种电压等级的 SF_6 开关(室)、组合电气室(GIS 室)SF_6 的漏气量。

(2)使用及维护注意事项：

① 更换探头前务必关闭电源，否则可能导致轻微电击。

② 及时清洁探头，浸入像酒精等温和清洗剂内几秒钟，用工业毛巾清洁。不能用像汽油、松节油、矿物油等溶剂，否则会降低仪器灵敏度。利用防护罩防止灰尘、水汽、油脂阻塞探头。使用前，检查探头和防护罩确无灰尘或油脂。

③ 及时更换探头。当在清洁、纯净空气中报警或不稳定时，应更换探头。

④ 正常情况下泄漏点周围 SF_6 气体的浓度是呈梯度分布的，既越靠近漏点 SF_6 气体浓度越高。所有现场测量 SF_6 泄漏时应尽力缓慢移动探头，速度越慢测量结果越准确。

9. 全自动智能便携式油耐压试验仪

(1)适用范围：测量变压器油、电容器油、电缆油等绝缘油的耐压试验。

(2)使用及维护注意事项：

① 在进行升压测试的过程中，不得随便接触仪器的任何部分，以免发生高压漏电的危险。

② 用于油耐压测试仪配套的专业油杯，油杯要保持干燥。

③ 测试完后清洗油杯，用柔软的麂皮或绸布擦净电极表面并保持光洁，注满清洁干燥的油保护油杯。

④ 为保证测试数据的准确性应注意：

取油样时应先擦净取样截门，再缓缓开启，先将试油杯冲刷 2～3 次，再取油样。测试前油在杯中静止 5～10 min，以消除气泡。试油机升压速度不宜太快，约 3 000 V/s 为宜。试验 3～5 次，每次加压间隔 2～3 min。

10. 变频谐振交流耐压试验装置

(1)适用范围：满足 27.5 kV 300 mm^2 5 km 电缆、10 kV 单芯 70～95 mm^2 3 km 电缆、三芯 30 km 电缆的交流耐压试验要求。

(2)使用及维护注意事项：

① 各连接线不能接错，特别是接地线不能接错。否则可导致试验装置损坏。

② 由于输出的是高电压或超高电压，所有在试验前必须检查确认接地可靠，同时注意操作安全。

③ 由于被试电缆的电容量较大，若在试验时试品击穿或发生高压引线对地放电，在电缆的接地端处，试验接地线和控制箱外壳等处，可能会产生暂态过电压。试验设备(谐振电抗器、分压器、励磁变压器等)应尽量靠近被试电缆头，减少试验接地线的长度，即减少接地线的电感量。要注意试验接地线应尽可能的短，不可任意延长接地线长度。

④ 试验时操作人员除接触调谐、调压绝缘旋钮外，不要触及控制箱金属外壳。

11. 大电流发生器

(1)适用范围：测试频率为 50 Hz 开关、电流互感器和其他电器设备的电流负载试验及升温试验。

(2)使用及维护注意事项：

① 工作前先检查电源有足够的容量，否则电源线发热及电压降低影响正常工作。

② 升流器次级至被试品导线不宜太长、截面积要足够，接触面要处理干净，否则接头发热，甚至电流升不到额定值。

③ 工作现场不应有易燃物。温升试验时应准备足够的灭火器材。

④ 连续性(升温)试验，现场应有人值班。并定时检查升流源设备、导线、接头发热情况，

做好记录。试验过程中，一旦发现不正常现象，应立即切断空气开关电源，查明原因后再进行试验。试验完毕，必须将调压器回零，按空气开关切断电源，切断工作电源方向拆除试验接线，以保证安全。

12. 便携式局部放电测试仪

目前现场检测 GIS 局部放电的常用方法是特高频法和超声波法。

(1)适用范围：便携式局部放电测试仪主要是用于 GIS 组合电器、牵引变压器、互感器、绝缘子局部放电检测与维护。

(2)使用维护注意事项：

① 对于连接线应避免将尖端暴露在外，防止尖端电晕放电，尤其对于电压等级较高的局部放电试验，必要时要加粗高压连接线及加装防电晕罩，减小因场强过高引起的电晕放电。屏蔽罩不能与试品的瓷裙相接触。

② 在试验过程中，被试品在耐压、预升压时，局部放电量都比正常值大很多，此时仪器的仪表必然会超出满刻度。为防止仪器损坏，应将仪器的增益粗调旋钮逆时针旋转一挡或更多挡，以不超出满刻度为标准。当电压降至测量电压时，再将增益粗调开关顺时针旋转一挡或更多挡，以便记录测量值。

13. 微机保护测试仪的使用及维护

(1)适用范围：可对各种继电器及微机保护进行检定，并可模拟各种复杂的瞬时性、永久性、转换性故障进行整组试验。

(2)使用维护注意事项：

① 合理选择试验步长，以保证测试数据的准确性。

② 做完一次试验后，及时将各调节旋钮调到最小值。

③ 各路电源的输出不能作永久性电源使用，间歇使用；大电流输出持续时间不得超过 5 min。

④ 为了保证工控机内置的 Windows 操作系统能稳定可靠运行，不能随意删除或修改硬盘上的文件和桌面上的图标，不要随意操作、更改、增加、删除、使用内置 Windows 系统，以免导致操作系统损坏。使用 USB 盘拷贝数据时，请一定保证 U 盘干净无病毒，也不能利用 U 盘在本系统中安装其他软件程序。

14. 红外线热成像仪的使用维护与保养

(1)对被检测设备的要求：

① 被检测电气设备应为带电、导流设备。

② 检测时在保证人身和设备安全的前提下，应打开遮挡红外线辐射的门、栅栏或盖板。

(2)对检测环境的要求：

① 检测目标及环境的温度宜在 5～30 ℃，如果必须在低温下进行检测，应注意仪器自身的工作温度要求，同时还应考虑水汽结冰使某些进水受潮的设备的缺陷漏检。

② 空气湿度不宜大于 85%，不应在有雷雨、雾、雪及风速超过 0.5 m/s 的环境下进行检测，若检测中风速发生明显变化应记录风速，必要时修正测量数据。

③ 变电所亭室外设备检测应在日出之前、日落之后或阴天进行。这样，既可以防止太阳辐射的影响，又可以保障有较稳定的环境温度。

④ 变电所亭室内检测宜闭灯进行，被测物应避免灯光直射。

⑤ 在不影响安全的条件下，尽量缩小检测距离。

(3)红外线测温仪的维护与保养：

① 在任何情况下(开机或关机)不得将设备镜头直接对准强烈辐射源(如太阳、激光束直射或反射等),否则,将对热像仪造成永久性损害。

② 运输期间,必须使用原配包装箱,使用和运输过程中请勿强烈摇晃或碰撞设备。

③ 储存时建议使用原配包装箱,并放置在阴凉干燥、通风、无强烈电磁场的环境中。避免油渍及各种化学物质沾污镜头表面及损伤表面。使用完毕后,请盖上镜头盖。

④ 在精确读取数据前,热像仪可能需要 3～5 min 的预热过程。热像仪出厂时虽然都进行过温度校正,每年还应进行一次温度校正。热像仪的开启和关闭。按开关键超过 3 s,启动/关闭热像仪。关机后,再次开机建议至少等待 10 s,以确保热像仪的安全。

15. 高压电缆故障探测仪的使用及维护

(1)使用范围:可测铁路牵引供电系统 27.5 kV 单芯电缆、电力系统 35 kV、10 kV 及以下等级所有电缆的闪络性故障、高阻故障、绝缘故障、低阻故障、开路故障以及电缆接头的故障。

(2)使用及维护注意事项：

① 仪器接线、调整时应断开电源并彻底放电。

② 高压试验设备电压与测试仪工作电源分开使用,测试仪连接应远离高压线。

③ 电流取样器接地端必须可靠接地,否则高压放电通路断开,高压会感应到测试仪而对仪器造成损坏。

④ 应正确接地,即高压设备、电流取样器地线一定要接近电缆的铅包。测试仪保护接地应与高压设备地线分开连接。

⑤ 测试时各连接点应无放电火花,否则会影响测试波形。

(3)低电压脉冲测试的基本原理：

测试电缆故障时,将电缆视为分布均匀的传输线,根据传输线理论,在电缆一端加脉冲电压,此脉冲按一定的速度(取决于电缆介质的介电常数和导磁系数)沿线传输,当脉冲遇到故障点(或阻抗不均匀点)会发生反射,测试仪记录下发送脉冲和反射脉冲之间的传输时间 ΔT,则可按已知的传输速度 v 计算出故障点的距离 L_x,则 $L_x=v\cdot\Delta T/2$。

低压脉冲测试法操作简单、准确度高。对于短路、低阻、断路故障用此方法,可直接确定故障距离。一般闪络测试前,也可用低压脉冲法测试电缆全长或速度,与闪络测试波比较,利于波形分析。

(4)直流高压测试原理(直闪原理)：

与脉冲法相同,当给故障相施加直流高压到一定值时,故障点被击穿而短路放电,此时,由故障点产生一反向跃变电压 V,该电压沿电缆传输,传到始端后,始端阻抗大于电缆特性阻抗,所有发生正反射 $2V$,此电压又向后传输,到故障点后被短路所有反射电压 $-2Vt$,经过一段时间负反射电压又传到始端,如此往返数次,直至闪络放电结束而终止。

由第一个正向跃变电压到始端的时间 T_0 到第二次反射负向电压传到始端的时间 T_1 的时差,$\Delta T=T_1-T_0$,则故障点的距离 $L_x=v\cdot\Delta T/2$。

(5)冲击高压闪测法(冲闪法)：

与直闪法相同,只是给电缆不是加直流高压而是通过球间隙施加冲击电压,使故障点击穿放电,产生反射电压(或电流),仪器记录这一瞬态过程,通过分析波形来测定故障点的位置。它是测高阻及闪络性故障的主要方法。分电流、电压取样。由于低端电流取样接线简单、安全可靠、波形易于识别,建议使用电流取样法。

思考题

1. 防护类安全用具主要有哪些？
2. 绝缘夹钳的使用及维护注意事项有哪些？
3. 万用表的使用及维护注意事项有哪些？
4. 检修常用高压试验仪器主要有哪些？
5. SF_6 气体定量检漏仪在什么范围内使用？
6. 高压试验仪器的公共注意事项有哪些？
7. 微机保护测试仪的使用及维护应注意哪些事项？

模块三　安全防护用具使用及紧急救护

模块描述：能正确使用安全防护用具和防爆、防毒安全用品；会进行触电紧急救护。

完成情况评估方法：从安全防护用具、防爆安全防护用品、防毒安全防护用品使用操作和紧急救护常用知识四方面进行综合评估。按百分制打分，80 分为合格。

一、高空作业安全防护用品的使用和操作

1. 安全帽的使用及注意事项

(1)使用安全帽前，先检查有无安全合格标签，检查外壳是否破损，有无合格帽衬，帽带是否齐全，如果不符合要求立即更换。安全帽在使用过程中，要定期检查，检查有没有龟裂、下凹、裂痕和磨损等情况，发现异常现象要立即更换，不准再继续使用。任何受过重击、有裂痕的安全帽，不论有无损坏现象，均应报废。严禁使用帽内无缓冲层的安全帽。

(2)戴安全帽前，应将帽后调整带调整到适合的位置，将帽内弹性带系牢。缓冲衬垫的松紧由带子调节，人的头顶和帽体内顶部的空间垂直距离一般在 25～50 mm 之间。

(3)不要把安全帽歪戴，也不要把帽沿戴在脑后方。否则，会降低安全帽对于冲击的防护作用。

(4)安全帽的下领带必须扣在颌下，并系牢，松紧要适度。

(5)施工人员在现场作业中，不得将安全帽脱下，搁置一旁，或当坐垫使用。

(6)安全帽必须在检验周期内使用，超出检验周期和超出使用周期的，不得使用。

(7)平时使用安全帽时应保持整洁，不能接触火源，不准当凳子坐，防止丢失。

2. 安全带的使用及注意事项

(1)选用检验合格的安全带，并保证在使用有效期内。使用前，要检查各部位是否完好无损。

(2)2 m 以上的高空作业，必须使用安全带。安全带应高挂低用，杜绝低挂高用。

(3)安全带使用前应检查绳带有无变质、卡环是否有裂纹，卡簧弹跳性是否良好。

(4)高处作业如安全带无固定挂处，应采用适当强度的钢丝绳或采取其他方法。禁止把安全带挂在移动或带尖锐棱角或不牢固的物件上。

(5)安全带要拴挂在牢固的构件或物体上，要防止摆动或碰撞，绳子不能打结使用，钩子要挂在连接环上。

(6)安全带绳保护套要完好,以防磨损。若发现保护套损坏或脱落,必须加上新套后再使用。

(7)安全带严禁擅自接长使用。如果使用3m及以上的安全带时必须要加缓冲器,各部件不得任意拆除。

(8)安全带在使用后,要妥善保管,不可接触高温、明火、强酸、强碱或尖锐物体,不要存放在潮湿的仓库中保管;要经常检查安全带缝制部分和挂钩部分,详细检查捻线是否发生裂断和残损等。

(9)安全带在使用两年后,应抽验或全部检验一次,频繁使用应经常进行外观检查,发现异常必须立即更换。

二、防爆安全防护用品的使用和操作

1. 护目镜防护用品的使用和操作

(1)性能:轻便设计,佩戴贴合脸部,防雾透明镜片,防刮擦,防紫外线。

(2)使用和操作:打开封装,选择合适型号,直接戴上即可。使用后用干净的布擦拭干净,重新封装。

2. 头部防护用品的使用和操作

(1)性能:适用于在消防人员进入火场执行任务。

(2)使用操作和注意事项:

① 使用前先检查外壳是否破损、薄厚是否均匀,缓冲层及调整带和弹性带是否齐全有效。

② 戴防护盔前应将盔后调整带按自己头型调整到适合的位置,然后将带有postman滑扣的Nomex下颌带系牢。

③ 不要把安全盔歪戴,头部防护盔的下颌带必须扣在颏下,并系牢,松紧要适度。

④ 进入危险部位时,将面屏放下,保护脸部和眼睛。

3. 气体检测仪的使用和操作

(1)含氧量检测仪使用

在变配电所中,控制室配有惰性气体自动灭火器,高压室安装有SF_6组合开关柜。为防止气罐泄漏后使室内氧气含量降低,SF_6组合开关柜泄漏后使高压室氧气含量降低,造成有关人员窒息,应在控制室配置固定的氧气含量检测仪。值班人员进入高压室时,携带便携式氧气含量检测仪。

在惰性气体自动灭火器喷射惰性气体后,应打开门窗及时通风,并打开电排风扇通风系统通风。当氧气含量检测仪检测到氧气含量超过18%以上时,有关人员才能进入控制室。若有紧急情况必须立即进入控制室时,进入人员应穿防护服,戴隔离式呼吸保护器具(长管空气呼吸器,自产氧气呼吸器等)。

(2)有害气体浓度检测仪使用

SF_6组合开关柜或其他电气设备爆炸会产生大量的有毒气体,在室内难以散出。所以在高压室内可安装有害气体浓度检测仪。在高压室内SF_6组合开关柜或其他电气设备爆炸后打开通风系统通风。当有害气体浓度检测仪报警停止时,说明有毒气体含量已经比较低,有关人员戴上防护口罩后才能进入高压室。若紧急情况必须立即进入高压室时,进入人员应穿防护服,戴隔离式呼吸保护器具(长管空气呼吸器,自产氧气呼吸器等)。

(3)气体检测仪的使用要求

① 新领的气体浓度检测仪，检查是否有劳动部门允许生产的证明及产品合格证，并现场检测试验有效。正常使用的气体浓度检测仪，应定期进行检测，不符合规定要求的立即调换。

② 有害气体浓度检测仪和氧气浓度检测仪应配合使用，在检测室内气体全部达到标准要求后，方可进入室内。

③ 气体浓度检测仪一般应安装在室内的下部和上部不通风的地方，安装数量不应小于4处；便携式气体浓度检测仪应戴在头部前方，每次使用前要自检正常。

三、防毒安全防护用品的使用和操作

1. 防毒面具（自救呼吸器）的使用和操作

(1)防毒面具（自救呼吸器）的使用和操作

① 打开盒盖，取出真空包装袋。

② 撕开真空包装袋，拔掉前后两个罐塞。

③ 戴上头罩，拉紧头袋。

(2)防毒面具（自救呼吸器）的使用注意事项

① 本产品仅供一次性使用，不能用于工作保护，只供个人逃生自救。

② 呼吸器为存放型，已经固定存放后，不能随意搬动、敲击、拆装，以免引起意外失效。

③ 呼吸器不能在氧气浓度低于17%的环境中使用。

④ 撕破真空包装袋，视为呼吸器已失效不能再使用。

2. 过滤式防毒面具使用注意事项

① 过滤式防毒面具只能在空气中有毒气体浓度$<$2%，氧气浓度$>$18%的情况下使用。

② 各种过滤式防毒面具只能专防专用，不同型号滤毒药罐只能防其对应的有毒气体，要防止错用。

③ 使用过滤式防毒面具，严格执行一开、二看、三戴的规定。一开：打开滤毒药罐底部胶塞；二看：查看滤毒药罐、面罩无缺陷；三戴：戴上面罩，呼吸畅通，确认完好，方准使用。

④ 使用中感觉呼吸困难，或自我感觉不适时，应立即退出毒区，更换面具。严禁在毒区内摘掉面罩。

⑤ 过滤式防毒面具禁止在塔罐容器等密闭设备内使用。

四、紧急救护常用知识

1. 紧急救护的基本原则

(1)在现场采取积极措施保护伤员生命，减轻伤情，减少痛苦，再根据伤情需要，迅速联系医疗部门救治。

(2)认真观察伤员全身情况，防止伤情恶化。发现呼吸、心跳停止时，应立即在现场就地用心肺复苏法抢救。

(3)现场工作人员都应定期进行培训，学会紧急救护法。能正确解脱电源，会心肺复苏法、会止血、会包扎、会转移搬运伤员、会处理急救外伤或触电、中毒等。

2. 触电急救

(1)脱离电源

① 脱离电源就是要将触电者接触的带电设备的开关、刀闸或其他设备断开。

② 触电者未脱离电源前，救护人员不准直接用手触及伤员，必须保持安全距离。在脱离

电源过程中，救护人员既要救人，也要注意采取绝缘措施保护好自己。

③ 若触电者处于高处，需采取相应的预防措施避免解脱电源后触电者从高处坠落造成二次伤害。

④ 触电者触及低压带电设备，救护人员应设法迅速切断电源（如拉开电源开关或刀闸；用绝缘工具、干燥的木棒等绝缘物解脱触电者；戴上绝缘手套将其拖开；站在绝缘物体上或干木板上，让自己与地绝缘进行抢救），切勿赤手触及触电者身体和避免碰到带电的金属物体。

如果电流通过触电者入地，且触电者紧握导线，可设法将干木板塞到其身下，使其与地隔离，也可站在绝缘垫上用干木把工具和带绝缘柄的钳子将电源分相剪断。

⑤ 若触电者触及高压带电设备，救护人员应迅速切断电源，或用适合该绝缘等级的绝缘工具使触电者脱离电源。

(2)脱离电源后的处理

① 触电伤员如神志清醒，应使其就地躺平，严密观察，暂时不要站立和走动。

② 触电伤员如神志不清，应使其就地仰面躺平，且保持气道畅通，并用 5 s 时间，呼叫伤员或轻拍其肩部，以判断伤员是否丧失意识。禁止摇动伤员头部呼叫伤员。

③ 需要抢救的伤员，应立即就地坚持正确抢救，并设法联系医疗部门接替救治。

(3)呼吸、心跳情况的判定

触电伤员如意识丧失，应在 10 s 内用看、听、试的方法，判断伤员呼吸心跳的情况。每项动作操作时间 3～5 s，在进行呼吸判断时要注意保持气道通畅。

看、听、试一齐做，看是看胸、腹部有无呼吸动作的起伏，听是听鼻孔有无呼吸的气流声。试是用手指试测口鼻有无呼气气流。再用两手指轻试一侧喉结旁凹陷处的颈动脉有无搏动。

(4)心脏复苏法

触电伤员呼吸和心跳均停止时，应立即按心脏复苏法进行抢救，心脏复苏法包括三项基本措施。即通畅气道；口对口（鼻）人工呼吸；胸外按压（人工循环）。

① 通畅气道

a. 伤员口内有异物，可将其身体和头部同时侧转，迅速用右手小指从伤员左侧嘴角伸入，将异物清除。

b. 通畅气道可采用仰头抬颌法。用一只手置于伤员前额使头部后仰，另一只手的食指和中指置于下颌骨处，两手协作将头部推向后仰（成人头部后仰 90°，儿童 60°），舌根随之抬起，气道即可通畅。严禁用枕头或其他物品垫在伤员头下，防止胸外按压时流向脑部的血流减少。

② 口对口（鼻）人工呼吸

在保持伤员气道通畅的同时，救护人员用按于前额手的拇指与食指捏住伤员鼻翼下端；用自己的嘴唇包住伤员微张的嘴；连续大口吹气两次，每次 1～1.5 s，5 s 内完成。一次吹气完毕后，放松捏鼻的手，观察伤员胸部有无起伏。若两次吹气后测试颈动脉无搏动，可判断心跳已经停止，要立即进行胸外按压。

除开始时大口吹气两次外，正常口对口（鼻）人工呼吸的吹气量不需过大，以免引起胃膨胀，吹气和放松时，要注意伤员胸部有无起伏的呼吸动作，吹气时如有较大阻力，可能是头部后仰不够，应及时纠正。

③ 胸外按压

按压位置：用右手的食指和中指沿触电伤员的右侧肋弓下缘向上，找到肋骨和胸骨结合处的中点；两手指并齐，中指放在切迹中点（剑突底部），食指平放在胸骨下部；另一只手的掌根紧挨食指上缘，置于胸骨上，即为正确按压位置。

按压姿势：使触电伤员仰面躺在硬板床或地上；头、颈、躯干平卧无扭曲，救护人员两手放于两侧躯干旁；解开上衣，暴露胸部。施救者跪于患者肩旁，救护人员两肩位于伤员胸骨正上方，两臂伸直，肘关节固定不屈，两手掌根相叠，手指翘起，不接触伤员胸壁；以髋关节为支点，利用上身的重力，垂直将正常人胸骨压陷 3～5 cm（儿童和瘦弱者均减）。达到压制要求程度后，立即放松，但放松时救护人员的掌根不得离开胸壁。

操作频率：胸外按压要以均匀速度进行，每分钟 80 次左右，每次按压和放松的时间相等；胸外按压与口对口（鼻）人工呼吸同时进行，其节奏为：单人抢救时，每按压 15 次后吹气 2 次，反复进行，双人抢救时，每按压 5 次后由另一人吹气 1 次，反复进行。

（5）抢救过程中的再判定

① 按压吹气 1 min 后，应用看、听、试的方法，在 5～7 s 内完成对伤员呼吸和心跳是否恢复的再判定。

② 若判定颈动脉已有搏动但无呼吸，则暂停胸外按压，而再进行两次口对口人工呼吸，接着每 5 s 吹气一次（即 12～16 次/min）。如脉搏和呼吸均未恢复，则继续坚持心肺复苏术法抢救。

③ 在抢救过程中，要每隔数分钟再判断一次，每次判断时间不得超过 5～7 s。在医务人员未接替抢救前，现场抢救人员不得放弃现场抢救。

3. 创伤急救

（1）创伤急救的基本要求

① 创伤急救原则上实行先抢救，后固定，再搬运，采取必要措施防止伤情加重或感染。

② 抢救前先使伤员安静躺平，判断全身情况和受伤程度，外部出血时，应立即采取止血措施，防止失血过多而休克。呈休克状态，神志不清或昏迷者，要考虑胸腹部内脏或脑部受伤的可能性。

③ 为防止伤口感染，应用清洁布片覆盖。抢救人员不得用手直接接触伤口。

④ 搬运时应使伤员平躺在担架上，腰部束在担架上，防止跌下。平地搬运时伤员头部在后，上楼、下楼、下坡时，搬运中应严密观察伤员，防止伤情突变。

（2）止血

①伤口渗血时用较伤口稍大的消毒纱布数层覆盖伤口，然后进行包扎。

② 伤口出血呈喷射状或鲜红血液涌出时，用清洁手指压迫出血点上方（近心端），抬高或举高出血肢体，减少出血量。

③ 用止血带或弹性较好的布带等止血时，以使肢端动脉搏动消失为度。上肢每 60 min，下肢每 80 min 放松一次，每次放松 1～2 min。

④ 高处坠落、撞击、挤压可能会造成胸腹内脏破裂出血（外观无出血，面色苍白、脉搏细弱、气促、冷汗淋漓、神志不清等现象），应迅速使其躺平，抬高下肢，并送医院救治。

4. 烧伤急救

（1）电灼伤、火焰烧伤或高温气、水烫伤均应保持伤口清洁。四肢烧伤时，先用清洁冷水冲洗，再用清洁布片或消毒纱布覆盖送医院。

（2）强酸或强碱灼伤应立即用大量清水彻底冲洗，迅速将侵蚀的衣物剪去。为防止酸、碱残留在伤口内，冲洗时间一般不小于 10 min。

5. 有害气体中毒急救

(1)气体中毒开始时又流泪、眼痛、呛咳、咽部干燥等症状，应引起警惕。稍重时会出现头痛、气促、胸闷、眩晕现象。

(2)怀疑可能存在有害气体时，应立即将人员撤出现场，转移到通风良好的地方休息。抢救人员进入危险区必须戴防毒面具。

(3)已昏迷病人应保持气道畅通，有条件时给予氧气吸入。呼吸心跳停止者。按心脏复苏术进行抢救，并联系医院救治。

(4)迅速查明有害气体的名称，供医院及早对症下药进行救治。

思考题

1. 安全带的使用及注意事项有哪些?
2. 头部防护用品的操作使用应注意哪些事项?
3. 有害气体浓度检测仪的使用注意事项有哪些?
4. 如何使触电者脱离电源?
5. 简述胸外按压的操作步骤。

复习题

1. 倒闸操作有哪些规定?
2. 验电接地的注意事项有哪些?
3. 如何装设接地线?
4. 交班值班员向接班人员介绍哪些情况?
5. 兆欧表的使用及维护注意事项有哪些?
6. SF_6 气体定量检漏仪的使用及维护应注意哪些事项?
7. 工频耐压试验仪的使用及维护应注意哪些事项?
8. 红外线测温仪的使用及维护应注意哪些事项?
9. 高压电缆故障探测仪的使用及维护应注意哪些事项?
10. 过滤式防毒面具的使用注意事项有哪些?
11. 紧急救护的基本原则是什么?
12. 触电者脱离电源后应如何处理?
13. 有害气体中毒应如何急救?

第五章　变配电所值班

熟悉变配电所设备巡视的规定、内容及标准；能按值班要求对设备进行运行监视；能按变配电所工作票制度和签发办理工作票的原则、程序正确签发办理变电所和配电所工作票，在倒闸操作前能按规定进行模拟操作；能完成值班期间的倒闸操作和运行记录的填写；能发现设备异常情况和解决突发问题。

模块一　设 备 巡 视

模块描述：设备巡视是发现变配电所设备缺陷或故障的主要手段，是确保变配电所安全运行的主要措施。为此，要求变配电检修人员和值班人员能按变配电所设备巡视的一般规定、内容及标准巡视设备，并正确填写设备巡视记录。

完成情况评估方法：从掌握变配电所设备巡视的一般规定、内容、标准及填写设备巡视记录四个方面综合评估。按百分制打分，80 分为合格。

一、设备巡视一般规定

变配电所设备巡视，根据巡视的内容、时间和需要，一般分为四种，即交接班巡视、班中巡视、加强巡视和熄灯巡视。

1. 在巡视检查中要遵守铁道部颁发的有关规定

(1)按照规定巡视设备。特别是发生设备异常、缺陷或故障时，能按照要求进行正确汇报，并采取正确的应对措施，杜绝扩大不良后果。

(2)检查设备的运行情况。综合自动化装置还需监视设备的实时运行数据，对于数据异常或通信信号中断等现象，要及时处理，并尽快恢复正常。

(3)在检修作业进行期间，按规定巡视作业现场，发现不良倾向及时提出或制止，保证安全。

2. 遇有下列情况，要适当增加巡视次数

(1)设备过负荷或负荷有显著增加时。

(2)设备经过大修、改造或长期停用后重新投入系统运行；新安装的设备投入系统运行。

(3)遇有雾、雪、大风、雷雨等恶劣天气，事故跳闸和设备运行中有异常和非正常运行时。

(4)对新装或大修后的变压器投入运行后 24 h 内，要每隔 2 h 巡视 1 次。

3. 巡视检查的基本要求

(1)巡视检查设备时，要精力集中、认真、仔细，充分发挥眼、鼻、耳、手的作用，并分析设备是否运行正常。

(2)采用先进技术，如红外测温仪进行定期测试，并分析测试结果。

(3)可在小雨和小雪天气巡视检查户外设备。

(4)利用日光检查户外瓷瓶是否有裂纹。

(5)雷雨后检查户外瓷瓶是否有水波纹,避雷器是否动作,避雷针尖有无熔化。

(6)高温、高峰负荷时巡视检查设备是否发热。

(7)重点检查动作后的设备状态。

(8)气候突然变热或变冷时,要检查充油、充气设备。

(9)根据历次的设备事故进行重点检查。

(10)新设备投入运行时,有人值班变配电所要增加一次巡视检查,无人值班变配所应在24 h内巡视一次。

二、变配电设备巡视内容

1. 变配电所一般设备的巡视项目和要求:

(1)绝缘体应清洁、无破损和裂纹、无放电痕迹及现象。

(2)电气连接部分应连接牢固,接触良好,无过热、断股和散股、过紧或过松。

(3)设备位置指示信号与实际设备一致;设备音响正常,无异味。

(4)充油设备的油标、油阀、油位、油温、油色应正常,充油、充胶、充气设备应无渗漏、喷油现象。充气设备气压和气体状态应正常。

(5)设备安装牢固,无倾斜,外壳无严重锈蚀,接地良好,基础、支架应无严重破损和变形。设备室和围栅应完好并锁住。

2. 巡视变压器时,除一般项目和要求外,还要注意以下几点:

(1)瓦斯继电器内应无气体。

(2)冷却装置运行应正常。

(3)压力释放阀状态良好。

3. 巡视气体断路器及GIS开关柜时,除一般项目和要求外,还要注意以下几点:

(1)气体压力指示器的指示值应在允许的标准范围内(或压力传感器没有发出异常信号)。

(2)分合闸指示器应与实际状态相符。

(3)分合闸计数器指示应正确。

(4)带电显示器指示与设备运行情况对应。

(5)合闸弹簧储能指示器显示储能。

(6)无残压检测记录仪指示正常。

4. 巡视隔离开关时,除一般项目和要求外,还要注意以下几点:

(1)闸刀位置应正确,分闸角度或距离应符合规定;合闸成直线。

(2)触头应接触良好,无严重烧伤。

(3)电动操作机构分合闸指示器应与实际状态相符。机构箱密封良好,部件完好无锈蚀。

(4)操作机构应加锁。

(5)消弧装置外观良好。

5. 巡视高压母线时,除一般项目和要求外,还要注意:多股线无松股、断股。

6. 巡视电缆及电缆沟时,除一般项目和要求外,还要注意以下几点:

(1)电缆沟盖板应齐全、无严重破损,沟内无积水、无杂物。

(2)电缆外皮无断裂、无锈蚀,其裸露部分无损伤。电缆头及接线盒密封良好,无接头发热、放电现象。

7. 巡视端子箱时,除一般项目和要求外,还要注意以下几点:

(1)箱体应清洁、牢固,不倾斜,密封良好,箱体内外无严重锈蚀。

(2)箱内端子排应完好、清洁、连接整齐、牢固、接触良好。闸刀接触良好、无烧伤。

8. 巡视避雷器时,除一般项目和要求外,还要注意以下几点:

(1)各节连接应正直,整体无严重倾斜,均压环安装应水平。

(2)带有监测装置的放电记录器显示应正常。

9. 巡视避雷针时,除一般项目和要求外,还要注意:避雷针应无倾斜、无弯曲、针头无熔化。

10. 直流电源装置巡视项目和要求:

(1)直流充电装置及风扇运转正常无异音、异味和过热。

(2)充电方式正确。

(3)微机监控装置电流、电压、绝缘监察等数据显示正确,无报警信息。

11. 蓄电池组巡视项目和要求:

(1)蓄电池外壳完好,表面清洁。

(2)电池极柱间连接片及连接线安装牢固,接触良好,无腐蚀现象。

(3)蓄电池部件完好,无脱落、损坏。

12. 控制室巡视项目和要求:

(1)各种屏(台)上的设备清洁,锈蚀面积不超过规定,安装牢固。

(2)各种显示装置指示正常。

(3)转换开关、继电保护和自动装置压板以及切换开关的位置、标示牌应正确,并与记录相符。

(4)开关、端子安装牢固,接触良好,无过热和烧伤痕迹。

(5)二次回路空气开关、信号小刀闸投退位置应正确,端子排的连片、跨接线应正常。

(6)10 kV 电源及事故照明工作正常。

13. 综合自动化设备的巡视内容和要求:

(1)检查盘上所有装置的电源灯、运行灯正常亮,各种故障灯均不亮,其他指示灯与设备的实际运行状态相符。

(2)各种连片、开关位置正确。远方/就地、调度/后台转换开关位置正确。

(3)电压互感器转换开关与实际运行的设备对应。交接班巡视时,查阅各盘显示屏的运行参数正常。操作各盘试验按钮,动作正常,信号显示正确。

(4)通信系统各处的信号灯闪烁、显示正常,装置后部通信线插口处没有故障灯亮。

(5)光缆布置良好,弯曲度符合要求。

(6)视频安全监控系统的各种传感器齐全,状态良好。

(7)火灾报警系统的火灾报警控制器,电源及备用电池,感烟、感温测控器,声光报警器等消防设备的运行状态,确认消防系统运行正常。

三、变配电设备巡视标准

1. 一次设备巡视标准

(1)隔离开关、断路器的位置和状态。在控制室监控屏、主变和馈线测控屏观察隔离开关和断路器的分合闸状态,在高压区和高压室检查设备的实际状态,应与分合闸位置指示器、分合闸指示灯一致。检查隔离开关的分合闸角度符合规定。

(2)充油、充气设备的状态。重点观察充油设备的油标、油阀、油位、油温、油色应正常,充油、充气设备应无渗漏、喷油现象。充气设备气压和气体状态应正常。

(3)绝缘件应清洁、无破损和裂纹、无放电痕迹及现象，瓷釉剥落面积不得超过 300 mm^2。

(4)电气连接部分(引线、高压母线)应连接牢固，接触良好，无过热、断股和散股、过紧或过松。

(5)避雷器状态和动作情况，按要求填写避雷器的巡视记录和避雷器动作记录。

2. 二次设备巡视标准

(1)盘上的各种指示灯显示正常，与设备的实际状态一致。各种连片、空气开关、转换开关位置正确。

(2)操作监控屏主机的键盘，调用各项记录和报告，确认运行正常。检查打印机的状态正常，定期整理打印的各项报告，妥善保管，时间不少于 2 年，并及时更换打印纸。

(3)交直流盘各种表计指示正常。查阅直流盘监控模块中各种运行参数，确认电池电压正常。开关、熔断器、端子安装牢固，接触良好，无过热和烧伤痕迹。

(4)操作各种盘上的试验按钮，确认事故灯、音响等故障信号正常。

(5)发现告警灯、事故灯、事故音响等异常信号，应立即操作相关显示屏，查阅相关记录，确认问题原因，及时向供电调度汇报，必要时采取有效措施，尽快恢复送电。

(6)控制室视频安全监控系统运行正常。观察室内外温度计的指示值，并在值班日志上记录室内外温度。

四、巡视记录填写要求

1. 填写要求

(1)不得使用铅笔填写，字迹要工整，不得涂改。

(2)填写时要清楚明了，不得简化填写。

2. 填写说明

(1)巡视时间：填写×年×月×日×时×分至×时×分，统一使用阿拉伯数字填写。

(2)天气：填写巡视期间的天气状况，如晴、阴、多云、小雨、中雨、大雨、小雪、中雪、大雪、雾、大风、雷等。

(3)巡视人：填写参加巡视的所有人员，必须亲笔签名，不得代写。

(4)设备名称及运行编号：本栏不填写。

(5)巡视项目：按表中制定的巡视项目逐项巡视检查，确认状态良好时，在对应的巡视项目"正常"栏划"√"，设备运行异常或存在缺陷时，在对应的巡视项目"存在问题及处理情况"栏内具体填写。

(6)备注栏：特殊巡视、故障巡视时在此栏注明；其他需注明的问题在此栏填写。

思考题

1. 对设备巡视检查有哪些方法？
2. 直流电源装置巡视项目和要求有哪些？
3. 巡视变压器时，除一般项目和要求外，还要注意哪些事项？
4. 变配电所巡视记录填写有哪些要求？
5. 变配电二次设备巡视标准是什么？
6. 综合自动化设备的巡视内容有哪些？

模块二 设备运行监视

模块描述：设备运行监视是确保变配电所设备安全运行的重要技术措施，变配电检修人员和值班人员应能利用变配电所监控系统、测控装置对设备进行操作，能调取有关信息和数据，并根据有关信息和数据分析设备运行状态。

完成情况评估方法：从变配电所监控系统、测控装置的操作、信息含义的分析三方面进行综合评估。按百分制打分，80 分为合格。

一、综合自动化装置监控系统操作

以天津凯发设备为例，对牵引变电所综合自动化系统进行操作。以交大许继设备为例，对配电所设备进行操作。其他公司产品可参照本模块内容或产品技术说明书进行学习。

（一）牵引变电所监控系统操作

1. 遥控、遥调、信号复归操作

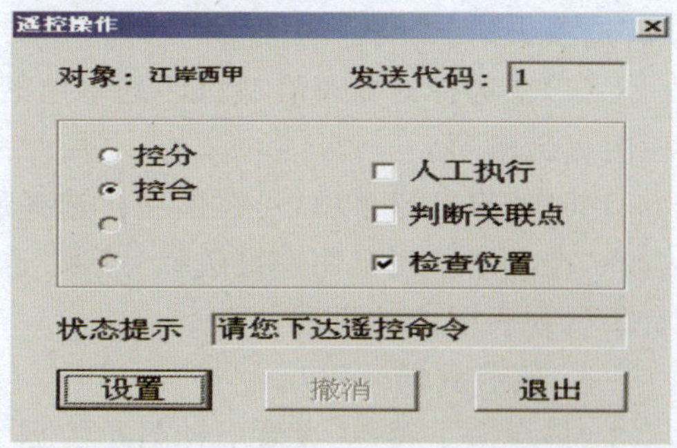

图 5-1 遥控、信号复归对话框

在监视器的主接线图上找到遥控、信号复归操作所对应的开关，双击开关并选择“遥控操作”子选项，即可根据不同的遥控属性弹出遥控、信号复归对话框，如图 5-1 所示。

检查对话框内提示的信息是否正确，对于遥控操作，选择控制状态“合”或“分”，点击“设置”按钮，系统将对遥控操作进行返校，等待返校正确后既可执行，亦可撤销。

若返校错误，请检查相应装置上的“手动/远动”按钮是否打在“远动”位置。确认“手动/远动”按钮打在远动位置后可重新设置。对于信号复归，没有返校，直接执行即可。

2. 保护事项、操作事项以及一般的开关变位、遥测越限等事项查询、打印操作

在主菜单下，点击[功能]→[历史事项]选项，即可进入“事项显示”对话框，如图 5-2 所示。

图 5-2 事项显示对话框

在这里可以查看、打印所有的保护事项、操作事项以及一般的开关变位、遥测越限等事项。选择要查看或打印的事项的日期范围和事项类别。

(1)在“类别选择”中选中‘保护事项’,可以查看系统的保护事项。在“事项类型”中选择欲查看的保护事项的类型,可选类型有 DK3500A 保护。

(2)在“类别选择”中选中‘操作事项’,可以查看监控系统的操作事项。此时在“事项类型”中可选类型有:系统事项、操作事项。操作事项包括遥控、遥调、信号复归等操作。

(3)在“类别选择”中选中‘分站事项’,可以查看一般开关变位、遥测越限等事项。在“事项类型”内选择要查看的事项类型,此时可选择“所有事项”,查看部分事项类型时,应把“所有事项”选项去掉。

(4)在选择好要查看或打印的事项的日期范围和事项类别后,点击“更新列表”即可在事项栏内显示事项。

(5)若想打印事项,可在事项栏选择部分事项(按住 Ctrl 可逐个选择,按住 Shift 键可连续选择,在日期子列上用左键选择)点取“选择打印”打印选择的事项,或点取“全部打印”打印所有事项列表框内的事项。

3. 显示数据操作

(1)点击主菜单[设置]→[显示数据]选项,即可进入“显示数据”对话框。

(2)在显示类型内分别选择遥测、遥信、电度选项,即可在数据列表内看到相应的实时值、统计值及属性等。

4. 故障报告查询、打印操作

(1)点击主界面右下侧“历史事件”或左侧“历史事项”。

(2)点击“事项类型”左侧方框“+”号,下拉菜单。

(3)在下拉菜单中点击“保护事件”左侧方框“+”号,下拉菜单。

(4)在下拉菜单中选择“保护故障报告”、“保护动作事件”、“保护故障事件”。

(5)输入需查询的保护故障报告发生的日期及起止时间。

(6)点击左上侧“查询”,在右侧界面显示要查询的故障报告。

(7)点击上方“打印”,选择“打印本页”。

(8)在弹出的打印机界面中点击“打印”后,即可开始打印。

5. 保护定值查询、打印操作

(1)点击主接线图左侧“定值操作”。

(2)点击左上角“定值操作”。

(3)双击需查询的保护装置。

(4)选择“定值区”号,当前一般为 0 区或 1 区。

(5)点击上方“登录”,在弹出的对话框中,用户组选择“系统管理组”,操作员“Root”,输入密码为“NK6000”,注意 NK 必须为大写。

(6)点击“登录”后,界面右侧显示该装置保护投退情况及保护定值。

(7)点击上方“当前定值区定值导出”,在弹出的对话框中将该定值区定值保存到“D”盘或桌面。

(8)关闭该界面。

(9)切入“D”盘或桌面,双击打开已保存的定值区定值,进行打印。

6. 事故追忆操作

(1)点取主菜单“功能”之“事故追忆”选项，即可进入“事故追忆”对话框。

(2)在时间栏内选择要查看的日期，事故列表内会显示当日所发生的事故。

(3)选择要查看的事故，追忆点列表框内会显示出该事故所包含的追忆点。

(4)选择追忆点即可看到事故时该点前后的变化曲线。

(5)若需打印，点取“打印”按钮即可打印该追忆曲线。

7. 报表的查询与打印

(1)报表的查询操作

点击[参数设置]→[报表管理]，在弹出的报表子系统界面中点击“显示数据”将弹出如图5-3所示对话框：

在“已有报表”栏中选择欲查询的报表，在起始日期栏中输入欲查询的报表日期，按“确定”按钮即可。

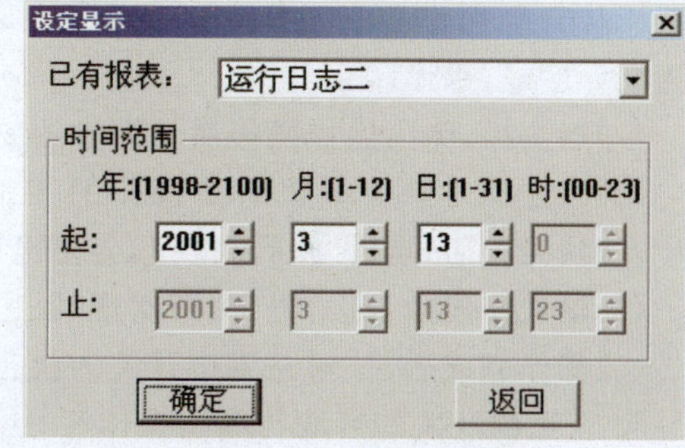

图 5-3　设定显示对话框

(2)报表的打印操作

在本系统中可以选择自动打印或手动方式打印报表。

①手动打印：点击[参数设置]→[报表管理]，在弹出的报表子系统界面中点击“显示数据”，在弹出的如上所示的对话框中选择欲打印的报表及日期按“确定”将弹出欲打印的报表，点击“打印预览”在随后弹出的对话框中点击“Print”即可。

②设置自动打印：点击[参数设置]→[报表管理]，在弹出的报表子系统界面中点击“自动打印设定”将弹出如图5-4所示对话框：

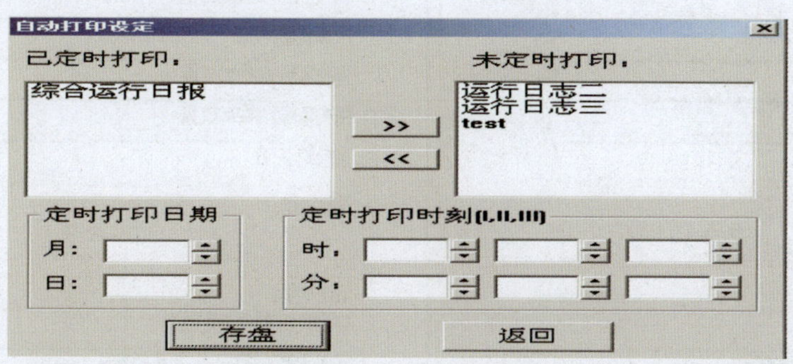

图 5-4　自动打印设定对话框

在“未定时打印”栏下选中欲设定自动打印的报表，点击“＜＜”，在定时打印日期及定时打印时刻栏中设定在什么时间自动打印报表后点击“存盘”即可。如果想取消一个报表的定时打印，在“已定时打印”栏中选中报表，点击“＞＞”即可。

(二)配电所监控系统操作

1. 断路器的分合闸操作

(1)在监控子系统的10 kV主接线图中，把鼠标移到要操作的断路器图标上，鼠标指针即变成“手形”。

(2)点击后，弹出遥控操作对话框如图5-5所示。

(3)核对要操作的断路器及当前状态，选定要执行的命令“合”或“分”，确认无误后，点击“执行”按钮，会弹出口令输入框。

(4)输入密码后，点击确定，即实现对断路器的分闸或合闸操作。

(5)操作完成后，要核对断路器的状态及遥信信息是否正确。

2. 三工位开关的闭合与隔离操作

(1)在监控子系统的 10 kV 主接线图中，把鼠标移到要操作的三工位开关图标上，鼠标指针即变成“手形”。

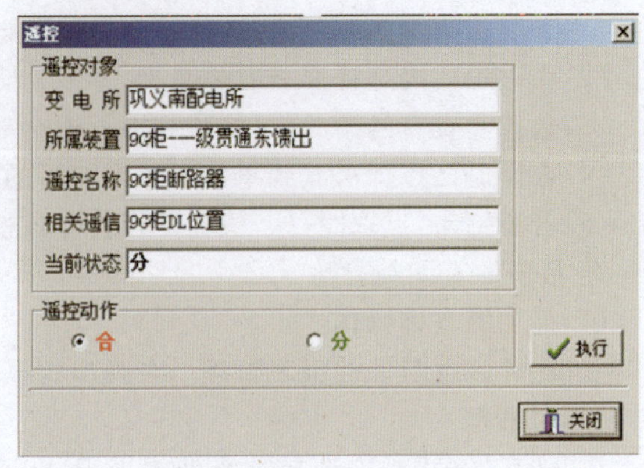

图 5-5 遥控操作对话框

(2)点击后，弹出遥控操作对话框如图 5-6 所示。

(3)在遥控对象 1 中核对要操作的三工位开关及当前状态，选定要执行的命令“合”或“分”，确认无误后，点击“执行”按钮，会弹出口令输入框。

(4)输入密码后，点击确定，即实现对三工位开关的闭合与隔离操作。

(5)操作完成后，核对三工位开关的状态及遥信信息是否正确。

3. 三工位开关的接地与隔离操作

(1)在监控子系统的 10 kV 主接线图中，把鼠标移到要操作的三工位开关图标上，鼠标指针即变成“手形”。

(2)点击后，弹出遥控操作对话框如图 5-7 所示。

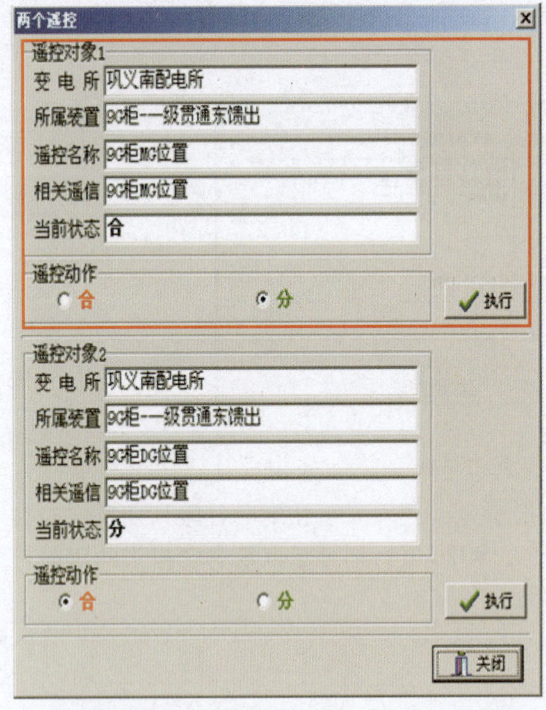

图 5-6 遥控操作对话框

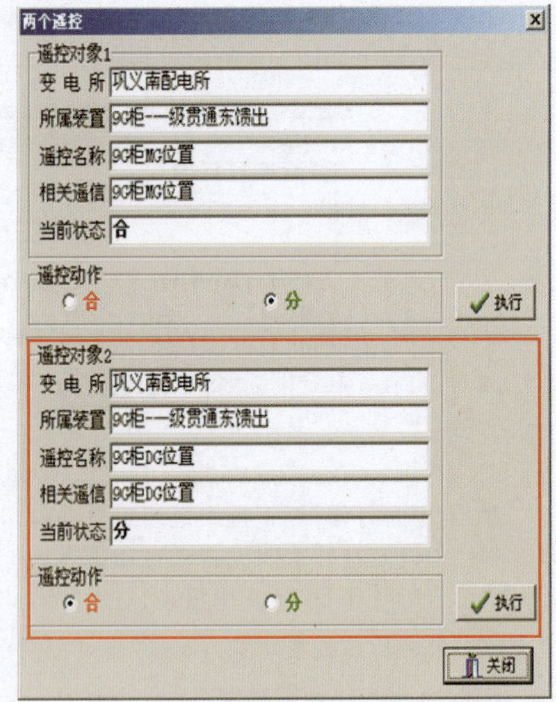

图 5-7 遥控操作对话框

(3)在遥控对象 2 中核对要操作的三工位开关及当前状态，选定要执行的命令“合”或“分”，确认无误后，点击“执行”按钮，会弹出口令输入框。

(4)输入密码后，点击确定，即实现对三工位开关的接地与隔离操作。

(5)操作完成后，核对三工位开关的状态及遥信信息是否正确。

注意事项：

(1)在三工位开关的遥控操作对话框中，有上下两个部分，上边的部分(遥控对象1)是对MG(母线隔离开关)的操作，用于实现三工位开关的闭合与隔离，下边的部分(遥控对象2)是对DG(接地隔离开关)的操作，用于实现三工位开关的接地与隔离，隔离位置处于中间位置，只有在隔离位置才能选择向其他两种位置变化，其他两种位置不能直接转换。

(2)三工位开关的操作引入本柜的断路器常闭接点。在本柜断路器处于合闸状态时，闭锁操作。

(3)三工位开关的接地操作引入本柜高压带电显示器常开接点(通过本柜中间继电器KC4)，检测到本柜下端电缆头有电时，闭锁接地操作。

(4)三工位开关接地后，只有把相对应的断路器合闸后才能实现真正意义的接地，单一操作三工位开关接地是没有意义的(一级贯通母互柜、综合贯通母互柜、联络柜除外)。

(5)利用三工位开关接地操作和相对应的断路器合闸的操作所实现的接地是对高压柜下端电缆所连接的设备或线路进行接地，高压柜的10 kV母线在SF_6气体绝缘的开关柜内，母线不能实现接地。

4. 馈出回路运行参数调取操作

(1)在当地监控系统主程序中，点击“工程师站”。

(2)启动后的“工程师站”子系统窗口，如图5-8所示。

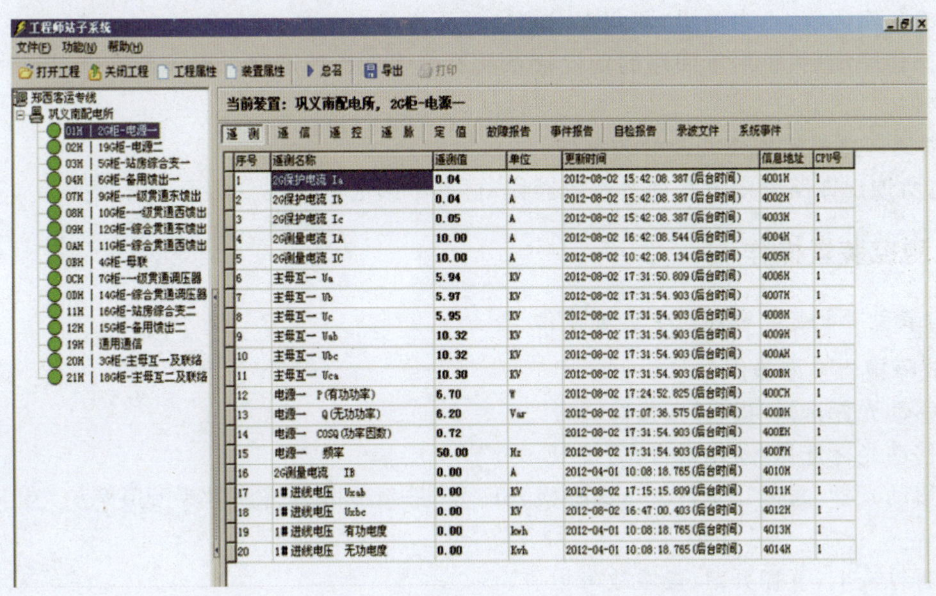

图5-8　“工程师站”子系统窗口

(3)在左侧窗格中选择要调取参数的回路名称。

(4)然后在右侧窗格中选择“遥测”按钮，并点击。

(5)在右侧窗格的下部即显示出本回路当前的实时“遥测”数据。

5. 馈出回路备投(重合闸)软压板的投撤

(1)在“工程师站”子系统左侧窗格中选定回路。

(2)在右侧窗格中选择“遥控”按钮,并点击。

(3)在右侧窗格下部点击要投撤的软压板的遥控名称,如图 5-9 所示。

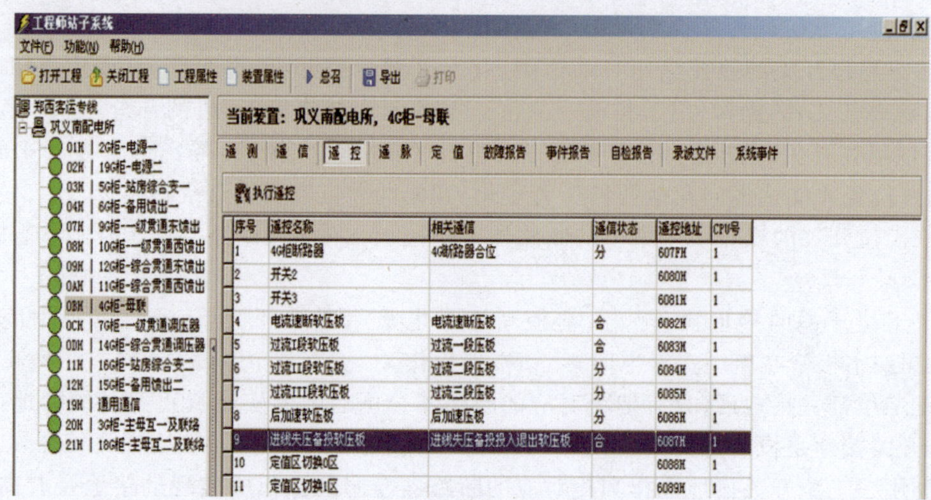

图 5-9 软压板的投撤界面

(4)点击“执行遥控”按钮。

(5)弹出遥控操作对话框。

(6)核对要操作的对象及当前状态,选定要执行的命令“分”,确认无误后,点击“执行”按钮,会弹出口令输入框。

(7)输入密码后,点击确定,即实现对相应软压板的撤除操作。

(8)操作完成后,核对本回路的备投状态及遥信信息是否正确。投入备投(重合闸)软压板的操作类似。

6. 馈出回路整定值查询及修改操作

配电所馈出回路整定值查询及修改操作,可参考第七章模块二学习。

二、测控装置操作

(一)牵引变电所综合自动化装置操作、查询

1. 故障报告查询操作

(1)移动光标选择“报告”后按“Enter”。

(2)移动光标选择“动作报告”后按“Enter”。

(3)移动光标,通过“+”,“-”,选择报告序号(最新故障报告序号为 000 号),然后按“Enter”。

(4)通过按上、下翻页键,查看故障报告。

(5)按“ESC”退出。

2. 软压板投退情况查询

在运行主菜单,选择压板按“ENT”进入,输入正确的运行密码,后按“ENT”进入压板界面。压板投退界面如图 5-10 所示,按上移键、下移键移动光标,按“+”键选择投或者按“-”键选择退,按“ENT”键进入压板投退确认界面如图 5-11 所示,需要修改按“Y”确认后退出。按“ESC”键放弃修改返回运行主菜单。

距离保护　退
电流速断　退
过流保护　退
电流增量保护　退

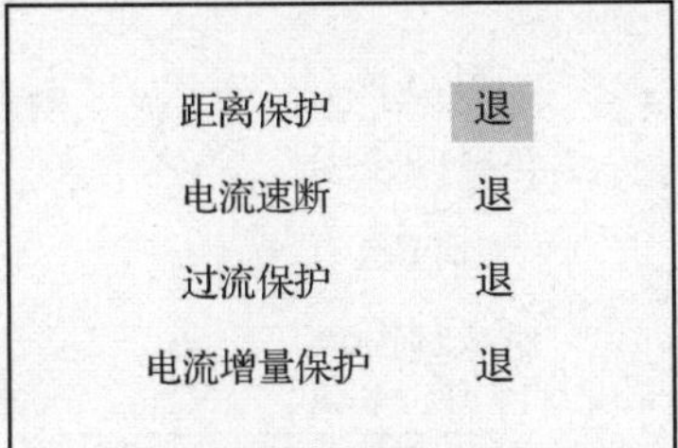

图 5-10　压板界面

压板投退
确认：Y/N

图 5-11　压板修改确认界面

3. 当前运行保护定值区号查询操作

通过装置液晶界面直接可以查询。

SET:00，表示当前定值运行在 0 区；SET:01，表示当前定值运行在 1 区。

4. 测量值查询

(1)在运行主菜单里选择“测量”，按“ENT”进入测量界面。

(2)在测量菜单界面，可选择一次、二次、保护、谐波、负荷、电度。

(3)在测量界面中，按“ENT”进入一次测量界面如图 5-12、图 5-13 所示，按左移键或者右移键切换屏幕，按“ESC”返回。

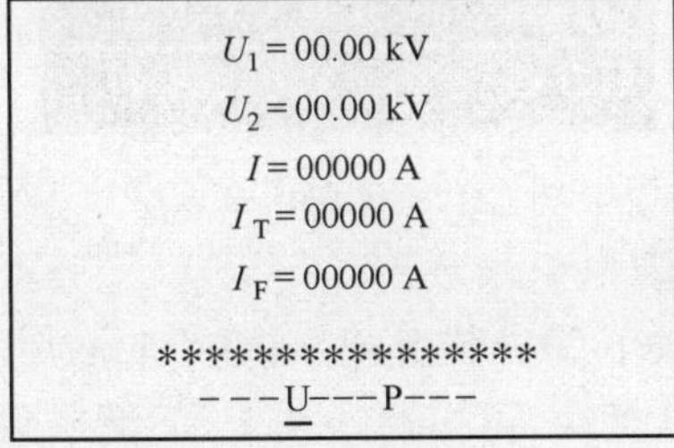

U_1 = 00.00 kV
U_2 = 00.00 kV
I = 00000 A
I_T = 00000 A
I_F = 00000 A
****
---U---P---

图 5-12　一次测量界面一

P = 00000 kW
Q = 00000 kvar
cos ϕ = 0.000
F = 00.00 Hz
****
---U--P---

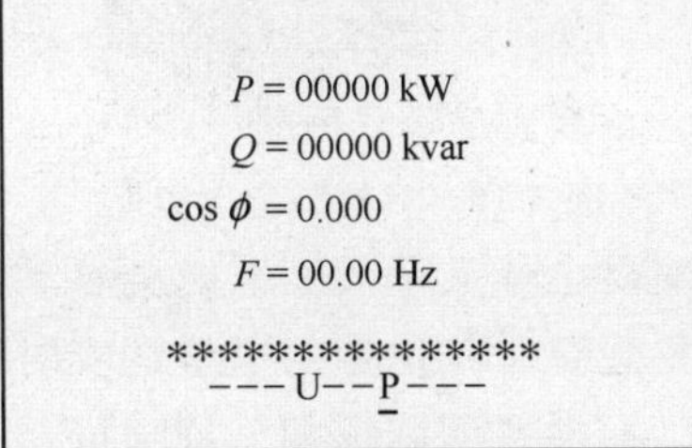

图 5-13　一次测量界面二

(4)在测量界面中，按“ENT”可进入保护测量界面、谐波测量界面、负荷测量界面；按“ESC”返回测量主菜单。在保护测量值中电压 U_1 和电压 U_2 角度以电流 I 为参考。谐波电流为二次值，分别为基波、二次谐波、三次谐波、五次谐波、七次谐波、九次谐波、十一次谐波。负荷中记录一天的最大电流值和最大电流值时刻的电压值，以及最小电压值和最小电压时的电流值，其中界面一为当天记录的负荷值，界面二为昨天，以此顺序不断更新。

5. 定值查询

该界面下可选择定值查询、定值修改、定值切换、定值复制，如图 5-14 所示。按“↑”、“↓”键移动光标，按“ENT”键选择功能，可分别进入定值界面、保护配置查询界面，按“＋”、“－”键选择查询区号和翻屏查看各项保护配置，如图 5-15 所示，进行定值查询、定值修改、定值切换、定值复制。按“ESC”键返回运行主菜单。

(二)配电所高压柜上测控装置操作

1. 在测控装置上调取回路运行参数操作

(1)在需要查看的高压柜上的保护测控装置上，按任意键点亮屏幕，进入主界面，如图5-16所示。

(2)通过按上下左右键选定“电量”图标，然后按确认键，进入实时电量显示页面，如图5-17所示。

定值查询

定值修改

定值切换

定值复制

图 5-14　定值界面

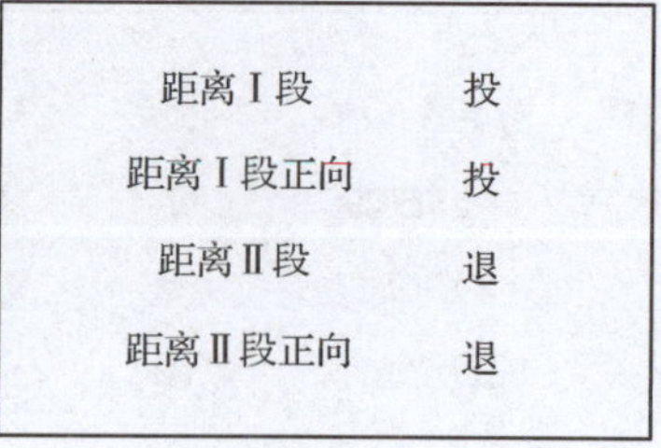

图 5-15　保护配置界面

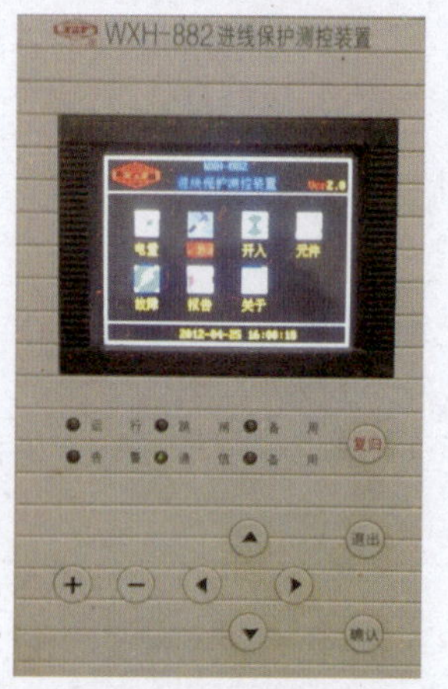

图 5-16　测控装置主界面

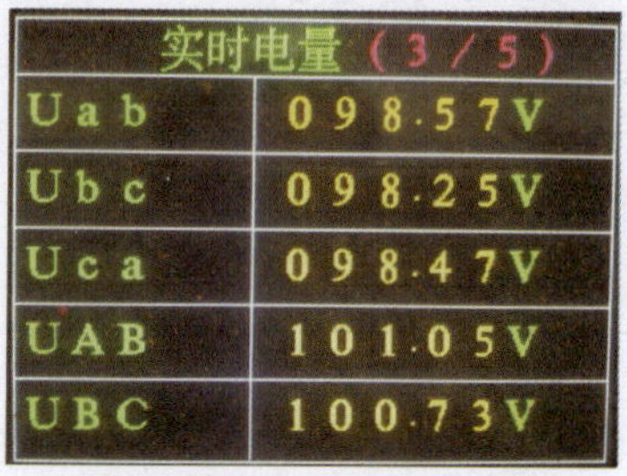

实时电量（3/5）	
Uab	098.57V
Ubc	098.25V
Uca	098.47V
UAB	101.05V
UBC	100.73V

图 5-17　实时电量界面

(3)实时电量显示页面系统会自动循环翻页显示所有电量参数。

(4)要想查看其他页的电量的实时变化情况，可以按下保护装置上“确认”键，使当前页面固定下来，不再自动循环翻页，此时需要看其他页面的电量时，可以通过按上、下键来翻页进行查看其他页电量的实时变化情况。

2. 测控装置上整定值的查询及修改

测控装置上整定值的查询及修改可参考第七章模块二。

3. 测控装置上馈出回路故障报告查询操作

(1)在高压柜上的保护测控装置的主界面上，通过按上下左右键选择“故障”图标。

(2)按确认键，进入故障报告显示界面，如图 5-18 所示。故障报告显示界面会显示最后一次的故障信息，通过上、下键进行翻页，通过左、右键可以查看历史的故障报告，装置可以保存 16 个故障报告。

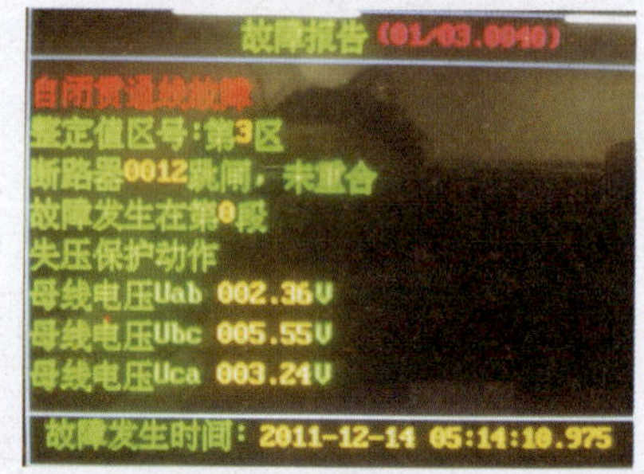

图 5-18　故障报告界面

三、综合自动化装置后台、测控装置信息的含义

(一)变电所综合自动化装置后台预报警信息的含义

1. 系统状态

系统状态菜单如图 5-19 所示，点击“系统状态”，在弹出的下拉菜单中选择系统状态。

在图 5-19 所示的系统中，当前状态为实时态，在下拉菜单中点击“编辑态”即可将系统切换到编

图 5-19　系统状态界面

辑态。同样，当系统当前状态为编辑态时，在下拉菜单中点击“时实态”即可将系统切换到实时态。

(1)实时态：实时态即实时数据查看状态，实时态下可进行调度操作等。

(2)编辑态：在编辑态可对图形进行绘制、修改、增删等。

(3)事项提示：选中事项提示，当有事项报警产生时将弹出事项条。

(4)双机热备份：有些变电所由于运行需要，系统采用双机热备份方式配置。

2. 工具条

图 5-20　工具条界面

如图 5-20 所示，工具条从左至右依次为：画面打开、选择、放大、缩小、漫游、局部放大、导航、恢复、上标志、打印、热键帮助、清闪、报警喇叭复归、清除事项告警窗、画面缩放。

(二)变电所测控装置预报警信息的含义

1. 装置上电界面

装置上电或复位后进入上电界面，如图 5-21 所示。显示装置型号、名称、日期及时间。5 s自动翻屏，循环显示运行界面中的实时测量值，及通信地址 NET、程序校验码 CRC、运行定值区号 SET 和时间。当 3 min 时间按键无操作时，液晶将自动关闭背光。

运行界面，如图 5-22 所示，按“ENT”键进入上电界面，再按“ENT”键进入运行主菜单界面。

DK3520 A
电铁馈线保护测控
装置
2007/09/04
11：11：25

图 5-21　上电界面

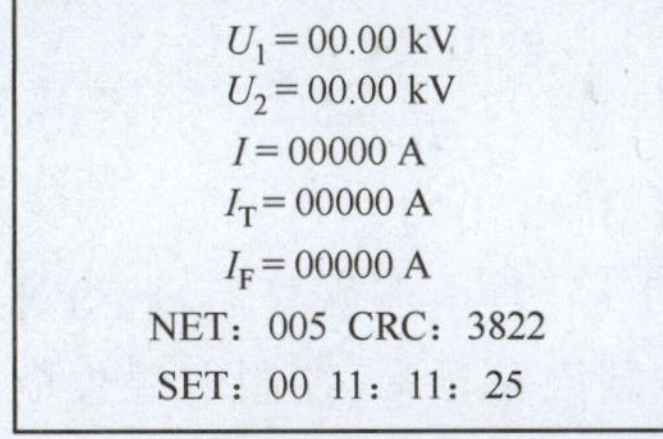

图 5-22　运行界面

2. 报告菜单

从运行主菜单(图 5-23)，按“ENT”进入报告菜单(图 5-24)，可选择查询动作报告、告警报告、事项报告、SOE 报告和启动报告。按↓键翻页可以进入启动报告界面、告警报告界面、事项报告序号等界面。

(1)动作报告

选择动作报告，按“＋”、“－”键修改报告序号，按“ENT”键进入动作报告界面，按上移键或下移键翻看报告，按“ESC”键返回报告选择界面。其中报告序号为 000 的报告是最新的一个报告，以此类推 001 为上一次报告。

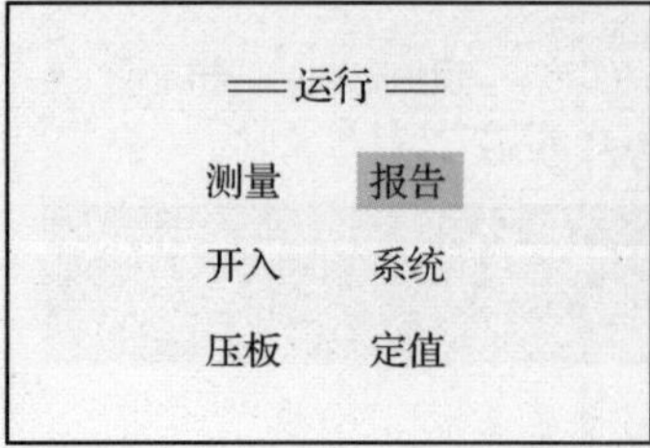

图 5-23 运行主菜单界面

动作报告
告警报告
事项报告
SOE报告

图 5-24 报告菜单界面

(2)告警报告

选择告警报告,按"+"、"-"键修改报告序号,按"ENT"键进入告警报告界面,按上移键或下移键翻看报告,按"ESC"键返回报告选择界面。告警报告里为一些装置异常报告或者 PT 断线,如压板出错、开出光隔失效、定值 RAM 出错等。

(3)事项报告

事项报告里主要为装置复位、掉电、修改定值等报告。

(4)SOE 报告

SOE 报告里主要为装置遥信变位报告。

(5)启动报告

进入报告菜单,可选择查询动作报告、告警报告、事项报告、SOE 报告和启动报告。按下移键翻页,可以进入启动报告界面。

(三)配电所保护装置面板灯含义

1. WXH-881 馈线保护测控装置、WXH-882 进线保护测控装置

告警灯:保护装置的硬件发生故障时,告警指示灯会点亮,给出告警信号。包括以下情况:

(1)定值自检出错。

(2)继电器开出不良。

(3)AD 自检出错。

(4)RAM 自检出错。

(5)写 flash 出错。

(6)PT 断线(电压恢复后,此灯自动恢复正常)。

(7)控制回路异常(控制电源失电、断路器位置辅助开关接点位置不对、HWJ 和 FWJ 常闭接点同时闭合,以上三种情况任何之一),延时 4 s 点亮此灯,但不闭锁保护。

运行灯:保护装置在正常运行时,此灯有规律的闪烁,说明保护装置运行正常。

通信灯:保护装置和后台监控机通信时,此灯闪烁。

跳闸灯:保护装置跳闸后,此灯点亮,指示本保护装置所保护的断路器有跳闸发生,复归后此灯熄灭。

充电指示灯:当自动功能(重合闸)处于充满电状态时,此灯点亮。

2. 配电所监控系统后台预报警信息含义

在后台机监控系统的实时报警信息窗口中或者在历史报警信息窗口中,会记录报警发出的时间、报警的对象及报警的内容。

报警信息显示的格式是:报警时间－时间来源－报警对象－报警内容。

例如,监控系统显示如下信息:

(1)2012－3－3021:54:30:532 装置时间××配电所｜通用通信｜直流母线电压异常当前遥信状态:“告警”。

(2)2012－3－3021:51:30:000 装置时间××配电所｜通用通信｜整流模块异常当前遥信状态:“告警”。

(3)2012－3－3021:34:30:000 装置时间××配电所｜通用通信｜智能变送器通信失败当前遥信状态:“告警”。

(4)2012－3－3111:34:30:000 装置时间××配电所｜14G 柜一综合贯通调压器｜挡位三当前遥信状态:“分”。

(5)2012－3－3111:34:30:685 装置时间××配电所｜14G 柜一综合贯通调压器｜挡位四当前遥信状态:“合”。

以上信息的含义为:

(1)说明所内的直流母线电压低于正常值,要立即查看直流屏上相关的表计:控母电压表、合母电压表、整流器输出电压、蓄电池电压表等,检查整流器是否正常工作。

(2)说明所内直流屏的整流器是工作不正常,要立即查看直流屏上相关的表计:整流器输出电压、蓄电池电压表等,立即检查整流器当前的运行状态。

(3)说明所内直流屏或者交流屏上的表计通信不正常,要立即查看直流屏或者交流屏上的表计,并查看直流屏上的直流监控装置和交流屏上的交流监测装置的报警信息,来进一步判断出故障的表计。

(4)说明综合贯通调压器在调挡,从三挡上分离。

(5)说明综合贯通调压器在调挡,合上四挡。

思考题

1. 牵引变电所遥控、遥调、信号复归操作有几种方式?简述后台机遥控操作的方法。
2. 如何进行变电所保护事项、操作事项的操作?
3. 在测控装置上能否进行定值的查询?如何进行整定值的查询及修改?
4. 简述配电所备投、重合闸软压板的投撤步骤。
5. 事故追忆在牵引变电所综合自动化监控系统(后台)是怎样实现的?
6. 怎样在牵引变电所综合自动化监控系统(后台)进行报表的查询与打印?
7. 某回路发生跳闸后,如何在后台机上打印故障报告?
8. 简述在配电所后台机上进行三工位开关操作的方法。
9. 配电所进线保护测控装置的告警灯点亮说明可能发生了什么情况?
10. 报告菜单有哪些信息?

模块三　倒闸操作

模块描述:倒闸操作是变配电检修人员和值班人员应具备的主要技能,能按变配电所倒闸操作原则和倒闸操作程序进行变配电所设备操作。

完成情况评估方法:从变配电所倒闸操作原则和操作程序两个方面评估。按百分制打分,80 分为合格。

一、倒闸操作的原则

(1)凡属供电调度管辖的倒闸作业,必须有供电调度命令、命令编号和批准时间,每个倒闸命令,发令人和受令人双方均要填写倒闸操作记录。

(2)不属供电调度管辖设备的倒闸由变电所当班值班员批准并操作,同时要记录在值班日记中。

(3)一个命令只允许有一张操作卡片或一张倒闸表所具备的项目。

(4)所有的倒闸作业必须有2人同时进行,必须由助理值班员操作,值班员监护。

(5)操作前,应在模拟图上进行模拟,确认无误后方可进行倒闸作业。

(6)倒闸作业时,操作人和监护人必须穿绝缘靴、戴安全帽,同时操作人还要戴绝缘手套,必要时戴上防护镜。

(7)倒闸操作时,值班员要手拿倒闸卡片或倒闸表,操作人和监护人要手指眼看,呼唤应答。倒闸作业应做到:操作卡片看得准,设备编号对得准,操作位置站得准,唱票指位清、复诵、回示清,操作开关稳。

(8)倒闸作业完成后,值班员要立即向供电调度报告,供电调度要及时发布完成时间,同时双方要在倒闸操作命令记录中做好记录,至此倒闸作业方可结束。

(9)在无人值守的变配电所、亭,其运行倒闸操作采用远动装置进行,其设备检修所必要的倒闸操作,由检修车间安排变电人员(具有变电所安全等级的人员)分别担当值班员、助理值班员,行使变电所值班人员职责。

(10)在有人值守的变配电所、亭,采用远动装置进行倒闸作业时,必须遵守以下规定:

① 倒闸作业前供电调度必须通知值守人员倒闸计划及过程。值守人员接到通知后监视倒闸过程,监视设备的动作情况,观察各信号、仪表显示情况,并及时向供电调度汇报并在值班日记中做好详细记录。馈线的停送电,值守人员在确认开关位置并向供电调度汇报后,以观察馈线避雷器的泄漏电流代替验电。

② 远动倒闸操作时,值守人员不再填写倒闸作业命令记录,值守人员必须在值班日记上记录供电调度对倒闸的通知时间、开关的动作时间及馈线停电时间。

③ 开关倒闸作业过程中,如果远动操作超时,变电所反映无其他故障现象,供电调度可再在远方操作一次。

④ 在远动装置出现故障导致开关不能正常分合闸时,不允许值守人员单独进行倒闸作业,由变电检修人员进行抢修处理。

二、倒闸操作程序

(1)牵引变电所倒闸作业,一般由供电调度通过远动设备直接操作。

特殊情况下,需当地对断路器和隔离开关进行倒闸操作时,在倒闸前要由操作人向供电调度要令,供电调度审查后发布倒闸作业命令;操作人复诵,供电调度确认无误后,方可给予命令编号和批准时间;每个倒闸命令,发令人和受令人双方均要填写倒闸操作命令记录。

(2)现场倒闸作业由安全等级不低于二级的人员操作,由安全等级不低于三级人员监护。操作人在接到倒闸命令后,要立即进行倒闸。手动操作时,操作人和监护人均须穿绝缘靴、戴安全帽,同时操作人还要戴绝缘手套。隔离开关的倒闸操作要迅速准确,中途不得停留和发生冲击。

(3)倒闸作业完成后,操作人要立即向供电调度报告,供电调度员要及时发布完成时间,至此倒闸作业结束。

(4)倒闸作业要按操作卡片进行,没有操作卡片的倒闸作业由操作人编写倒闸表并记入相关记录中,由供电调度下令倒闸的设备,其倒闸表要经过供电调度员的审查同意。

(5)编写操作卡片及倒闸表要遵守下列原则:

① 停电时的操作程序:先断开负荷侧后断开电源侧;先断开断路器后断开隔离开关。送电时,与上述操作程序相反。

② 隔离开关分闸时,先断开主闸刀后闭合接地闸刀;合闸时,与上述程序相反。

③ 禁止带负荷进行隔离开关的倒闸作业和在接地闸刀闭合的状态下强行闭合主闸刀。

(6)与断路器并联的隔离开关,只有当断路器闭合时方可操作隔离开关。当回路中未装断路器时,可用隔离开关进行下列操作:

① 开、合电压互感器和避雷器。

② 开、合母线和直接接在母线上的设备的电容电流。

三、应急情况下倒闸操作的有关规定

倒闸操作一般应利用远动操作完成。采用远动装置进行倒闸操作,值守员接到供电调度通知后,应监视设备动作情况,及时向供电调度汇报并做好记录。

如果远动操作失效,在供电调度的指挥下,由值班人员来完成,一人操作,一人监护,操作人和监护人必须穿绝缘靴,戴安全帽,操作人员还要戴绝缘手套。

思考题

1. 倒闸操作的原则有哪些?
2. 编写操作卡片及倒闸表要遵守哪些原则?
3. 应急情况下的倒闸操作有哪些规定?

模块四　签发办理工作票

模块描述:能按变配电所工作票制度和签发办理工作票的原则、程序正确签发办理变配电所工作票,在倒闸操作前能按规定进行模拟操作。

完成情况评估方法:从变配电所工作票制度、签发办理工作票的原则、程序和模拟操作三个方面进行综合评估。按百分制打分,80 分为合格。

一、工作票制度

(1)工作票制度是允许在变配电所内进行作业的书面依据。必须详细说明:作业地点及内容、工作领导人、安全措施及其他特殊要求、必要的作业程序、计划起止时间。

(2)第一种工作票适用于:在停电的高压设备上进行的作业及在低压设备和二次回路上进行的需要高压设备停电的作业。

(3)第二种工作票适用于:在带电的高压设备上进行的作业。

(4)第三种工作票适用于:远离带电部分的作业、低压设备上的作业,以及在二次回路上进行的不需要高压设备停电的作业。

(5)工作票由具备资格的人员签发，同一张工作票的签发人和工作领导人(安全等级不低于三级)必须由两人分别担当，不得相互兼任，同时当班值班员或值守人员不得兼任工作领导人或发票人。工作票要按种类分别按月序号(月份—工作票类型—序号)，一律复写，不得在原字上涂改，写错、多余的可以画"\"，另外在靠近的位置补充填入，但应字迹清楚、正确，不得用铅笔书写。

(6)工作票一式两份，一份交工作领导人、一份交牵引变电所值班员，一个作业组的工作领导人同时只能接受一张工作票。一张工作票只能发给一个作业组。

(7)第一种工作票的有效时间，以批准的检修期为限，第二种、第三种工作票有效时间最长为1个工作日，不得延长。使用过的工作票由发票人和牵引变电所工长保存。工作票在三个月内不得销毁。

(8)工作票签发人签发工作票时要做到：

① 安排的作业项目是必要和可能的。

② 采取的安全措施是正确和完备的。

③ 配备的工作领导人和作业组成员的人数和条件符合规定。

(9)发票人在工作前要尽早将工作票交给工作领导人和值班员，对工作票内容有不同意见时，要向发票人及时提出，经过认真分析，确认正确无误方准作业。

(10)办理工作票时，需供电调度批准的由值班员向供电调度申请，经审查后批准；不需供电调度批准的由当班值班员审查后批准，并记录在值班日记中。

(11)发票人和值班员填写工作票时在"断开的断路器和隔离开关"、"安装接地线的位置"及"已经断开的隔离开关"、"接地线装设的位置及其号码"栏内，须将作业前所有将要断开和已经断开的断路器和隔离开关、所有装设接地线的位置及其号码要分别按编号全部填写清楚。

(12)工作票中工作领导人更换时，必须经发票人同意；其他人员更换时，一般应经发票人同意，若发票人不在，可经工作领导人同意，并在工作票中详细记录变更情况且签字。工作领导人应将作业组成员的变更情况及时通知值班员。

(13)下列情况按《牵引变电所安全工作规程》(铁道部〔1999〕101号)的有关条文办理。

① 事故抢修和情况紧急时。

② 非专业人员在牵引变电所工作时。

(14)远动装置的检修，在不涉及被控设备的情况下，开牵引变电所第三种工作票进行检修；涉及被控设备，需要被控设备停电的情况下，开牵引变电所第一种工作票进行检修。

(15)在无人值守的变配电所、亭，由检修车间安排变电人员(具有变电所安全等级的人员)分别担当值班员、助理值班员，行使变电所值班人员职责。所指定的值班员不得参加任何检修作业。

二、签发办理变配电所工作票的原则、程序

1. 变电所工作票

(1)工作票复写一式两份，填写时字迹清楚、正确，不得用铅笔书写，不得在原字上涂改，写错或多余的部分可以划一"横杠"，然后在靠近的位置补充填入。

(2)所名一律写全称，如"××变电所"、"××分区所"等，工作票的编号一律按月、按作业的前后顺序进行编号，工作票的顺序号用两位数字表示，如第1—08号，它表示元月份的第八

张工作票；所有的工作票票号必须连续，中间不得出现“空号”现象。

(3)“作业地点”共分为：控制室、高压室、检修间、室外四种，在控制室作业时，作业地点必须具体到“××盘”；高压室作业时必须具体到“××高压柜”；“作业内容”填写时要将作业的设备运行编号一一列出，且必须注明具体的作业内容。

(4)工作票上有效时间的“年、月、日、时、分”要写具体，分钟以二位数表示，如“2010 年 1 月 16 日 8 时 00 分”。

(5)工作领导人和作业组成员的安全等级以阿拉伯数字表示，工作领导人应包含在作业组成员的总数内，票中的空格和不需要填写内容的地方不用划“斜杠”。

(6)发票人填写“断开的断路器和隔离开关”一栏时，对停电作业的设备，必须从可能来电的各方面切断电源，且要有明显的断开点。

为实现明显的断开点，对于断路器断开的回路除断开电源侧的断路器外，还必须拉开相应的隔离开关。但检修变配电所引入线及其相应的隔离开关时，可按检修线路办理，即在线路侧根据实际情况允许没有明显的断开点。

所有断路器和隔离开关的编号均按其设备运行编号填写。断路器、隔离开关、电流互感器、压互、避雷器等设备可分别简写为“DL、GK、LH、YH、BL”等，一般不允许在一张票中发生国际通用代码、汉字和拼音缩写混用情况；在填写该栏时，断开的断路器和隔离开关的填写顺序应符合停电程序，即先断负荷侧，后断电源侧，先断断路器，后断隔离开关，断开的电动隔离开关和手动隔离开关一律应加锁。

值班人员填写“已断开的断路器和隔离开关”时，对在办票前已经处于分位的设备应为“确认××DL 或××GK 已在分位”，对值班员操作断开的设备填写为“已断开××DL 并已将××DL 拉至试验位”、“已拉开××GK，并加锁”，填写该栏时不允许画“√”。

(7)发票人在填写“安装接地线的位置”一栏时，对可能来电的各路进、出线均要分别验电和装设地线。

当变电所全所停电时，在可能来电的各路进、出线均要分别验电、接地线，其余部分不必再分段接地线。当变电所部分设备停电时，若作业地点分布在电气上互不相连的几个部分时，例如在以断路器、隔离开关分段的两段母线作业时，则各作业地点应分别验电、接地线。

当变压器、电压互感器、断路器、室内配电装置单独停电作业时，应按下列要求执行：

①变压器和电压互感器的高、低压侧以及变压器中性点均要分别验电接地线。

②断路器进、出线侧要分别验电接地线；配电装置的接地端子要与接地网相连通，其接地电阻须符合规定。

安装的接地线，必须使作业组成员能够看见，如作业人员无法看到时，应派专人监护接地线或在可看见的地方加设辅助接地线。

安装的接地线位置应清楚具体，书写时，应从有电设备指向停电设备；但必须保证接地螺栓与主地网连接可靠。

值班员在填写“接地线位置及号码”一栏时，必须将所设接地线位置及接地线的号码详细填写，做到工作票书写某一位置接地线号码与实际位置的接地线杆上的号码相符合，填写该栏时不允许画“√”。

(8)发票人在填写“装设防护栅、悬挂标示牌的位置”一栏时，应在已断开的断路器和隔离开关的操作手柄上，均要悬挂“有人工作，禁止合闸”标示牌；在高压柜作业时，应在其相邻高压柜(应指明这些柜的设备运行编号)门上悬挂“止步，高压危险”标示牌，并在作业的高压柜的门上悬挂“有人工作”标示牌；在禁止作业人员通行的过道或必要的处所要装设防护栅或设防护绳，并悬挂“止步，高压危险！”标示牌。室外部分设备停电作业时，应将作业的设备用防护绳围起来，并面向作业地点悬挂“止步，高压危险”标示牌和红布条等醒目的标志；在防护绳面向外侧悬挂“有人工作”标示牌。在部分停电设备作业时，当作业人员可能触及带电部分时，要装设防护栅，并在防护栅上悬挂“止步，高压危险！”标示牌。且装设防护栅要考虑发生火灾、爆炸等事故时，作业人员能迅速撤出危险区。

值班员填写该栏时可以画“√”。

(9)发票人在填写“作业地点附近有电的设备”一栏时，必须将作业地点附近的有电设备的运行编号写清楚，对作业地点附近有电设备的部位要注明有电。

值班员填写该栏时可以画“√”。

(10)发票人在填写“其他安全措施”一栏时，是对主要安全措施的补充和完善，通常在低压设备或二次回路上执行，鉴于其内容较广泛，以下仅介绍几类补充安全检查措施：

①切断低压交、直流电源，例如断路器和隔离开关操作机构的操作电源，控制、信号、保护回路的电源等。切断电源的原则与高压电源相同，为实现有明显的断开点，应断开作业设备、回路各可能来电方向上的空气开关、闸刀开关；无闸刀的回路要取下来电方向上的试验端子或连接端子，并用绝缘胶布将线头包好。

②指出作业部分附近有电的低压设备和回路，并采取明显的隔离措施。进行作业的配电盘附近的带电配电盘或同一配电盘上的带电设备可分别用红绳子或白布带在配电盘盘前、盘后围上。

③某些特殊的作业或在某些情况下需采取的补充安全措施。同一作业组中设备检修和高压试验同时进行时，要求试验人员在断开点的检修作业侧装设接地线，高压试验侧面向检修地点悬挂“止步，高压危险”标示牌等。

④进行压互、自用变检修，其一次必须验电接地，二次必须短封并与主接地网可靠连接，并要断开其二次的空气开关(或熔断器)，还要在票上注明“作业完毕后不得造成压互二次短路或接地”；进行电流互感器作业时不得造成其二次开路；在直流回路作业时，不得造成直流接地、短路；在低压配电盘上作业时，不得造成直流接地、短路，不得造成压互二次短路接地，不得造成电流互感器二次开路；在低压交流回路作业时，不得造成交流短路、接地。

⑤针对人身安全应提出具体的要求，如拆装熔断器和在蓄电池回路作业时应带防护眼镜；高空作业人员扎好安全带，作业组成员戴好安全帽。

值班员填写该栏时可以画“√”。

2. 配电所签发办理工作票的原则、程序

(1)在配电所内作业或由配电所停电的线路上作业时，应填写一式两份，其中一份发给值班员，另一份发给工作执行人(有工作领导人时，发给工作领导人)。上述以外的作业，可填一份发给工作执行人。

(2)一般一个工作地点或一个检修区段填发一张工作票。但如在一个配电所内全部停电或在一个站场内(由配电所依次倒闸停送电时除外)几条线路全部停电，并有两组同时工作时，可仅签发一张工作票发给工作领导人。如上述作业仅有一组工作，需要检修另一线路时，应按转移工地办理。当一个工作执行人负责的工作尚未结束以前，禁止发给另一张工作票。

(3)发给工作领导人的工作票，应注明工作组数及各工作执行人的姓名。

(4)各工作负责人在工作前对工作票中的内容有疑问时，应向签发人询问明白，然后进行工作。

(5)工作结束后由作业班组保存一年。

凡经变、配电所停电的作业,工作许可人(值班员)应审查工作票所列安全措施是否完备,是否符合现场条件,在完成所内停电、检电、接地封线等安全措施后还应:

①会同工作执行人检查安全措施。

②向工作执行人指明带电设备的位置,接地线安装处所和注意事项。

③双方在工作票上签名后方可开始工作。

1. 工作票制度有哪些规定?
2. 牵引变电所在什么情况下使用第一种工作票和第三种工作票?
3. 当变压器、电压互感器、断路器、室内配电装置单独停电作业时,应按哪些要求执行?
4. 远动装置检修时应开哪种工作票?
5. 简述配电所签发办理工作票的原则、程序。

模块五　运行记录填写

模块描述:能按规定和要求正确填写变配电所运行的有关记录。

完成情况评估方法:从变配电所倒闸操作记录和作业命令记录填写、设备缺陷记录填写、保护装置整定记录等九个方面进行综合评估。按百分制打分,80 分为合格。

一、变电所倒闸操作记录和作业命令记录填写(当地倒闸时)

1. 倒闸操作命令记录(表 5-1)

表 5-1　倒闸操作命令记录

所　　　　　　　　　　　　　　　　　　　　　　　　　　　　年

日期	命令内容	发令人	受令人	操作卡片	命令号	批准时间	完成时间	报告人	供电调度员

说明:本表应装订成册。

本记录按供电调度的命令准确、逐项填写,要求每次接令时认真填写,不得提前填写或接令时不按时完整记录;严禁在废纸上记录后誊写在倒闸操作命令记录中。

2. 作业命令记录(表 5-2)

表 5-2　作业命令记录

所　　　　　　　　　　　　　　　　　　　　　　　　　　　　年

日期	命令内容	发令人	受令人	操作卡片	命令号	批准时间	完成时间	报告人	供电调度员

说明:本表应装订成册。

按供电调度命令内容填写,如第一种工作票需延长作业时间,应在“要求完成时间”栏内注明“延长至×月×日×时×分”,销令时间按实际时间填写,若延长为第二天×时×分,销令时还应注明×月×日。

“批准内容”栏应填写清楚工作票号及“作业地点及内容”。

二、变电所设备缺陷记录填写(表 5-3)

表 5-3　设备缺陷记录

所

发现缺陷的日期	发现缺陷的人员	有缺陷的设备名称及运行编号	缺陷内容	变配电所工长（签字）	处理措施	处理缺陷负责人	验收人	消除缺陷日期

(1)设备缺陷记录由发现缺陷人员、所长、处理缺陷的负责人及缺陷处理后进行验收的当班值班员分别分项填写有关内容;发现缺陷的人员包括设备巡视的各类人员、当班值班员、检修人员;变电所所长每天(或每班)都要查看一次该记录,以便督促负责检修设备的人员尽快处理。设备缺陷包括日常运行中发现的缺陷和异常现象,检修过程中发现的但当时未能消除的缺陷,以及断路器故障跳闸超过规定次数等。

(2)“处理措施”栏:应填写处理时采取的技术措施。

(3)若某项缺陷暂时未处理,可暂不填写“处理措施”等栏,待处理完毕再填写,但值班日志、值班记录中必须如实记录该缺陷上报情况及暂时或长期未处理的原因。

三、变电所保护装置整定记录(表 5-4)

表 5-4　保护装置整定记录

所

<table>
<tr><td>保护名称</td><td></td><td>变流比</td><td colspan="2"></td><td rowspan="2">整定值时限</td><td rowspan="2"></td></tr>
<tr><td>被保护的设备名称和运行编号</td><td></td><td>变压比</td><td colspan="2"></td></tr>
<tr><td>变更时间</td><td colspan="2">变更原因</td><td>变更后的整定值</td><td>变更整定值负责人</td><td>值班员</td><td>备注</td></tr>
<tr><td></td><td colspan="2"></td><td></td><td></td><td></td><td></td></tr>
</table>

(1)一般规定

① 馈线距离保护Ⅰ、Ⅱ段分页填写,变压器轻、重瓦斯保护分页填写;变压器过负荷可在一页上填写,但应分别注明各段的电流整定值及时限值。

② 变压器过流与过负荷也应分页填写。

③ 变压器过热保护应填入整定记录。

④ 故标装置及馈线微机保护的故障测距整定应填写整定记录。

⑤ 对综合自动装置可打印整定值后粘贴在保护装置整定记录中。

(2)“保护名称”栏

根据实际情况,此栏写保护的中文名称。

(3)“被保护的设备名称和运行编号”栏

填写被保护的主要设备名称及其运行编号;不填写保护范围。

(4)“变压比”、“变流比”栏

电流保护仅填写电流比,电压保护仅填写变压比,距离保护两者都填,轻、重瓦斯、过热保护等则不填，注意变压器差动保护变流比要同时填写一、二次侧电流互感器的变比；馈线保护、低压闭锁电流保护要同时填写电流比、电压比。

(5)“整定值和时限”栏

填写实际整定值，且要注明该保护的时限整定值。

(6)“变更原因”栏

依据《保护装置整定变更通知书》上变更原因填写，不得填写为“原整定值不符合运行需要”。

(7)“变更后的整定值”栏

填写变更的有关参数，如抽头位置改变时应填写新的抽头位置。

(8)“备注”栏

填写对应《保护装置整定变更通知书》的编号和其他事项。

(9)变更栏

由变更负责人按要求进行填写，值班员确认签字。

四、变电所测温记录填写

(1)红外线测温时，时间选择在主导电回路电流较大时进行测量，每测一处应记录当时主导电回路的运行电流。

(2)每次测量时记录清楚测量时的外温与设备安装处所的环境温度。

五、变电所值班日志填写

变电所值班日志由值班人员填写当班期间变电所的运行情况，应能反映变压器的运行、计量和断路器的自动跳闸、运行检修及其他重要情况等。

(1)“天气”按实际情况填写，如晴、阴、雨、雪、雾、晴间多云等。同时注意：雨有雷雨、暴雨、阵雨，大、中、小雨之分；雪有大、中、小雪之分，且刮大风天气应注明，如阴有大风，晴有大风等。

(2)交接班时间要连续，不得出现间隔。值班人员签名不得相互替代。

(3)跳闸统计栏内：“重合情况”填写重合成功、重合失败(强送成功)、未投重合闸(应注明强送成功、强送失败)三种，重合失败后的再次强送失败应另起一栏填写；“设备状态”填正常(设备可继续运行)或异常(有缺陷且影响继续运行)。“复送时间”同《保护装置动作及断路器自动跳闸记录》。

(4)设备停电情况栏内：“始停时间”为调度分开断路器的时间，“终了时间”为断路器合闸时间，“停电时间”＝终了时间－始停时间。

(5)最值：为馈线负荷电流即为一日中出现的最大值(不含馈线短路电流值)，“27.5 kV 母线工作电压”栏最高、最低值的填写。

(6)巡视记录栏：“27.5 kV 母线电压”记录各时间点的瞬时值，本栏其他项目应按巡视结果如实填写。

(7)“本日运行方式”中，记录前一天 18:00 至当天 18:00 变压器、220 kV 进线运行方式，变压器分接开关挡位；自用变、直流电源投撤情况，如有切换，则应分别记录运行时间。

(8)“运行大事记”应按以下内容填写：

① 记录当日设备更新、改造及变更(保护定值、变压器挡位的变更情况)。

② 记录检修、维护工作票的作业地点、内容、时间及工作票号。其填写标准如下：

第一种工作票：只需记录批准时间、票号、工作票中作业地点及内容、工作领导人姓名、命令号、要求完成时间（延续时间）和工作票结束时间。

第三种工作票：只需记录办理时间、票号、工作票中作业地点及内容、工作领导人姓名、工作票结束时间。

③ 记录非正常跳闸（责任跳闸及设备事故跳闸）的情况。

④ 记录当日发生或发现的设备缺陷。

⑤ 段以上领导检查指导工作及要求解决的问题。

六、变电所避雷器动作记录填写（表 5-5）

表 5-5 避雷器动作记录

所

避雷器型号				设备编号			
制造厂				运行编号			
读数	差数	动作次数	记录时间	读数	差数	动作次数	记录时间

1. 一般规定：

(1)每班值班人员交接班时均必须核对避雷器动作记录与实际是否相符，不相符时要及时记入本记录及值班记录中；雷雨天气过后及发生设备事故、断路器跳闸、进线及变压器自动切换后要特别巡视避雷器是否动作，并将动作情况及时记入本记录及值班记录中。

(2)一台避雷器填写一页记录，三相避雷器每相填写一页记录，并注明相别。

① 更换避雷器后，应及时撤下原避雷器记录，补上新记录，且原记录应长期保存；更换计数器后，要保持计数器的读数为原读数。

② 本记录中的“型号”、“设备编号”、“制造厂”以铭牌为准，“运行编号”与显示屏对应。

③ “差数”＝本次读数－上次读数，“动作次数”＝上次动作次数＋差数。

2. 避雷器每次检修（或试验）后，必须将计数器的读数恢复至零，值班人员应填写记录，差数不计算，动作次数为检修试验前的次数；在填写日期栏内注明“检修（或试验）”。

3. 不论避雷器有无动作，每月一日 8 时均应对避雷器动作记录进行填写。

七、变电所蓄电池记录填写（表 5-6）

表 5-6 蓄电池充放电记录

所　　　　　　　　　　　　　　　　　　　　　　　　年　月　日

时间	直流电流 A1	蓄电池电流 A2	负荷电流 A3	直流电压 V1	蓄电池电压 V2	负荷电压 V3

蓄电池记录

测量时间：　　　　年　月　日　　　　测量人：

组　别	序　号	电　压	组　别	序　号	电　压
	1			1	
	2			2	

蓄电池室内温度：℃

八、变电所保护装置动作及断路器自动跳闸记录(表 5-7)

表 5-7　保护装置动作和断路器自动跳闸记录

变电所

跳闸时间	断路器运行编号	保护动作								跳闸原因	复送时间	两次大修间累计跳闸次数
		保护名称	重合和强送情况	信号显示情况	故障测距	短路电流(A)/电压(kV)	电阻(Ω)	电抗(Ω)	阻抗角(度)			
					指示数							
					实际数							

说明:故障测距指示栏内填写两个数,分子为指示数,分母为实际公里数。

(1)保护装置动作及断路器跳闸记录应记录所内所有保护装置动作及断路器的跳闸情况。

(2)对于进线失压,变压器差动、重瓦斯动作,跳闸变压器一、二次侧断路器可填在一栏内,但累计跳闸次数应分开注明。

(3)对于三相保护应记录其动作相别。

(4)对于馈线断路器跳闸,“重合和强送情况”有:重合成功(1 次),重合失败、强送成功(2 次),重合失败、未强送(2 次),未投重合闸、强送成功(1 次),未投重合闸、强送失败(2 次),重合失败、强送失败(3 次),共 6 种。累计次数为该断路器两次大修间的跳闸次数累计,大修或更新后从零开始计数。

(5)馈线跳闸,“故障测距”栏跳闸的馈线对应的故标应填两个数,即分子为综合自动化装置、馈线微机保护或故标装置动作时的故障距离(单位为 km),分母为实际故障点距变电所或分相位置的实际公里数,对于原因不明、馈线过负荷等跳闸可不填实际故障点公里数;在跳闸原因一栏中,应写明故障性质、地点(包括公里标、区间和接触网杆号),如系机车或列车引起的故障跳闸,还应注明机车编号、列车车次;若馈线过负荷跳闸时应记录馈线上的列车对数(填写在跳闸原因栏内)。

(6)保护动作后“信号显示情况”应记录综合自动化装置的动作情况。

(7)断路器跳闸后的复送时间,一般是指自动跳闸的断路器的复送电时间;为了尽快恢复送电而投入另一组变压器或备用馈线断路器时,则它们的投入时间即为复送时间。

(8)综合自动化装置,在保护装置动作后,将装置打印记录撕下粘贴在自动装置动作及断路器跳闸记录中。

九、配电所有关记录的填写

1. 值班日志的填写要求

(1)填写时要清楚明了,但不得简化填写。

(2)该表要求由主值班员负责填报,保存期限为三年。

(3)该表中“紫色”字体标注处有公式不允许更改。

(4)运行方式:填写电源一、电源二运行或备用或退出,母线分段或不分段运行。中间方框填写本所名称,左方框填写东边临所名称,右方框填写西边邻所名称,一级、综合贯通按送电方向画箭头。

(5)记事栏：主要填写当时的运行方案、停电回路、交接班过程中的遗留问题及应向接班说明的有关运行方面的问题等。

(6)拉合闸时间记录：拉闸时间填写在拉闸栏，合闸时间填写在合闸栏内，原因及依据栏主要填写停电原因及依据等。

(7)巡视检查记录：每班定检一次，交接班时一次，即每天不少于四次，夜巡每周一次，其他按部令 103 号《铁路电力管理规则》中巡视规定执行。

值班日志表格与变电所值班日志相同。

2. 设备缺陷记录要求

在日常巡视、值班、检修工作中，一旦发现设备缺陷，要立即检查相关设备及回路，认真查看相关设备的运行情况，并将发现的设备缺陷情况记入设备缺陷记录中，并上报车间调度及技术员。

设备缺陷记录与变电所基本相同。

3. 保护装置整定记录要求

保护装置的整定值不应随意修改，如果确实需要修改，必须出示段发整定值变更通知单，经值班员确认后，报电调同意后，在不影响设备安全运行的情况下，可以进行整定值的变更。定值变更后，将整定值变更通知单复印件存入所内的档案记录中，并在保护装置整定记录进行登记修改，并上报车间调度及技术员。

保护装置整定记录与变电所基本相同。

4. 测温记录填写要求

调压器的温度一般在负荷较大的情况下进行记录，并把记录的数据填入当天的值班日志中，如果发现温度变化异常并有异响要及时上报电调、车间调度及技术员。

5. 设备跳闸记录要求(表 5-8)

表 5-8　××配电所××年跳闸记录

序号	跳闸时间	跳闸回路名称	保护动作类型	故障报告	跳闸原因	备自投动作情况	恢复正常运行方式时间
1							

每次保护动作后，断路器跳闸后，要及时将跳闸时保护装置采集的数据记录下来，填入配电所跳闸记录统计表中，以便进行统计分析。

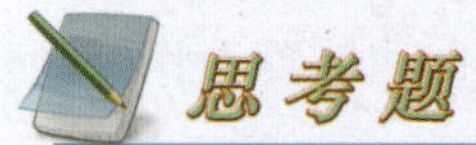

思考题

1. 变配电设备运行记录有哪些?
2. 变电所保护装置动作及断路器自动跳闸记录填写有哪些项目?
3. 变配电所值班日志填写有哪些要求?
4. 变电所避雷器动作记录填写有哪些要求?

复习题

1. 遇有哪些情况时，对变配电所设备要增加巡视次数?
2. 巡视气体断路器及 GIS 开关柜时，重点有哪些方面?

3. 巡视高压开关时，要注意哪些事项？

4. 变配电一次设备巡视标准是什么？

5. 变配电所如何进行故障报告的查询？

6. 牵引变电所的测控装置的测量值应怎样查询？

7. 牵引变电所的测控装置的软压板投退情况怎样查询？

8. 如何在配电所后台机上查阅某回路的实时电量参数？

9. 如何在配电所后台机上查询某回路的整定值并修改某项整定值？

10. 怎样在配电所保护测控装置上查阅某回路的历史故障报告？

11. 根据你所在的变电所主接线图编写一份馈线停电操作卡片。

12. 采用远动装置进行倒闸作业时，必须遵守哪些规定？

13. 根据你所工作的变配电所主接线图开一张馈线（配电所电源回路）停电工作票。

14. 在完成变配电所内停电、检电、接地封线等安全措施后工作许可人（值班员）还应做哪些工作？

15. 变电所保护装置整定记录填写有哪些要求？

16. 配电所保护装置整定记录填写有哪些要求？

17. 根据所在变电所跟班学习情况填写一张牵引变电所（配电所）运行日志。

第六章　变配电所高压设备检查维护、试验及故障处理

熟悉变配电所高压设备巡视、检修维护、试验的项目内容和标准；能按规定对变配电所高压设备进行日常的检查维护；能对高压设备进行检修试验；对常见故障能进行分析判断和处理。

模块一　变压器检查维护、试验及故障处理

模块描述：能按规定完成变压器的巡视检查和检修维护，对变压器常见故障能分析判断和处理，能按规程要求完成变压器的有关试验。

完成情况评估方法：从能否按规程完成变压器的巡视检查、检修维护、试运行、故障处理和试验等五个方面综合评估。按百分制打分，80分为合格。

一、变压器的检查维护

(一)正常情况下的检查项目

(1)音响、油位、温度是否正常。

(2)气体继电器是否充满油，变压器外壳是否清洁渗漏，压力释放阀排油管或本身是否开启喷油。

(3)套管是否清洁无裂纹、无打火放电现象，引线接头是否良好，有无过热现象。

(4)变压器的储油柜油位是否正常，器身积气盒内无气体且充满油，油色正常。

(5)变压器的主附设备的外壳接地是否良好。

(6)变压器的冷却装置是否正常，通风启动试验良好。

(7)调压装置是否正常。

(二)新安装或大修后的变压器投入运行后的检查项目

(1)音响应正常，应为均匀的嗡嗡声。

(2)油位变化应正常。

(3)温度应在正常范围内，各散热器阀门应全部打开，瓦斯继电器处阀门开启。

(4)油温变化应正常，变压器带负荷后，油温应缓缓上升。

(5)检查导线接头无发热现象。

(6)检查套管无放电打火现象。

(7)各部位应无油渗漏现象。

(8)冷却装置应运行良好。

(9)外壳接地应良好，上下节油箱焊接两处进行短接良好。

(10)分接开关在控制室盘上的显示位置正确，为防止运行中误动调整分接开关，运行时应

将分接开关调整装置的电机电源撤除。

(三)油浸式变压器的检查维护

(1)根据有关规定对保护装置和测温装置进行校验。

(2)检查清扫外壳,处理渗漏油,必要时局部除锈、涂漆。

(3)检查紧固法兰,受力均匀适当。检查储油柜油位并视油位情况补油,放出集污器内的积水和杂物。检查油位计,油位正常,密封良好,对于指针式油位计检查动作是否灵活。

(4)检查压力释放阀,密封良好,各零部件应无锈蚀、变形或损坏,二次接线牢固,绝缘良好,指示正确。

(5)检查冷却装置,各个管路畅通,工作正常。运行时各阀门开启位置正确、齐全、无渗漏油;气焊或电焊对渗漏点进行补焊处理。

(6)清扫散热器表面,油垢严重时可用金属洗净剂(去污剂)清洗,然后用清水冲净晾干,清洗时管路接头应可靠密封防止进水。

(7)检查瓦斯继电器,本体无积水、无渗油。各接点正常、动作正确,连接电缆无锈蚀,绝缘良好。上盖完整密封,检查内部有无气体。

(8)检查温度计,各零部件和连线完好,指示正确。金属细管弯折直径不小于 150 mm,并固定牢固,指针无烧伤,温度探头管座密封良好并应充满油。

(9)检查基础应完整无破损,支撑部件应齐全无锈蚀,引线弛度适当并无松股、断股。

(10)检查分接开关,是否转动灵活,密封良好。转动几周,测试运行挡位,直流电阻符合要求后不再转动。

(11)检查器身,不渗油、不漏油,各部位胶垫完好不老化。接地系统、阀门、放气塞、导电接头良好,各部位涂漆良好,无锈蚀,连接引线牢固,接触良好。

(12)检查高、低压套管,清洁无破损,油位指示装置清洁完好,油位正常,介损小瓷套接地良好,引线线夹无烧伤、锈蚀。

(13)检查变压器端子箱,清扫控制箱内部灰尘及杂物;检查电源开关和熔断器接触情况;用 500 V 兆欧表测量二次回路(含电缆)的绝缘电阻≥0.5 MΩ;检查箱柜的密封情况,必要时更换密封衬垫;箱柜除锈后进行油漆。

(四)干式变压器的检查维护

(1)定期检查。树脂浇注干式变压器应该定期清理变压器表面污秽。在一般污秽状态下,半年清理一次,严重污秽状态下,应缩短清理时间,同时在清理污秽物时,紧固各个部位的螺栓,特别是导电连接部位。投运后的 2～3 个月期间进行第一次检查,以后每年进行一次检查。

(2)检查浇注型绕组和相间连接线有无积尘,有无龟裂,变色,放电等现象,绝缘电阻是否正常。

(3)检查铁芯风道有无灰尘,异物堵塞,有无生锈或腐蚀等现象。

(4)检查绕组压紧装置是否松动。

(5)检查指针式温度计等仪表和保护装置动作是否正常。

(6)检查有无由于局部过热、有害气体腐蚀等使绝缘表面出现爬电痕迹和炭化现象等造成的变色。

(7)检查变压器处所的温度是否特别高,其通风,换气状态是否正常。

(8)检查调压板位置。当电网电压高于或低于额定电压时,将调压板连接至合适的挡位后，把封闭盒安装关闭好，以免污染造成端子间放电。

(9)检查变压器的接地，必须可靠。

(五)变压器投运前的检查维护

(1)变压器整体无缺陷，无渗漏油等现象。

(2)变压器的交接试验项目无遗漏，即根据 GB 50150—2006 交接试验标准的试验项目无缺项，绝缘试验合格。

(3)各部分油位正常，包括主体储油柜油位、开关储油柜油位、套管油位、吸湿器油杯。

(4)各种阀门的开闭位置正确，冷却器、气体继电器、压力释放阀、吸湿器的连通蝶阀处于开启位置，其他该关闭的阀门(注放油阀门、油样活门、放气塞)关严不渗漏。

(5)分接开关的位置指示正确，定在用户规定的挡位上。无载分接开关三相(A、B、C 三相)挡位必须一致；有载分接开关三处挡位显示必须一致，(即开关本体挡位显示及电动机构挡位显示，远方控制室内显示三位一致)，有载开关还要注意，在投入运行前手动调挡时，经正反圈数校正符合要求。

(6)各处放气塞把气放净，投运前最后排气一次，然后旋紧放气塞。

(7)排气后变压器要按规定进行静放，110 kV 级及以下静放 24 h，220～330 kV 静放 48 h，在运行前最后排气一次，然后方能送电，即检查静放时间够不够。

(8)吸湿器有呼吸现象，油杯上的胶圈已取下，即确保呼吸通道畅通，硅胶颜色显示蓝色为正常，油杯内油封位置高度符合要求。

(9)气体继电器方向正确，蝶阀打开，继电器内的存气放净，油气通道畅通。

(10)压力释放阀已取下锁片，蝶阀打开(如有蝶阀的)。

(11)变压器接地系统良好，包括油箱接地系统，铁芯接地系统，夹件接地系统。

(12)变压器外绝缘距离符合规定要求。各部位的导线接头紧固良好。

(13)变压器保护测量信号及控制回路的接线正确，各保护系统均已经过传动试验。包括：气体继电器、各种温控器、压力阀、油位表、油流继电器的控制回路。

(14)冷却器(包括风冷散热器或强迫油循环油冷却器)二次控制回路接线正确，启动正常。

(15)变压器设置的保护动作整定正确，包括差动、过流、速断、零序保护等，整定值符合运行要求，保护连接片(压板)应在投运位置。

二、变压器常见故障与处理

(一)变压器故障分类

(1)电气回路故障：包括绕组(线圈本身)故障、分接开关及分接引线故障、套管及电源引线故障。

(2)励磁回路故障：铁芯及其夹持系统故障。

(3)绝缘系统故障：绝缘性能(绝缘电阻、吸收比、介损)下降或绝缘击穿。

(4)变压器油故障：油指标不合格。

(5)变压器附件、保护测量元件故障。

按发生故障部位也可分为内部故障和外部故障，以上所列各部位故障，其中附件、保护测量元件本身的故障可视为外部故障，其他项故障为内部故障。

(二)投运初期的变压器故障类型、现象及原因

(1)绝缘受潮：运输、存贮或安装过程中进气进水，导致绝缘性能降低，投运初期油色谱呈

单氢增长现象。

(2)轻瓦斯频繁报警:安装过程中排气不净,变压器内部存留的空气积聚到瓦斯继电器,产生轻瓦斯报警,而且随着存气的不断析出,频繁报警。

(3)压力释放阀动作或油位表油位指示失准:未对储油柜单独进行排气或储油柜排气不净。

(4)交接试验时局部放电不合格或投运初期的单氢超标:真空注油未达到要求,造成变压器内部有气泡存在,由于气泡放电致使局部放电量大或油色谱的单氢增长。

(5)交接试验时铁芯多点接地或夹件多点接地:安装过程中操作不当,造成异物搭接,致使铁芯多点接地。夹件多点接地主要是因为地脚与箱底异物连接,或开关支撑件与开关法兰头连接。

(6)交接试验时铁芯悬浮(对地绝缘电阻无穷大):安装过程中铁芯接地装置受损或脱落。

(7)分接开关缺陷:表现在无载开关挡位不正;有载开关挡位校验不准;不同挡位的直流电阻不平衡率不合格;有载开关油室与变压器油箱间内渗等,产生上述缺陷的原因是开关安装操作不当及开关制造质量缺陷所致。

(8)套管缺陷:表现在安装时接线片紧固不到位,造成交接试验直流电阻不平衡;接线端子紧固不到位,造成投运后端子接线部位温升过热;套管擦拭不净,造成投运后闪络、电晕或绝缘性能不合格。

(9)交接试验的油指标不合格:安装过程中操作不当,如:油罐、管路不净造成污染,滤油机功能失效或来油不合格、没经严格验收。

(10)密封部位渗漏油及油箱内遗留异物:安装操作工作不当。

保护和测量元件失准是由于元件质量不合格或二次接线有误造成;主体或部件受损伤是由于运输、安装过程中,操作不当造成损伤。

(三)运行中的变压器故障类型、现象及原因

1. 绕组故障

(1)绕组绝缘电阻低、吸收比不合格:主要原因是变压器运行中进水受潮或绝缘老化,表现为停电检测时,绝缘测试性能不合格。

(2)绕组温升超限、温度过高:产品设计不合理或运行超负载所致,表现为运行中绕组温度和油顶层温度的指示值过高。

(3)绕组直流电阻不平衡:运行中电气连接部位有松动(如接线片),或绕组内部导体有短路、断股情形,或开关触头接触电阻有变化。需根据绕组结构不同进行具体分析,其表现是停电检测时,直流电阻不平衡,运行中油色谱检测指标异常。

(4)绕组接地故障:主绝缘击穿接地,或绕组出口短路变形,发生绝缘烧毁接地,表现为停电检测时绕组对地绝缘为零,运行时变压器保护动作。

(5)绕组匝间、层间、饼间、股间、相间、高低压绕组间发生短路故障:绕组制造质量缺陷,或绕组运行中受到短路冲击所致,由于产生局部放电或过热,运行中油色谱检测指标异常,通常瓦斯、差动保护动作。

(6)绕组出口短路故障:变压器套管发生相间或对地短路,变压器主保护动作。

2. 铁芯故障

(1)多点接地:铁芯与接地体间异物搭接,表现为是铁芯接地电流大,超过 1 A 以上。

(2)绝缘油道间多点连接:铁芯油道的端面,尤其是尖角处有搭接,而铁芯连接片跨接距离又较大,导致铁芯局部过热,油色谱检测指标异常。

(3)局部过热：铁芯硅钢片间或铁芯局部间短路，表现为油色谱检测指标异常，轻瓦斯保护动作。

(4)整体过热：变压器励磁电压过高，表现为油色谱检测指标异常。

(5)夹件多点接地：铁芯夹持系统在运行中接地，如：上部器身与油箱定位装置处，下部垫脚与箱底间，开关支撑架与开关头部法兰间接触，表现为夹件接地电流大，超过 1 A 以上。

3. 绝缘故障

(1)绝缘性能下降(包括绕组、铁芯、夹件绝缘)：变压器受潮所致，表现为停电检测时指标异常。

(2)绝缘击穿故障：变压器制造质量缺陷，或运行中受到过电压冲击所致。表现为运行时油色谱检测指标异常，变压器瓦斯保护动作；停电检测时如果主绝缘击穿，主绝缘对地耐压不合格，纵绝缘击穿，绕组直流电阻或变比不合格。

(3)绝缘老化：主要指与电导体或磁导体发热部件接触的绝缘材料过热，年久失效，绝缘性能下降，变压器寿命到期，不能保证变压器安全运行。

4. 油故障

(1)新变压器油耐压指标不合格：油中含水指标过高，通过滤油脱气、脱水处理即可提高耐压值。

(2)变压器投运前变压器油中油色谱指标不合格(如含有乙炔等)：新油未经验收注入本体，或新油合格而现场注油工作操作不当及设备污染所致。

(3)运行中变压器油的油色谱检测不合格：变压器内部有热故障或电故障所致，不同性质的故障有不同的油色谱分析含气指标，可作为变压器故障监测的有效手段。

(4)运行中变压器介损、酸值、水溶性酸等简化试验指标不合格：变压器长期运行温度过高，或变压器运行年限很长，油老化所致。

(5)混油故障：不同产地、不同油或指标有严重差异的变压器油混用，致使油性能指标不合格。

5. 附件故障

(1)分接开关故障

① 开关触头接触电阻增大造成绕组直流电阻不平衡：变压器运行中长期未调挡，油膜和游离碳附着触头表面所致。

② 开关触头级间或相间放电拉弧：变压器受过电压作用，保护装置失灵；无载开关切换不到位或开关制造质量缺陷所致。

③ 运行中变压器有载开关经常产生开关油室与变压器油箱间内渗：安装时操作不当，如：放油塞没关严，上部法兰密封圈移位所致；另外是开关质量缺陷，如：触头渗漏，组合开关传动轴的轴封渗漏所致。

④ 开关操纵机构失灵：多因制造质量缺陷，电控元件质量缺陷所致。

(2)瓦斯继电器故障

当变压器运行中，瓦斯继电器发出非故障性报警，或非故障性动作跳闸，应分析具体原因后进行处理。

① 变压器投运初期，由于排气不净，残气继续排出进入继电器腔室内，使继电器内积聚气体超量，当达到 250～300 mL 时发出报警。

② 检查排除二次回路故障，如二次回路接线端子接点间绝缘是否合格，端子箱或瓦斯继电器接线盒进水等。

③ 检查变压器呼吸通道是否畅通，即吸湿器的呼吸管道有无堵塞，套管是否有炸裂、漏气漏油现象。

(3)吸湿器呼吸不畅故障

检查吸湿器油杯运输用胶圈是否已取出，呼吸通孔是否被尘埃堵塞。

(4)套管故障

① 外部连接端子过热或放电，因紧固部位接触电阻过大所致。

② 闪络放电故障，瓷套管表面不干净，易泄漏，导致运行中套管闪络。

③ 油纸电容式套管的介损或电容指标不合格，套管本身的质量缺陷，安装前未经验收检测。

(5)冷却装置故障

① 冷却装置用风机或油泵反转，三相接线相序不对，调任两相接线顺序即可解决。

② 冷却装置的控制失灵，控制所用元件或接线损坏失灵所致。

(6)温控器故障

主要是产品质量缺陷，或安装时没校验。

(四)变压器故障判断的检测方法

1. 油色谱异常故障判断检测方法

(1)检测直流电阻。

(2)检测变压器的绝缘特性(绝缘电阻、吸收比、介损)。

(3)检测铁芯接地电流(停电前)、绝缘电阻(停电后)。

(4)变压器油微水量及油耐压的测量。

(5)变压器的局部放电测量。

(6)变压器的耐压试验。

(7)变压器低电压下的空载损耗测量。

2. 瓦斯保护报警和跳闸故障判断检测方法

(1)首先排除二次回路的非故障性报警和跳闸。

(2)进行油色谱分析和气样色谱分析试验。

(3)如果油色谱和气体色谱分析异常，再按变压器油色谱异常故障判断检测方法进行检测。

3. 差动保护动作跳闸故障判断检测方法

(1)首先排除二次回路的非故障性跳闸。

(2)区分是外部短路故障还是内部短路故障所致。确认瓦斯保护是否同时动作，如果同时动作，应为变压器内部故障所致，如瓦斯没动作，应是外部故障所致。

(3)进行油样色谱分析，如果油色谱分析含气指标异常，按油色谱异常故障判断检测方法进行检测。

4. 差动保护动作的原因、检查和处理

(1)差动保护动作的原因

① 主变内部故障及其套管引出线故障。

② 二次保护回路故障。

③ 电流互感器二次侧开路或短路。

(2)差动保护动作后的检查

① 首先检查变压器及其套管引出线有无故障痕迹和异常现象。如:瓦斯保护动作情况,压力释放阀动作情况,油温、油位有无变化,油箱等有无变形,套管及引出线有无炸裂及变形等。

② 检查直流系统是否有两点接地 。检查方法是先查一下差动动作后的继电器触点是否打开,如果打开,测量出口中间继电器线圈两端有无电压,有电压说明直流系统两点接地,引起误动。

③ 若直流系统未发现问题,查差动保护跳闸回路和二次保护回路有无短路,造成差动的保护误动作。

④ 检查电流互感器二次侧是否开路或端子接触不良。

(3)差动保护动作后的处理

① 若为明显的变压器内部故障,或出口中间继电器线圈两端没有电压,应停止运行。

② 若为引出线故障,应及时更换。

③ 若为直流系统两点接地,要及时查找接地故障点。

5. 变压器绝缘受潮故障判断检测方法

(1)进行绝缘特性测量(绝缘电阻、吸收比、介损、泄漏电流)。

(2)测量变压器油的微水含量及耐压。

(3)测量绝缘件含水量。

6. 变压器噪声异常故障判断检测方法

(1)进行现场噪声监听和测量。

(2)进行油色谱分析,如果油色谱分析含气指标异常,按油色谱异常故障判断检测方法进行处理。

7. 变压器压力释放阀动作后的检测方法

(1)首先检查变压器外观有无变形现象。

(2)检查二次回路接线,看是否误报警。

(3)检查瓦斯继电器内有无气体或是否动作。

(4)检查油枕是否在安装时没有排气,热油无膨胀空间,使压力增加释放。

(5)检查变压器油位,看是否原来变压器注油过多,而油位指示不准,油无膨胀空间,使压力增加释放。

(6)检查变压器呼吸系统是否畅通,吸湿器有无堵塞情况。

(7)抽取油样做油色谱分析,确定变压器有无内部故障。

(8)停电做变压器的绝缘特性和电气特性试验,确定变压器故障部位。

(五)干式变压器的不正常运行和处理

1. 现象

主要表现在温度和噪声上,如温度过高,噪声异常增大,伴有放电声音。

2. 处理

(1)首先检查温控器、温度计是否失灵,并进行相应处理。

(2)检查吹风装置和室内通风情况是否正常,并进行相应处理。

(3)排除温控器、吹风装置的故障,温度仍然较高,应与负载的超载情况进行对比分析。

(4)排除温控器、吹风装置的故障,在正常负载条件下,温度不断上升,应确认变压器内部发生故障,此时应立即停运进行检查处理。

(5)当变压器保护动作跳闸显示故障时,应查明原因,处理后才能合闸投运。具体检查内容：首先检查二次回路是否存在故障；再检查变压器外部电源或负载侧是否存在故障；进行必要的电气检查试验（如直流电阻试验、绝缘试验）。确认变压器内部无故障后可以合闸投运，如确认变压器内部发生故障，要及时进行相应处理后才能投运。

三、变压器试验项目与标准

（一）变压器交接试验项目

1. 变压器的绝缘特性试验验收项目

（1）绝缘电阻测量。

（2）吸收比或极化指数测量（35 kV、4 000 kV · A 及以上）。

（3）介损测量（35 kV、8 000 kV · A 及以上）。

（4）泄漏电流测量（35 kV、8 000 kV · A 及以上）。

（5）铁芯、夹件（如果夹件单独外引接地）的对地绝缘测量。

（6）外施交流耐压试验。

（7）局部放电测量（220 kV 及以上）。

2. 变压器的电气性能试验验收项目

（1）直流电阻不平衡率测量（各分接位置）。

（2）电压比测量（各分接位置）。

（3）连接组别（单相变压器测量极性）及相位校定。

（4）空载电流与空载损耗测量，短路阻抗和负载损耗测量。

（5）五次空载冲击合闸试验。

3. 附件试验项目

（1）变压器油的耐压、含水、介损、色谱试验（其他常规项目按交接试验标准要求）。

（2）非纯瓷质套管的介损和电容测量（其他常规项目按交接试验标准要求）。

（3）变压器有载分接开关的直流电阻（连同绕阻）、油耐压、切换波形、过渡电阻、二次回路绝缘测量，其他常规项目按要求。

（4）套管电流互感器的极性、电流比、伏安特性（对保护级）及二次回路绝缘测量。

（5）气体继电器的油流速整定及二次回路绝缘测量。

（6）温控器的校验及二次回路绝缘测量。

（7）压力释放阀的二次回路绝缘测量。

（8）油流继电器的方向指示及二次回路绝缘测量。

（9）冷却装置（风冷控制箱、强油风冷控制箱）的运转试验及二次回路绝缘测量。

（10）变压器设置的各种保护（包括差动、过流、速断、零序保护等）的校定试验。

（二）牵引变压器预防性试验

1. 预防性试验的项目

根据有关规程的规定，牵引变压器预防性试验应作如下几个项目：

（1）测量线圈的直流电阻。

（2）测量线圈的绝缘电阻和吸收比或极化指数。

（3）测量线圈连同套管一起的泄漏电流。

（4）测量线圈连同套管一起的介质损耗角正切值。

(5)测量非纯瓷套管的介质损耗角正切值。

(6)油箱和套管中的绝缘油试验。

(7)油中溶解气体色谱分析试验。

以上试验均属于非破坏性试验,是在较低电压下测量绝缘的各种特性试验,并以此为依据与规定值、出厂值及历年的试验结果比较从而判断绝缘内部缺陷。

2. 绝缘试验

(1)测量要求

按表 6-1 的顺序,依次测量各线圈对地、各线圈间的绝缘电阻值和吸收比或极化指数。被测线圈所有引线端应用导线短接,其余各非被测线圈端亦有导线短接并接地。测量时应使用相应等级的兆欧表,低压侧使用 2 500 V、10 000 MΩ 兆欧表,高压侧使用 5 000 V、10 000 MΩ 及以上兆欧表。

表 6-1 变压器绝缘试验时的顺序表

序号	双线圈变压器		三线圈变压器	
	被测线圈	接地部位	被测线圈	接地部位
1	低压	外壳和高压	低压	外壳和高压、中压
2	高压	外壳和低压	中压	外壳和高压、低压
3	—	—	高压	外壳和高压、中压
4	高压和低压	外壳	高压和中压	外壳和低压
5	低压	外壳和高压	高压、中压、低压	外壳

注:序号 4 和 5 的项目,只对 10 000 kV·A 以上的牵引变压器测量。

(2)试验结果的分析判断

由于变压器结构、容量、电压等级、材质、工艺的不同,绝缘电阻值会有很大差别,即使相同的可比产品,有的甚至也相差数十倍。此外,在每次测量中,由于测量条件不尽相同,测试结果也会出现不同,为了准确发现绝缘缺陷,应以 60 s 时的绝缘电阻值为准。对测量结果的分析采用的是比较法,即把不同温度下测量的结果换算到同一温度下,与本变压器历年试验结果相比较:一般交接试验测得的绝缘电阻值不应低于制造厂试验值的 70%。

当测试温度不同时,根据温度换算曲线查出相应的系数进行换算后进行比较。应选取油顶层的温度。吸收比 R_{60}/R_{15},在温度 10～30 ℃的情况下进行测量,对于 110 kV 和 220 kV 的变压器的吸收比要求不低于 1.3;而对于 35 kV 及以下的变压器要求不低于 1.2;10 kV 以下的配电变压器不作要求,根据经验这种变压器的吸收比大多接近于 1。

根据运行经验,110 kV 和 220 kV 的变压器受潮或有局部贯通性缺陷时,吸收比小于 1.3;整体或局部受潮时吸收比接近于 1。实际中绝缘电阻值 $R_{60}=R_{15}=10\ 000^{+}$ MΩ,虽然吸收比 $R_{60}/R_{15}=1$,但实际表明其绝缘很好。因此,要求 $R_{60}/R_{15}\geqslant 1.3$,但当 $R_{60}>3\ 000$ MΩ 不考核;极化指数 $R_{600}/R_{60}\geqslant 1.3$,当 $R_{60}>10\ 000$ MΩ 不考核。

3. 泄漏电流试验

25 kV 及以上且容量为 10 000 kV·A 及以上的变压器须进行泄漏电流试验。进行泄漏电流试验时,变压器各引线端子的连接和接地部位与测量绝缘电阻时相同,亦按其测绝缘电阻的顺序进行。试验时接在高压端读取 1 min 的泄漏电流值。对试验结果主要是依靠对历次试验数据进行比较来判断,要求与历年数值比较不应有显著变化。其参考标准见表 6-2。

表 6-2 油浸变压器线圈泄漏电流容许值(μA)

额定电压(kV)	试验电压(峰值 kV)	温度(℃)							
		10	20	30	40	50	60	70	80
20～35	20	33	50	74	111	167	250	400	570
63～220	40	33	50	74	111	167	250	400	570

注:此系参考标准。对于未注油的变压器其施加电压为规定试验电压的 50%。

同绝缘电阻的测量一样,亦取上层油温作为测试温度。

4. 介质损耗角正切值试验

(1)作用及要求

介质损耗角正切值 $\tan\delta$ 的测试是变压器交接、大修和预防性试验中的一个重要项目,可以比较灵敏地反映绝缘中分布性缺陷,尤其是绝缘整体受潮,普遍劣化或严重的局部缺陷等。因此对于 25 kV 及以上且容量为 3 150 kV·A 及以上的变压器必须进行此项试验。

由于变压器的绝缘结构都是由油、纸、木等多种绝缘材料组成,测试时引线又是经过套管接入线圈的,此时相当于多个串、并联的综合等值电路,这样测出的 $\tan\delta$ 是一个综合值,小于其中最大的 $\tan\delta$ 而大于其中最小 $\tan\delta$,因此为了能对变压器各部绝缘状况进行正确判断,应尽可能的分解试验,如对 110 kV 及以上非纯瓷套管须单独进行 $\tan\delta$ 的测试。这些套管一般都有专为测试 $\tan\delta$ 用的引出小套管,平时工作于接地,测试时只要拆开接地线,将此端头接入电桥的“C_X”端,一次引线接于高压,电桥采取正接线即可进行测试。

(2)变压器 $\tan\delta$ 测量的影响因素

① 测量接线的影响

测量变压器 $\tan\delta$ 时,要求被测绕组分别短路,非被测绕组也应短路接地以免由于绕组的电感造成各侧绕组端部和尾部电位相差较大,影响测量的准确度。

② 温度的影响

温度对测量变压器 $\tan\delta$ 有较大的影响,一般来说,温度越高,$\tan\delta$ 越大。运行中的变压器的结构各异,材料不同,不能用一个统一的温度换算系数来进行不同温度下 $\tan\delta$ 的换算,因此测量变压器 $\tan\delta$ 最好在油温低于 50 ℃时测量。

③ 变压器套管 $\tan\delta$ 的影响

测量得出的变压器绕组的 $\tan\delta$ 和 C_X 包括了变压器套管的 $\tan\delta$ 和 C_X。对变压器而言,变压器绕组对地的电容量一般远大于变压器套管对地电容量,因此,在对变压器进行 $\tan\delta$ 测量时,变压器套管本身的绝缘状况对整体 $\tan\delta$ 值影响不大。换言之,测量变压器绕组的 $\tan\delta$ 时,对连接在相应测试绕组上的套管的绝缘缺陷反应是不灵敏的。

(3)分析与判断

① 依据试验标准进行判断。标准规定 20 ℃时 $\tan\delta$ 测量值不应大于表 6-3 所列的数据。

表 6-3 变压器绕组 20 ℃时 $\tan\delta$ 允许值

变压器的额定电压	35 kV 及以下	66～220 kV	330～500 kV
$\tan\delta$ 允许值	1.5%	0.8%	0.6%

② $\tan\delta$ 值与历次测量数值比较,不应有显著变化,一般不大于 30%。现场实测经验表明,测量 $\tan\delta$ 值中小于上表所列数据,但较往年试验数据有较大变化的变压器往往有异常,因

此不能单靠 tanδ 的数值来判断，而应比较变压器历次 tanδ 数值的变化发展趋势。

5. 直流电阻试验

变压器绕组直流电阻试验，可以检查出绕组内部导线的焊接质量，绕组所用导线的规格是否符合设计要求，开关、引线与套管等载流部分的接触是否良好，三相电阻是否平衡等。直流电阻试验的现场实测中，发现了诸如变压器分接头松动，分接开关接触不良、挡位错误等许多缺陷，对保证变压器安全运行起到了重要作用。

(1)测量中的注意事项

① 测量仪表的准确度应不大于 0.5 级。

② 导线与仪表及测试绕组端子的连接必须良好。用单臂电桥测量时测量结果应减去引线电阻。测量时双臂电桥的四根线(C1、P1、C2、P2)应分别连接，C1、C2 引线应接在被试绕组外侧，P1、P2 接在被试绕组的内侧，以避免将 C1、C2 与绕组连接处的接触电阻测量在内。

③ 准确记录被试绕组的温度。

为了便于与出厂和历次测量的数值比较，应将不同温度下测得的绕组电阻值换算至 75 ℃时的阻值。

(2)测量结果的判断

① 1.6 MV・A 以上的变压器，各相绕组直流电阻相互间的差别(又称相间差)不应大于三相平均值的 2%；无中性点引出的绕组直流线电阻相互间的差别(又称线间差)不应大于三相平均值的 1%。

② 1.6 MV・A 以下的变压器，相间差别一般不大于三相平均值的 4%；线间差别一般不大于三相平均值的 2%。

③ 测得的值与以前(出厂或交接时)相同部位测得值比较，其变化不应大于 2%。

(3)三相电阻不平衡的分析

三相电阻不平衡或实测值与设计值(出厂值)相差太多，一般有以下几种原因：

① 变压器套管中导电杆和内部引线接触不良。现场发现多起变压器大修后套管中导电杆和内部引线连接处螺栓紧固不紧，造成接头发热现象。

② 分接开关接触不良。由于分接开关内部不清洁、电镀脱落、弹簧压力不够等造成个别分接头的电阻偏大，三相电阻不平衡。

③ 大容量变压器的低压绕组采用双螺旋或四螺旋式，由于螺旋间导线互移，引起每相绕组间的电阻不平衡。

④ 焊接不良。由于引线和绕组焊接质量不良造成接触处电阻偏大，或多股并绕绕组的一股或几股没有焊上，造成电阻偏大。

⑤ 错误的测量接线及试验方法。

6. 预防性试验的综合分析与判断

(1)综合分析的必要性

主变压器在运行中可能发生如绝缘受潮、老化、击穿、瓷件裂纹、局部放电、过热等缺陷。每种试验方法对不同缺陷的灵敏度各有不同，但它们有共同的目的，就是检出变压器的缺陷，它们之间的关系是相互补充的。因此，为了正确判断缺陷性质，必须对试验结果进行全面的综合分析。

由于每次试验条件不尽相同，外界因素对试验结果也产生一定的影响，同时设备的运行经历及结构特点也不完全一致，因此分析结果都不能笼统地根据试验数据的绝对值作出结论，而必须力求在相同的试验条件(试验接线、试验仪表、温度和大气条件)下进行比较，并作出正确的结论。

现将牵引变压器在预防性试验中，各个试验项目的检测故障能力及有效范围列成表 6-4。

表 6-4　主变压器预防试验各个项目检测故障一览表

序号	判断故障范围和性质 试验名称	绝缘方面					套管	铁芯	分接开关
		主绝缘	纵绝缘	整体受潮	局部放电	过热			
1	绝缘电阻和吸收比	√		√					
2	泄漏电流	√		√					
3	介损	√		√			√		
4	绝缘油			√					
5	气相色谱分析				√	√		√	√
6	线圈直流电阻								√
7	空载		√					√	
8	操作波	√	√						
9	局部放电				√				
10	内部温度					√			
11	油中微水含量			√					

(2)综合分析的方法

综合分析判断的基本方法是将试验结果与下列情况进行比较。

① 与标准中规定的数值相比较。

② 与变压器出厂及历年试验结果相比较，尤其是与最近的测量结果相比较。

③ 与同类型设备的试验结果相比较。

④ 结合变压器的结构特点及运行经历进行分析。

⑤ 对某项结果若有疑问，须复试。

思考题

1. 变压器检查维护有哪些项目？
2. 按发生故障部位区分，变压器故障可分为哪几类？
3. 变压器发出轻瓦斯信号原因可能有哪些？应怎样处理？
4. 变压器重瓦斯动作(跳闸)后应怎样检查处理？
5. 干式变压器在运行中会出现哪些不正常情况？如何进行处理？
6. 牵引变压器直流电阻试验的目的是什么？什么情况下变压器要做直流电阻试验？
7. 变压器瓦斯保护报警和跳闸故障判断检测方法是什么？

模块二　高压开关检查维护、试验及故障处理

模块描述：能按照高压开关的检修周期和方法完成高压开关的检查维护，能处理高压开关出现的常见故障，按标准完成高压开关的试验项目。

完成情况评估方法：从能否按项目、内容和标准进行高压开关检查维护、故障分析及处理、试验等三个方面综合评估。按百分制打分，80 分为合格。

一、高压开关的检查维护

（一）高压开关检查维护

高压开关的检查维护可以分为巡视检查、定期检查和临时检修。高压开关的检查维护的重点在操作机构箱内的设备。

1. 巡视检查。在巡视检查整套设备过程中，从外部监视高压开关有无异常。

2. 定期检查。为了保证高压开关能可靠接通、开断负荷电流、故障电流，合闸送电等功能，应该每隔一定时间将高压开关停运进行检修。

3. 临时检修。遇有下述情况，对认为有必要进行检修的部位临时进行检修。

（1）正常运行状态下有异常现象时。

（2）在巡视检查、定期检查中发现有异常现象时。

（3）开断过几次故障电流后。

（4）完成了预定次数的开断负荷电流和无负荷的分合闸后。

（5）由于使用环境恶劣，过多的尘埃、盐雾或有害气体造成显著污秽时。

（6）由于高压开关开断了超过额定值条件的操作，或以其他不合理的方法使用时。

检查周期因高压开关的使用状态、分合闸频度、开断电流大小等而异，不同厂家的产品检查周期也有所区别，检修时优先参照厂家规定。但高压开关巡视检查周期一般按照表 6-5 所示要求执行。

表 6-5 高压开关巡视检查周期

<table>
<tr><th rowspan="2">检查类别</th><th colspan="2">检查周期</th><th rowspan="2">以分、合闸次数确定的周期</th></tr>
<tr><th>一般环境</th><th>恶劣环境</th></tr>
<tr><td>巡视检查</td><td colspan="2">日常巡视检查时</td><td>1 000 次</td></tr>
<tr><td rowspan="2">定期检查</td><td>第一次 1～2 年</td><td rowspan="2">1～2 年</td><td rowspan="2">5 000 次</td></tr>
<tr><td>第二次及以后 6 年</td></tr>
<tr><td>临时检查</td><td colspan="3">根据需要</td></tr>
</table>

（二）高压开关检查维护注意事项

1. 对运行中的高压开关进行外观检查时，要防止进入危险区域，同时还必须断开高压开关的主回路和控制回路，并将主回路接地后才可以开始检修。

2. 高压开关若采用电动弹簧操作机构，一定要松开合闸弹簧后才可以开始检修。

3. 防止高压开关的绝缘壳体、法兰的焊接部分和排气管的压接部分碰触硬物而损坏。

4. 外表面油污时，要用汽油之类的溶剂擦拭干净。

5. 进行检查操作时，不得麻痹疏忽，掉落工具。

6. 不允许用湿、脏手触摸高压开关。

7. 松动的螺栓、螺帽之类的零件要拧紧。

8. 检查结束时，要清查使用过的工具和器材。

（三）高压开关检查维护项目

1. 高压断路器检查维护

（1）巡视检查（外部检查）的项目

① 核实分合指示或指示灯的指示是否正确。

② 核实动作次数计数器上的读数。

③ 有无异响、臭味等。

④ 有无部件损伤、碎片脱落、附着异物等。

⑤ 接线端子、线圈有无过热变色现象。

巡视检查时一旦发现不正常现象，应该立刻停用高压断路器，查明原因。

(2)定期检查维护的项目

① 清除各绝缘件上的灰尘，在滑动摩擦部位涂抹干净润滑油。

② 检查真空灭弧室有无异常现象，如发现灭弧室屏蔽罩氧化、变色，则说明灭弧室已经漏气，要及时更换。

③ 检查各部分紧固件有无松动现象，特别应检查导电回路的软连接部分，是否连接紧密可靠，然后用操作把手慢合几次，检查有无卡滞现象。

2. 高压隔离开关、负荷开关和高压熔断器的检查维护项目

(1)巡视检查(外部检查)的项目

① 瓷质部分应完好无破损。

② 各接头应无松动、发热。

③ 刀口应完全合入并接触良好，试温蜡片应无熔化。

④ 联锁装置、传动机构应完好，销子应无脱落。

⑤ 电动隔离开关的分合指示或指示灯的指示是否正确，机构外壳应接地良好。

(2)定期检查维护的项目

① 将开关倒至分闸位置，测量分闸精度或分闸距离、分闸止钉间隙距离。

② 将开关倒至合闸位置，检查合闸是否呈直线或呈垂直、三（两）相开关是否同期，合闸止钉间隙及触头密贴情况。

③ 清扫支持绝缘子，测量其绝缘电阻、测量电连接线与接地体的距离。

④ 检查开关机构动作是否灵活，接触面是否符合要求。

⑤ 检查螺栓是否松动，连杆是否弯曲，操作机构的联动系统是否完好，底座接地是否良好。

⑥ 检查开关触头是否接触良好，有无烧伤和氧化现象。

⑦ 检查电动操作机构动作是否正常，电机有无过热现象，测量二次回路绝缘电阻。

⑧ 检查引线线夹和铜铝过渡线夹有无裂纹和氧化，引线有无烧伤和断股现象，检查操作机构是否能联锁及闭锁装置是否可靠。

二、高压开关常见故障与处理

(一)高压断路器故障与处理

高压断路器常见的故障主要有：拒动、过热、套管异常、引线故障、气体压力异常、音响异常等故障。造成断路器故障的主要原因是：断路器的机械故障、二次回路故障和接触不良等。当断路器出现故障时，应首先区分故障范围，分清是二次回路故障，还是开关和操作机构的机械故障，再进一步缩小范围，查明故障原因并排除。

1. 高压断路器机械故障的现象、原因与处理

(1)高压断路器拒动

原因:操动机构主拐臂连接的万向轴头间隙过大,虽然操动机构正常动作,但不能带动开关分合闸联杆动作,导致开关不能正常分合闸。

处理:检查操动机构所有连接部件的间隙,对不合格部件,更换新的高硬度的合格零件。

(2)高压断路器误分

原因:操动机构箱内辅助开关接点有短路现象,分闸电源通过短路点与分闸线圈接通,造成误分闸。

处理:检查所有可能漏雨点并进行有效封堵;在输出拐臂联杆上安装密封胶套;开启机构箱内的加热除潮装置。

(3)高压断路器机构储能后,储能电机不停

原因:高压断路器在合闸后,操动机构储能电机开始工作,弹簧能量储满后,发出弹簧已储能信号。储能回路中串有一对常开辅助接点和一对行程开关常闭接点,开关合闸后,辅助开关的常开接点接通,储能电机开始工作,弹簧储满能量后,机构摇臂将行程开关常闭接点打开,储能回路断电,储能电机停止工作。储能电机一直工作的原因是在弹簧储满能量后,机构摇臂未能将行程开关常闭接点打开,储能回路一直带电,储能电机不能停止工作。

处理:调整行程开关安装位置,使得摇臂在最高位置时能将行程开关常闭接点打开。

(4)高压断路器直流电阻增大

原因:由于真空灭弧室的触头为对接式,触头接触电阻过大在载流时触头容易发热,接触电阻值必须小于厂家要求。触头弹簧的压力对接触电阻有很大影响,必须在超行程合格情况下测量。接触电阻值的逐渐增大也能反映出触头电磨损情况,触头电磨损和开关触头开距的变化,是造成开关直流电阻增大的根本原因。

处理:调整灭弧室触头开距和超行程,测量接触电阻的方法可以用试验规程要求的直流压降法测量(电流要在100 A以上)。无法调整的情况下,应更换灭弧室。

(5)高压断路器合闸弹跳时间增大

原因:高压开关合闸时,触头总有些弹跳,但若过大会使触头易烧伤或者熔焊。要求高压开关触头弹跳时间≤2 ms。引起合闸弹跳时间增大的主要原因是开关运行时间增长,导致触头弹簧弹力下降和拐臂、轴销间隙磨损变大。具体调整方法如下:

① 适当增大触头弹簧的初始压力或更换触头弹簧。

② 若拐臂、轴销间隙超过0.3 mm,可更换拐臂、轴销。

③ 调整传动机构,利用机构在合闸位置超过主动臂死点时传动比很小的特点,将机构向靠近死点方向调整,可减小触头合闸弹跳。

(6)高压断路器不能开断故障电流

原因:由于真空度降低或绝缘气体压力下降,导致高压断路器不能切断故障电流。

处理:若检测到真空灭弧室的真空度达不到要求,应更换真空灭弧室。具体步骤如下:

① 拆下原真空灭弧室并换上新真空灭弧室。安装时要垂直,注意动导电杆和灭弧室同轴度,操作时不应受到扭力。

② 对新换上的真空灭弧室须经真空度检测合格。

③ 装好真空灭弧室后,应测量开距和超程(接触行程)。若不满足要求应作相应调整。

调整绝缘拉杆的螺栓可调整超程。调整动导电杆的长度可调整灭弧室开距。采用高压开关综合测试仪测量分合闸速度、三相同期性、合闸弹跳等机械特性。

2. 高压断路器二次回路故障的现象、原因和处理

二次回路故障可通过检查断路器红绿灯指示变化、“控制回路断线”信号是否报警以及当地位分合闸情况来判断，通过对二次控制回路的测量分析进行故障查找。

(1)红、绿灯不亮

红、绿灯不亮，应检查灯具是否完好，检查操作电源熔丝是否熔断或接触不良。若有上述问题，应更换处理，若无上述问题，应检查跳闸回路有无断线或接触不良。

(2)“控制回路断线”信号报警

先检查操作电源保险是否熔断或接触不良，再检查跳闸回路有无断线或接触不良。

(3)根据检查结果采取相应措施

① 可以在短时间内自行处理的，应采取相应的措施处理。如：更换保险，使接触松动的保险座、端子接触良好，临时短接辅助接点等。

② 短时间内难以查明原因，不能自行处理的，向供电调度和有关上级汇报，由专业人员检查处理。同时，值班人员应采取措施，防止发生事故时越级跳闸。

3. 高压断路器气体压力异常的原因和处理

原因：因泄漏导致压力异常，将降低断路器开合能力，严重时引起断路器爆炸；气压表损坏。

处理：采取安全措施检查气压回路有无泄漏，若有泄漏，应停电处理；若气压表损坏，应退出断路器，更换气压表。

4. 高压断路器音响异常的原因与处理

原因：断路器触头损坏、触头不对位、SF_6 气体等绝缘介质性能下降或气体压力不足时引起内部放电声；套管或支持绝缘子污秽、破损引起闪络声；引线松股、断股、线夹松动、开关动、静触指接触不良或不对位引起外部放电声。

处理：

① 如果不是很严重，向供电调度汇报，停电处理，并做相应的记录。

② 如果很严重，立即断开上一级断路器，退出故障断路器；上一级没有断路器或不能断开时，在保证人身安全的前提下，可断开该断路器，退出隔离故障断路器，对故障断路器进行检查处理。

5. 高压断路器严重过热的原因和处理

原因：内部持续放电，导致断路器过热；过负荷、断路器达不到额定容量、泄漏电流增大及触头长时间接触不良，导致过热；SF_6 断路器气体压力不够，灭弧能力下降，导致过热。

处理：断开上一级断路器，退出故障断路器；上一级没有断路器或不能断开时，在保证人身安全的前提下，可断开该断路器，退出隔离故障断路器，对故障断路器进行检查处理。

(二)高压隔离开关(负荷开关)故障与处理

1. 触头弹簧性能下降引起触头发热烧损

原因：隔离开关在合闸位置时，触指靠弹簧的拉紧作用来保证它与触头间有足够的接触压力和较小的接触电阻。长期处于合闸状态时，触指弹簧长期处于拉伸状态，使触头与触指间接触压力减小，接触电阻增大导致温度升高，最终导致触头烧损。

处理：加强监视，仔细检查隔离开关导电回路的各个接点，尤其是触头和触指接触面处是否有过热、烧损现象。同时检查弹簧是否疲劳，如失去弹性应进行更换。对不能停电的可用红外线测温装置进行监测。

2. 外绝缘闪络

原因：表面脏污，造成爬电距离和对地绝缘距离不够。

处理:冲洗绝缘子,保证绝缘子的清洁度;更换新的绝缘子。

3. 转动、传动部位的锈蚀

原因:操作机构主轴与铜套锈蚀,主导电杆与固定板之间锈死,底座轴承锈蚀,轴承泡在水中引起锈蚀。

处理:加强巡视,改进防尘、防雨措施,加强补油填满空腔,防止轴承内发生无油锈蚀现象。

4. 操作费力、转动不平稳

原因:水平转动拉杆与接头未焊接在同一中心线上,或水平传动杆弯曲,或相间的传动杆三相不在同一中心线上,造成传动时三相不同步。接地刀闸操作费力的原因是:三相间的联动水平转动轴不在同一中心线上,或转轴上的扭力弹簧拧得太紧,或转动部分严重缺润滑油。

处理:安装时保证三相间的水平传动拉杆在同一水平内,相间的传动拉杆在同一中心线上,接头与连杆在同一中心线上。保证接地刀闸的三相间水平转动轴的固定支撑板的轴孔和接头在同一中心线上,适当调整转动轴上的扭力弹簧,使操作力为最小。当支持瓷柱弯曲时,应用垫片进行调整。适时添加润滑油。

5. 机械联锁失灵

原因:主隔离开关和接地刀闸之间的机械联锁失灵;未按照联锁的操作顺序进行操作,强行操作接地刀闸,导致联锁板损坏变形;接地刀闸的联锁板与主隔离开关的联锁板之间有间隙,或接地刀闸的联锁板固定螺钉松动,使闭锁角度变化而导致联锁失灵。

处理:严格操作顺序,加强巡视,对损坏的元件要及时更换,对隐患要及时安排处理。

6. 拒动

原因:传动部分原因;导流部分的压紧零件压力过大或烧伤;二次回路故障;电机故障。

处理:采取安全措施,退出拒动的隔离开关。对隔离开关进行检查,若为传动部分原因或导流部分的压紧零件压力过大、烧伤,对故障部位进行调整处理;若为二次回路故障,逐步查除。

7. 接触部分过热

原因:导流部分的压紧零件松动,导致接触压力不足;刀口未合严,接触面偏小及触头表面氧化或烧伤,引起接触电阻增大;过负荷,造成过热或刀口熔焊。

处理:在采取措施前,加强监视,发热剧烈时,转移负荷,退出运行,进行检修;退出运行时造成停电或损坏严重时,可临时将刀闸短接。

(三)高压熔断器故障与处理

原因:套筒封闭、散热条件差,当温度上升到套筒熔化温度时,熔断器处在高温下,而此时的负荷电流达不到熔体的熔化电流,撞击器不能动作,外壳在爆热的条件下炸裂,不能熄弧,开断失败,高低压保护配合不合理以及灭弧材料性能不符要求。

处理:加强巡视,当发现有过热现象时,增加红外线测温次数,必要时停电降温处理。低压侧保护折算到高压侧的安秒特性,做好高低压保护匹配。选用质量优良的设备。

三、高压开关试验项目与标准

(一)高压断路器试验项目与标准

1. 测量绝缘电阻:

(1)参照厂家规定,进行整体绝缘电阻值测量。

(2)绝缘拉杆的绝缘电阻值,在常温下不应低于表 6-6 的规定。

表 6-6　绝缘拉杆的绝缘电阻标准

额定电压（kV）	3～15	20～35	63～220	330～500
绝缘电阻值(MΩ)	1 200	3 000	6 000	10 000

2. 测量每相导电回路的电阻：

采用电流不小于100 A 的直流压降法，测量每相导电回路的电阻值，测试结果应符合产品技术条件的规定。

3. 交流耐压试验：

在分闸状态下进行交流耐压试验。在合闸状态下进行时，试验电压应符合表 6-7 的规定。在分闸状态下进行时，真空灭弧室断口间的试验电压应按产品技术条件的规定，试验中不应发生贯穿性放电。

表 6-7　断路器的交流耐压试验标准

额定电压(kV)	最高工作电压(kV)	1 min 工频耐受电压峰值(kV)			
		相对地	相间	开关断口	隔离断口
10	12	42	42	42	49
35	40.5	95	95	95	118
66	72.5	155	155	155	197
110	126	200	200	200	225
		230	230	230	265
220	252	360	360	360	415
		395	395	395	460
330	363	460	460	520	520
		510	510	580	580

4. 测量断路器触头的分、合闸时间，分、合闸的同期性，合闸时触头的弹跳时间，并满足以下要求：

(1)合闸过程中触头接触后的弹跳时间，40.5 kV 以下断路器不应大于 2 ms；40.5 kV 及以上断路器不应大于 3 ms。

(2)测量应在断路器额定操作电压下进行。

(3)实测数值应符合产品技术条件的规定。

5. 测量分、合闸线圈及合闸接触器线圈的绝缘电阻值，不应低于 10 MΩ；直流电阻值与产品出厂试验值相比应无明显差别。

6. 断路器操动机构的试验，应符合下列规定：

(1)合闸操作

① 当操作电压、液压在表 6-8 范围内时，操动机构应可靠动作。

表 6-8　断路器操动机构合闸操作试验电压

电　压		液　压
直流	交流	
(85%～110%)U_N	(85%～110%)U_N	按产品规定的最低及最高值

注：对电磁机构，当断路器开合电流峰值小于 50 kA 时，直流操作电压范围为(80%～110%)U_N，U_N 为操作电源额定电压。

② 弹簧、液压操动机构的合闸线圈以及电磁操动机构的合闸接触器的动作要求，均应符合上面的规定。

(2)脱扣操作

① 直流或交流的分闸电磁铁，在其线圈端子处测得的电压大于额定值的 65%时，应可靠地分闸；当此电压小于额定值的 30%时，不应分闸。

② 附装失压脱扣器的，其动作特性应符合表 6-9 的规定。

表 6-9 附装失压脱扣器的脱扣试验

电源电压与电源额定电压的比值	小于 35%	大于 65%	大于 85%
失压脱扣器的工作状态	铁芯应可靠地释放	铁芯不得释放	铁芯应可靠地吸合

注：当电压缓慢下降至规定比值时，铁芯应可靠地释放。

③ 附装过流脱扣器的，其额定电流规定不小于 2.5 A，脱扣电流的等级范围及其准确度，应符合表 6-10 的规定。

表 6-10 附装过流脱扣器的脱扣试验

过流脱扣器的种类	延时动作	瞬时动作
脱扣电流等级范围(A)	2.5～10	2.5～15
每级脱扣电流的准确度	±10%	
同一脱扣器各级脱扣电流准确度	±5%	

注：对于延时动作的过流脱扣器，应按制造厂提供的脱扣电流与动作时延的关系曲线进行核对。另外还应检查在预定时延终了前主回路电流降至返回值时，脱扣器不应动作。

(3)模拟操动试验

① 当具有可调电源时，可在不同电压条件下，对断路器进行就地或远控操作，每次操作断路器均应正确，可靠地动作，其联锁及闭锁装置回路的动作应符合产品设计要求；当无可调电源时，只在额定电压下进行试验。

② 电磁或弹簧机构的操动试验，应按表 6-11 的规定进行。

表 6-11 电磁或弹簧机构的操动试验

操作类别	操作线圈端钮电压与额定电源电压的比值(%)	操作次数
合、分	110	3
合	85(80)	3
分	65	3
合、分、重合	100	3

③ 对于具有双分闸线圈的回路，应分别进行模拟操动试验。

④ 对于断路器操动机构本身具有三相位置不一致自动分闸功能的，应根据需要作投入或退出处理。

(二)隔离开关、负荷开关及高压熔断器试验项目与标准

1. 测量绝缘电阻

隔离开关与负荷开关的有机材料传动杆的绝缘电阻值，不应低于表 6-6 绝缘拉杆的绝缘电阻标准的规定。

2. 测量高压限流熔丝管熔丝的直流电阻。与同型号产品相比不应有明显差别。

3. 测量负荷开关导电回路的电阻。宜采用电流不小于 100 A 的直流压降法。测试结果，不应超过产品技术条件规定。

4. 交流耐压试验

交流耐压试验应符合下述规定：三相同一箱体的负荷开关，应按相间及相对地进行耐压试验，其余均按相对地或外壳进行。试验电压应符合表 6-7 断路器的交流耐压试验标准的规定。对负荷开关还应按产品技术条件规定，进行每个断口的交流耐压试验。

5. 检查操动机构线圈的最低动作电压

操动机构线圈的最低动作电压应符合制造厂的规定。

6. 操动机构的试验

(1)操动机构的分、合闸操作，当其电压或气压在下列范围内时，应保证隔离开关的主闸刀或接地闸刀可靠地分闸和合闸。

① 电动机操动机构：当电动机接线端子的电压在其额定电压的 80%～110%范围内时。

② 压缩空气操动机构：当气压在其额定气压的 85%～110%范围内时。

③ 二次控制线圈和电磁闭锁装置：当其线圈接线端子的电压在其额定电压的 80%～110%范围内时。

(2)隔离开关、负荷开关的机械或电气闭锁装置应准确可靠。

注：第(1)条第② 项所规定的气压范围为操动机构储气筒的气压数值。具有可调电源时，可进行高于或低于额定电压的操动试验。

四、220 kV SF_6 断路器检查维护

(一)检修条件

1. D 类检修(在不停电状态下进行的带电测试、外观检查和维修)

(1)按各单位状态检修规程执行。

(2)巡检一般每季度一次。不停电试验按需进行。

2. C 类检修(常规性检查、维护和试验)

(1)按各单位状态检修规程执行。

(2)根据设备的状态评估结果确定，一般取 3～6 年。

3. B 类检修(局部性的解体检修，部件的解体检查、维修、更换和试验)

(1)按各单位状态检修规程执行。

(2)断路器运行 12 年。

4. A 类检修(整体的解体性检查维修、更换和试验)

(1)断路器运行 20 年。

(2)断路器机械循环操作≥3 000 次。

(3)达到电磨损极限。

(4)断路器一次回路电阻超标，并在短时间内有异常升高的情况(结合历史纪录如往年的小修数据，中期维修数据等作综合判断)。

(5)灭弧室遭受过电压击穿。

(6)合闸电阻的阻值或预投入时间等超出厂家标准。

(7)通过相关的检测手段，能够判断为断路器的灭弧室或液压操动机构存在故障。

(二)检查维护项目

如表 6-12 所示。

表 6-12 检查维护项目

分　类	项　目	检修类型			
		D类	C类	B类	A类
断路器本体	三相引线、线夹紧固检查	√	√	√	√
	检查及清洁瓷套	√	√	√	√
	传动部件检修	√	√	√	√
	灭弧室检查			√	√
	动静触头检查			√	√
	密封性能、防腐检查	√	√	√	√
	极柱更换			√	
断路器机构	密封性能、防腐检查	√	√	√	√
	传动部件检查、维护	√	√	√	√
	机构箱内二次元器件的检查	√	√	√	√
	机构更换			√	√
操控箱	操控箱的清洁检查	√	√	√	√
	操控箱密封性检查	√	√	√	√
	二次线紧固	√	√	√	√
	二次元件检查、维护、更换	√	√	√	√
支架及基础	支架及基础检查	√	√	√	√

五、220 kV SF_6 断路器常见故障处理

如表 6-13 所示。

表 6-13 常见故障处理

故障类型		可能引起的原因	判断标准或检查方法	处　理
SF_6 气体压力系统	气体压力偏低，但密度继电器未发报警或闭锁信号	密度计故障，即接点不通	用标准表效验实际压力	更换密度计
	密度继电器发报警信号或闭锁信号(压力正常)	信号互串	解开报警接线，测量密度计本身的接点	如果接点正常处理信号互串问题
		电压串线	解开报警接线，测量密度计本身的接点	如果接点正常处理电压串线问题
		密度计故障	解开报警接线，测量密度计本身的接点	接点闭合更换密度计
	密度继电器发报警信号或闭锁信号(压力偏低)	断路器存在泄漏点：充气阀、柱法兰面、转向壳体砂眼等	横向比较后只有该相压力偏低；排除了气压表计的因素	检漏，根据检漏结果处理
	压力偏高	充气压力偏高	检查相关的补气纪录，校验压力表	情况属实应泄压(不允许超过 0.3 bar，与温度无关)
		密度计故障	用标准表效验实际压力	更换密度计
		电压串线	压力处于正常状态，闭锁前无电机运转信号	二次回路检查并处理

续上表

故障类型		可能引起的原因	判断标准或检查方法	处理
SF_6 气体压力系统	断路器拒动	控制电源未送	目检继电器，都处于失电状态	送上控制电源
		远方/就地开关在就地位置	检查信号，是否有控制信号断线信号	切换至远方
		分、合闸回路中有接点阻值较大	测量分、合闸整个回路电阻	查出故障元件，处理或更换
		分合闸回路有元器件损坏	测量断路器分合闸回路电阻	查出故障元件，更换
		辅助开关 S1/S4 接线松脱	测量断路器分合闸回路电阻	查出松脱的接线，重新插接
		机构或辅助开关 S1/S4 损坏	目检机构和辅助开关 S1/S4	根据检查结果，制定相应处理方案
	最低动作电压数据不满足标准	为图方便跳过闭锁继电器接点和辅助开关 S1/S4 接点	测试线圈最低动作电压时应通过辅助开关 S1 接点、闭锁接触器接点并点动试验	在断路器汇控柜的接线端子上做最低动作电压
		未采用点动试验		采用点动试验
		测试仪功率不足	测试最低动作电压时应先测量一下测试仪器是否可靠（如是否有交流分量或直流分量等输出）	更换测试仪再做
		测试仪输出电压与指示表所指示的电压有偏差		更换测试仪或校正仪器读数
		测试仪器有交流分量输出（波形的叠加会影响低电压的准确性且易烧毁线圈和电阻，要求小于 10 V 以下）	测试前用万用表的交流电压挡测量测试仪的交流分量输出量	更换测试仪
		测试仪有直流分量输出	测试前用万用表的直流电压挡测量测试仪的直流分量输出量	更换测试仪
		测试仪在输出瞬间有干扰波叠加到输出脉冲上，导致最低动作电压偏低	用示波器监视输出脉冲	更换测试仪，不同的测试仪作比较

六、220 kV SF_6 断路器试验项目与标准

如表 6-14 所示。

表 6-14 试验项目与标准

分类	项目	检修类型			
		D类	C类	B类	A类
机械特性试验	分合闸动作电压		√	√	√
	分闸、合闸速度、时间、同期等特性试验			√	√
电气试验	一次回路接触电阻		√	√	√
	均压电容器电容量、介质损测试	无	无	无	无
	二次回路及元器件绝缘检查		√	√	√
	分、合闸线圈直流电阻		√	√	√

续上表

分　类	项　　目	检修类型			
		D类	C类	B类	A类
SF_6 气体试验	压力检查	√	√	√	√
	泄漏检查		√	√	√
	微水测试	√	√	√	√
	特征气体测试	√	√	√	√
整组试验及五防检查	三相不一致、防跳试验等(GL312、GL314F1 无三项不一致功能)			√	√
	传动试验		√	√	√
	进行信号上传检查		√	√	√

七、220 kV SF_6 断路器安装调试的方法与标准

220 kV SF_6 断路器安装调试的方法与标准可参照厂家产品安装说明书。

1. 遇有哪些情况时,要对运行的高压开关进行维护检修?
2. 高压开关检查维护时的注意事项有哪些?
3. 高压断路器检查维护的内容有哪些?
4. 高压隔离开关、负荷开关常见机械故障有哪几种?
5. 220 kV SF_6 断路器检查维护的项目有哪些?
6. SF_6 断路器试验的项目有哪些?
7. SF_6 气体压力系统常见的故障有哪些?

模块三　GIS 柜的检查维护

模块描述:能按要求完成 GIS 柜的巡视检查,处理 GIS 柜出现的常见故障,按照 GIS 柜的试验项目完成 GIS 柜的有关试验。

完成情况评估方法:从能否按项目、内容和标准进行 GIS 柜检查维护、故障处理、安装、试验四个方面综合评估。按百分制打分,80 分为合格。

一、GIS 柜的检查维护

高速铁路供电设备中的 GIS 柜均使用 SF_6 气体作为主绝缘,GIS 气体柜内设备检修、试验周期一般按照设备制造厂家的维护使用手册的有关规定进行。

(一)GIS 柜巡视检查

1. 断路器、隔离开关、接地开关的位置指示是否正确,并与当时的实际工况相符。

2. 现场就地控制柜上的各种信号指示,仪表指示,控制开关的位置是否正确,是否有信号继电器动作。

3. 通风系统是否正常。

4. SF_6 压力表指示值是否正常，SF_6 气体有无漏气现象或各气室配备的 SF_6 密度继电器是否报警(报警后使用气体检漏测试仪进行校验)。

5. 外部接线端子有无过热现象，电气回路接线正确与图纸相符，后台显示正确。

6. 组合电器内有无异音、异味。

7. 外壳有无发热、锈蚀、损伤、变形，外部连接和接地及引线有无松动、锈蚀，各类箱是否关闭严密。

8. 检查进出线带电显示装置是否指示正确。

9. GIS 设备的接地连接线、接地螺栓表面无锈蚀，压接牢固。

(二)GIS 柜特殊巡视检查维护

1. 保护动作时，用红外测温设备检查内部、引线接头发热情况。

2. 雷雨天气过后检查 GIS 柜的避雷器、无残压检测记录仪的动作情况。

3. 气温骤降时，检查表计压力，检查有无漏气。

二、GIS 柜常见故障处理

(一)GIS 气体柜故障原因与处理

1. GIS 气体柜故障原因

(1)制造厂家方面的问题：

制造车间清洁度差造成金属微粒、粉尘和其他杂物残留在 GIS 柜内部，装配的误差大造成元件摩擦产生金属粉末遗留在零件隐蔽部位，不遵守工艺流程造成零件错装、漏装现象，材料质量不合格，造成隐患。

(2)安装方面的问题：

安装现场清净度差，导致绝缘受潮，被腐蚀，外部尘埃、杂物侵入，不遵守工艺流程造成零件错装、漏装现象；与其他工程交叉作业造成异物进入 GIS 柜内部，导致 GIS 柜投入运行后，发生内部闪络、绝缘击穿、内部接地甚至短路故障。

(3)当发现、确认以上情况时，应立即通知设备厂家，组织技术人员进行处理。

2. GIS 气体柜故障现象与处理

(1)异常响声

当气室内部电气元件发生异常响声时，应根据声音的变化判别是否零部件松动、内部有异物，当出现明显放电声时应采取停电措施。

(2)设备防爆膜破裂

说明内部出现严重的绝缘问题，电弧使设备部件损坏，引起内部压力超过标准，因此，必须进行停电处理。

(3)GIS 柜内设备发生爆炸或严重漏气等故障

人员接近设备要谨慎，为防止 SF_6 气体蔓延，必须将通风机全部开启 15 min 以上进行强制换气，并采取充分措施准备后，才能进入事故设备装置室进行检查。进入时应选择从上风侧接近设备，穿安全防护服并佩戴隔离式防毒面具、手套和护目眼镜。

(二)高压断路器故障原因与处理

1. 电动操作故障

(1)若操作电源电压过低，调整电压，使电压值在正常范围内。

(2)若电气控制系统有问题,检查控制接线有无损坏,有无端子脱落;检查合闸线圈;检查SF_6气体压力开关、辅助开关。

(3)若SF_6气体压力低使压力继电器动作闭锁控制回路,将SF_6气体压力补充到额定压力。

(4)若合闸电磁铁出现机械故障,按需要调整或更换。

2. 手动操作故障

若某个闭锁装置卡滞,调整或更换该闭锁装置。

3. SF_6气体压力降低

(1)若SF_6气体泄漏,需补气到额定压力,待停电时检修漏气部位。

(2)若SF_6气体压力开关故障或气体继电器接点卡滞,按需要调整或更换。

(三)隔离开关故障原因与处理

1. 电动操作故障

(1)若控制或电机回路电压降低或失压,调整电压,使电压值在正常范围内。

(2)若控制或电机回路接线松动或断线,紧固接线端子,更换不良导线。

(3)若控制或电机回路的开关、接触器的触头接触不良或烧损,清理、检修或更换故障部件。

(4)若外部联锁不通,检查有关设备、组件的状态是否满足外部联锁条件,检查外部联锁回路及有关设备、组件的联锁开关及其触头是否完好、动作是否正常。

2. 手动操作故障

(1)若控制回路电压降低或失压,造成联锁磁体不动作,应提供正常电压。

(2)若外部联锁不通,联锁电磁铁不能通电工作。检查有关设备、组件的状态是否满足外部联锁条件,检查外部联锁回路及有关设备、组件的联锁开关及其触头是否完好、动作是否正常。

(3)若操作手柄转动方向不对,按照指示标牌规定的方向操作。

(4)若分、合闸不到位或卡滞,应调整定位器的调节螺杆,使得指示盘上的小槽与指示针对准,拧紧锁紧螺母。

(四)接地开关故障原因与处理

1. 操作孔打不开,操作杆转不动

(1)检查联锁线圈是否通电。若联锁不处于自由状态则将联锁调整至自由状态。

(2)若电压降低,升高电压至额定值。

(3)若联锁线圈开路,更换联锁线圈。

(4)若为限位开关故障,更换限位开关。

(5)若为断线故障或端子脱落,更换断线,拧紧端子螺栓。

2. 手动操作异常

若滑动部分和连接部分螺栓松动,或由于润滑不良引起摩擦增加,拧紧螺栓,增加润滑剂,必要时更换零件。

3. 动作中断

若隔离开关或接地开关的连接部分存在机械故障,排查机械故障。

三、GIS安装调试的方法与标准

安装要注意三个问题:确保GIS各气室密封面密封良好;各种螺栓要用规定的力矩拧紧,特别要加强导电回路的紧固程度;保证GIS柜内部清洁。

(1)工作面要求洁净无灰尘,洁净度小于0.03 mg/cm²,环境温度在-5～40 ℃间,工作范围与外界隔离但要保持一定通风,相对湿度不大于80%。安装人员需更换工作服和鞋才能进入工作区,其他人员未经允许不得进入工作区;有专人负责工作区的吸尘工作;凡工作区与其他区域连通的孔洞须加以封堵,同时保持通风;对交叉面施工应采用塑料布加以隔离等措施,保证工作区符合环境清洁的要求。

(2)对准备组装的单元,先行清扫,然后打开临时密封盖,用吸尘器清除内部灰尘。对内部有毛刺及凸凹不平的地方需用刮刀修整,用无水酒精和洁净的确良布擦净内表面、绝缘子、连接头、导体、法兰等各个元件,然后用吸尘器除尘,再用高级餐巾纸和酒精擦一遍,最后用灯光作检查,确认清除干净后,用新塑料布将端部包装密封,等待连接。

(3)GIS导体两端内径开成喇叭口,为降低接触电阻,触头接触部分全部镀银3 μm,触指的弹簧表面亦需镀银,且保持有一定压缩量,以保证接触紧密。导电管的连接是将触头涂上导电脂后插入触指即可。外保护采用法兰连接,连接螺钉均涂有防松胶。接触电阻测量,根据串联长度有300、400、500 μΩ不等。

(4)元件之间连接,将已清理干净的两个端头塑料布拆开,在外壳法兰槽上压上干净的O形密封圈,再在密封圈外侧均匀涂上密封胶(有防锈、密封、防老化、固定等作用),用一垫块将内导体垫高使触头准确插入触指,注意接触导体必须戴专用塑料手套,然后取垫块、对接、穿螺栓固定即可。所有螺栓紧固均用力矩扳手按规定的力矩紧固。

(5)设备对接完毕,应立即进行抽真空和充气工作。即将每个气室的充气管路连接好,把干燥吸附剂装入气室内,从放入吸附剂到抽真空的时间间隔一般为1 h,最长2 h。抽真空至133 Pa即可满足要求;再继续抽真空30 min即可充气至额定值。如果由于某种原因而造成设备在空气中暴露超过24 h,那么就要临时封闭,充入12×10^5 Pa的SF_6气体。清扫后,与其他连接件连好即可。

四、GIS试验项目与标准

(一)GIS试验的分类

GIS的试验包括型式试验、出厂试验及现场试验。其中型式试验是检验产品的正确性,验证GIS装置的各项性能;出厂试验是在每一间隔上进行的,以检验加工过程中是否存在缺陷;现场试验是检查GIS配电装置在包装、运输、储存和安装过程中是否出现异常现象行之有效的监测方法,是GIS在投运之前必须进行的,也是前两种试验无法替代的。

GIS现场试验项目主要分为两大类,一类是GIS柜内绝缘气体品质及气体泄漏试验,另一种是组成GIS的各类电力设备的试验。

(二)GIS的试验项目与标准

1. 测量主回路的导电电阻。宜采用电流不小于100 A的直流压降法。测试结果,不应超过产品技术条件规定值的1.2倍。

2. 主回路的交流耐压试验。应按产品技术条件或国家现行标准《气体绝缘金属封闭电器现场耐压试验导则》(DL/T 555)的有关规定进行,试验电压值为出厂试验电压的80%。

3. 密封性试验(检漏试验)。

(1)采用灵敏度不低于1×10^6(体积比)的检漏仪对各气室密封部位、管道接头等处进行检测时,检漏仪不应报警。

(2)必要时可采用局部包扎法进行气体泄漏测量。以 24 h 的漏气量换算，每一个气室年漏气率不应大于 1%；

(3)泄漏值的测量应在封闭式组合电器充气 24 h 后进行。

(4)测量 SF_6 气体含水量。测量 SF_6 气体含水量(20 ℃的体积分数)，应符合下列规定。

① 有电弧分解的隔室，应小于 150 μL/L。

② 无电弧分解的隔室，应小于 250 μL/L。

③ 气体含水量的测量应在封闭式组合电器充气 48h 后进行。

4. 封闭式组合电器内各元件的试验。应按有关规定进行，但对无法分开的设备可不单独进行。

注：本条中的"元件"是指装在封闭式组合电器内的断路器、隔离开关、负荷开关、接地开关、避雷器、互感器、套管、母线等。

通常是利用两接地刀在接头处用回路电阻测试仪测量，必须采用同一方案测量几个回路，确保每一设备及接头均被测到。测试时，各开关、刀闸在相应的分、合闸位置上确保各个连接部分接触良好，能满足额定的载流要求。

5. 组合电器的操动试验。当进行组合电器的操动试验时，联锁与闭锁装置动作应准确可靠。电动、气动或液压装置的操动试验，应按产品技术条件的规定进行。

6. 气体密度继电器、压力表和压力动作阀的检查。在充气过程中检查气体密度继电器及压力动作阀的动作值，应符合产品技术条件的规定。对单体到现场的这些设备，应进行校验。

思考题

1. GIS 柜正常外观巡视检查的内容有哪些?
2. 当 GIS 柜出现哪些异常情况时，应立即进行处理?
3. GIS 柜接地开关故障时应怎样处理?
4. GIS 柜的试验项目分哪几类?
5. GIS 柜接地开关常见故障有哪些? 如何处理?

模块四 互感器检查维护、试验及故障处理

模块描述：按规定和标准完成对互感器的巡视检查和检修维护，对互感器出现的常见故障能分析判断和处理，按规程要求完成互感器的有关试验项目。

完成情况评估方法：从互感器的巡视检查、定期检查维护、运行前和运行中的检查、故障处理、试验项目与标准等五个方面综合评估。按百分制打分，80 分为合格。

一、互感器的检查维护

(一)互感器日常检查维护的内容与方法

1. 外观检查。检查互感器有无污损、龟裂和变形；油及浸渍剂有无渗漏；电连接处有无松动等。

2. 声音异常。互感器中产生的游离放电、静电放电等原因引起的声音和铁芯磁滞伸缩引起的机械振动等声音。

有一种放电声音是由于瓷套表面附着有异物而产生的，在电极部位被污染的情况下，会发出“噼啪、噼啪”、“呲、呲、呲”之类声音。

3. 异常气味。分辨异常气味时应弄清是哪一类设备发出的，如干式互感器在绝缘物老化发出烧焦的气味；油浸式设备漏油所发出的油的气味。发现互感器出现异常气味要及时查明原因，进行相应处理。

(二)电压互感器定期检查维护的内容与方法

定期检查每年进行一次。

1. 外观检查。与日常检查相同。

2. 测量绝缘电阻。测量绝缘电阻应分别测量设备本身和二次回路的绝缘电阻。

(1)绝缘电阻的标准以出厂值作为参考。

(2)在记录定期测量的电阻值的同时，要记下温度、湿度，要求这两项没有比前次测量值有显著降低。

(3)测量值应与在同一场所、同一时间测量的相同型号的其他设备相比较，应没有显著的差异。

(4)把绝缘套管、出线端子等部位擦拭干净并达到一定的要求后才可测定。

在上述情况下，如确定绝缘电阻有异常，则绝缘老化的可能性最大，所以，可通过测量 $\tan\delta$ 值等来判断是否老化。

(三)电流互感器运行前的检查维护

1. 套管无裂纹、破损现象。

2. 充油电流互感器外观应清洁，油量充足，无渗漏油现象。

3. 引线和线夹及二次回路各连接部分应接触良好，不得松弛。

4. 外壳及二次回路接地良好，接地线应紧固可靠。

5. 按电气试验规程，进行全面试验合格。

(四)电流互感器运行中的检查维护

(1)各接头无过热及打火现象，螺栓无松动，无异常气味。

(2)瓷套管清洁，无缺损、裂纹和放电现象，声音正常。

(3)对于充油电流互感器应检查油位是否正常，有无渗漏油现象。

(4)电流表的指示值是否在允许范围之内。

(5)二次线圈有无开路，接地线是否良好，有无松动和断裂现象。

(6)定期校验电流互感器的绝缘情况，如定期放油、化验油质是否符合要求。若绝缘受潮，其绝缘性能下降，将会引起发热膨胀，造成电流互感器爆炸起火。

二、互感器常见故障与处理

(一)电压互感器故障与处理

1. 电压互感器出现下列故障时应立即停用

(1)高压熔断器连续熔断两次，说明内部故障可能性很大。

(2)内部发热，温度过高。电压互感器内部匝间、层间短路或接地时，高压熔断器可能不熔断，引起过热甚至可能会冒烟起火。

(3)内部有“噼啪”放电响声或其他噪声。可能是由于内部短路、接地、夹紧螺栓松动引起，主要是内部绝缘被破坏。

(4)互感器内或引线出口处有严重喷油、漏油或流胶现象。此现象可能属内部故障,过热引起。

(5)内部发出焦臭味、冒烟、着火。此情况说明内部发热严重,绝缘已被烧坏。

(6)套管严重破裂放电,套管、引线与外壳之间有火花放电。

(7)严重漏油至看不到油面。严重缺油使内部铁芯露于空气中,当雷击线路引起内部过电压时,会导致内部绝缘闪络烧坏互感器。

(8)GIS 开关柜内电压互感器气室内 SF_6 气体严重漏气,其压力低于规定值。

(9)经红外测温检查发现内部有过热现象。

(10)电压互感器着火。

2. 电压互感器故障处理程序和一般方法

发现电压互感器有上述严重故障,其处理程序和一般方法为:

(1)电压互感器着火,应立即切断电源,用干粉、1211 灭火器灭火,将故障电压互感器停电。对于不能用隔离开关隔离的故障电压互感器,应根据本所实际接线和运行方式,用切换运行方式的方法,投入另一回路工作,或用断路器切断故障的电压互感器。

(2)有备用电压互感器时应切换到备用电压互感器,否则应采取措施防止继电保护(如距离保护)和自动装置(如自投装置)误动作,退出可能误动的保护及自动装置,投入电压互感器断线闭锁保护功能,断开故障电压互感器的二次空气开关或拔掉二次熔断器。

(3)电压互感器的三相或故障相的高压熔断器已熔断时,或确认高压已停电,可以拉开隔离开关,隔离故障。

(4)高压熔断器未熔断,高压侧绝缘未损坏的故障(如漏油至看不到油面、内部发热等故障),可以拉开隔离开关,隔离故障。

(5)高压熔断器未熔断,所装高压熔断器上有合格的限流电阻时,可以按照相关规定拉开隔离开关,隔离故障。

(6)高压熔断器未熔断,电压互感器故障严重,高压侧绝缘已损坏。高压侧熔断器无限流电阻的,只能用断路器切除故障。应尽量用切换运行方式的方法隔离故障。

(7)故障隔离后,可经倒闸操作恢复正常运行,重新投入所退出的保护,故障处理完成后具备自投条件后投入自投装置。

3. 电压互感器回路断线处理

在正常运行时,电压互感器回路发生断线时,变配电所会发出 PT 断线预告信号或电压互感器断线信号。

(1)有备用电压互感器时应切换到备用电压互感器,否则应采取措施将该电压互感器所带的保护与自动装置停用,确认电压互感器断线闭锁距离保护投入,目的是防止保护误动作。

(2)在检查一、二次熔断器时,应做好安全措施,以保证人身安全,如果是一次侧熔断器熔断时,应拉开电压互感器的隔离开关,取下二次侧熔断器,并验电接地后戴上绝缘手套和护目镜,更换一次熔断器。

(3)若巡视发现电压互感器外观有明显故障现象,可直接判断电压互感器故障;否则值班人员可通过检查测量电压互感器二次小保险,判断负荷侧和电源侧有无电压。如电源侧有压而负荷侧无压,则应及时按规定程序更换小保险并确认电压恢复正常;如电源侧无压(或电压偏低)则说明电压互感器故障,向电调汇报,办理工作票进行故障处理。

4. 充油式互感器渗油处理

(1)若互感器本体渗漏油不严重,并且油位正常,应加强监视。

(2)若互感器本体漏油严重,并且油位未低于下限,但又不能立即停电检修,应增加巡视的次数,加强监视;若油位低于下限,应将电压互感器停运。

(3)互感器严重漏油时,应申请调度停电处理,或进行回路切换后处理。

5. 电压互感器铁磁谐振

电压互感器铁磁谐振可能会使电压互感器绕组烧坏,造成电压互感器一次侧熔断器熔断,部分继电保护和自动装置误动作。

(1)当只带电压互感器的空载母线上产生电压互感器基波谐振时,应立即投入备用设备,改变电网参数,消除谐振。

(2)当发生单相接地导致电压互感器分频谐振时,应立即投入某单相负荷。发生谐振尚未造成一次侧熔断器熔断时,应立即停用有关的保护装置。母线有备用电源时,应切换到备用电源,以改变系统参数消除谐振。

(3)选用励磁特性较好的电磁式电压互感器,或改用电容式电压互感器。

(二)电流互感器故障与处理

1. 电流互感器出现下列情况时应立即停用

(1)电流互感器发热,温度过高,甚至冒烟起火。

(2)电流互感器内部有"噼啪"声或其他噪声。

(3)电流互感器内部引线出口处有严重喷油、漏油现象。

(4)电流互感器内部发出焦臭味且冒烟。

(5)绕组与外壳之间或引线与外壳之间有火花放电,电流互感器本体有单相接地。

2. 电流互感器运行声音异常处理

电流互感器在运行中由于二次回路开路、铁芯松动、半导体漆涂刷的不均造成内部电晕等原因,发出不随一次负荷变化的"嗡嗡"声。

(1)在运行中,若发现电流互感器有异常声音,可从声响、表计指示及保护异常等情况判断是否二次回路开路;若是,则按二次回路开路的处理方法进行处理。

(2)若不属于二次回路开路故障,而是本体故障,应切换回路申请停电处理。

(3)若声音较轻,可不立即停电;但必须加强监视,同时向调度汇报安排停电处理。

3. 电流互感器过负荷处理

电流互感器不允许长时间过负荷运行。电流互感器过负荷一方面可使铁芯磁通密度饱和,使电流互感器误差增大,测量不准确;另一方面由于磁通增大,使铁芯和二次绕组过热、绝缘老化甚至出现损坏等情况。

当发现电流互感器过负荷时,应立即向调度汇报,设法转移负荷或减负荷。

4. 二次回路开路处理

(1)互感器二次回路开路时,首先要防止二次绕组开路而危及设备与人身安全。

(2)互感器二次回路开路后,应查明开路位置并设法将开路处进行短接;如果不能进行短接时,可向调度申请停电处理。在进行短接处理过程中,必须注意安全,应戴绝缘手套,并使用合格的绝缘工具,在严格监护下进行。

(3)发现互感器二次回路开路,应先分清故障属哪一组电流回路,开路的相别,对保护有无影响。向供电调度汇报,停用可能引起误动的保护。

(4)尽量减小一次负荷电流,若互感器严重损伤,应切换回路转移负荷,停电检查处理。

(5)对检查出的故障,能自行处理的,可立即处理,然后投入所退出的保护。若不能自行处理,或不能自行查明故障,经切换运行方式后办理工作票检修处理。

三、互感器试验的项目、方法与标准

(一)互感器的试验项目

根据《规程》规定,互感器交接和预防试验项目如下:

1. 测量绕组的绝缘电阻。
2. 测量 35 kV 及以上电压等级互感器的介质损耗正切 tanδ 值。
3. 局部放电试验。
4. 交流耐压试验。
5. 绝缘介质性能试验。
6. 测量绕组的直流电阻。
7. 检查接线组别和极性。
8. 误差测量。
9. 测量电流互感器的励磁特性曲线。
10. 测量电磁式电压互感器的励磁特性。
11. 电容式电压互感器(CVT)的检测。
12. 密封性能检查。
13. 测量铁芯夹紧螺栓的绝缘电阻。

(二)互感器的绝缘试验

1. 绝缘电阻的测量

互感器绝缘电阻的测量应在大修时以及每年的预防性试验中进行。

测量互感器的绝缘电阻时,一次线圈应用2 500V兆欧表,110 kV 及以上用 5 000 V 兆欧表;二次线圈用 1 000 V 或 2 500 V 兆欧表。测量时,须使互感器的所有非被试线圈全部短路接地,并应考虑空气湿度、温度、套管表面脏污对绝缘电阻的影响。必要时,须采取措施消除表面泄漏的影响。

合格的互感器绝缘电阻不宜小于 1 000 MΩ,同时要将测得的绝缘电阻值与历次试验值比较,以及和同类型互感器相互比较,再根据试验项目所得结果进行综合分析判断。

2. 电压互感器和电流互感器介损的测定

对 35 kV 及以上电压互感器或电流互感器,测量一次绕组的介质损耗因数 tan δ 值,能灵敏地发现绝缘受潮、劣化及套管绝缘损坏等缺陷。

3. 电压互感器的交流耐压试验

电磁式电压互感器的交流耐压试验有两种加压方式。一种方式为外施工频试验电压。该加压方式适用于额定电压为 35 kV 及以下的全绝缘电压互感器的交流耐压试验。试验接线及方法与变压器的交流耐压试验相同。35 kV 以上的电压互感器多为分级绝缘,其一次绕组的末端绝缘水平很低,一般为 5 kV 左右,因此一次绕组末端不能与首端承受同一试验电压,而应采用感应耐压的加压方式,即把电压互感器一次绕组末端接地,从某一个二次绕组加压,在一次绕组感应出所需要的试验电压。这种加压方式一方面使绝缘中的电压分布同实际运行时一致;另一方面,一次绕组首尾两端的电压比额定电压高,绕组电位也比正常运行时高得多,因此交流耐压试验可同时考核电压互感器一次绕组的纵绝缘，从而检验出由于电压互感器中电磁线圈质量不良如露铜、漆膜脱落和绕线时打结等原因造成的纵绝缘方面的缺陷。

为了避免工频试验电压过高引起铁芯饱和损坏被试电压互感器，必须提高工频试验电压的频率。制造厂多采用倍频发电机作为试验电源，而现场试验常采用电子式变频电源或三倍频发生器。

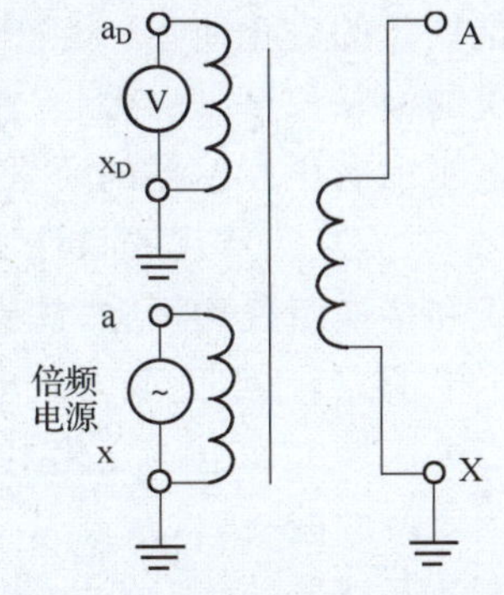

图 6-1　倍频感应耐压试验接线图

倍频感应耐压试验接线如图 6-1 所示，在二次绕组 ax 侧施加倍频电压，从辅助二次绕组 $a_D x_D$ 侧测量。一次绕组试验电压按出厂值的 80%进行试验，出厂值不明按表 6-15 所示电压进行试验，倍频感应耐压试验的试验电压同工频交流耐压试验的试验电压。

表 6-15　电压互感器交流耐压试验的试验电压

额定电压(kV)	3	6	10	35	66
试验电压(kV)	15	21	30	72	120

串级式分级绝缘式互感器用倍频感应耐压试验，试验中应考虑互感器的容升电压。根据有关资料介绍，三倍频耐压时，各电压等级的电压互感器容升电压如表 6-16 所示。

表 6-16　电压互感器容升电压数据

额定电压(kV)	35	66	110	220
容升电压百分数(%)	3	4	5	8

电压互感器做耐压前后应做空载试验，以确定互感器一次绕组是否存在匝间短路。

4. 电流互感器的交流耐压试验

电流互感器交流耐压试验接线及方法同变压器，进行一次绕组连同套管一起对外壳及地的交流耐压试验时，二次绕组短路接外壳及地。一次绕组试验电压按出厂值的 80%进行试验。

(三)互感器特性试验

1. 测量互感器绕组的直流电阻

各种类型的电压互感器一次绕组的直流电阻均在几百欧至几千欧之间，一般采用单臂电桥进行测量，测量结果应与制造厂或以前测得的数值无明显差异。

有时为了判断电流互感器一次绕组接头有无接触不良等现象，需要采用压降法和双臂电桥测量绕组的直流电阻。

2. 极性试验

电流互感器和电压互感器的极性很重要，极性判断错误会使仪表指示错误，更为严重的是使带有方向性的继电保护误动作。互感器一、二次绕组间均为减极性。极性试验方法与变压器的相同，一般采用直流法，试验时注意电源应加在互感器一次侧；测量仪表接在互感器的二次侧。

3. 变比试验

检查互感器分接头的变比，并要与铭牌相比没有显著差别。

4. 互感器的励磁特性试验

互感器的励磁特性是指互感器一次侧开路、二次侧励磁电流与所加电压的关系曲线，实际上就是铁芯的磁化曲线。互感器励磁特性的试验目的是检查互感器的铁芯质量，通过鉴别磁化曲线的饱和程度，以判断互感器的绕组有无匝间短路等缺陷。鉴于系统中经常发生铁磁谐振过电压和电压互感器的质量不良等情况，所以要求进行电压互感器的空载励磁特性试验。

(1)电流互感器伏安特性试验。试验接线如图 6-2 所示。试验前，应将电流互感器二次绕组引线和接地引线均拆除，试验时，一次侧开路，从二次侧施加电压，为了读数方便，可预先选取几个电流点，逐点读取相应电压值。通入的电流或电压以不超过制造厂技术条件的规定为准。当电流增大而电压变化不大时，说明铁芯已经饱和，应停止试验。试验后，根据试验数据绘出伏安特性曲线。

电流互感器的伏安特性试验，只对继电保护有要求的二次绕组进行。实测的伏安特性曲线与过去或出厂的伏安特性曲线比较，电压不应有显著降低。若有显著降低，应检查是否存在二次绕组的匝间短路。

(2)电压互感器空载励磁特性试验。电压互感器空载励磁特性试验接线如图 6-3 所示。现场试验时，电压互感器高压侧开路，低压侧通以额定电压，读取其空载电流及空载损耗。

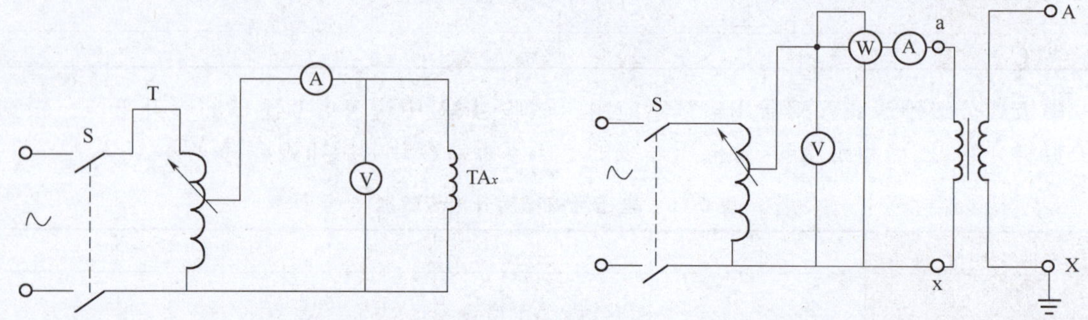

图 6-2　电流互感器伏安特性试验接线图　　　　图 6-3　电压互感器空载试验接线图

电压互感器的空载励磁特性试验可与工频感应耐压试验一起进行。试验时，在电压升至额定电压过程中先读取几组空载损耗与空载电流值，电压升至 1.3 倍额定电压并耐受 40 s 后，再降至额定电压及以下，重新读取几组空载损耗与空载电流值。

实测的励磁特性曲线或额定电压时的空载电流值与过去或同类型电压互感器的特性相比较，应无明显差异。在进行 1.3 倍额定电压下的感应耐压试验时，其耐压前后的空载电流、空载损耗也不应有明显差异，否则应查明原因。中性点非有效接地系统的电压互感器，在$1.9U_N/\sqrt{3}$电压时的空载电流不应大于最大允许电流；中性点接地系统的电压互感器，在 $1.5U_N/\sqrt{3}$ 电压下的空载电流不应大于最大允许电流。

思考题

1. 互感器日常检查维护的内容有哪些？
2. 电压互感器出现哪些故障应立即停用？
3. 互感器渗油应如何处理？
4. 简述电流互感器二次回路开路的处理方法。
5. 电压互感器回路断线故障如何判断？
6. 互感器的绝缘试验有哪几项？

模块五　防雷设备检查维护、试验及故障处理

模块描述：按规定和标准完成对防雷设备的检查维护，对防雷设备出现的常见故障能进行分析判断和处理，按规程要求完成避雷器的试验项目。

完成情况评估方法：从能否按项目、内容和标准进行避雷器的运行巡视、检修维护、故障处理、试验项目以及接地网的试验方法五个方面综合评估。按百分制打分，80 分为合格。

一、防雷设备的检查维护

（一）避雷设备的运行检查维护

（1）检查避雷针、避雷线以及它们的引下线有无锈蚀。按一定周期检查避雷针埋入地下 50 cm 深度以上部分是否腐蚀。

（2）检查导电部分的连接处，如焊接点、螺栓接点等连接是否紧密牢固，检查过程中可用小锤轻敲检查，发现有接触不良或脱焊的接点，应立即修复。

（3）检查避雷针本体是否有裂纹、歪斜等现象。

（4）与避雷器连接的导线及接地引下线有无烧伤痕迹或断股现象，接地端子是否牢固。

（5）避雷器动作记录器的指示是否有改变（即判断避雷器是否动作），动作记录器连接是否牢固，动作记录器内有无积水。

（6）每年雷雨季节前应测量一次避雷器的绝缘电阻和直流泄漏电流，每年对接地网的接地电阻进行一次测量，应符合规程要求。

（7）雷雨时，人员严禁接近防雷装置，以防止雷击泄放雷电流产生危险的跨步电压对人造成伤害，防止有缺陷的避雷器在雷雨天气可能发生爆炸对人造成伤害。

（二）避雷器的检查维护

（1）避雷器的外瓷套表面有无严重污秽和是否完整，如有破损和裂纹不能使用。检查瓷表面有无闪络痕迹。

（2）检查密封是否良好。配电用避雷器顶盖和下部引线处的密封混合物若是有脱落或龟裂，应将避雷器拆开干燥后再装好。高压用避雷器若密封不良，应进行维修。

（3）检查引线有无松动、断线或断股现象。

（4）摇动避雷器检查有无响声，如有响声表明内部固定不好，应予检修。

（5）检查放电计数器是否完整和泄漏电流测量是否良好，记数器指示是否有改变，动作记录器内部有无积水。

（6）避雷器各节的组合及导线与端子的连接，对避雷器不应产生附加应力。

二、防雷设备常见故障与处理

（一）避雷器出现下列情况应更换处理

（1）电极严重烧伤。

（2）云母垫片严重受潮、膨胀分层。

（3）阀片击穿、闪络或严重受潮。

（4）非线性并联电阻严重老化，泄漏电流超过运行规程规定范围。

（5）橡胶密封件严重老化龟裂、变形、失去弹性。

(6)瓷套碎裂。

(二)避雷器的检查与故障处理

避雷器的检查和故障处理见表 6-17。

表 6-17 避雷器的检查及故障处理

检查项目	故障原因	处理方法
避雷器安装是否牢固	支架或避雷器不稳固,会影响避雷器的性能,可能导致事故发生	紧固避雷器的安装螺栓等部件
避雷器线路侧和接地侧端子安装是否良好	端子紧固不良,因风的压力或积雪等导致电线脱落,或雷击过电压产生电火花,造成电线熔断	对所有端子进行紧固
瓷套管是否有裂纹	瓷套管的裂缝导致外部潮气侵入瓷套管内部,引起绝缘降低,造成事故	当灌浇水泥、密封部分或瓷件表面有裂缝时,应拆除避雷器
瓷套管表面污损	瓷套表面污损,导致瓷套表面闪络和避雷器放电特性降低,严重时,避雷器会被击穿	对安装在盐雾及严重污秽地区的避雷器应定期清扫。用于盐雾地区的瓷表面可涂敷硅脂,并定期水洗。对高压避雷器进行带电清洗时,因其间隙是多层的,在清洗时会使电压分布进一步恶化,降低起始放电电压,从而引起避雷器放电或者引起外部闪络事故等危险,所以必须注意
在线路侧和接地侧的端子上,以及密封结构金属件上有无不正常的变色和熔孔	过电压或避雷器绝缘性能下降导致避雷器动作	如密封结构的金属上有熔孔,应将避雷器拆除;如有不正常的变色时,最好还是拆除避雷器

(三)运行中的避雷器故障原因与处理

(1)运行中避雷器瓷套裂纹

① 若天气正常,可停电将避雷器退出运行,更换合格的避雷器,无条件更换而又不致威胁安全运行时,为了防止受潮,可临时采取在裂纹处涂漆或粘接剂,随后再安排更换。

② 在雷雨中,避雷器尽可能先不退出运行,待雷雨过后再处理,若造成闪络,但未引起系统永久性接地时,在可能条件下,应将故障相避雷器停用。

(2)运行中的避雷器有异常响声

运行中的避雷器有异常响声并引起系统接地时,值班或检修人员应避免靠近,应断开断路器,使故障避雷器退出运行。

(3)运行中的避雷器突然爆炸

运行中的避雷器突然爆炸若尚未造成系统接地和系统安全运行时,可拉开隔离开关,退出避雷器;若爆炸后引起系统接地时,不允许拉开隔离开关,只能断开断路器。

(4)避雷器接地引下线有烧熔痕迹

运行中避雷器接地引下线连接处有烧熔痕迹时,可能是内部阀片电阻损坏而引起工频续流增大,应退出避雷器,进行电气试验。

三、防雷设备和接地装置试验项目与标准

(一)防雷设备的试验

为了保证避雷器运行安全、可靠,要求在交接时、解体大修后以及运行中每年雷雨季节前,对于氧化锌避雷器测量绝缘电阻、直流 1 mA 下的电压及 75%该电压下的泄漏电流试验。

1. 绝缘电阻测量

测量 35 kV 及以下氧化锌避雷器的绝缘电阻时应用 2 500 V 兆欧表,测得的绝缘电阻应

不低于 10 000 MΩ；测量 35 kV 及以上氧化锌避雷器的绝缘电阻时应用 5 000 V 兆欧表，所测得的绝缘电阻应不低于 30 000 MΩ。

2. 直流 1 mA 下的电压及 75%该电压下的泄漏电流测量

电压 $U_{1\,mA}$ 为试品通过 1 mA 直流电流时，其两端的电压值。它是氧化锌避雷器的一个重要参数，其值决定于过电压保护配合系数与阀片压比，而该值又影响到避雷器的荷电率（荷电率 $=\sqrt{2}U_{CH}/U_{1\,mA}$，其中 U_{CH} 为持续运行电压）。荷电率增高，避雷器的性能将下降，如超越某一限度，避雷器将会出现损坏甚至发生爆炸，直接危及系统的安全运行。此项试验，直接应用直流泄漏电流试验设备即可。所测得的 $U_{1\,mA}$ 值与初始值比较，其变化应不超过±5%，75% $U_{1\,mA}$ 下测得的泄漏电流不大于 50 μA。

3. 运行电压下的交流泄漏电流测量

测量运行电压下的交流泄漏电流，是在避雷器上施加交流电压，并测量此时的交流泄漏电流。所施加的交流电压数值为系统的持续运行电压，该电压在产品说明书中均已注明。

试验方法为：应用工频交流试验设备施加交流电压，将专用的泄漏电流测试仪串接于避雷器的接地回路中，即可从其上直接读取总的交流泄漏电流及其有功分量—电阻性电流（由此又可计算出总泄漏电流中的无功分量—电容性电流）。利用泄漏电流测试专用仪器，避雷器也可不退出运行，即在带电状态下用泄漏电流仪直接测量交流泄漏电流，不过这种测量最好是在系统电压比较稳定，且与避雷器的持续运行电压基本一致的条件下进行较好，以便于前后测得的数据相比较。

试验标准为：运行电压下测得的交流泄漏电流与初始值比较，当电阻性泄漏电流增加到 2 倍初始值时，应缩短监测周期为 3 个月一次。当出现这种情况时，除按上述要求加强监测外，还应结合前述两个项目的测量数据进行综合分析判断，以作出最后的结论。

试验时，应记录当时的大气条件（温度、湿度等），若在带电运行状态下测试，还应记录相电压。此外，若氧化锌避雷器接在变电所母线上，对母线进行工频交流耐压试验时，必须将避雷器退出工作，避免损坏避雷器。

4. 放电动作记录器试验

进行避雷器试验时，应对配套安装的放电记录器进行动作试验。现在常用的是专用避雷器放电记数器测试仪，使用前先对仪器充电，试验时输出高压端接放电记数器电源侧，另一端接地。测试时按下测试按钮，瞬间输出高压（一般挡位可选 900 V、1 200 V、1 600 V 等），放电记数器在电压冲击下动作一次，测试间隔需大于 1 s。

对安装在线泄漏电流的避雷器动作记数器，除对动作特性校验外，对电流值还应进行检测，符合误差要求。

（二）接地装置试验

1. 接地装置的接地电阻的试验标准（表 6-18）

表 6-18　各种接地装置的接地电阻标准

设备类别	大接地短路电流系统的电气设备及牵引供电设备	有架空地线的杆塔	避雷针避雷器	100 kV·A 以上配电变压器	100 kV·A 及以下配电变压器	零线重复接地
接地电阻（Ω）	0.5	10	10	4	10	10

2. 简单接地体接地电阻测量

用接地电阻测试仪测量简单接地体的接地电阻，其操作程序如下：

(1)被测接地极 E′、电位探测针 P′和电流探测针 C′，依直线彼此相距 20 m 插入地中，且电位探测针 P′插于接地极 E′和电流探测针 C′之间。

(2)用导线将 E′、P′和 C′连于仪表相应的端钮上。

(3)将仪表放置水平位置，检查检流计的指针是否指向中心线上(即零线)，否则可用零位调整器将其调正指向中心线。

(4)将“倍率标度”指向最大倍数，慢慢转动发电机的手柄，同时旋转“测量标度盘”使检流计的指针指向中心线。

(5)当检流计的指针接近平衡时，加快发电机的手柄的转速，使其达到 120 r/min 以上，调整“测量标度盘”使指针指向中心线。

(6)如“测量标度盘”的读数小于 1 时，应将倍率标度置于较小的倍数，再重新调整“测量标度盘”以得到正确读数。

(7)用“测量标度盘”读数乘以倍率标度的倍数即为所测的接地电阻值。

(8)注意事项

① 当检流计的灵敏度过高时，可将电位探测针插入土壤的深度浅一些，当检流计灵敏度不够时，可沿电位探测针和电流探测针注水使其所接触的土壤湿润。

② 当接地极 E′和电流探测针 C′之间的距离大于 20 m 时，将电位探测针 P′插在 E′、C′之间的直线相距几米以外的地方，测量时的误差可以不计；但当 E′和 C′之间的距离小于 20 m 时，则应将电位探测针 P′正确地插于 E′和 C′的直线中间。

③ 当用 0～1/10/100 Ω 规格的仪表(具有四个端钮)测量小于 1 Ω 的接地电阻时，应将 C_2、P_2 间连片打开，分别用导线连接到被测接地体上，以消除测量时连接导线电阻的附加误差。

3. 复杂接地体接地电阻测量

接地网接地电阻测量的精确度，关键在于电流、电位探测针的位置选择是否合适，如选择不当，常会引起不可忽视的误差。根据电流、电位探测针的布置方式，测量接地电阻有以下几种方法。

(1)$5D/0.5$ 法

采用 $5D/0.5$ 法测量接地网接地电阻时，探测针布置如图 6-4。从接地网边缘算起，至电位探测针的距离为 d_{12}，至电流探测针的距离为 d_{13}，通常 d_{13} 等于 $5D$(D 为接地网最大对角线长度)，取 d_{12} 约为 $0.5d_{13}$。

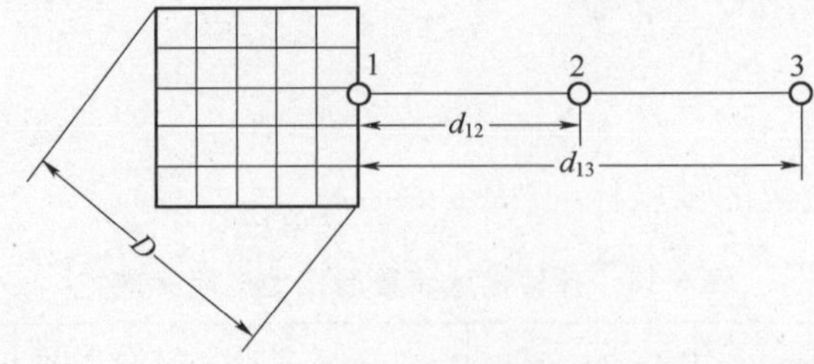

图 6-4 $5D/0.5$ 法测量接地网接地电阻时探测针布置图

测量时，将电位探测针沿接地网与电流探测针之连线方向上移动三次，每次移动距离约为

d_{13}的 5%，若三次测得的电阻值互相接近，即认为电位探测针的位置选择得合适。

(2)5D/40 m 法

采用 5D/40 m 法测量接地网接地电阻时探针的布置如图 6-5 所示。

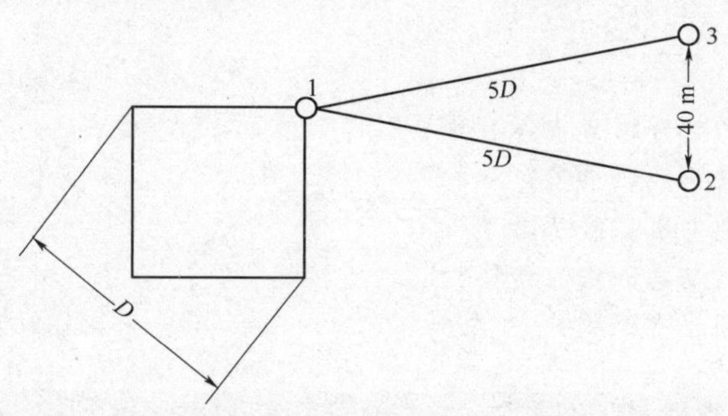

图 6-5　5D/40 m 法测量接地网接地电阻时探测针布置图

(3)30°夹角法

采用 30°夹角法测量接地网接地电阻时探针的布置如图 6-6 所示。$d_{12}=d_{13}\geqslant 2D$。

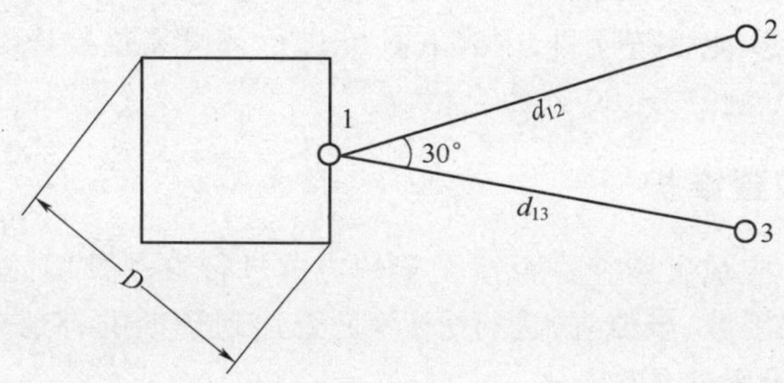

图 6-6　30°夹角法测量接地网接地电阻时探测针布置图

对于运行中牵引变电所(包括分区所、开闭所及 AT 所)接地网及避雷针接地电阻的测量，不必全所停电亦可进行，但要注意监视接触网馈电线电流，要在所有馈电线均无负载电流时进行测试，否则由于从大地流回的牵引电流而使测量值偏大，且测量值随着该电流的变化而变化，将表针打坏。最好利用全所停电时间点进行测量。

4. 接地电阻测量注意事项

(1)测量应选择在晴天、干燥天气下进行。

(2)电流线和电压线应尽可能分开，不应缠绕交错。

(3)在现场进行测量时，由于引线较长，应多人进行，转移地点时，不得甩扔引线。

(4)测量接地电阻表无指示，可能是电流断线；指示很大，可能是电压断线或接地体与接地线未连接；接地电阻表指示摆动严重，可能是电流线、电压线与电极或接地电阻表端子接触不良，也可能是电极与土壤接触不良造成的。

(5)对于变电所有供电系统避雷线接入者，测试前应断开。

(6)选若干接地点测完主接地网电阻后，若要确定每一个设备的接地线与接地体的连接情况，可在变电所内用万用表求其他方法测两个接地点间的电阻的方法来确定。若电阻很小，可视为连接良好。若电阻偏大且超过 0.5 Ω 以上，则通过与接地体连接良好的接地点的比较，分辨出来。

(7)对于运行 10 年以上接地网，应部分开挖检查，看是否有接地体焊点断开、松脱、严重锈蚀现象。曾发生变电所接地电阻测量合格而开挖检查时发现接地体严重锈蚀,甚至断裂的情况。

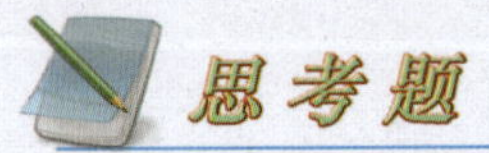

思考题

1. 避雷设备的运行检查维护内容有哪些?
2. 避雷器出现哪些情况应更换?
3. 接地装置的接地电阻参考值是多少?
4. 接地电阻测量的基本方法有哪些?
5. 避雷器的试验项目有哪些?

模块六　补偿装置检查维护、试验及故障处理

模块描述:能按照检修周期和方法完成补偿装置的检查维护,处理补偿装置出现的故障,按照补偿装置的试验标准完成试验项目。

完成情况评估方法:从能否按项目、内容和标准进行补偿装置检查维护、故障处理、试验三个方面综合评估。按百分制打分,80 分为合格。

一、补偿装置的检查维护

补偿装置投入初期,应观察装置是否按设置的方式进行自动投切,同时对变配电所测量的该线路有关数据(如功率因数、电流等)进行分析,是否达到预期的补偿效果,是否有过补偿现象等,如不正常,应调整设置的参数。

变配电所补偿装置的运行检查维护应 1~2 月观察一次,检查自动控制装置运行是否良好,运行电压及各相电流或功率因数是否正常,电气设备及电气接线是否有异常现象等。

(一)并联电抗器的检查维护

1. 初次投运期间的维护工作,应检查和清洁装置各个部位的连接件,启动柜输入/输出连接、功率柜电源输入/输出连接。

2. 室内应保持清洁,避免灰尘积累,检查时,如发现有过多的灰尘聚集,应清除,以保证空气流通,防止绝缘击穿,特别注意清洁磁控电抗器的绝缘子、绝缘垫块等处,并使用干燥的压缩空气吹净通风气道中的灰尘。

3. 当室内温度高于 38 ℃应做降温处理,如加强室内外通风,开启空调,打开功率柜柜门等;若室内温度低于 2 ℃时,应停止功率柜风机,待室温高于 20 ℃时再重新开启。

4. 注意电抗器的温度无异常变化。

5. 检查紧固件、连接件是否松动,电抗器接地是否良好,导电零件或零部件有无生锈、腐蚀的痕迹,还要观察绝缘表面有无爬电痕迹和碳化现象,必要时应采取相应的措施进行处理。

6. 检查电抗器的噪声、振动无异常。如果装置内发出异常声响,排风口处没有出风或风量比平时偏小,则应立即停机更换风扇,当装置出现异味(特别是臭氧味)时,应立即停运进行处理。

7. 检查温控装置运行是否良好，超温自动排风装置及超温报警回路是否正常。

（二）并联电容器的检查维护

（1）初次投运期间的维护工作，观察各相电流是否正常，有无不稳定及激增现象。电容器运行电压和运行电流不应超过厂家的规定，三相电流表指示应平衡。

（2）应检查观察电容器外壳有无膨胀（鼓肚现象），箱体无锈蚀、油漆脱漆起壳现象；电容器油箱是否渗油、漏油。

（3）观察放电指示灯，以鉴别放电回路电阻是否完好。

（4）装置有无异常的振动、声响和放电声。

（5）检查各台电容器上套管（或支持绝缘子）无裂纹及放电闪络痕迹，无破损现象，外观清洁。

（6）检查各连接点有无烘黑、变色、烤红、冒水汽等过热现象；连接引线铜（铝）排无松动、脱落、断线、扭曲等损伤；螺栓、螺母连接应紧固，无松脱现象；电容器外壳接地是否良好。

（7）对电容器回路附属设备（放电线圈、避雷器等）检查，按相应类型设备的检查维护项目进行。

（8）环境温度不应超过＋40 ℃。运行中电容器芯子最热点温度不超过 60 ℃，电容器外壳温度不得超过 55 ℃。故电容器组较长时间运行后，需用红外测温仪测量每台电容器外壳与接头处温度。

（9）电容器组电流值应在规定范围内（当每投入一组电容器时，原运行电容器组的电流变化幅值不应大于电容器组额定电流的 5%）。

（10）运行中的任何一个电容出现电解质泄漏、安全阀冒出或电容主体发生膨胀时，应立即进行处理。

（11）检查紧固件、连接件是否松动，导电零件或零部件有无生锈、腐蚀的痕迹，还要观察绝缘表面有无爬电痕迹和碳化现象，必要时应采取相应的措施进行处理。

二、补偿装置常见故障现象、原因与处理

（一）控制器常见故障与处理

补偿装置的电器元件（控制器）常会出现的问题是补偿控制器上 $\cos\phi$ 显示不准确。

1. 原因

（1）补偿控制器产生误动误显示，主要是由于电网中或负载源产生的谐波所致。

（2）补偿控制器与取样电流或电压有关。在有负荷时正常的情况下投入电容器，功率因数应该从滞后值逐渐变大至 1.00，如果再投入电容器则功率因数应该为超前，继续投入超前值变小为正常。

2. 处理

（1）更换抗谐波型控制器或加装抗谐波型元件。

（2）调整改善取样电流与取样电压相位不正确。

（二）熔断器常见故障现象、原因与处理

无功补偿装置在补偿投切过程中常常会出现熔断器熔断。

1. 原因

（1）熔断器熔断与选型配置的合理性有关。

(2)熔断器熔断与计算实际投切电流的相应倍数有关。

(3)熔断器熔断与补偿控制器的投切时间有关。

(4)熔断器熔断与电网系统或负载设备产生的谐波有关。

(5)熔断器熔断与相数电流不平衡有关。

(6)熔断器熔断与安装工艺、工作环境等有关。

2. 处理

(1)要充分考虑到无功补偿装置的特性,在投切过程中当涌流较大时(一般在 $15\sim30I_n$ 左右)选择熔芯非常重要,一般选用 αm 型(过载能力强)或相同类型的熔芯,而不要选用 JL 型(过载能力低)或与之同类型的熔心。

(2)熔断器对电容器的保护,计算实际投切电流非常重要,但针对无功补偿装置的特性应考虑加之保险系数电流,通常情况下应取实际投切电流的 1.30～2 倍。

(3)熔断器的熔断与补偿控制器设置的投切时间有一定关系,在电容从网络中切除后电容器中电压随时间延长而逐渐衰减。当间隔时间短暂又投入时,残压和所加电压即形成叠加电压,造成过电压过电流,长时间运行必将使电容器击穿或短路,强大的电流使熔断器熔断。所以在设置投切时间时切不可太短,一般设置 20～30 s 为宜。

(4)电网中或负载设备产生的谐波将改变电源原有的 50～60 Hz 的电压性质,当谐波含量较高时,由谐波所引起的且放大了的基波电流将使熔断器熔断。

(5)补偿装置运行中三相电流长时间不平衡,也将造成熔断器部分熔断,如发现三相电流不平衡要及时查找原因。非三相电流不平衡更换熔芯时,最好同时更换三相熔芯。如若只更换某一相已熔断熔芯,那么另外两相已受损的熔芯再投入运行,时间不长即会熔断。

(6)熔断器的熔断与安装工艺以及使用环境有一定关系,特别是使用环境,有的使用场合温度非常高,长时间高达 70 ℃以上,在这种情况下一定要采取降温措施。

(三)接触器常见故障及处理

1. 原因

(1)补偿控制器设置的投切时间太短,二次吸合导致冲击电流过大而损坏接触器。

(2)接触器的损坏与接触器的正确安装有一定关系,特别是接触器的导线连接部位,要接紧,不得松动并套上绝缘套管。

(3)当电路中谐波含量较高时,电压、电流波形发生严重畸变,基波电流扩大将造成接触器烧触头,相与相或相对地短路,造成接触器损坏。

(4)当电流不平衡的范围值增大时,长时间运行也将导致接触器损坏。

(5)接触器的自身质量问题。现行的补偿要求非常高,在选型时最好选用抗涌流、抗谐波或承受谐波抗击的接触器。

2. 处理

(1)正确安装接触器。

(2)更换损坏的接触器。

(四)电容器常见故障现象、原因与处理

电容器一般常见故障为外壳鼓肚、套管或油箱漏油、出现“咕咕”声以及温升过高。

1. 原因

(1)温升过高主要是环境温度太高,通风不良或者电源电压超过额定值,引起的过载发热。

(2)出现“咕咕”声,说明内部绝缘介质由于电离而产生了间隙,表面电容器内部发生了局部放电现象,正式绝缘崩溃的先兆。

(3)外壳鼓肚一般是在制造过程中真空没有处理好,未能除尽内部气体,以致当电压升高时,会发生内部放电。同时引起绝缘材料的分解并产生气体,是密封的电容器油箱内部压力增大而造成。

2. 处理

(1)增加通风设施,改善电容器的运行环境;增加、调整过电压保护;

(2)出现“咕咕”声、外壳鼓肚现象的电容器应立刻停止使用,及时更换合格的电容器。

(五)电抗器常见故障现象、原因与处理

1. 原因

(1)由补偿控制器质量问题引起的误投误切,造成电抗器损坏。

(2)补偿时瞬间投切的涌流非常大,使电抗器损坏。

(3)三相电流、电压长时间不平衡造成电抗器损坏。

(4)叠加电压(由于控制器设置的投切时间比较短所形成)。

(5)谐波对电抗器的干扰。

2. 处理

(1)使用质量较好的控制器。

(2)补偿时瞬间浪涌电流非常大时,建议超过 $30I_n$ 以上串接电抗器等电器元件。

(3)如发现缺相或三相电流电压不平衡要及时查找原因,及时解决。

(4)控制器的设置投切时间不易太短,防止形成叠加电压。如果实际补偿容量不足或确实需要频繁投切的话,应增加补偿容量或进行就地补偿和集中补偿相结合的方式。

(5)电网中如有谐波干扰,要及时采取措施,加装滤波装置或加装抗谐波型元件。

三、补偿装置试验的项目与标准

(一)电抗器试验的项目与标准

1. 测量绕组连同套管的直流电阻,应符合下列规定:

(1)测量应在各分接头的所有位置上进行。

(2)实测值与出厂值的变化规律应一致。

(3)三相电抗器绕组直流电阻值相互间差值不应大于三相平均值的 2%。

(4)电抗器和消弧线圈的直流电阻,与同温下产品出厂值比较相应变化不应大于 2%。

2. 测量绕组连同套管的绝缘电阻、吸收比或极化指数,应符合表 6-19 的规定。

表 6-19　油浸式电力变压器绝缘电阻的温度换算系数

温度差 K	5	10	15	20	25	30	35	40	45	50	55	60
换算系数 A	1.2	1.5	1.8	2.3	2.8	3.4	4.1	5.1	6.2	7.5	9.2	11.2

3. 测量绕组连同套管的介质损耗角正切值 $\tan\delta$。

4. 测量绕组连同套管的直流泄漏电流。试验电压标准应符合表 6-20 的规定。当施加试验电压达 1 min 时,在高压端读取泄漏电流。泄漏电流值不宜超过表 6-21 的规定。

表 6-20 油浸式电力变压器直流泄漏试验电压标准(kV)

绕组额定电压	6～10	20～35	63～330	500
直流试验电压	10	20	40	60

表 6-21 油浸电力变压器绕组直流泄漏电流参考值

额定电压(kV)	试验电压峰值(kV)	在下列温度时的绕组泄漏电流值(μA)							
		10 ℃	20 ℃	30 ℃	40 ℃	50 ℃	60 ℃	70 ℃	80 ℃
2～3	5	11	17	25	39	55	83	125	178
6～15	10	22	33	50	77	112	166	250	356
20～35	20	33	50	74	111	167	250	400	570

5. 绕组连同套管的交流耐压试验,应符合下列规定。

(1)额定电压在 110 kV 以下的消弧线圈、干式或油浸式电抗器均应进行交流耐压试验,试验电压应符合表 6-22 的规定。

(2)对分级绝缘的耐压试验电压标准,应按接地端或其末端绝缘的电压等级来进行。

表 6-22 电力变压器和电抗器交流耐压试验电压标准(kV)

系统标称电压	设备最高电压	交流耐压	
		油浸式电力变压器和电抗器	干式电力变压器和电抗器
<1	≤1.1	—	2.5
3	3.6	14	8.5
6	7.2	20	17
10	12	28	24
15	17.5	36	32
20	24	44	43
35	40.5	68	60

6. 测量与铁芯绝缘的各紧固件的绝缘电阻,应符合下列规定。

(1)进行器身检查的变压器,应测量可接触到的穿心螺栓、轭铁夹件及绑扎钢带对铁轭、铁芯、油箱及绕组压环的绝缘电阻。当轭铁梁及穿心螺栓一端与铁芯连接时,应将连接片断开后进行试验。

(2)不进行器身检查的变压器或进行器身检查的变压器,所有安装工作结束后应进行铁芯和夹件(有外引接地线的)的绝缘电阻测量。

(3)铁芯必须为一点接地;对变压器上有专用的铁芯接地线引出套管时,应在注油前测量其对外壳的绝缘电阻。

(4)采用 2 500 V 兆欧表测量,持续时间为 1 min,应无闪络及击穿现象。

7. 绝缘油的试验。

8. 非纯瓷套管的试验。

9. 额定电压下冲击合闸试验。

10. 测量噪声。

11. 测量箱壳的振动。

12. 测量箱壳表面的温度。

注：干式电抗器的试验项目可按本条第 1、2、5、9 款规定进行。

实际试验中第 2 款中吸收比或极化指数，第 3、8、10、11 款没有进行。

（二）电容器试验的项目与标准

1. 测量绝缘电阻：

测量耦合电容器、断路器电容器的绝缘电阻应在二极间进行，并联电容器应在电极对外壳之间进行，并采用 1 000 V 兆欧表测量套管对地绝缘电阻。

2. 测量耦合电容器、断路器电容器的介质损耗角正切值 $\tan\delta$ 及电容值，应符合下列规定。

（1）测得的介质损耗角正切值 $\tan\delta$ 应符合产品技术条件的规定。

（2）耦合电容器电容值的偏差应在额定电容值的－5%～＋10%范围内，电容器叠柱中任何两单元的实测电容之比值与这两单元的额定电压之比值的倒数之差不应大于 5%；断路器电容器电容值的偏差应在额定电容值的±5%范围内。对电容器组，还应测量各相、各臂及总的电容值。

3. 耦合电容器的局部放电试验，应符合下列规定。

（1）对 500 kV 的耦合电容器，当对其绝缘性能或密封有怀疑而又有试验设备时，可进行局部放电试验。多节组合的耦合电容器可分节试验。

（2）局部放电试验的预加电压值为 $0.8U_m \times 1.3U_m$，停留时间大于 10 s；降至测量电压值为 $1.1U_m\sqrt{3}$，维持 1 min 后，测量局部放电量，放电量不宜大于 10 pC。

4. 并联电容器交流耐压试验，应符合下列规定。

（1）并联电容器电极对外壳交流耐压试验电压值应符合表 6-23 的规定。

（2）当产品出厂试验电压值不符合表 6-23 的规定时，交接试验电压应按产品出厂试验电压值的 75%进行。

表 6-23　并联电容器交流耐压试验电压标准（kV）

额定电压	<1	1	3	6	10	15	20	35
出厂试验电压	3	6	8/25	23/30	30/42	40/55	50/65	80/95
交接试验电压	2.25	4.5	18.76	22.5	31.5	41.25	48.75	71.25

注：斜线右侧数据为外绝缘的干耐受电压。

5. 冲击合闸试验

在电网额定电压下，对电力电容器组的冲击合闸试验，应进行 3 次，熔断器不应熔断；电容器组中各相电容的最大值和最小值之比，不应超过 1.08。

思考题

1. 电抗器的检查维护有哪些内容？
2. 电容器的检查维护有哪些内容？
3. 电容器常见故障有哪些？如何处理？
4. 电抗器试验的项目有哪些？
5. 电容器试验的项目有哪些？

模块七 绝缘子检查维护、试验及故障处理

模块描述:按要求完成对变配电所绝缘子的维护检查,能处理绝缘子出现的常见故障,按规程要求完成绝缘子的试验项目。

完成情况评估方法:从能否按项目、内容和标准进行绝缘子的电气性能和机械性能、检修维护、故障处理、试验项目和试验方法四个方面综合评估。按百分制打分,80 分为合格。

一、绝缘子检查维护

(一)绝缘子、套管的运行检查维护

(1)表面应清洁,无严重脏污情况,因脏污会引起绝缘子闪络,还会引起金属锈蚀。瓷套管应无渗漏油(充油式)和流膏(充膏式)现象。

(2)瓷质部分应无破损和裂纹现象

造成绝缘子、套管破损、裂纹的原因是由于绝缘子安装及使用不合理,如机械负荷超过规定和安装位置不当等;还由于天气骤冷骤热以及冰雹的外力破坏;此外,如绝缘子脏污,则在雷、雨、雾天气时引起闪络和电气设备发生短路,电动力过大也会引起绝缘子破损。

(3)瓷质部位是否有闪络痕迹。由于污秽,在雷、雨、雾天气时,瓷质部位易引起闪络。闪络发生在绝缘子表面,可以见到烧伤痕迹,通常并不失掉绝缘性能。如果在巡视检查中发现瓷质部位有闪络痕迹时,应做好记录,待停电后进行处理。

(4)金具是否生锈、损坏、缺少开口销和弹簧销的情况。

(5)测量绝缘子的绝缘电阻。设备在停电状态下,用 2 500 V 兆欧表测量每一片绝缘子的绝缘电阻值,如测得的数值大于 300 MΩ,则认为合格,低于 300 MΩ,则认为不合格(指悬式绝缘子)。

(6)检查支持绝缘子铁脚螺栓有无丢失。

如发现绝缘子脏污,应进行清扫;如发现绝缘子破损、劣化、裂纹、闪络痕迹严重时,则应立即更换,以保证绝缘子的正常运行。

(二)绝缘子的防污处理

当绝缘子、绝缘套管表面被污损时,绝缘性能就会显著下降,会引起闪络、产生爬电,所以必须对绝缘子进行防污处理。

(1)清洗绝缘子、绝缘套管

防止绝缘子、绝缘套管受污秽的措施,主要采用增强绝缘和隐蔽化等方法。但是带电状态下清洗绝缘子的方法也是广泛采用的一种措施。

所用的带电清洗装置有固定喷雾式、水幕式、喷气式等方法。但是带电清洗过程中必须达到污秽监督所规定清洗的限度,因此经常掌握绝缘子、绝缘套管的污秽情况是必要的。

另外,平时必须注意绝缘子清洗装置在清洗时的压力表指示是否漏水,以备紧急清洗的需要。

(2)涂敷硅脂

将硅脂涂敷在绝缘子和绝缘套管上也是一种防止污秽的措施,在这种情况下,必须考虑硅脂的有效时间,定期进行重涂。

(3)安装硅橡胶防爬裙

对绝缘爬距不足已投运行的设备,安装硅橡胶防爬裙,增加设备的爬电距离,但要对防爬

裙定期检查，发现开裂或达到使用年限时应予以更新。

二、绝缘子常见故障现象、原因与处理

绝缘子由于环境污染，常常会导致瓷绝缘表面累积大量污秽物，一旦遇到毛毛雨、大雾和下雪天气，瓷绝缘表面就会受潮，导致表面泄漏电流大增，严重时造成闪络，绝缘子绝缘下降。

1. 绝缘子闪络或放电

绝缘子闪络或放电可能危及瓷瓶安全，应停电进行清扫或更换处理。

2. 绝缘子破裂

绝缘子破裂，一般情况应更换绝缘子，并确认消除外力的作用。

3. 绝缘子瓷釉剥落面积过大

绝缘子瓷釉剥落面积过大，应加强巡视检查，停电更换处理。

三、绝缘子试验的项目与标准

绝缘子的试验项目主要有：测量绝缘电阻、交流耐压试验、带电检测零值绝缘子。

（一）测量绝缘电阻

测量绝缘电阻可以发现绝缘子裂纹或瓷质受潮等缺陷，绝缘良好的绝缘子的绝缘电阻一般很高，劣化绝缘子的绝缘电阻明显下降，仅为数十兆欧、数百兆欧甚至几兆欧，用绝缘电阻表可以明显检出。由于绝缘子数量多，用绝缘电阻表摇测其绝缘电阻工作量太大，因此，仅在带电检测出零值绝缘子位置后，停电更换该零值绝缘子前，为保证准确性才摇测绝缘电阻。

要求用 2 500 V 以上绝缘电阻表摇测绝缘子的绝缘电阻，多元件支持绝缘子的每一元件和每片悬式绝缘子的绝缘电阻不应低于 300 MΩ。半导体釉和有机复合绝缘子的绝缘电阻标准未作规定，可以根据经验自行规定。棒式瓷绝缘子则不进行绝缘电阻的测量。

应当指出，当带电测出绝缘子为零值绝缘子，但其绝缘电阻大于 300 MΩ 时，应摇测其相邻良好的绝缘子，比较两者绝缘电阻，若绝缘电阻值相差较大仍应视为不合格。

（二）交流耐压试验

交流耐压试验是判断绝缘子耐电强度的最直接方法。对支柱绝缘子等单元绝缘子一般进行交流耐压试验是最有效的试验方法。试验中应注意以下问题。

1. 根据试验变压器容量，可选择一只或多只相同电压等级绝缘子同时试验。交流耐压时间规定为 1 min。

2. 耐压过程中，绝缘子无闪络、无异常声响为合格。

3. 对于 35 kV 多元件支持绝缘子，当试验电压不够时，可分节进行。

由两个胶合元件组成的支持绝缘子，每节试验电压为 50 kV/min。

由三个胶合元件组成的支持绝缘子，每节试验电压为 34 kV/min。

非标准型号的绝缘子按制造厂规定的该型号绝缘子干闪电压的 75%进行交流耐压试验。

表 6-24、表 6-25 给出了各种电压等级的支柱绝缘子和悬式绝缘子的交流耐压试验电压标准。

表 6-24　支柱绝缘子的交流耐压试验电压标准(kV)

额定电压		3	6	10	20	35
最高工作电压		3.5	6.9	11.5	23	40.5
纯瓷和充油绝缘	出厂	25	32	42	68	100
	交接大修	25	32	42	68	100

表 6-25　悬式绝缘子的交流耐压试验标准

型　　号	X-3 X-3C	X-1-4.5 (n-4.5)	X-7 (n-7)	X-11 (n-11)	X-16	XF-4.5 (HC-2)
		X-4.5 (C-105)				
		X-4.5C (C-5)				
试验电压(kV)	45	56	60	64	70	80

思考题

1. 绝缘子检查维护的内容有哪些?
2. 绝缘子防污处理有哪几种方法?
3. 绝缘子常见故障有哪些?
4. 绝缘子的试验项目有哪些?

模块八　高压电缆检查维护、试验及故障处理

模块描述:能按要求完成对高压电缆的检查维护,正确处理高压电缆出现的故障,按照高压电缆的试验标准完成试验项目。

完成情况评估方法:从能否按项目、内容和标准进行高压电缆检查维护、故障分类、故障处理、试验四个方面综合评估。按百分制打分,80 分为合格。

一、高压电缆检查维护

为了保证电缆的安全运行,工作人员必须了解电缆的运行状况,并按照相关规定进行维护和检查,如发现设备缺陷,应及时消除。电缆的维护工作包括线路巡视、温度和负荷测量。

(一)高压电缆线路检查维护

为防止外力破坏和由于电缆头套管缺陷引起的事故,必须经常巡视电缆线路和四周的敷设环境。巡视应按照规定的巡视周期进行检查。巡视中发现的缺陷,应分轻重缓急,采取对策,及时处理。

(1)两条贯通线电缆、两路电源线路电缆(特别是进入箱变、变配电所附近)是否敷设在同一径路,无法避免时是否采取电缆管槽等保护措施。当受条件限制同槽敷设时,是否每隔 1 m 进行物理分隔。

(2)电力电缆与接触网上网电缆、通信、信号电缆等不同部门之间电缆是否直接同沟敷设,无法避免时是否采取相关隔离措施。

(3)应注意检查电缆沟是否应无易燃杂物、积水、杂物和小动物活动的痕迹;发现后要及时清理,电缆沟槽的防水、防火封堵应完好;沟内支架应完好、固定牢靠、不锈蚀;盖板齐全无严重破损。电缆沟通向室内的入口处应有完好的防止小动物进入的措施。

(4)敷设在电缆沟槽内的电缆,应排列整齐、固定牢靠且不受张力,铠装无松散、无严重锈蚀和断裂,弯曲半径符合规定,接地良好,电缆支架、接地装置是否完好,是否有腐蚀现象,直埋在地下电缆,在其附近路面上不应堆放笨重的物品,以防电缆压伤,覆盖的泥土无下陷和被水冲刷等异状。

(5)检查电缆头、套管、引线和接线盒。电缆头、引线相间和距接地物的距离应符合规定;电缆外露部分应有保护管,管口应密封,保护管应完整无损,且固定牢靠,其锈蚀面积不得超过总面积的5%。

(6)对易受外部影响起火的电缆密集场所和可能起火蔓延而酿成严重事故的电缆回路采取的防火措施是否完好。

(7)电缆的接地铜编织带、电缆肘头屏蔽层的黄绿接地线、屏蔽可分离连接器的外屏蔽接地是否与接地点可靠连接。

(8)电缆头内部的清洁,不可有尘土、水珠、杂物在里面,不可在雾天或雨天制作、安装电缆头。

(9)检查电缆桩及标示牌,应齐全、正确、清楚,电缆井是否完好。

(二)高压电缆线路负荷、温度测量

由于每季气候温度不同,电缆的允许负荷、温度亦随之而异,因此必须经常测量和监视电缆的负荷、温度,使之不超过额定值。

(1)可通过携带式钳形电流表、红外线测温仪等仪器现场测试,测量的时间和次数按照有关规定执行,并按有关规定记录。

(2)通过SCADA系统的负荷、电流、温度等历史曲线的相关记录进行分析判断。

二、高压电缆故障分类、原因与处理

(一)高压电缆故障分类

1. 按故障发生部位分类

(1)电缆本体故障

(2)电缆中间头故障

(3)电缆户内头故障

(4)电缆户外头故障

2. 按故障性质分类

(1)低阻故障即低电阻接地或短路故障。电缆一芯或数芯对地绝缘电阻或芯与芯之间的绝缘电阻低于10 ZC(ZC为电缆特性阻抗,一般不超过40 Ω)时,而导体连续性良好者称为低阻故障。一般常见的低阻故障有单相接地、二相短路或接地等。

这里定义的低阻和高阻故障的分界值10ZC不是精确的数值,而是一个模糊的概念。因为电缆的特性阻抗随着不同的电缆结构而变化(如240 mm^2的电缆ZC为10 Ω,35 mm^2的电缆ZC为40 Ω)。

(2)高阻故障。即高电阻接地或短路故障。电缆一芯或数芯对地绝缘电阻或芯与芯之间的绝缘电阻低于正常值很多，但高于10 ZC，而导体联系性良好者称为高阻故障。一般常见的高阻故障有单相接地、二相短路或接地等。

(3)断线故障。电缆各芯绝缘均良好，但有一芯或数芯导体不连续者称为断线故障。

(4)断线并接地或短路故障。电缆有一芯或数芯导体不连续，经过(高或低)电阻接地或短路。

(5)泄漏性故障。泄漏性故障是高阻故障的一种极端形式。在进行电缆绝缘预防性耐压试验时，其泄漏电流随试验电压的升高而增大，直至超过泄漏电流的允许值(此时试验电压尚未或已经达到额定试验电压)，这种高阻故障称泄漏性故障。泄漏性故障的绝缘电阻可能很高，甚至达到合格标准。

(6)闪络性故障。闪络性故障是高阻故障的又一种极端形式。在进行电缆绝缘预防性耐压试验时，泄漏电流小而平稳。但当试验电压升至某一值(尚未或已经达到额定试验电压)时，泄漏电流突然增大并迅速产生闪络击穿，这种高阻故障称为闪络性故障。闪络性故障的绝缘电阻极高，通常都在合格标准以上。具有闪络性故障的电缆，短期内，在较低的电压下(不大于闪络击穿电压)，其闪络击穿的现象可能完全停止并显现较好的电气性能。

(二)高压电缆故障成因

引起电缆绝缘故障的原因是多方面的，如果电缆的制造质量好(包括缆芯绝缘、护层绝缘所用的材料和制造工艺)、运行条件合适(包括负荷、过电压、温度及周围环境等)，而且不受外力等因素的破坏，则电缆绝缘的寿命很长。运行中的事故大多是由于外力的破坏(如开掘、挤压而损伤)或地下污水等腐蚀等所引起的。由于电缆材料本身和电缆制造、敷设过程中不可避免地存在缺陷，受运行中的电、热、化学、环境等因子的影响，电缆的绝缘都会不过同程度的老化。不同的老化因素，引起的老化过程及形态也不同。表6-26给出了交联聚乙烯电缆绝缘老化的原因和表现形态，其中树脂老化是交联聚乙烯电缆所特有的。

表6-26 交联聚乙烯电缆绝缘老化的原因和表现形态

老化原因		老化状态	老化原因		老化形态
电效应	运行电压 过电压、过负荷、 直流分量	局部放电老化 电树脂老化 水树脂老化	化学效应	化学腐蚀 油浸泡	化学腐蚀 化学树脂
			机械效应	机械冲击 挤压外伤	机械外伤、变形 电—机械复合老化
热效应	温度异常 冷热循环	热老化 热—机械老化	生物效应	动物啃咬 微生物腐蚀	成孔、短路

(三)高压电缆故障处理程序和步骤

高压电缆故障的诊断处理，需按照一定的程序和步骤进行。

1. 确定故障性质

当着手对某一故障电缆进行故障测试时，首先要进行的工作是：了解故障电缆的有关情况以确定故障性质。掌握这一故障是接地、短路、断线，还是它们的混合；是单相、两相、还是三相故障；是高阻、低阻、还是泄漏性或闪络性故障。只有确定了故障性质，才可以选择适当的测试方法对电缆故障进行具体的诊断。

2. 粗测距离

当确定了故障电缆的故障性质以后，就可以根据故障性质，选择适当的测试方法测出故障点到测试端或末端的距离，这项工作称为粗测距离。

粗测距离是电缆故障测试过程中最重要的一步，这项工作的优劣，决定着电缆故障测试整个过程的效率和准确性，因此，常常需要具有相当专业技术基础理论知识和丰富实践经验的人员来进行操作。

3. 探测路径或鉴别电缆

故障电缆经过粗测以后便得出一个故障距离 L_x，这个故障距离是由测试端(即首端或称始端)到故障点的距离。从理论上讲，以测试端为圆心，以故障距离 L_x 为半径划一个圆，圆周上的所有点都满足故障点到测试端的距离为 L_x 的条件，显然故障点只能是圆周上的某一点，而这一点又必须在电缆上，这是可以借助的另外一个条件。当把电缆路径用线段面出以后，这条线段必将与 $R=L_x$ 的圆相交于一点，这一点才是欲寻找的故障点。

对于直接埋设在地下的电缆，需要找出电缆线路的实际走向(也可以测出埋设深度，即为探测路径)。对于在电缆沟、隧道等处的明敷电缆，则需要从许多电缆中挑选出故障电缆，即鉴别电缆。

探测电缆路径或鉴别电缆，通常是向故障电缆 t 如有完好线芯，一般加在完好线芯上)加一音频电流信号，然后用探测线圈接收此音频信号，从而找出电缆路径或鉴别电缆。

对于干扰较大的复杂环境，鉴别电缆常用钳形电流表来辅助鉴别。从电缆首端或末端加入一电流信号，并做规律性通断变化，然后用钳形表卡在电缆上观察其电流指示值及通断规律，当电流指示值接近于加入端电流值(由于线路损耗而有所减小)，并且通断规律相符时，可以确认该电缆为故障电缆。

4. 精测定点

精测定点是电缆故障测试工作的最后一步，也是至关重要的一步。在粗测出故障距离并确定了故障电缆路径或鉴别出故障电缆以后，为什么还需要精测定点呢？因为粗测出的故障距离有一定的误差，故障距离的丈量也有误差。因此，在精测定点前只能判断出故障点所处的大概位置，要想准确地定出故障点所在的具体位置，必须经过精测定点。

电缆故障的精测定点一般采用声测定点法、感应定点法和其他特殊方法。95%以上的电缆故障可以通过声测法确定故障点的位置，金属性接地故障需要用感应法或特殊方法定点。

三、高压电缆试验的项目与标准

根据电力电缆的基本构成，电力电缆的电气性能试验项目分为两大类：电缆导体电性能及相关试验项目和电缆绝缘电性能及相关试验项目。

电力电缆的试验，根据其目的又可以分为例行试验、抽样试验、型式试验、交接试验、预防性试验。

(一)电缆导体电性能及相关试验项目

主要涉及导体的直流电阻测量、电缆相位的检查、电缆的载流量测算等几个方面。这种试验主要是从电缆的是否满足运行提出的性能要求，从电缆的材料、结构与工艺上校验电缆的产品质量是否符合设计要求，只作为了解即可。

(二)电缆绝缘电性能及相关试验项目

它是电力电缆中最主要且最复杂的试验项目种类，包括检查性试验(非破坏性试验)和耐压试验(破坏性试验)两大类。

1. 检查性试验

检查性试验在较低电压下,通过测定电缆绝缘某些方面的特性,以此间接判断绝缘状况,其方法比较多,如绝缘电阻测量、介质损耗角正切值测试等。在一定程度上揭示出绝缘缺陷的不同性质及其发展程度。

2. 耐压试验

耐压试验是最有效和最可行的。但耐压试验又只能在绝缘缺陷发展到较严重的程度时,才能以击穿破坏的形式揭示出来,且不能明显地揭示绝缘的性质及根源。耐压试验分直流耐压试验、交流耐压试验、冲击耐压试验及在高电压下的局部放电试验等形式。

检查性试验和耐压试验互为补充,不能相互代替。

根据 IEC 有关电缆试验标准、我国关于电线电缆电性能实验标准以及电力行业有关电力电缆预防性试验相关标准,电力电缆试验项目比较多,对不同材质、不同结构、不同耐压等级的电缆,其试验项目也不一样。

(三)电力电缆绝缘电阻测量

它是反应电缆绝缘性能最基本最重要的指标,通过测量绝缘电阻可发现电缆的下列缺陷:绝缘介质的受潮情况,是否因某种原因形成导电通道,绝缘的变化情况,以及耐压试验中暴露出来的绝缘缺陷。对运行中的电缆,试验时应该对历次试验中的绝缘电阻变化的规律以及各相绝缘电阻的差别进行综合分析、判断电缆的绝缘情况。

1. GB 50150—2006《电气装置安装工程电气设备交接试验标准》及 DL/T 596—1996《电力设备预防性试验规程》中规定,绝缘电阻测量应使用 60 s(1 min)的绝缘电阻值。不同电压等级的电缆,采用不同电压等级的兆欧表直接测量绝缘电阻值。6/6 kV 及以上电缆采用 2 500 V或5 000 V兆欧表,当试验温度在 20 ℃时,换算到单位长度(km)绝缘电阻(用 MΩ · km表示)应符合表 6-27 的规定。

表 6-27 单芯带屏蔽及单独屏蔽多芯橡塑电缆单位长度绝缘电阻(20 ℃最小值)

额定电压 U_0/U(kV)	导线截面积(mm^2)	芯对金属屏蔽(MΩ · km)
8.7/10～12/20	≤50	约 700
	≤150	约 500
	>150	约 350

2. DL/T 596—1996 中规定,橡胶电缆的主绝缘电阻、外护套绝缘电阻及内衬层绝缘电阻 1～5 年或必要时进行测量。

测量钢铠对地的绝缘电阻,可检查出外护套有无损伤,测量铜屏蔽对钢铠间的绝缘电阻可以检查出内护套有无损伤。通过这两项测量可以判断绝缘是否已经受潮,可检查出内护套有无损伤。橡塑绝缘电缆的主绝缘电阻值根据各厂家的规定执行,而外护套的绝缘电阻和内衬层的绝缘电阻规定当采用 500 V 兆欧表测量时为 0.5 MΩ。当绝缘电阻很低时,应用万用表正、反接线分别测屏蔽层对铠装、铠装层对地的直流电阻,以检查它们是否受潮。

(四)电力电缆绝缘直流耐压试验

1. 直流耐压试验

GB 50510—2006 及 DL/T 596—1996 标准中规定了电力电缆交接试验和预防性试验的

规定要求和标准，新敷设的电力电缆在投运前应按要求对电缆做交接直流耐压试验；新敷设的电力电缆投入运行 3～12 个月，一般应做 1 次直流耐压试验；电缆在新做终端或接头后要按预防性试验标准做直流耐压试验。正常情况下，应每 1～3 年对电力电缆做预防性直流耐压试验，18/30 kV 及以下电压等级的橡塑电缆直流耐压试验电压 U_t，应按 $U_t=4\times U_0$ 计算。

2. 泄漏电流试验

国标及 DL/T 规程规定，当直流试验电压升至规定值后，在 1 min 和在到试验时间 5 min、15 min 两个时刻分别测量泄漏电流。规程中或有关规定中所讲的电流值应在环境或电缆温度在 20 ℃时 1 km 的电缆泄漏电流值。有关规程中对橡塑电缆的泄漏电流值未作规定，在实际中可参考纸介质电缆的情况，对同等的电缆一般应小于表 6-28 中 2～5 倍的纸介质电缆泄漏电流值。

表 6-28 电缆的泄漏电流值

额定电压(kV)	泄漏电流值(μA/km)	
10 及以上	黏性、不滴流电缆	橡塑电缆
	10～60	未作规定

泄漏电流值只作为判断电缆绝缘状况的参考，不作为是否能投入运行的依据。

3. 电力电缆直流泄漏耐压试验方法及结果判断

对电缆的主绝缘作直流耐压试验或测量绝缘电阻时，应分别在每一相上进行。对一相进行试验或测量时，其他两相导体、金属屏蔽或金属套和铠装层一起接地。对金属屏蔽或金属套一端接地，另一端装有护层过电压保护器的单芯电缆主绝缘做直流耐压试验时，必须将护层过电压保护器短接，使这一端的电缆金属屏蔽或金属套临时接地。

(1)一般试验要求及方法

直流耐压试验是一种破坏性试验，试验前应对电力电缆的绝缘电阻、泄漏电流进行非破坏性试验，若发现电缆的绝缘状况有问题，通常应先进行处理后再做直流耐压试验。

对金属屏蔽或金属套一端接地，另一端装有护层过电压保护器的单芯电缆主绝缘作耐压试验时，必须将护层过电压保护器短接，使这一端的电缆金属屏蔽或金属套临时接地。

(2)通过直流泄漏耐压判断电缆的好坏

电缆是否有问题，或能否投入运行，可由直流泄漏值和直流耐压试验的结果综合判断，有下列情况之一者，电缆绝缘可能有缺陷或存在故障。

① 泄漏电流在试验电压下忽高忽低，很不稳定。

② 泄漏电流与历史数据相比变化较大。

③ 泄漏电流随试验电压的升高连续增大，其数值很大(比历史数据或规定值大得多)。

④ 当试验电压上升到某一电压时(试验规程要求的试验电压之内)，泄漏电流突然增大；当电压降低时，泄漏电流又正常。

⑤泄漏电流随时间的延长有明显上升的现象，当试验电压加到要求电压值时，测量 1 min 和要求时间(一般 5 min)泄漏电流，正常情况应符合 $I_{1\,min}/I_{5\,min}\geqslant 1$。

(五)电力电缆绝缘交流耐压试验

1. 交流耐压试验

由于电力电缆是在工频交流下运行，所以交流耐压试验才是鉴定电气设备绝缘强度最直接的方法，它是判断电气设备能否出厂，能否投运，以避免发生绝缘事故最有效最主要的手段。

交流耐压试验在一些资料和有关规程中，只提到工频交流耐压试验，而较少介绍其他形式交流耐压试验，如变频交流串联谐振耐压试验、超低频耐压试验等也都属于交流耐压试验的范畴。

GB 50150—2006《电气装置安装工程电气设备交接试验标准》18.0.5 规定：橡塑电缆优先采用 20～300 Hz 交流耐压试验。其试验电压和时间见表 6-29。

表 6-29 橡塑电缆 20～300 Hz 交流耐压试验电压和时间

额定电压 U_0/U(kV)	试验电压	时间(min)
18/30 及以下	$2.5U_0$(或 $2U_0$)	5(或 60)

2. 交流耐压试验方法及结果判断

(1)一般试验要求及方法

交流耐压试验是一种破坏性试验，因此，在试验前必须对电力电缆的绝缘电阻等进行非破坏性试验，若试验结果正常方能进行交流耐压试验，若发现电缆的绝缘状况有问题，通常应先进行处理后再做交流耐压试验。

被试电缆的其中一相接交流高压电源，其他两相接地，电缆另一端三相开路，不能三相并联对地进行交流耐压试验。

对金属屏蔽或金属套一端接地，另一端装有护层过电压保护器的单芯电缆主绝缘作耐压试验时，必须将护层过电压保护器短接，使这一端的电缆金属屏蔽或金属套临时接地。

(2)通过交流泄漏耐压判断电缆的好坏

在额定试验电压下，如果被试品(如电力电缆)无破坏性放电发生，则认为通过耐压试验。

在升压或耐压过程中，如果发现电压表或电流表有不规则较大幅度摆动，或调压器电压升高、电流增大，但高压指示不变或有下降趋势，除设备原因外，应视电缆交流耐压不合格。

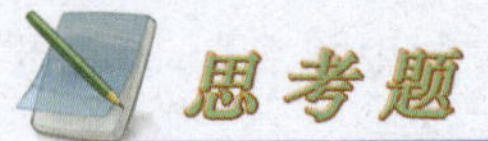

思考题

1. 电缆检查维护项目有哪些？
2. 电缆线路故障按故障性质分为哪几类？
3. 如何通过直流泄漏耐压试验判断电缆的好坏？
4. 高压电缆试验的项目有哪些？

复 习 题

1. 变压器投运前要检查哪些内容？
2. 变压器附件在运行中的常见故障有哪些？
3. 引起差动保护动作的原因有哪些？如何检查处理？
4. 牵引变压器预防性试验项目有哪些？
5. 高压隔离开关、负荷开关和高压熔断器的检查维护项目有哪些？
6. 高压断路器常见机械故障有哪几种？
7. 高压断路器试验应进行哪些项目？
8. SF_6 断路器拒动的原因有哪些？
9. 简述高压隔离开关的试验项目。

10. GIS 柜特殊巡视检查内容有哪些?

11. GIS 柜高压开关的故障有哪些?

12. 简述 GIS 柜的试验项目与标准。

13. 简述电流互感器运行中声音异常的处理方法。

14. 互感器的试验项目有哪些?

15. 运行中的避雷器易出现哪些故障?

16. 接地电阻测量时有哪些注意事项?

17. 电抗器常见故障有哪些? 有哪些处理方法?

18. 补偿装置试验的项目有哪些?

19. 做绝缘子交流耐压试验应注意哪些事项?

20. 用什么方法可判断高压电缆绝缘已受潮?

21. 简述电缆故障诊断的程序和步骤。

第七章　变配电所二次设备检查维护、试验及故障处理

能按规定对变配电所综合自动化装置进行检查维护、试验、保护定值的查询校对与修改；能进行交直流系统的检查维护和试验；能按规定对变配电所进行二次设备的检查维护、试验及常见故障处理。

模块一　变配电所综合自动化装置检查维护、试验及故障处理

模块描述：能够使用综合自动化系统进行简单操作；正确处理变配电所综合自动化装置常见的故障；能按要求对变配电所综合自动化装置进行检查维护；依据综合自动化装置的试验项目和标准，进行综合自动化装置的试验。

完成情况评估方法：从综合自动化装置的操作、装置失电故障处理、装置分合闸操作失灵故障处理、综合自动化装置的试验方法及检查维护等方面综合评估。按百分制打分，80 分为合格。

一、变配电所综合自动化装置的操作

以 TA21 设备为例介绍装置的启动与关闭操作。综合自动化装置的其他操作，如断路器的分合闸操作、故障报告的查询打印等操作可参考“第五章模块二”学习。

（一）综合自动化监控装置的启动

1. 综合自动化监控装置电源开关，监控后台机受电并启动。

2. 后台机启动后，显示图 7-1 所示的“登录到 Windows”对话框，输入密码，并点击“确定”按钮，进入 Windows 系统桌面，如图 7-2 所示。

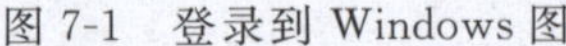
图 7-1　登录到 Windows 图

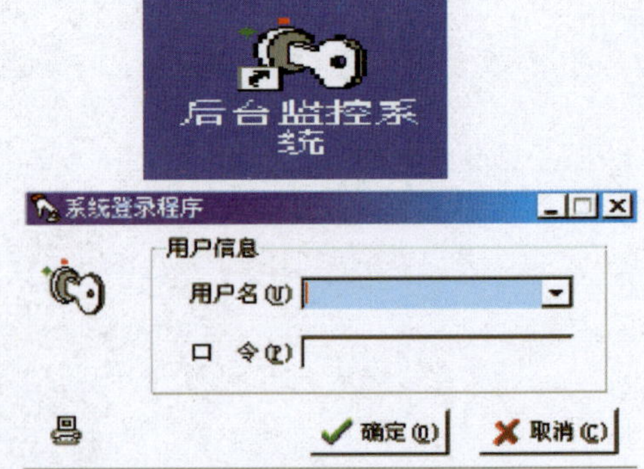

图 7-2　Windows 系统桌面

3. 双击桌面上的“后台监控系统”图标，系统桌面出现“系统登录程序”对话框，输入口令，并点击“确定”按钮，进入“TA21 当地监控系统”界面，如图 7-3 所示。

图 7-3　TA21 当地监控系统界面

4. 点击“当地监控”按钮，进入“TA21 当地监控子系统”，如图 7-4 所示。点击“打开主页”图标，出现“打开工程主页”对话框，在“打开工程主页”上选中线路名，并点击“确定”按钮，出现“当地监控子系统—[主页]”界面，点击“牵引变电所”图标，进入“牵引变电所目录”。

图 7-4　当地监控子系统画面

(二)综合自动化监控装置的关闭

将各子系统退出运行，子系统界面出现弹出“用户管理权限检查窗口”，在用户名称处选择“系统管理员”，在用户密码处输入“密码”，并点击“确定”按钮，子系统即可退出。主系统退出时也需要权限认证，操作方法和子系统退出方法一样。断开综合自动化监控系统电源开关，使其停电。

二、综合自动化装置检查维护

(一)测控装置日常检查维护

1. 外部检查维护

(1)装置及附件外壳应无划伤、碰伤及污损等情况。装置的液晶显示屏脏污时，应用柔软的丝绸布擦拭干净。

(2)装置面板上各信号指示灯应显示正常，通信良好，并与实际运行情况相符。若有与实际不符应检查处理。

(3)装置面板上的各按键、转换开关、按钮应与设备运行情况相符，动作灵活、接触良好，无卡滞现象。

(4)装置及各附件设备的标志应齐全完好、清晰、整洁，并与实际设备相一致。

(5)各附件设备安装位置应正确牢靠，型号、规格应与安装接线图相符。表面应无灰尘、杂物，表面灰尘应用干净的毛刷或吸尘器除尘去污。

(6)电缆、端子排及各接线端子应电气连接良好；连接线应无过热、断股和散股、过紧或虚接、混线及电气损伤和机械损伤。端子排标号应与图纸相符，且清晰齐全。各部螺栓(螺母)连接紧固良好无锈蚀、损坏、松动、变形。

(7)核对保护测控装置应投入的保护与后台机显示投入的保护应一致。

(8)装置界面显示时间与后台机显示时间应一致,不一致时应校对时钟。

(9)装置面板及所有插件与机箱应可靠接地。

2. 内部检查维护

在内部检查之前,必须办理工作票将设备退出运行,用一字或十字螺丝刀将设备面板上的螺栓松开,打开外壳,逐个拔出插件,以便检查内部插件。

(1)逐个检查插件插头有无断针,集成块应无断脚和破损,插件面板应平整,用柔软的毛刷或小功率的电吹风清除插件上各元器件灰尘,将装置内部清扫干净,若有油污,应用干净的丝绸蘸酒精擦拭干净。

(2)检查插件的焊接点有无虚焊、开焊、熏黑现象,印刷电路板有无变形,铜箔线有无断裂、脱线。若有上述现象,应进行修复处理。

(3)各插件的元器件应无电气损伤。如:击穿、闪络、放电、绝缘老化、机械损伤、断线、断裂、破损、变形、螺栓滑扣等现象。

(4)插拔插件时应无卡滞现象,插槽光滑、笔直、无阻碍物;各插件之间应保持一定的距离,不能相互影响。

(5)插件本身应无变形、氧化或酸化现象;固定插件的外框应结实、牢靠、无变形。

(6)装置内部检查维护完成后,应按各插件的安装位置恢复原位。

3. 外部接口检查维护

(1)通信接口检查维护

通信接口与其相连接的位置应接触良好、接线正确,若装置能正确接收到通信信息,则通信装置和网络接口是好的;同样方法可检查装置其他网络接口。若无信息显示,应检查接线是否正确、接触是否良好。

(2)GPS 对时接口检查

将装置的 GPS 对时接口与微机通信管理装置相连,检测 GPS 对时功能是否正常。

(二)后台机检查维护

1. 监控系统维护功能检查维护

检查系统数据库、主站报文、装置报文是否正常,与标准值比较有无错码和误码现象,发现异常及时查找原因并进行处理。

2. 后台机检查维护

(1)后台机界面检查维护

在综合自动化装置后台机界面查看继电保护整定值,断路器、隔离开关等设备位置信号、变位信号,继电保护动作事故信号及故障报告、故障录波、波形分析、报警信号,自动装置动作信号,电压、电流、功率等电量实时值。另外,综合自动化装置后台机需要查看最大值、最小值、曲线图及负荷录波,日报、月报报表,各种历史记录、操作记录、事件记录、自检报告等。检查综合自动化装置后台机与保护测控装置、远动系统、交直流系统通信良好。

在进行各项功能测试时,必须始终监视综合自动化装置后台机各种信号的变化情况,发现问题及时处理。

(2)后台机键盘检查维护

操作键盘字母、数字、功能键、光标移动键,查看各键应该正常。操作鼠标,应灵活可靠。

(3)打印机检查维护

检查综合自动化装置后台机与打印机之间的电缆连接线及插接应正确良好，固定牢固。打印字迹应清楚正确，无错打、漏打、卡滞、不正确跳行和缺墨等现象。

（三）保护测控装置检查维护

1. 保护测控装置键盘检查维护

(1)操作键盘字母、数字、功能键、光标移动键，查看各键应该正常。操作应灵活可靠。

(2)SERIAL 串口：检查用于外接 PC 机调试本装置的 SERIAL 串口是否正常。

2. 保护测控装置界面检查

在保护测控装置界面查看继电保护整定值，继电保护动作事故信号及故障报告、故障录波、波形分析、报警信号，自动装置动作信号，电压、电流、功率、角度等电量实时值。各种历史记录、操作记录、事件记录等。检查保护测控装置与综合自动化装置后台机通信良好。

（四）通信管理机检查维护

检查通信管理机的各种指示灯显示是否正常，发现异常及时查找出原因并进行处理。

（五）事故音响检查维护

结合屏柜进行事故和预告音响测试。首先根据实际需要定义管理机的“遥信点报警属性”，然后产生各种保护事件或遥信变位，观察中央信号是否正常。

（六）检查维护注意事项

(1)综合自动化系统停送电的操作顺序。在停电时，先停交流回路（电压、电流），再断开综合自动化装置系统的直流开关和其他措施；在送电时顺序相反。在进行定值校验时亦采取上述顺序进行操作。

(2)拔插保护测控装置插件时，应先断开交流电压和交流电流回路及直流电源后再进行，防止损坏插件。

(3)在接触微机设备时，必须采取防静电措施，基本要求如下。

① 在接触保护测控装置插件时，先系腕带，后接触微机设备插件。若无腕带，要将双手先对地放电，然后再接触微机保护插件，并注意不允许触及微机设备的电路部分。

② 设备清扫时，清扫器具要接地，禁止用手和金属物品直接触及保护测控装置的电路部分，防止静电损坏元器件。对于清扫不净地方，要用麂皮沾酒精擦拭干净。

③ 在进行焊接时，注意电烙铁的金属部分要接地，并且在撤除电源后，才能进行焊接，防止静电损坏元器件。

④ 防止绝缘器具、衣服、领带、毛巾等物品触及保护测控装置插件。防止静电损坏元件。

(4)在使用插件时，应轻拿轻放，轻拔轻插，随时放在箱体内或防静电屏蔽袋内，防止插件的电气损伤和机械损伤。

(5)保护插件应存放在特制的箱体内，并放置在通风、干燥、震动小、远离强磁场的地方。特制的箱体外壳为铁制屏蔽材料，内部为柔软的绝缘弹性材料，每个插件之间应设有绝缘的、柔软的、不易产生静电的隔离层，箱体外壳应可靠接地（接地电阻不大于 10 Ω）。保护插件在运输时也应存放在上述箱体内或屏蔽袋内。

(6)对于停止使用的电流回路、电压回路，在断开与其连接电源后应将其分别短接，防止电磁干扰损坏元器件。

(7)在正常运行时，不允许使直流电源瞬时停电。因为直流电源瞬时停电后再有电，将由于冲击干扰使保护误动。

(8)保护测控装置电源不能频繁打开和关闭,防止损坏零部件。

(9)保护试验结束后,对需要投入的保护应该再投入一次。防止出现虚投入现象,而使保护不能工作。

三、变配电所综合自动化装置故障处理

(一)监控系统后台机失电故障处理

(1)检查测量逆变电源输入端是否有电,若逆变电源输入端有电,测量逆变电源输出端是否有电。

(2)若逆变电源输出端有电,则检查总电源插座板是否有电。

(3)若总电源插座板有电,则检查各插接电源线的插头插接是否牢固。

(4)若插头插接牢固,测量综合自动化装置后台主机端子处是否有电。

(5)若后台主机端子处有电,说明是后台主机内部电源故障。

(6)若逆变电源输入端有电、输出端无电,则说明逆变电源内部故障,应更换逆变电源。

(7)若逆变电源输入端、输出端有电,电源插座板无电,检查电源插座板熔断器是否熔断,若电源插座板熔断器熔断,更换熔断器后即可恢复正常供电。

(8)在没有新的逆变电源的情况下,为了及时向综合自动化装置后台主机送电,可以将220 V交流电源直接接到后台机的电源端子上,使之临时恢复运行。

(二)保护测控装置失电故障处理

(1)检查测量连接盘顶小母线的总电源线是否有电,若总电源线无电,则故障点在总电源线与盘顶小母线之间,紧固盘顶小母线与总电源线的连接处。

(2)检查本保护测控装置电源开关是否自动分开,若电源开关自动分开,将空气开关试合一次,若开关合闸不成功,应该是保护测控装置内部电源故障,打开保护测控装置,更换电源插件,然后合电源开关。

(3)检查空气开关是否故障,若故障则更换新的空气开关。

(4)若空气开关闭合正常,保护测控装置端子处无电,应该是开关与保护测控装置之间的连接线接触不良,紧固各连接端子。

(三)分合闸操作失灵故障处理

(1)看综合自动化装置后台机是否发出“控制回路断线”信号,若有,故障点应该在保护测控装置与被控设备之间的连接线接触不良或闭锁接点接触不良。检查测量连接线各连接点和闭锁接点,确定故障位置后进行处理。

(2)若后台机死机,重新启动后即可恢复正常工作。若后台机没有死机,则在保护测控装置上利用转换开关进行分合闸操作,若分合闸操作成功,说明综合自动化装置后台机或通信管理机工作不正常。

(3)在综合自动化装置监控系统选择通信显示画面,若画面上显示通信工作均不正常,而通信管理机信号显示工作正常,说明综合自动化装置后台机内部故障;若画面上显示通信工作均不正常,通信管理机信号显示工作不正常,说明通信管理机内部故障;若画面上显示通信部分不正常,通信管理机信号显示部分工作不正常,说明通信接口或通信线存在故障。检查处理后即可恢复正常。

(4)若在保护测控装置上利用转换开关进行分合闸操作不成功,在断路器或隔离开关电动操作机构本体上能进行电动分合闸操作,说明保护测控装置内部存在故障或转换开关存在接触不良故障。测量转换开关闭合时的接触电阻,若比较大(10 Ω以上),即可确定是转换开关接触不良故障;若转换开关接触良好,连接线接触良好,则可断定是保护测控装置内部故障,更换保护测控装置出口板插件即可恢复正常。

(5)若在被控设备本体上电动分合闸操作不成功,手动机械操作成功,说明断路器或隔离开关本体电动操作机构的电路部分存在故障。

(6)若在被控设备本体上电动分合闸操作不成功,手动机械操作也不成功,说明断路器或隔离开关本体电动操作机构的机械部分存在故障。

四、变电所综合自动化装置试验

(一)后台机试验

1. 遥测试验

在保护测控装置上加电流、加电压试验时,在综合自动化装置后台机显示屏上观察电流、电压的数值与仪器测量值是否相同,误差应在±3%。

2. 遥信试验

在保护测控装置上加电流、加电压跳闸试验时,在综合自动化装置后台机显示屏上观察开关变位信号和事故信号、报警信号等。

3. 遥控试验

在综合自动化装置后台机上进行分、合闸操作、自动装置投切等,开关及信号应动作正常。

4. 当地监控系统功能试验

(1)控制功能试验项目

控制功能试验项目有:①断路器、隔离开关的合闸/分闸操作,自投装置、重合闸的投入/撤除操作。②开关的程控操作。③信号复归。④保护、测控单元复归。⑤保护、测控单元定值整定、修改及查询。⑥开关的操作闭锁、遥信闭锁控制。⑦当地监控与远方监控系统间控制权的获取控制。

(2)监视功能试验项目

监视功能试验项目有:①各开关状态变位及保护出口监视,并形成事件记录。②所内设备的非紧急故障(预告)及紧急故障(事故)的监视,形成事件记录并伴有音响提示。③实时监视所内各回路负荷、温度、电流、电压。④各保护测控单元的保护信号、自检报告、事件报告的监视,并形成记录。⑤各保护测控装置工作状态。⑥防灾报警系统信息的监视。

(3)显示功能试验项目

显示功能试验项目有:①变电所主接线图及各开关状态。②事件细目显示并配有事故、预告音响提示。③各电压、电流、功率、温度等遥测量的实时测量值。④各遥测量的实时动态曲线。⑤各类历史曲线图或电度量直方图等统计图。⑥各类历史记录。⑦各类遥测运行历史报表。⑧各类保护测控单元的自检报告、事件报告、故障报告。⑨各类保护测控单元的整定参数。⑩各类保护测控单元的故障波形、负荷波形及谐波分析报告。

(4)打印功能试验项目

打印功能试验项目有:实时打印的各种事件、各种操作;打印各种运行报表;打印各种历史记录及报告；屏幕拷贝打印。

(5)历史记录功能试验项目

历史记录功能试验项目有：①各测量值的整点数据历史记录库。②事件记录及操作记录的历史记录。③遥测越限、极值记录。④电度日报、月报、年报。⑤保护测控单元的自检报告历史记录、事件报告历史记录、故障报告及故障录波历史记录。

(6)报警功能试验项目

报警功能试验项目包括：①越限报警。②变位报警。③预告报警。④事故报警。⑤设备故障告警。

(二)保护测控装置的绝缘试验

1. 绝缘电阻

用合适的兆欧表测量保护测控装置各种回路之间的绝缘电阻，要求装置的各回路对地及各回路之间绝缘电阻值应不小于 100 MΩ。

2. 工频耐压试验

要求装置的各回路对地及各回路之间，能承受 2 500 V(弱电回路对地为 500 V)的工频试验电压、历时 1 min 的介质强度试验。

3. 冲击电压试验

各导电回路分别对地，无电气联系的各导电回路之间，能承受幅值为 5 kV 的标准雷电波短时冲击检验。

4. 测试的注意事项

(1)测试前各被测回路均停电后再进行测试。

(2)测试前应将装置主、备保护板及保护出口板拔出后，方可进行测试。

(3)进行两回路间绝缘性能测试前，应将两回路分别用短接线短接本回路两端后(如：本回路正负极两端等)再进行两回路间绝缘测试。

(三)主变单元试验

1. 主变单元试验项目

主变单元试验项目主要有：差动速断保护试验、比率差动保护试验、非电量保护试验、高压侧过电流保护试验、低压侧过电流保护试验、失压保护试验、零序过流保护试验、定时限或反时限过负荷保护试验、PT 断线试验。

2. 差动保护的试验方法

(1)差动速断保护的试验方法

确定差动速断保护动作电流整定值，将比率差动保护退出运行，将微机保护测试仪电流输出线分别接在差动保护高、低压侧交流电流输入端子处。使微机保护测试仪有电流输出，调整微机保护测试仪使电流逐渐增大到差动速断保护动作电流整定值，差动速断保护应立即动作，试验时要求动作电流误差不超过±2%。

(2)比率差动保护的试验方法

① 最小差动动作电流试验

调整比率差动保护的动作电流整定值为 0.01 A，将比率差动保护比率制动系数调为零，将微机保护测试仪电流输出线同时接在差动保护高、低压侧交流电流输入端子处。调整微机保护测试仪使高压侧电流为 3 A，低压侧电流为 3 A×高、低平衡系数，并使高、低压侧电流相位相差为 180°。使微机保护测试仪有电流输出，调整微机保护测试仪使高压侧电流从 3 A 逐渐增大，直至比率差动保护动作。此即为比率差动保护的最小动作电流。

② 差动电流整定值动作试验

确定比率差动保护的正常动作电流整定值，将比率差动保护比率制动系数调为零，将微机保护测试仪电流输出线同时接在差动保护高、低压侧交流电流输入端子处。调整微机保护测试仪使高压侧电流为 3 A，低压侧电流为 3 A×高、低平衡系数，并使高、低压侧电流相位相差为 180°。使微机保护测试仪有电流输出，调整微机保护测试仪使高压侧电流从 3 A 逐渐增大，直至比率差动保护动作。试验时要求动作电流误差应不超过±2%。

将微机保护测试仪电流输出线分别接在差动保护线圈 I_A、I_B、I_C 和 I_a、I_b 端子处，并将微机保护测试仪设在自动测试位，也可以检测出差动电流的整定值。

③ 比率制动系数检查试验

确定比率差动保护的正常动作电流整定值，将比率差动保护比率制动系数调为 0.5，比率制动起始电流为 3 A，将微机保护测试仪电流输出线同时接在差动保护高、低压侧交流电流输入端子处。

调整微机保护测试仪使高压侧电流 $\dot{I}_1$ 为 3 A，低压侧电流 $\dot{I}_2$ 为 3 A×高、低平衡系数 KPh，并使高、低压侧电流相位相差为 180°。使微机保护测试仪有电流输出，调整微机保护测试仪使高压侧电流从 3 A 逐渐增大，直至比率差动保护动作，记录差动保护动作电流 I_{d1} 和计算出制动电流 $I_{Z1}=0.5\times|\dot{I}_1+(1/KPh)\times\dot{I}_2|$；在上面参数的基础上，调整微机保护测试仪使高压侧电流为 5 A，低压侧电流为 5 A×高、低平衡系数。使微机保护测试仪有电流输出，调整微机保护测试仪使高压侧电流从 5 A 逐渐增大，直至比率差动保护动作，记录差动保护动作电流 I_{d2} 和计算出制动电流 I_{Z2}。

利用上面测量和计算的两组数计算出比率制动系数（比率制动系数$=(I_{d2}-I_{d1})/(I_{Z2}-I_{Z1})$），比率制动系数计算结果与整定值误差不大于±5%。

将微机保护测试仪电流输出线分别接在差动保护线圈 I_A、I_B、I_C 和 I_a、I_b 端子处，并将微机保护测试仪设在测比率制动系数自动测试位，也可以检测出差动保护的比率制动系数。只是测量值与实际值相差很大。

④ 二次谐波制动特性试验

确定比率差动保护的正常动作电流整定值，二次谐波制动系数整定为 0.2，将微机保护测试仪电流输出线接在差动保护高压侧交流电流输入端子处。调整微机保护测试仪使高压侧基波电流为 3 A，加入二次谐波量为基波电流 21%。使微机保护测试仪有电流输出，差动保护应不动作；加入二次谐波量为基波电流 19%。使微机保护测试仪有电流输出，差动保护应动作。试验时要求可靠闭锁误差应不超过±2%。

(3)保护动作时间的测定

确定比率差动保护的正常动作电流整定值，测试时用保护出口继电器 TJ 接点作为保护动作反馈接点接好线，将微机保护测试仪电流输出线接在差动保护高压侧交流电流输入端子处。调整微机保护测试仪使高压侧基波电流为整定值的 2 倍，使微机保护测试仪有电流输出，差动保护动作，微机保护测试仪将显示出动作时间。这里动作时间为：保护固有动作时间，要求保护固有动作时间不大于 30 ms，动作时间准确度不超过±2%。

3. 低电压闭锁三相过流保护试验

(1)过电流保护试验

确定三相过流保护的电流整定值和单相过流保护的电流整定值。将微机保护测试仪电流输出线分别接在保护线圈 I_A、I_B、I_C 和 I_a、I_b 端子处，电压输出线分别接在保护线圈 U_a、U_b 端子处。U_a、U_b 不加电压，分别给过流保护一次侧保护线圈 I_A、I_B、I_C 加电流，并使其逐渐增大，使三相过电流保护动作；分别给二次侧保护线圈 I_a、I_b 加电流，并使其逐渐增大，使单相过流保护动作。试验时要求动作电流误差应不超过±2%。在过电流保护每次动作后，缓慢降低电流值使其返回。记录过电流保护动作值和返回值，并计算其返回系数(返回值/动作值)。

(2)低电压闭锁试验

确定 U_a、U_b 电压整定值均为 65 V，给 U_a、U_b 加电压 70 V，I_A 加大于整定值的电流，缓慢降低 U_a，测试 U_a 闭锁的临界动作值；给 U_a、U_b 加电压 70 V，I_A 加大于整定值的电流，缓慢降低 U_b，测试 U_b 闭锁的临界动作值。给 U_a 加电压 70 V，给 I_a 加大于整定值的电流，缓慢降低 U_a，测试 U_a 闭锁的临界动作值；给 U_b 加电压 70 V，给 I_b 加大于整定值的电流，缓慢降低 U_b，测试 U_b 闭锁的临界动作值。试验时要求闭锁电压误差应不超过±2%。在低电压闭锁保护每次动作后，缓慢升高电压值使其返回。记录电压值动作值和返回值，并计算其返回系数。

4. 过负荷保护试验

(1)定时限过负荷保护试验

确定三相过负荷保护电流整定值，将微机保护测试仪电流输出线分别接在保护线圈 I_A、I_B、I_C 端子处。分别给一次侧保护线圈 I_A、I_B、I_C 加电流，使三相过负荷保护动作。试验时要求动作电流误差应不超过±2%。在过负荷保护每次动作后，缓慢降低电流值使其返回。记录过负荷保护动作值和返回值，并计算其返回系数。

(2)反时限过负荷保护试验

确定三相过负荷保护电流整定值均为 5 A，将微机保护测试仪电流输出线分别接在保护线圈 I_A、I_B、I_C 端子处，用保护出口继电器 TJ 接点作为保护动作反馈接点接好线。分别给一次侧保护线圈 I_A、I_B、I_C 加 5 个大于整定值的电流(5 个电流依次为 5.5 A、6 A、8 A、10 A、15 A)，使三相过负荷保护动作，记录每次动作时的时间。

修改定值将过负荷Ⅰ段、Ⅱ段保护时间特性分别设置为一般反时限、非常反时限和极端反时限，按上述方法进行分别试验，测试出动作时限。参考技术说明书过负荷动作时间公式计算出施加电流对应的动作时间，试验时要求动作时间误差应不超过±3%。

5. 失压保护试验

修改定值将失压保护投入，确定 U_{AB}、U_{BC}、U_{CA}、U_a、U_b 失压保护整定值均为 65 V。将微机保护测试仪电压输出线分别接在失压保护电压线圈 U_{AB}、U_{BC}、U_{CA}、U_a、U_b 端子处。给 U_{AB}、U_{BC}、U_{CA}、U_a、U_b 同时加 70 V 电压，将高压侧断路器位置开入接入，同时缓慢降低 5 种电压，使失压保护动作，试验时要求动作电压误差应不超过±2%。在失压保护动作后，缓慢升高电压值使其返回。记录电压值动作值和返回值，并计算其返回系数。

6. PT 断线试验

修改定值将 PT 断线检测投入，确定 U_{AB}、U_{BC}、U_{CA}、U_a、U_b 失压整定值均为 65 V。将微机保护测试仪电压输出线分别接在电压线圈 U_{AB}、U_{BC}、U_{CA}、U_a、U_b 端子处。给 U_{AB}、U_{BC}、U_{CA}、U_a、U_b 同时加 70 V 电压，将高压侧断路器合位、低压侧 a 和 b 相断路器均处合位，将高、低压侧断路器开入均接入，将任一路电压降低到低于 65 V，则报相应的 PT 断线告警，呼唤灯亮，电压恢复则 PT 断线告警收回。

7. 温度保护试验

确定温度继电器的定值Ⅰ段整定为 70 ℃，Ⅱ段整定为 90 ℃。将温度传感器放在 60 ℃左右的温水中，同时在温水中放有标准温度计。加热使水温度逐渐升高，观察标准温度计的指示值。当水温升到 70 ℃时，综合自动化装置后台机应该发出"主变过热Ⅰ段动作"报警信号。当水温升到 90 ℃时，综合自动化装置后台机应该发出"主变过热Ⅱ段动作"报警信号，同时启动断路器跳闸。试验时要求动作温度误差应不超过±3%。

8. 保护动作时间的测定

测试时用保护出口继电器 TJ 接点作为保护动作反馈接点接好线，按上述保护试验方法，分别给每种保护的线圈加大于或小于整定值的规定量（电压或电流），使每种保护动作，记录每次动作时的时间。动作时间为：保护固有动作时间＋定值延时。过量保护施加的交流量为整定值的 1.2 倍，欠量保护施加的交流量为整定值的 70%，要求保护固有动作时间不大于 30 ms，动作时间准确度不超过±2%。

（四）馈线保护单元试验

1. 馈线保护单元试验项目

馈线保护单元试验项目主要有：电流速断保护试验、低压闭锁过电流保护试验、阻抗保护试验、高阻接地保护试验、高次谐波抑制试验、过负荷保护试验、谐波闭锁试验、自动重合闸试验、PT 断线闭锁试验、故标参数检测试验。

失压保护试验、电流速断保护试验、低压闭锁过电流保护、过负荷保护试验方法与主变单元试验方法相同，在此不赘述。试验时要求动作值误差应不超过±2%。

2. 阻抗保护试验

（1）阻抗保护基本试验

试验时投入试验的某段阻抗保护，退出其他所有保护，确定阻抗保护的阻抗整定值。将微机保护测试仪电流输出线接在阻抗保护电流输入端子处，电压输出线接在阻抗保护电压输入端子处。电流 I_1 加基波电流 5 A，加基波电压 U 为 100 V，调电流 I_1 与电压 U 相位角为 70°（线路阻抗特性角为 70°时）。将微机保护测试仪置输出状态，逐渐降低电压 U 的值，即可测出阻抗保护的电压动作值 u_d，依此计算出动作阻抗值（u_d/I_1）。试验时要求动作电压误差应不超过±3%。

（2）阻抗保护四边形特性试验

在（1）项试验接线的基础上，调电流 I_1 与电压 U 相位角分别为－15°、－10°、0°、10°、20°、30°、40°、45°、50°、55°、60°、70°、80°、85°，按（1）项阻抗保护的基本试验方法，测出阻抗保护的动作电压值和计算出动作阻抗值。记录上述测试点故障报告上的动作电压、动作电流、动作阻抗。

绘制四边形特性图：建立坐标系，先用细实线按对应角度的整定值画出四边形特性图，然后根据角度将测试计算得出的各点阻抗值在特性图进行逐点标注，用光滑的直线连接形成四边形特性图。

将微机保护测试仪设定为四边形特性自动测试方式，即可自动绘制出阻抗保护四边形特性曲线。由于测试时间配合和步长配合不合理，自动测试时实际试验误差较大。

（3）阻抗保护自适应试验

在(1)项试验接线的基础上,电流 I_1 加基波电流 5 A,加基波电压 U 为 100 V,调电流 I_1 与电压 U 相位角为 70°,叠加 20%的三次或五次谐波电流,按(1)项阻抗保护的基本试验方法,测出阻抗保护的动作电压值 u_{d1} 和计算出动作阻抗值 z_{d1}。试验时要求动作电压与计算电压值误差应不超过±3%。计算阻抗保护动作电压值 u_{d1} 等于不加谐波时计算动作电压 $u_{d1}(1+20\%K_h)$,动作阻抗值为 $z_{d1}(1+20\%K_h)$。K_h—谐波抑制加权系数。

其他保护高次谐波自适应试验与上述方法相似,不赘述。

(4)二次谐波闭锁试验

确定二次谐波制动系数整定为 0.2,在(1)项试验接线的基础上,电流 I_1 加基波电流 5 A,加基波电压 U 为 20 V,调电流 I_1 与电压 U 相位角为 70°,叠加二次谐波量为基波电流 21%。按(1)项阻抗保护的基本试验方法,使微机保护测试仪电流、电压有输出,阻抗保护应不动作(可靠闭锁);叠加二次谐波量为基波电流 19%。使微机保护测试仪有电流、电压输出,阻抗保护Ⅱ段应正确动作。试验时要求可靠闭锁误差应不超过±3%。

其他保护二次谐波闭锁试验与上述方法相似,不赘述。

(5)精工电流的测试

测试前先将保护延时和测试仪的电流调为 0 A。从测试仪上调出交流 50 Hz、电压超前电流 70°、电压为 90%的阻抗整定值(按电流取 1 A)时相对应的电压值后,将电流逐渐升至保护动作。若动作阻抗值大于 90%整定阻抗值,将电流分别调至 0.9、0.7、0.5、0.3、0.1 A,调整测试仪上的电压,使之缓慢降低,直到阻抗Ⅰ～Ⅳ段保护动作。依次计算出精确工作电流值,记录上述试验的最低动作电压、最低动作电流和相应的大于 90%整定阻抗值,要求精确工作电流值不大于 0.5 A,否则应对微机保护进行调整和检查。

(6)死区电压的测试

测试前先将保护延时和测试仪的电压调为 0 V。从测试仪上调出交流 50 Hz、相位角电压超前电流 70°和 5 A 的电流后,将电压逐渐升至保护动作。此时测得的死区电压值应小于 0.5 V。

3. 高阻接地保护试验

(1)电流增量保护(高阻接地保护Ⅰ段)试验

投入电流增量保护,退出其他保护。施加占基波 15%的二次谐波电流,确定电流增量保护整定值(5 A)。将微机保护测试仪电流输出线接在阻抗保护电流输入端子处,电流 I_1 加基波电流 5 A,将微机保护测试仪置输出状态,电流增量保护即可作。试验时要求动作电流误差应不超过±5%。

(2)高阻接地保护Ⅱ段试验

投入高阻接地Ⅱ段保护,退出其他保护。电流 I_1 加 3.0 A 基波电流,0.15 A 的二次(或三次、五次)谐波电流,电压 U 加 60 V 电压,相位角为 5°(电压超前电流 5°)。将微机保护测试仪置输出状态,高阻接地保护Ⅱ段应能正确动作。

(3)高阻接地保护Ⅲ段试验

电流 I_1 加 3.0 A 基波电流,电压 U 加 60 V 电压,相位为 180°(电压与电流反相位),整定值 $MDZ=0.95$,电流 I_2 加 3.0 A 基波电流。将微机保护测试仪置输出状态,高阻接地保护Ⅲ段应能正确动作。

4. 重合闸试验

(1)一次重合闸试验

确定过流保护的电流整定值为 5 A,将重合闸投入,重合闸充电时间设为 15 s。低压闭锁过流保护电压线圈不加电压,给过流保护线圈加电流,使过电流保护动作跳闸,重合闸经过延时将自动重合。立即加电流使过电流保护再次动作跳闸,重合闸应不动作。

(2)检有压重合闸试验

确定过流保护的电流整定值为 5 A,电压整定值为 65 V,将重合闸投入,重合闸充电时间设为 15 s。低压闭锁过流保护电压线圈加电压 60 V,给过流保护线圈加电流,使过电流保护动作跳闸,重合闸应不动作;迅速将电压升到 68 V,重合闸经过延时将自动重合。

(3)保护装置闭锁重合闸试验

在断路器重合 14 s 后,加电流使过电流保护动作跳闸,重合闸应不动作;在断路器重合 15 s后,加电流使过电流保护动作跳闸,重合闸应正常动作。

(4)后加速保护试验

确定过流保护的电流整定值均为 5 A,低压闭锁过流保护电压线圈不加电压,将重合闸投入,将微机保护测试仪电流输出线通过断路器辅助开关常开接点接在过流保护电流线圈端子处,将断路器闭合。给过流保护线圈加电流,使过电流保护动作跳闸。重合闸经过延时将自动重合,过电流保护再次自动得到电流,后加速保护动作跳闸,重合闸应不动作。

低压闭锁过电流、阻抗Ⅱ、Ⅲ段保护均有后加速功能,实验方法相同。

5. 保护动作时间的测定

测试时用保护出口继电器 TJ 接点作为保护动作反馈接点接好线,按上述保护试验方法,分别给每种保护的线圈加大于或小于整定值的规定量(电压或电流),使每种保护动作,记录每次动作时的时间。保护动作时间为:保护固有动作时间+定值延时。过量保护施加的交流量为整定值的 1.2 倍,欠量保护施加的交流量为整定值的 70%,要求保护固有动作时间不大于 30 ms,动作时间准确度不超过±2%。

6. PT 断线试验

修改定值将 PT 断线检测投入,确定电压、电流整定值,合上馈线断路器。电流加小于整定值的电流值、大于闭锁启动最小电流值,电压 U 加 100 V 电压,将电压降低到低于电压整定值,则报 PT 断线告警,呼唤灯亮,电压恢复则 PT 断线告警收回。将电流降到 0 A 或调到大于电流整定值,电压降低到低于电压整定值,则不报 PT 断线告警。

7. 电抗型故标参数检测试验

故测元件性能检测:测试前应将装置内全部保护置“退出”位,利用开出检查进行测试。从测试仪上分别调制输出交流频率 50 Hz、电流 5 A、电压超前电流 60°(90°)、电压为 1 V,使微机保护测试仪电流、电压输出,使故标装置启动,从显示屏上读取显示电压值、电流值、阻抗值和距离值。依据此方法分别调整电压为 5、10、20、30、40、50、60、80、100 V,使故标装置启动,从显示屏上分别读取显示电压值、电流值、阻抗值和距离值。相对应的阻抗值应为 0.2~20 Ω。计算出相应的阻抗值和距离值,与测量值进行比较,要求阻抗值和距离值误差不应超过整定值的±5%。误差超标时,应进行检查和调试(必要时应更换相关的元器件)。在现场试验时,测试点数量一般要求不少于 5~10 处。

8. AT 故障测距系统检测试验

(1)测距装置整定

在工具软件中整定各装置的“故障测距试验电流”。

参考值为:变电所为 1 000 A,AT 所为 2 000 A,分区所为 3 000 A。

(2)测试步骤

①确保各站点网络通畅,通过在变电所可以联通其他各所(AT 所、分区所)的测距管理机,且显示测距组各测距装置为绿色(当采用手动召测故障数据时,不涉及馈线装置),确认能够看到测距组各所的定值、报告等信息,并能够修改各测距装置定值。

②点击如图 7-5 所示工程师站子系统的“新乌龙泉一群力”测距组,再点击故障测距菜单里的“查测距参数”菜单项,可以看到整定的“故障测距装置组参数”,如图 7-6 所示。

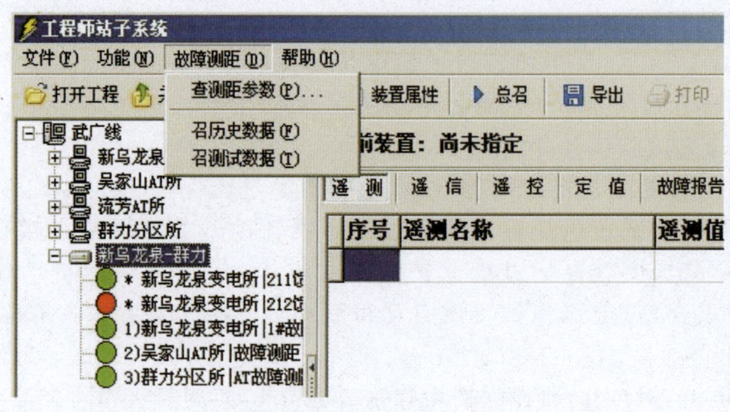

图 7-5 工程师站子系统

③点击故障测距菜单里的“召历史数据”菜单项,经过一定时间(约 10～20s),可以看到弹出召历史数据窗口。

④确定测试电流数据(1 000 A、2 000 A、3 000 A)和 Q－L 参数表正确输入。点击故障测距菜单里的“召测试数据”菜单项,经过一定时间(约 10～20 s),可以看到弹出窗口如图 7-7 所示。此值即为测试距离值。

故障测距装置组参数

“新乌龙泉-群力” Q-L特性表

	0	1	2	3	4	5	6	7	8
L0	0	2	4	6	8	10	12	14	16
Q0	0.1	0.2	0.3	0.4	0.5	0.6	0.7	0.8	0.9
L1	0	2	4	6	8	10	12	14	16
Q1	0.1	0.2	0.3	0.4	0.5	0.6	0.7	0.8	0.9

关闭(C)

图 7-6 故障测距装置组参数

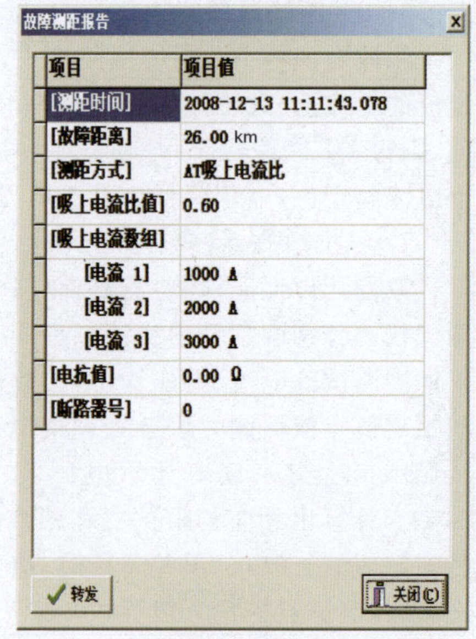
故障测距报告

项目	项目值
[测距时间]	2008-12-13 11:11:43.078
[故障距离]	26.00 km
[测距方式]	AT吸上电流比
[吸上电流比值]	0.60
[吸上电流数组]	
[电流 1]	1000 A
[电流 2]	2000 A
[电流 3]	3000 A
[电抗值]	0.00 Ω
[断路器号]	0

转发　关闭(C)

图 7-7 测试数据表

思考题

1. 变电所综合自动化保护测控装置失电故障如何判断和处理？
2. 综合自动化保护测控装置内部检查维护的项目有哪些？
3. 保护测控装置的功能主要有哪些？
4. 在综合自动化装置后台机主接线画面能观察到什么内容？
5. 综合自动化装置后台机失电后是否影响远动操作？
6. 利用综合自动化系统后台机能进行变配电所哪些项目试验？
7. 简述 AT 故障测距的测试步骤。

模块二　变配电所保护定值查询校对

模块描述：能够正确进行变配电所保护装置定值查询、校对的操作；完成变配电所保护装置定值的修改校对。

完成情况评估方法：从变配电所保护装置定值查询、校对的操作、定值的修改、保护定值整定原则等方面进行综合评估。按百分制打分，80 分为合格。

一、保护定值查询、校对的操作程序

在当地监控系统主界面，点击“工程师站”按钮，进入“工程师站子系统”，点击出现“选段名称”，点击“选段名称”，出现“牵引变电所”，点击“牵引变电所”，出现各种保护名称的下拉菜单，选中某项保护名称（如 1 号主变压器保护）并单击，然后点击“定值”，即可出现保护定值界面，如图 7-8 所示。“定值管理”的工作包括定值查询、定值修改、定值区切换等。

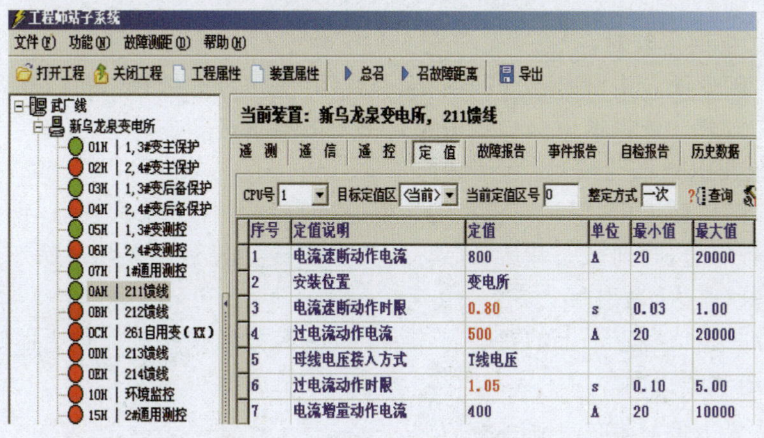

图 7-8　工程师站子系统图

在“定值管理”页面，定值参数显示内容包括：定值序号、定值说明、定值、单位、最小值、最大值。定值分为一般数字、枚举、控制字。用户可以选择当前 CPU 号（系统能够自动根据装置定义参数，提供本装置有效的 CPU 号供用户选择）和目标定值区（有效值为 0～7 和“当前”）；当前定值区显示的是当前装置、当前 CPU 的当前定值区号。当用户在“装置列表”中选择不同的保护装置或改变 CPU 号时，定值参数的显示内容将随装置或 CPU 号的不同而变化。

（一）监控系统保护定值查询校对

1. 保护定值查询与校对

(1)保护定值查询

在“定值管理”界面，如果需要查看定值，首先选中要查看的装置、CPU号以及定值区号；然后点击“查询”按钮，系统就会向装置下发一个定值召唤命令。如果用户选择的目标定值区号为“当前”，则查询的是指定装置、指定CPU的当前定值区的定值；如果用户选择的目标定值区号为0～7中的数值，则查询的是指定装置、指定CPU的指定定值区的定值。

在定值召唤过程中，系统显示“正在等待‘定值查询’应答”窗口，并以进度条和等待时间动态显示等待情况。在等待过程中，如果想终止定值查询，可随时操作“取消”按钮。

如果定值召唤成功，则定值表中就会显示出该装置指定CPU号指定定值区号的当前定值；如果等待装置应答超时，系统会显示超时信息。

如果装置定值分多帧报文上送，则系统的等待应答窗口中将显示当前等待的报文帧号，只有当多帧报文全部收到，系统才认为定值召唤成功，并进行定值显示。

(2)保护定值校对

依据继电保护定值整定书上的定值与综合自动化装置监控系统保护定值一一校对，确定电流互感器变比、电压互感器变比、继电保护定值正确。

2. 保护配置查询与校对

如果装置用控制字来进行保护投退，在“定值管理”界面双击“保护配置”型定值，该定值为蓝色显示，即可弹出装置的保护配置窗口，在投入的保护前的方框内会出现“√”，表示保护投入，反之该保护退出。

依据继电保护定值整定书上的要求与综合自动化装置监控系统控制字投退一一校对，确定控制字投退正确。

3. 整定方式查询与校对

在“定值管理”界面点击“整定方式”项，立即显示“整定方式选择”窗口，此窗口可以看到是一次或二次整定方式。依据继电保护定值整定书上的要求进行校对。

4. 保护压板投退查询与校对

在“定值管理”界面点击“保护压板投退”项，立即显示“保护压板投退”窗口，此窗口显示的内容包括：压板序号、当前状态和压板名称。其中图标√表示压板当前状态为“投入”，图标×表示压板当前状态为“退出”。

依据继电保护定值整定书上的要求与综合自动化装置监控系统保护压板投退状态进行校对，确定压板投退状态正确。

（二）测控装置上保护定值查询校对

1.用户整定参数查询校对

在主变主保护装置的液晶界面上，移动光标到“定值”处，按“确认”键，显示输入密码界面。输入正确密码，按“确认”键进入整定主界面。定值整定主界面下有5个子菜单，分别为：“用户整定参数”、“系统整定参数”、“保护配置”、“消抖延时”、“密码修改”。选中某个子菜单后按“确认”键，即可进入此子菜单界面。

当光标移动到“用户整定参数”菜单项，按“确定”键后，即可进入主变主保护装置的用户整定参数界面，如表 7-1 所示。

表 7-1　用户整定参数界面

1　　用户整定参数	(1/3)	1　　用户整定参数	(2/3)
差动速断 A 相动作电流	20.00 A	比率Ⅰ段 C 相制动电流	05.00 A
差动速断 B 相动作电流	20.00 A	比率Ⅰ段制动系数	00.40
差动速断 C 相动作电流	20.00 A	比率Ⅱ段 A 相制动电流	08.00 A
比率差动 A 相动作电流	03.00 A	比率Ⅱ段 B 相制动电流	08.00 A
比率差动 B 相动作电流	03.00 A	比率Ⅱ段 C 相制动电流	08.00 A
比率差动 C 相动作电流	03.00 A	比率Ⅱ段制动系数	00.60
比率Ⅰ段 A 相制动电流	05.00 A	二次谐波闭锁元件	20%
比率Ⅰ段 B 相制动电流	05.00 A	高压侧 PT 断线电压	65.00 V
新定值　旧定值　固化　下页		新定值　旧定值　固化　下页	
原整定时间：2008－05－20 17:50:30		原整定时间：2008－05－20 17:50:30	

依据继电保护定值整定书上的定值与用户整定参数表中保护定值一一校对，确定继电保护定值正确。

2. 系统整定参数查询、校对

当光标移动到“系统整定参数”菜单项，按“确定”键后，即可进入系统整定参数提示界面(其他装置类似)。系统参数主要由生产厂家和设计单位设定，装置出厂时已经过严格的调整，用户不可随意修改。

在此界面可以查询、校对“高压侧电流微调系数、高压侧电压微调系数、低压侧电流微调系数、差动微调系数、高低压侧 PT 变比”。

3. 保护配置查询、校对

当光标移动到“保护配置”菜单项，按“确定”键后，即可进入保护配置界面，保护配置用于投入/退出保护测控装置中各种保护元件。依据继电保护定值整定书上的要求与“保护配置”菜单项投/退情况校对，确定各种保护投/退正确。

“消抖延时”和“密码修改”操作方法与上述相似，由于此两项一般不能随便改动，故不再赘述。

二、变配电所保护装置定值的修改

(一)监控系统保护定值的修改

1. 保护定值的修改

定值修改只有在定值查询成功后才能进行，首先选择需要进行修改定值的装置、CPU 号和定值区号，进行定值查询；然后双击要修改的定值(不是定值名称，而是数值或代码)，输入新的定值，一般数字直接在“定值”列修改，修改后“定值”变为红色，以示提醒。如果是非数字型的定值将会弹出一个选择框，进行选择即可。输入所有新定值后，点击该窗口上的“修改”按钮，系统将检查修改定值的合法性，如果修改的定值不合法，系统给出提示信息；如果修改的定值合法，系统将进行用户权限检查，用户权限检查无误后，系统将下发定值修改命令，并显示“正在等待‘修改定值’返校应答”窗口；如果返校正确，则系统提示用户定值修改是执行还是撤销；如选择“执行”按钮，系统将下发定值修改执行命令，并显示“正在等待‘修改定值执行确认’”窗口；确认正确后，系统将显示“定值修改发送成功！”信息。如选择“撤销”按钮，系统将下发定值修改撤销命令；如果定值修改成功，工程师站将会收到装置上送的“整定值固化”信息。这时应该再查询一次定值，以确认修改是否正确。

2. 定值区切换

所谓定值区切换，就是将保护装置目标定值区中的定值作为当前定值参与运行。定值区切换的方法为：选中要进行定值区切换的装置、CPU、目标定值区（定值区不能选择“当前”，否则系统将给出提示信息，并中止切换），单击“切换”按钮，系统首先进行用户权限检查，只有具有定值区切换权限的用户，才能合法切换定值区，用户权限检查无误后，系统将下发定值区切换命令，并显示“正在等待‘定值区切换确认’应答”窗口。如果定值区切换成功，系统会显示“定值区切换成功！”信息；如果定值区切换失败，系统会显示“定值区切换失败！”信息；如果等待确认超时，系统会显示等待确认超时信息。定值区切换成功以后，应该再次查询当前区定值，并与继电保护定值整定书上的定值校对，以确认切换是否正确。

3. 保护配置修改

如果装置用控制字来进行保护投退，在“定值管理”界面双击“保护配置”型定值，该定值为蓝色显示，即可弹出装置的保护配置窗口，在要投入的保护前的方框内点击鼠标，会出现“√”，表示保护投入，在要退出的保护前的方框内点击鼠标，使对勾消失，该保护退出，然后再点击“修改”，即可将新的定值固化到装置中。

4. 保护软压板投退修改

在保护软压板投退查询完成后，当需要对压板进行遥控投退时，可将鼠标指向该压板的当前状态区域，双击鼠标左键，系统首先进行用户权限检查，只有具有压板投退权限的用户，才能合法投退压板，用户权限检查无误后，系统会弹出“压板投/退确认”窗口，提示用户是否确认投入或退出指定压板（系统能根据压板的当前状态，自动确定即将遥控的压板需要投入还是退出），一旦用户选择“确定”，系统将向压板所在装置发送压板投入或退出命令，同时显示“正在等待‘压板投/退确认’应答”窗口；如用户选择“取消”，将中止压板操作。当系统收到装置上传的压板投/退确认后，将显示等待窗口，等待装置上传压板状态信息；如果等待压板投/退确认超时，系统会显示等待确认超时信息；如果压板投/退失败，系统会显示“压板投入（或退出）失败！”提示信息。

在等待压板状态上传过程中，如果系统收到该压板状态信息，系统将显示“投入成功”信息，如果等待压板状态上传超时，系统会显示等待超时信息。

（二）测控装置上保护定值的修改

1. 保护定值的修改

当光标移动到“用户整定参数”菜单项，按“确认”键进入主变主保护装置的用户整定参数界面。用户整定参数界面下部有一行操作选项，分别为：“新定值、旧定值、固化、上页、下页”，功能说明如下。

新定值：选中点击后显示新定值；旧定值：选中点击后显示旧定值；固化：选中点击后将定值存储；上页：选中点击后显示当前定值组上一页；下页：选中点击后显示当前定值组下一页；整定值界面左上角数字为当前定值区号。操作员可据此选择查看不同定值区的内容。

用户整定区包含了常用保护元件的保护参数和保护时限，用户可根据要求进行如下操作进行修改定值。首先利用“↑↓→←”方向键选中欲修改的数据，操作“＋或－”键，使数据达到要求值，选中“固化”项，按“确认”键数据即被存储。按“退出”键退出用户整定参数界面。

2. 保护配置的修改

当光标移动到“保护配置”菜单项，按“确认”进入保护配置界面。用于投入/退出保护测控装置中各种保护元件、用户可根据变电所的实际情况选择需要的保护元件，通过“＋”、“－”修改保护元件后面的对应的选项，来投入或退出保护元件。选中“固化”项，按“确认”键修改项即被存储。按“退出”键退出保护配置界面。

3. 消抖延时的修改

当光标移动到“消抖延时”菜单项，按“确认”进入消抖延时界面。装置可根据接点的实际情况，自定义开入消抖延时时间的大小。一般情况下，时间整定范围在 0 ms～60s。根据现场情况，用户可修改各个开入的消抖延时时间。首先利用“↑↓→←”方向键选中欲修改的数据，操作“＋或－”键，使数据达到要求值，选中“固化”项，按“确认”键数据即被存储。按“退出”键退出消抖延时界面。

其他装置消抖延时定值项与主变主保护相同。

4. 密码修改的修改

当光标移动到“密码修改”菜单项，按“确定”进入密码界面。该选项对系统操作员用户提供了密码修改功能。通过密码对用户进行了分级管理，以保护系统的某些重要数据和分级进行特殊操作。修改时请首先输入原密码，并输入两次新密码，新密码可以为四位数字组成，经验证正确后，新密码生效，装置会自动记录新密码，下次登录时将以新密码为准。用户使用时请谨慎，防止误改密码或遗失口令。若密码遗失，不能进入装置主界面，请与生产厂家联系解决。

5. 装置控制字的修改

在主界面下，移动光标到“元件”处，按“确认”键，进入装置控制字状态显示界面。通过“＋”、“－”修改保护元件后面对应的选项，来投入或退出保护元件。选中“固化”项，按“确认”键修改项即被存储。按“退出”键退出元件界面。

三、变配电所保护定值的整定原则

(一)主变保护定值的整定原则

1. 差动保护定值的整定原则

差动保护作为变压器及其保护范围内设备的主保护，要求动作速度快、灵敏度高，因此差动保护没有附加的延时时限；同时要求可靠性高，因此差动保护应该加设必要的闭锁和抑制功能，即在应该动作时灵敏度高，不应该动作时灵敏度自动降低。

(1)差动速断保护

按躲过变压器励磁涌流的一般最大值考虑。一般变压器的励磁涌流在变压器一次额定电流 I_{e1} 的 5～8 倍，实际运行证明，变压器的励磁涌流超过 8 倍变压器额定电流的机率很少。故一般整定计算公式为：

速断保护整定电流 $I_{ds}=K\times 8\times I_{e1}/n_{L1}$。

式中　K——可靠系数，一般取 1.1；

n_{L1}——变压器高压侧电流互感器变比。

(2)差动保护

按躲过系统在最大运行方式下，一台主变压器运行，在差动保护装置保护范围外27.5 kV母线发生三相短路故障时，在差动保护线圈中产生的不平衡电流整定；系统在最小运行方式下，一台主变运行时，在保护区内发生两相短路故障时，保护动作的最小短路电流来校验保护的灵敏度，要求灵敏度在2倍以上。

(3)比率制动差动保护

比率制动差动保护是在上述差动保护的基础上增加比率制动功能。比率制动的整定原则为：在变压器额定负荷电流范围内，比率制动不起作用，在负荷电流超过变压器额定负荷一定值时才起作用。目的是在差动保护范围外部发生短路故障时，差动保护整定值随之变大，确保差动保护不误动作。

一般比率制动电流整定计算公式为：$I_{Zd}=K_k \times I_{be}$

式中：I_{be}变压器额定电流；Ⅰ段比率制动可靠系数K_k一般取1.3，Ⅰ段比率制动系数一般取0.3；Ⅱ段比率制动可靠系数K_k一般取2.5，Ⅱ段比率制动系数一般取0.5。

(4)谐波闭锁差动保护

谐波闭锁差动保护是在上述差动保护的基础上增加谐波闭锁功能。其整定原则为：在变压器空载投入时，二次谐波闭锁功能可靠起作用；在其他短路故障时，二次谐波闭锁功能不起作用。由于变压器励磁涌流的二次谐波含量初始值一般在基波电流的60%以上，其他短路故障时短路电流的二次谐波含量在基波电流的5%以下。因此谐波闭锁的二次谐波含量的整定值取基波电流的15%～20%。

2. 低压启动过流保护的整定原则

(1)低压、过电流整定值

低压启动过流保护的作用主要是保护变电所内设备，它是变压器等设备的后备保护，是馈线保护的远后备保护，电流值按变压器额定电流I_e整定，电压值按母线最低工作电压U_{min}整定，用系统在最大运行方式时，27.5 kV母线两相短路电流通过1台主变压器的短路电流来校验灵敏度，灵敏度应大于1.5。

高压侧过流：$I_{dz}=k_I I_{e1}/k_{fh}/n_{L1}$。

低压侧过流：$I_{dz}=k_I I_{e2}/k_{fh}/n_{L2}$。

低电压定值：$U_{dz}=U_{min}/k_y/k_{fh}/n_y$。

其中k_I为过电流保护可靠系数，一般取1.3；k_y为低电压可靠系数，一般取1.2；k_{fh}为返回系数，电流返回系数一般取0.9，低电压返回系数一般取1.1；n_y为变压器低压侧电压互感器变比。

由于在繁忙干线变压器经常发生过负荷报警或低压启动过流保护跳闸，因此过电流保护系数k_I/k_{fh}可取1.6。

(2)过流保护的整定时限

① 为保证在线路发生短路故障或电容补偿系统发生短路故障时自身保护可靠跳闸，低压启动过流保护不越级跳闸，低压侧低压启动过流保护的整定时限必须大于电容补偿保护装置的时限，其级差为0.3 s以上。

② 为保证在一个供电臂发生短路故障时，低压侧低压启动过流保护可靠跳闸，高压侧低压启动过流保护不越级跳闸，高压侧低压启动过流保护的整定时限必须大于低压侧低压启动

过流保护的时限，其级差为 0.3 s 以上。

在变压器空载投入时，由于低压启动过流保护没有电压加入，此保护此时为过流保护。为保证在变压器空载投入时躲过变压器的励磁涌流，高压侧低压启动过流保护的整定时限、必须大于变压器的励磁涌流衰减到小于其整定电流值时的时间。实践证明，220 kV 等级的变压器励磁涌流衰减到小于其整定电流值的时间大概在 1.2 s 左右，所以高压侧低压启动过流保护的整定时限一般应大于 1.2 s。

3. 主变压器过负荷保护的整定原则

主变压器过负荷保护是变压器的后备保护，主要作用是保护变压器及其附近设备。一般按变压器的短时最大负载能力和结合现场实际情况整定，所以整定电流比较大，整定时限比较长。

(1)一般过负荷Ⅰ段保护按 1.5 倍的额定电流整定，整定时限为 30～60 s。动作时发出主变过负荷报警，其作用是提醒值班人员加强监视主变压器运行。

(2)一般过负荷Ⅱ段保护按 1.8 倍的额定电流整定，整定时限为 120～180 s。动作时使主变压器系统跳闸，并发出主变过负荷Ⅱ段保护动作事故信号。

4. 主变压器其他保护的整定原则

主变压器其他保护的整定原则可参考技术说明书。

(二)牵引网馈电线保护的整定原则

目前高速电气化铁路均为复线结构，变电所供电臂为单边供电方式，牵引网馈电线供电分两种基本形式。一种是上、下行局部并联方式，其形式为：牵引网上、下行馈电线在分区所处并联，在 AT 所处不并联。另一种是上、下行全部并联方式，其形式为：牵引网上、下行馈电线在分区所处、AT 所处均并联。

上、下行局部并联方式馈电线保护的整定原则

AT 所处不并联的供电方式如图 7-9 所示。其基本整定原则为：上行发生短路故障时，变电所上行馈线保护和分区所馈线保护同时动作，使各自的断路器同时跳闸，切断故障点，AT 所失压保护动作跳闸，使 AT1 退出运行；下行馈线保护不动作，AT2 正常运行。下行发生短路故障时，程序相反。

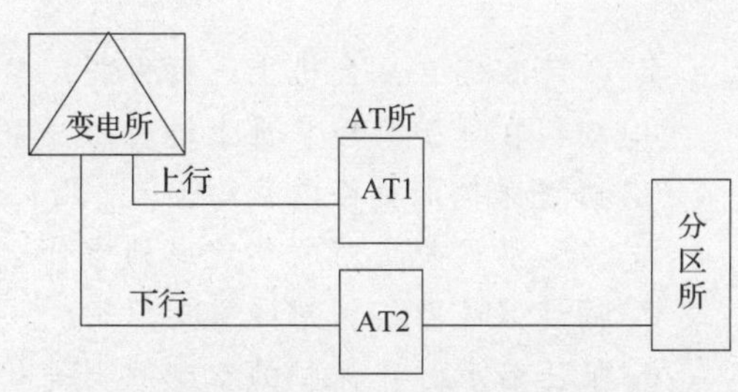

图 7-9　AT 所不并联示意图

1. 电流速断保护整定

电流速断保护的作用，一是消除阻抗保护的死区，二是起馈线辅助保护的作用。它仅保护馈线线路的一部分。为了保证电流速断保护在线路故障时可靠动作跳闸和保证保护动作的选择性，电流速断保护按大于供电臂馈线末端最大短路电流 I_{Dmax} 整定。

一般公式整定按：$I_{dz}=k_k I_{Dmax}/n_L$。

其中 k_k 一般取 1.2 。

电流速断保护的整定时限按躲过电力机车保护跳闸的时间整定。电力机车保护跳闸总时间一般小于 0.07 s，因此电流速断保护整定时限取 0.1 s。

2. 低压启动过电流保护整定

(1)低压、过流整定值

低压启动过流保护的作用主要是保护馈线上的设备，它是馈线保护的后备保护，电流值按

馈线最大负荷电流 I_{fmax} 整定,电压值按母线最低工作电压 U_{min} 整定,不校验灵敏度。

馈线过流:$I_{dz}=k_I I_{e2}/k_{fh}/n_{L3}$。

低电压定值:$U_{dz}=U_{min}/k_y/k_{fh}/n_y$。

其中 k_I 为过电流保护可靠系数,一般取 1.3;k_y 为低电压可靠系数,一般取 1.2;k_{fh} 为返回系数,电流返回系数一般取 0.9,低电压返回系数一般取 1.1;n_y 为变压器低压侧电压互感器变比。

(2)过流保护的整定时限

由于过流保护能够保护馈线线路的全长,因此其时限整定原则按躲过分区所(或开闭所)保护时限的原则整定,其级差为 0.3 s 以上。

3. 馈线阻抗保护整定

馈线阻抗保护分为三段或四段保护,它作为馈线保护的主保护,即要求反应灵敏,又要求动作可靠。

(1)馈线阻抗Ⅰ段保护整定原则

馈线阻抗Ⅰ段保护作为馈线保护的主保护,线路保护范围按保护线路长度的 85%整定计算;负荷边按躲过馈线最大负荷电流 I_{fmax} 和最低电压 U_{min} 整定。

(2)馈线阻抗Ⅱ段保护整定原则

馈线阻抗Ⅱ段保护作为本条馈线保护的主保护,又作为分区所的远后备保护。它不仅保护本条线路的全长,还应保护到同一个供电臂和另一条馈线的全长。线路保护范围按保护线路长度的 260%整定计算;负荷边按躲过馈线最大负荷电流 I_{fmax} 和最低电压 U_{min} 整定。

有关牵引网馈电线保护的其他整定原则可按说明书进行。

思考题

1. 如何在综自后台机上进行保护定值的查询?
2. 如何在保护测控装置上进行用户整定参数的查询?
3. 简述保护配置修改程序。
4. 对差动保护定值的整定原则有什么要求?
5. 简述馈线阻抗保护的整定原则。
6. 低压启动过流保护的整定原则是什么?

模块三 变配电所传动试验

模块描述:能够正确进行变配电所、各种保护的传动试验;熟悉传动试验的项目;掌握传动试验的基本程序。

完成情况评估方法:从变配电所保护的传动试验方法和传动试验的项目等方面进行综合评估。按百分制打分,80 分为合格。

一、变配电所传动试验项目

(一)主变系统传动试验项目

1. 分合闸传动试验项目

分合闸传动包括在测控盘上和监控系统传动性试验两项，其主要内容分为高压侧断路器、隔离开关分合闸试验，闭锁功能试验；低压侧断路器、隔离开关分合闸试验，闭锁功能试验。

2. 自投装置传动试验项目

(1)1 号进线失压时：一是进线失压备投倒直列；二是进线失压备投倒交叉。

(2)1 号主变故障时：一是主变故障备投倒直列；二是主变故障备投倒交叉。

(3)2 号进线失压时：一是进线失压备投倒直列；二是进线失压备投倒交叉。

(4)2 号主变故障时：一是主变故障备投倒直列；二是主变故障备投倒交叉。

3. 继电保护传动试验项目

主变保护传动试验主要包括差动保护；高压侧三相过电流保护；低压侧 α 相过电流保护；低压侧 β 相过电流保护；零序过电流保护；零序过电压保护；一般(反时限)过负荷保护；非电量保护传动试验。

(二)馈线系统传动试验项目

1. 分合闸传动试验项目

分合闸传动包括在测控盘上和监控系统传动性试验两项，其主要内容为馈线断路器、隔离开关分合闸试验，闭锁功能试验。

2. 继电保护传动试验项目

馈线保护传动试验主要包括阻抗保护；电流速断保护；过电流保护；一次自动重合闸；分区所、开闭所检有压元件传动试验。

二、变配电所传动试验方法

(一)分合闸传动试验

1. 综合自动化装置测控盘上分合闸传动试验

在综合自动化装置测控盘上进行分合闸传动试验时，将测控盘上的“当地/远方”转换开关打到“当地”位。操作测控盘上某个断路器(隔离开关)分合闸转换开关，完成分合闸操作，显示断路器或隔离开关位置信号。

2. 综合自动化装置监控系统分合闸传动试验

在综合自动化装置监控系统进行分合闸传动试验时，将测控盘上的“当地/远方”转换开关打到“远方”位。将画面切换到主接线画面，点击需操作的断路器(隔离开关)，弹出操作员身份验证框，输入密码验证身份，弹出遥控信息框。

检查遥控信息窗内显示的内容是否正确，然后输入设备编号，默认编号为 1。“确定”后将弹出“等待遥控选择令返回”信息框。

如果选择成功，将弹出“遥控执行令确认”信息框。

如果选择返回成功，并确认执行，接下来，开始等待遥控执行令返回。

如果执行返回成功，对于不需要判相关遥信变位信息的遥控，如遥调分接头、复归等，直接显示遥控成功，并结束本次遥控操作；对于需要判相关遥信变位信息的遥控，如隔离开关、断路器、自投装置、重合闸、远方/当地转换、接地刀、保护软压板等，还要判状态是否变位，如果正确变位，才显示遥控执行成功，否则显示遥控执行失败。

最后的遥控结果，无论成功或失败，都将在实时报警窗内显示，如果系统为多操作员站工作模式，在每个操作员站上都将有相应的操作结果显示。

3. 闭锁功能试验

根据图纸确定相关的闭锁关系，根据闭锁关系确定合上起闭锁作用的断路器(隔离开关)，试验分、合被闭锁的断路器(隔离开关)，被闭锁的断路器(隔离开关)应该不动作；分开起闭锁作用的断路器(隔离开关)，试验分、合被闭锁的断路器(隔离开关)，被闭锁的断路器(隔离开关)应该正常动作。

有多个闭锁关系串联的闭锁回路，应分别进行单闭锁关系试验。

(二)继电保护传动试验方法

在继电保护传动试验前，恢复撤出的二次线及有关措施，将相应保护装置送电。检查确认保护整定值按继电保护整定书要求值整定好，并投入有关软连片和控制字，投入相关的重合闸；将"当地/远方"转换开关打到"远方"位，合上相关的断路器。

1. 差动保护传动试验

将试验仪器分别接在高、低压侧电流互感器低压端子箱对应的端子排上，调整微机保护测试仪使电流逐渐增大，直至差动保护动作。观察确认保护动作值与差动电流整定值一致；观察测控盘上的信号灯显示正确，观察综合自动化装置系统监控信号显示正确，事件记录显示正确，跳闸报告显示正确，动作数据显示正常。

2. 低压启动过流保护传动试验

将电流试验仪器分别接在高、低压侧电流互感器低压端子箱对应的端子排上，将电压试验仪器接在电压互感器低压端子箱对应的端子排上，调整电压试验仪器使电压值低于低压定值，调整电流试验仪器使电流逐渐增大，直至低压启动过流保护动作。观察确认保护动作值与过流整定值一致；观察测控盘上的信号灯显示正确，观察综合自动化装置系统监控系统信号显示正确，跳闸报告显示正确，动作数据显示正常。

3. 馈线电流速断保护传动试验

将电流试验仪器接在断路器低压端子箱对应的电流互感器端子排上，调整电流试验仪器使电流逐渐增大，直至电流速断保护动作，启动重合闸并重合成功。观察确认保护动作值与电流速断整定值一致；观察测控盘上的信号灯显示正确，观察综合自动化装置系统监控系统信号显示正确，跳闸报告显示正确，动作数据显示正常。

4. 电流增量保护传动试验

将电流试验仪器接在断路器低压端子箱对应的电流互感器端子排上，调整电流试验仪器使电流增加到电流增量保护整定值，使仪器突然有电流输出，电流增量保护动作，启动重合闸并重合成功。观察确认保护动作值与电流增量整定值一致；观察测控盘上的信号灯显示正确，观察综合自动化装置系统监控系统信号显示正确，跳闸报告显示正确，动作数据显示正常。

5. 失压保护传动试验

将电压试验仪器接在电压互感器低压端子箱对应的端子排上，调整电压试验仪器使电压值低于低压定值，直至失压保护动作。观察确认保护动作值与电压整定值一致；观察测控盘上的信号灯显示正确，观察综合自动化装置系统监控系统信号显示正确，跳闸报告显示正确，动作数据显示正常。

6. 过压保护传动试验

将电压试验仪器接在电压互感器低压端子箱对应的端子排上，调整电压试验仪器使电压值逐渐大于过压保护整定值，直至过压保护动作。观察确认保护动作值与电压整定值一致；观察测控盘上的信号灯显示正确，观察综合自动化装置系统监控系统信号显示正确，跳闸报告显示正确，动作数据显示正常。

7. 阻抗保护传动试验

将微机保护测试仪电流线圈接在断路器低压端子箱对应的电流互感器端子排上，调整电流为 3 A，将测试仪电压线圈接在电压互感器低压端子箱对应的端子排上，调整电压为100 V，角度为 70°，使仪器有电量输出，调整测试仪使电压值逐渐降低，直至阻抗保护动作跳闸，启动重合闸并重合成功。观察确认保护动作值与阻抗整定值一致；观察测控盘上的信号灯显示正确，观察综合自动化装置系统监控系统信号显示正确，跳闸报告显示正确，动作数据显示正常。

8. 重合闸后加速传动试验

利用阻抗Ⅱ段保护进行重合闸后加速传动试验。将微机保护测试仪电流输出线通过断路器辅助开关常开接点，接在断路器低压端子箱对应的电流互感器端子排上，将测试仪电压输出线接在电压互感器低压端子箱对应的端子排上，将断路器闭合。调整电流为 3 A，电压为 100 V，角度为 70°，使仪器有电量输出，调整测试仪使电压值逐渐降低，直至阻抗保护动作跳闸。重合闸经过延时将自动重合，阻抗Ⅱ段保护再次自动得到电流，后加速保护动作跳闸，重合闸应不动作。观察确认保护动作值与阻抗整定值一致；观察测控盘上的信号灯显示正确，观察综合自动化装置系统监控系统信号显示正确，跳闸报告显示正确，动作数据显示正常。

9. 非电量保护传动试验

(1)温度保护传动试验

在主变压器端子箱端子排处短接温度继电器主变过热报警接点，综合自动化装置后台机应该发出“主变过热Ⅰ段动作”报警信号。在主变压器端子箱端子排处短接温度继电器主变过热跳闸接点，断路器立即跳闸，综合自动化装置后台机应该发出“主变过热Ⅱ段动作”报警信号。

(2)瓦斯保护传动试验

在主变压器上打开瓦斯继电器接线端子盖，短接轻瓦斯保护的接点连接端子，综合自动化装置后台机应该发出“轻瓦斯动作”报警信号；短接重瓦斯保护的接点连接端子，断路器应该立即跳闸，综合自动化装置后台机应该发出“重瓦斯动作”报警信号。

(3)压力保护传动试验

在主变压器上压力释放装置的端子盒处，短接压力释放阀的接点连接端子，断路器应该立即跳闸，综合自动化装置后台机应该发出“压力保护”报警信号。

(4)油位保护传动试验

在主变压器端子箱端子排处短接油位继电器的油位过低接点，综合自动化装置后台机应该发出“变压器油位过低”报警信号；在主变压器端子箱端子排处短接油位继电器的油位过高接点，综合自动化装置后台机应该发出“变压器油位过高”报警信号。

(5)气压过低传动试验

在 SF_6 断路器的端子箱端子排处短接压力继电器的气压过低接点，综合自动化装置后台机应该发出“气压过低”报警信号；在 SF_6 断路器端子箱端子排处短接压力继电器的气压过低跳闸接点，综合自动化装置后台机应该发出“气压过低”及“断路器跳闸”报警信号；在 SF_6 断路器的端子箱端子排处短接压力继电器的气压过低闭锁接点，综合自动化装置后台机应该发出“气压过低”报警信号，并闭锁断路器动作。

在进行各种保护的传动试验过程中，对计量回路、测量回路、电流回路、电压回路的各种电量也要进行测量试验，试验各个回路的连通情况及装置误差情况，发现问题及时处理。其接线方法与继电保护传动试验相同，升流、升压相同，只是读取试验仪器值与被测试装置显示值相比较，确定设备及接线是否正常。

10. 电流回路极性校验

由于变压器差动保护、馈线阻抗保护具有方向性，其电流回路还要进行极性校验，其检查、校验方法如下：

在保护测控装置的接线端子处，将电流回路的一根非接地连接线撤开，将微安表一端接在撤开的连接线上，另一端接在电流回路的工作地上。将 6～12 V 电源的负极接在电流互感器一次线圈的电流输出端，正极在电流互感器一次线圈的电流输入端点击，观察微安表的指示情况，判断是“＋”极性还是“－”极性，从而确定电流互感器二次线接线的对错。

（三）自投装置传动试验方法

在自投装置传动试验前，首先撤除保护测控盘端子排处 27.5 kV 电压互感器二次连接线（A、B 相），将其 A、B 相二次连接线接在双刀刀闸的一端上，刀闸的另一端连接线接到保护测控盘 YH 小母线端子排上。双刀刀闸闭合时，YH 小母线带电，保护测控得到交流电压；双刀刀闸分开时，YH 小母线失电，保护测控无交流电压。

自投装置传动试验的前提条件：

(1)撤出所有一二次安全措施，恢复二次设备供电电源。

(2)其他各种传动试验全部完成并试验正常，将自投装置置于投入位。

(3)合上连接在 YH 与小母线之间的双刀刀闸。

(4)合上主变系统断路器和隔离开关。

1. 运行方式一

1 号进线受电，1 号 B 运行，2 号进线、2 号 B 备用(以 1 号进线 1 号 B 运行，2 号进线 2 号 B 备用为例)进行传动试验。如图 7-10 所示，为变压器系统主接线示意图，与实际图不完全相符。图 7-10 中所画出的设备为变压器系统的主要相关设备，其他设备省略未画。

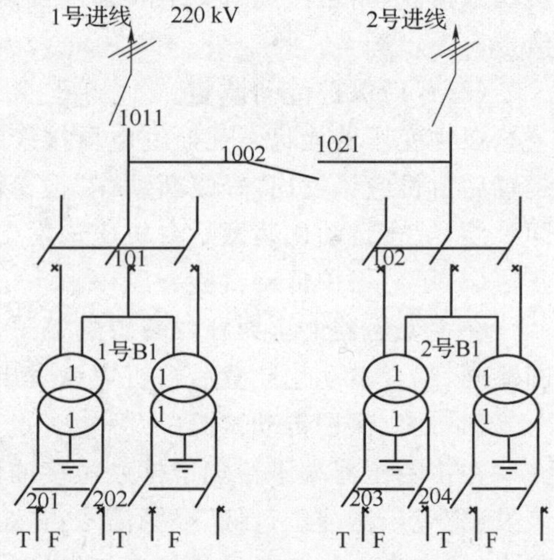

图 7-10 变压器系统主接线示意图

(1)1 号进线失压时，进线失压备投倒直列。

变电所 1 号进线 1 号 B 带电运行时，首先将自投装置设定为“直列优先”位，然后由几个人在相同的时间内分别进行如下操作。一是一个人操作分开 1 号变压器高压侧的电压互感器隔离开关，使高压侧的电压互感器失压；一个人操作保护测控盘处的双刀刀闸使之分开，使27.5 kV母线电压互感器低压侧失压。正在运行的 1 号变压器系统的三台断路器将自动跳闸，1 号进线隔离开关自动分开。然后依次自动合上 2 号进线隔离开关和 2 号变压器的三台断路器，即将 1 号进线 1 号 B 退出运行，2 号进线 2 号 B 投入运行。综合自动化装置后台机应该发出“1 号进线失压”、“自投成功” 的各种报警信号及报告。

最后将保护测控盘处的双刀刀闸置闭合位，使 27.5 kV 母线电压互感器低压侧有电压；合上 1 号变压器高压侧的电压互感器隔离开关。

2 号进线 2 号 B 运行时，2 号进线失压，自动投入 1 号进线 1 号 B 运行，其操作方式与上述相同。

(2)1 号进线失压时，进线失压备投倒交叉。

变电所 1 号进线 1 号 B 带电运行时，首先将自投装置设定为“交叉优先”位，然后由两个人在相同的时间内分别进行如下操作。一是一个人操作分开 1 号变压器高压侧的电压互感器隔离开关，使高压侧的电压互感器失压；一个人操作保护测控盘处的双刀刀闸使之分开，使 27.5 kV母线电压互感器低压侧失压。正在运行的 1 号变压器系统的三台断路器将自动跳闸，1 号进线隔离开关自动分开。然后依次自动合上 2 号进线隔离开关、跨桥隔离开关和 1 号变压器的三台断路器，即将 1 号进线 1 号 B 退出运行，2 号进线 1 号 B 投入运行。综合自动化装置后台机应该发出“1 号进线失压”、“自投成功” 的各种报警信号及报告。

最后将保护测控盘处的双刀刀闸置闭合位，使 27.5 kV 母线电压互感器低压侧有电压；合上 1 号变压器高压侧的电压互感器隔离开关。

2 号进线 2 号 B 运行时，2 号进线失压，自动投入 1 号进线 2 号 B 运行，其操作方式与上述相同。

2. 运行方式二

1 号进线受电，1 号 B 运行，2 号进线、2 号 B 备用(以 1 号进线 1 号 B 运行，2 号进线 2 号 B 备用为例)

(1)1 号 B 故障时，主变故障备投倒直列。

变电所 1 号进线 1 号 B 带电运行时，首先将自投装置设定为“直列优先”，短时短接 1 号变压器端子箱内端子排上重瓦斯保护接点引线，模拟重瓦斯保护动作跳闸。正在运行的 1 号变压器系统的三台断路器将自动跳闸，1 号进线隔离开关自动分开。然后依次自动合上 2 号进线隔离开关和 2 号变压器的三台断路器，即将 1 号进线 1 号 B 退出运行，2 号进线 2 号 B 投入运行。综合自动化装置后台机应该发出“1 号 B 本体故障”、“自投成功” 的各种报警信号及报告。

2 号进线 2 号 B 运行时，2 号 B 本体故障，自动投入 1 号进线 1 号 B 运行，其操作方式与上述相同。

(2)1 号 B 故障时，主变故障备投倒交叉。

变电所 1 号进线 1 号 B 带电运行时，首先将自投装置设定为“交叉优先”，短时短接 1 号变压器端子箱内端子排上重瓦斯保护接点引线，模拟重瓦斯保护动作跳闸。正在运行的 1 号变压器系统的三台断路器将自动跳闸，1 号进线隔离开关自动分开。然后依次自动合上 1 号进线隔离开关、跨桥隔离开关和 2 号变压器的三台断路器，即将 1 号进线 1 号 B 退出运行，1 号进线 2 号 B 投入运行。综合自动化装置后台机应该发出“1 号 B 本体故障”、“自投成功” 的各种报警信号及报告。

2 号进线 2 号 B 运行时，2 号 B 本体故障，自动投入 2 号进线 1 号 B 运行，其操作方式与上述相同。

3. 运行方式三

2 号进线受电，1 号 B 运行，1 号进线、2 号 B 备用(以 2 号进线 1 号 B 运行，1 号进线 2 号 B 备用为例)

(1)2 号进线失压时，进线失压备投倒直列。

变电所 2 号进线 1 号 B 带电运行时，首先将自投装置设定为“直列优先”，然后由三个人在相同的时间内分别进行如下操作。一是一个人操作分开 1 号变压器高压侧的电压互感器隔离开关，使1号变压器高压侧的电压互感器失压；另一个人操作分开2号变压器高压侧的电压互感器隔离开关，使2号变压器高压侧的电压互感器失压；一个人操作保护测控盘处的双刀刀闸使之分开，使27.5 kV母线电压互感器低压侧失压。正在运行的1号变压器系统的三台断路器将自动跳闸，2号进线隔离开关及跨桥隔离开关自动分开。在2号进线隔离开关自动分闸过程中，迅速将1号变压器高压侧的电压互感器隔离开关合上。然后依次自动合上1号进线隔离开关和1号变压器的三台断路器，即将2号进线1号B退出运行，1号进线1号B投入运行。综合自动化装置后台机应该发出"2号进线失压"、"自投成功"的各种报警信号及报告。

最后将保护测控盘处的双刀刀闸置闭合位，使27.5 kV母线电压互感器低压侧有电压；合上2号变压器高压侧的电压互感器隔离开关。

1号进线2号B运行时，1号进线失压，自动投入2号进线2号B运行，其操作方式与上述相同。

(2)2号进线失压时，进线失压备投倒交叉。

变电所2号进线1号B带电运行时，首先将自投装置设定为"交叉优先"，然后由三个人在相同的时间内分别进行如下操作。一是一个人操作分开1号变压器高压侧的电压互感器隔离开关，使1号变压器高压侧的电压互感器失压；另一个人操作分开2号变压器高压侧的电压互感器隔离开关，使2号变压器高压侧的电压互感器失压；一个人操作保护测控盘处的双刀刀闸使之分开，使27.5 kV母线电压互感器低压侧失压。正在运行的1号变压器系统的三台断路器将自动跳闸，2号进线隔离开关及跨桥隔离开关自动分开。在2号进线隔离开关自动分闸过程中，迅速将1号变压器高压侧的电压互感器隔离开关合上。然后依次自动合上1号进线隔离开关、跨桥隔离开关和2号变压器的三台断路器，即将2号进线1号B退出运行，1号进线2号B投入运行。综合自动化装置后台机应该发出"2号进线失压"、"自投成功"的各种报警信号及报告。

最后将保护测控盘处的双刀刀闸置闭合位，使27.5 kV母线电压互感器低压侧有电压；合上2号变压器高压侧的电压互感器隔离开关。

1号进线2号B运行时，1号进线失压，自动投入2号进线1号B运行，其操作方式与上述相同。

4. 运行方式四

2号进线受电，1号B运行，1号进线、2号B备用(以2号进线1号B运行，1号进线2号B备用为例)

(1)1号B故障时，主变故障备投倒直列。

变电所2号进线1号B带电运行时，首先将自投装置设定为"直列优先"，短时短接1号变压器端子箱内端子排上重瓦斯保护接点引线，模拟重瓦斯保护动作跳闸。正在运行的1号变压器系统的三台断路器将自动跳闸，2号进线隔离开关及跨桥隔离开关自动分开。然后依次自动合上2号进线隔离开关和2号变压器的三台断路器，即将2号进线1号B退出运行，2号进线2号B投入运行。综合自动化装置后台机应该发出"1号B本体故障"、"自投成功"的各种报警信号及报告。

1号进线2号B运行时，2号B本体故障，自动投入1号进线1号B运行，其操作方式与上述相同。

(2)1号B故障时，主变故障备投倒交叉。

变电所2号进线1号B带电运行时，首先将自投装置设定为"交叉优先"，短时短接1号变压器端子箱内端子排上重瓦斯保护接点引线，模拟重瓦斯保护动作跳闸。正在运行的1号变压器系统的三台断路器将自动跳闸，2号进线隔离开关及跨桥隔离开关自动分开。然后依次自动合上1号进线隔离开关、跨桥隔离开关和2号变压器的三台断路器，即将2号进线1号B退出运行，1号进线2号B投入运行。综合自动化装置后台机应该发出"1号B本体故障"、"自投成功"的各种报警信号及报告。

1号进线2号B运行时，2号B本体故障，自动投入2号进线1号B运行，其操作方式与上述相同。

思考题

1. 利用变配电所综合自动化设备可以做哪些传动试验？
2. 为什么有的保护电流回路要做极性校验？
3. 主变系统传动试验的项目有哪些？
4. 如何做重合闸后加速传动试验？
5. 变电所有几种自投方式？你认为哪几种自投方式在实际中应用较多？

模块四　变配电所交流系统检查维护、试验及故障处理

模块描述：能够正确进行交流电源的操作；按标准进行交流系统的试验；按规定对交流系统进行维护保养；能够处理交流系统的常见故障。

完成情况评估方法：从交流电源的操作、交流系统缺相、失压故障处理、交流系统日常维护保养、交流系统试验五方面综合评估。按百分制打分，80分为合格。

一、交流电源的操作

在交流电源送电前，首先检查各部分安全技术措施应该恢复正常，各部分接线正确，测量试验合格；隔离开关、空气开关、接触器在分开位置，熔断器、继电器安装正确，状态正常。PLC控制器运行指示灯正常。其送电操作程序如下。

1. 自用电变压器送电操作程序

空载合上自用电变压器高压侧的隔离开关，观察自用电变压器空载运行正常。在交流屏端子排处测量自用电变压器二次电压正常。

交流系统主接线示意图如图7-11所示。图7-11中27.5 kV自用电变压器供电为1号进线，10 kV自用电变压器供电为2号进线，下面以此进行分析。

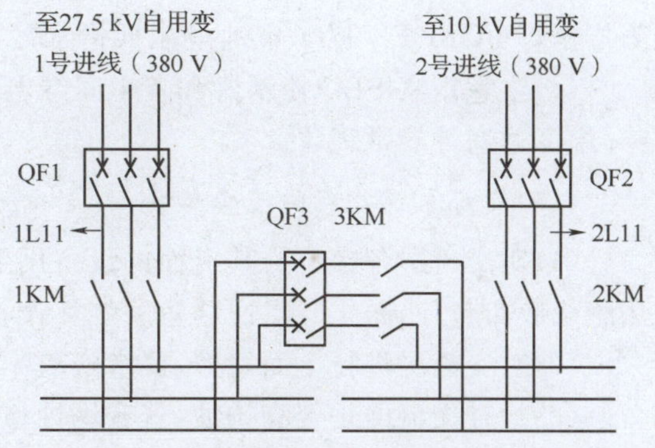

图7-11　交流系统主接线示意图

KM—接触器；QF—空气开关；

1L11、2L11—接线编号

2. 交流屏母线送电操作程序

(1)同投方式送电操作程序

将转换开关SA从0°(垂直位)逆时针转90°，打到同投位或在综合自动化装置监控系统选择同投位标识。分别合上交流屏上1号进线空气开关QF1和2号进线空气开关QF2，合上

母联空气开关 QF3，交流屏上进线接触器 1 KM 和 2 KM 受电闭合，交流屏上两段母线分别受电，测量两段母线电压正常。

(2)主备方式送电操作程序

在 1 号、2 号进线处于停电状态时，将转换开关 SA 从 0°(垂直位)顺时针转 90°，打到主备位或在综合自动化装置监控系统选择主备位标识。依此合上母联空气开关 QF3 和 1 号进线空气开关 QF1、2 号进线空气开关 QF2，1 号进线接触器 1 KM 和母连接触器 3 KM 同时闭合，1 段母线和 2 段母线同时由 1 号交流电源供电，测量母线电压正常。

(3)从同投方式转换成主备方式(以 1 号进线运行为例)

当前状态：QF1 和 QF2、接触器 1 KM 和 2 KM 在闭合位，3 KM 在断开位，两段母线分别受电。将转换开关 SA 顺时针转到 0°，停 3 s 再顺时针转到 90°，打到主备位；或在综合自动化装置监控系统选择主备位标识。1 KM 和 2 KM 瞬时断开然后又闭合，1 号、2 号两段母线分别受电。将 QF2 断开，停 10 s 再合上，1 KM 和 3 KM 闭合，2 KM 断开，由 1 号进线向两段母线供电。

(4)从主备方式转换成同投方式(以 1 号进线运行为例)

当前状态：QF1 和 QF2、接触器 1 KM 和 3 KM 在闭合位，2 KM 在断开位，两段母线均受电。将转换开关 SA 逆时针转到 0°，停 3 s 再逆时针转 90°，打到同投位；或在综合自动化装置监控系统选择同投位标识。3 KM 断开，1 KM 瞬时断开然后又闭合，2 KM 闭合，1 号、2 号两段母线分别受电。

3. 交流屏馈线送电操作程序

将交流屏馈线的各个空气开关分别送电，观察信号灯亮，观察综合自动化装置后台机各空气开关的合闸状态正确。分别测量各馈线的输出电压正常。

二、交流系统日常维护保养

(一)交接班巡视时的维护保养

(1)观察空气开关、仪表、信号灯和按钮的状态应该良好、位置正确，并且与当时设备的运行状态保持一致。

(2)各处的端子排、光字牌及插头插座连接牢靠，标志清晰正确。

(3)注意观察 PLC 控制器的指示灯，正常运行时 CPU 故障指示灯 FAULT、输入/输出故障指示灯 FORCED I/O、电池电压低指示灯 BATTERY LOW 均应该不亮和不闪烁。

(4)注意观察 PLC 控制器和各中间继电器、接触器插接及连接牢固、状态良好、无异音、异味、温度过高等异常现象。

(二)交流系统外部的检查维护

(1)对交流屏各部位及其上面的设备用毛刷等定期进行彻底清扫，清扫中毛刷金属部分要用绝缘胶布包住，防止二次回路短路烧坏设备，清扫端子排时要小心清扫，勿将端子撞松动。

(2)对交流屏进行全面检查，要求安装牢固端正，排列整齐，接地良好。

(3)检查交流屏是否有锈蚀，若有锈蚀应该用钢丝刷或砂布打磨后再涂漆。

(4)检查端子排、胶木头、电缆牌及各种设备标志是否齐全、正确、清楚，对不清楚或缺少的标志要重写或补齐。

(5)对盘上各种灯具、开关、继电器、接触器、熔断器、仪表、配线、端子排、连接片等装置进行外观检查。

(6)检查各设备应安装牢固,绝缘和接触良好,熔丝底座和灯泡的容量适当。若有不符合要求者要进行更换。

(7)检查端子排和配线排列齐全,标示牌、标志、信号齐全、正确、清晰。检查端子排上螺栓是否松动。对于排列不整齐的端子排要整理整齐。

(8)测量各转换开关、继电器、接触器接点的接触电阻。要求其接触电阻符合要求。

(9)检查 PLC 控制器及附件外壳应无划伤、碰伤及污损等情况;各种信号显示应与实际运行情况相符;各种按键和转换按钮应灵活、有效,无卡滞现象;指示灯脏污时应用柔软的丝绸布蘸酒精擦拭干净。各附件设备和元器件的标志应齐全完好、清晰、整洁,并与实际设备相一致。各附件设备及元器件安装位置应正确牢靠,型号、规格应图实相符。各元器件表面应无灰尘、杂物,否则应用干净的刷子或电吹风除尘去污。

(10)检查各电缆、端子排及各接线端子和各部连线、电气连接良好、无过热、断股和散股、过紧或虚接、混线及电气损伤和机械损伤。端子排标号图实相符,且清晰齐全。检查各部螺栓连接紧固、接触良好、无锈蚀、损坏、松动、变形现象。

(11)检查盘上各馈出空气开关分、合闸位置正确,安装牢固,性能良好,容量适当。

(三)交流系统内部检查维护

在内部设备检查之前,必须办理工作票将设备退出运行,用一字或十字螺丝刀将后面板上的螺栓松开,打开后面板,将插件取出,以便检查内部插件。

1. PLC 控制器及附件检查维护

(1)拔出 PLC 控制器及附件所有插件,用柔软的毛刷或小功率的电吹风清除插件上各元器件灰尘,若有油污,应用干净的丝绸蘸酒精擦拭。

(2)检查各插件的焊接点有无虚焊、开焊、熏黑现象。

(3)各插件的元器件应无电气损伤(如:击穿、闪络、放电、绝缘老化等)或机械损伤(断线、断裂、破损、变形、螺栓滑扣等)。

(4)插拔插件时应无卡滞现象,插槽光滑、笔直、无阻碍物;各插件之间应保持一定的距离,不能相互影响。

(5)固定插件的外框应结实、牢靠、无变形,接地良好;插件本身应无变形、鼓肚、氧化或酸化现象。

2. 继电器、接触器检查维护

(1)检查继电器、接触器内部清洁无灰尘和油污。各部件安装良好,螺栓紧固,焊接头应牢固可靠,发现有虚焊、脱焊时应重新焊牢。

(2)继电器、接触器的可动部分应动作灵活,转轴的横向和纵向活动范围应适当,弹簧应无变形,当弹簧由起始位置转至最大刻度时,层间距离要均匀,整个弹簧平面与转轴要垂直。整定把手应固定在整定位置,整定螺栓插头与整定孔的接触应良好。

(3)触点的固定要牢固并无折伤和烧损。常开触点闭合后要有足够压力,即其接触后有明显的共同行程。常闭触点的接触要紧密可靠且有足够的压力。动、静触头接触时应中心相对。

(4)擦拭和修理触点时,禁止使用砂纸、锉刀等粗糙器件。烧焦处可用细油石或银粉纸打磨,并用鹿皮或绸布擦净。

(5)继电器的轴和轴承除有特殊要求外,禁止注任何润滑油。

(6)继电器底座端子板上的接线应压接的紧固可靠,并应特别注意引向相邻端子的接线鼻之间要有一定的距离,以免相碰。

三、交流系统缺相、失压故障与处理

1. 交流系统缺相、失压的原因

交流系统缺相、失压的原因主要有：两路电源同时瞬间失压，PLC 控制器故障或死机；中间继电器或接触器接触不良或烧毁，进线空气开关自动跳闸，检压回路发生故障等。

2. 交流系统缺相、失压故障处理

在发生交流系统缺相、失压后，首先利用看、问、嗅、触摸等方法进行直观检查，然后用万用表电压挡进行测量分析判断处理。

(1)若发现中间继电器或接触器引线接触不良，进行紧固即可恢复正常供电；若发现中间继电器与插座插接处接触不良，将中间继电器重新插接固定，即可恢复正常供电；若发现接触器接点卡住，调整接触器接点，使之恢复正常，即可恢复正常供电；若测量发现接触器辅助接点无法接通，则短接接触器辅助接点，使电源临时恢复供电，然后更换新的接触器。

(2)若发现中间继电器或接触器接点接触不良或烧毁，更换相应的中间继电器或接触器后，即可恢复正常供电。若没有中间继电器或接触器，临时短接中间继电器或接触器相关接点，使电源临时恢复供电，然后更换新的中间继电器或接触器。

(3)若发现检压回路发生故障，更换故障检压设备后，即可恢复正常供电。若没有检压设备，临时短接启动接触器的中间继电器接点，使电源临时恢复供电，然后更换新的中间继电器或接触器。

(4)若发现进线空气开关 QF1 和 QF2、接触器 1 KM 和 2 KM 均分开，并没有明显故障点，应采取下面 5、6 项的处理方法进行查找和处理。

(5)瞬时故障恢复处理

当发现空气开关 QF1 和 QF2、接触器 1 KM 和 2 KM 均分开后，并且其他设备没有异常。应首先合上 QF1 空气开关，若恢复正常供电，再合上 QF2 空气开关，并进行失压自投试验，若一切正常，可以判定为两路电源同时瞬间失压或 PLC 控制器被瞬时干扰造成。

(6)PLC 控制器故障或死机处理

若合上 QF1 或 QF2 空气开关，接触器 1 KM 或 2 KM 不能闭合，观察发现 PLC 控制器死机。首先关掉 PLC 控制器电源，停电时间大约 1 min 后再给 PLC 控制器送电。若 PLC 控制器恢复正常，即可恢复正常供电。若 PLC 控制器还是不能工作，临时短接启动接触器的中间继电器接点，使电源临时恢复供电，然后更换新的 PLC 控制器。

四、交流系统试验

(一)交流系统设备分体试验

1. 绝缘性能的检查

在设备实际运行中一般不进行绝缘性能的测试，在部分事故检验中可根据实际情况酌情进行绝缘性能的测试。

(1)绝缘电阻的测量

在测量前，应将交流装置的各级直流电压回路全部短接，将装置的交流电流回路、交流电压回路分别短接。用 1 000 V 兆欧表分别测量交流电流、交流电压、直流回路对地及各回路之间的绝缘电阻，测试时，非被试回路应接地。所测绝缘电阻均应大于 10 MΩ。

(2)介质强度的测量(工频交流耐压试验)

保护装置安装后以及每2～4年需进行一次工频耐压试验。耐压试验应在绝缘电阻测量合格后进行。试验时将所有交直流回路短接起来，用2 000 V(有效值)工频交流电压，将装置的全部回路对地进行一次1 min的耐压试验，无绝缘击穿或闪络现象。

2. 电压继电器定值试验

(1)电压继电器定值试验按图7-12接好线，首先将调压器BT调到零位。合上电源开关K，缓慢调整调压器BT，使输入到电压继电器的交流电压逐渐升高，直到继电器动作闭合。记录继电器的动作电压。误差不超过±3%。若误差较大应进行调整试验，使之符合要求值。

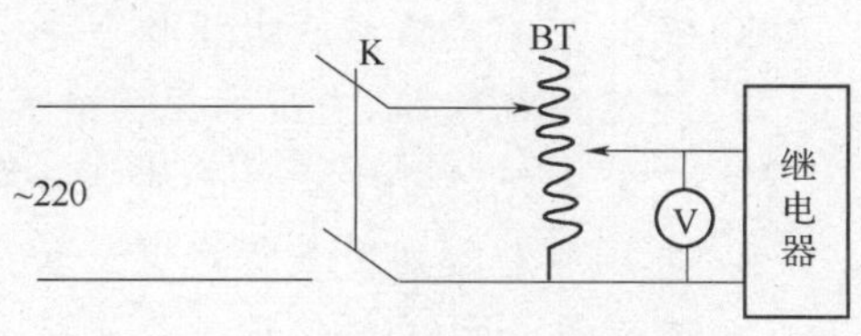

图7-12 电压继电器试验接线图

(2)在电压继电器动作的基础上，缓慢调整调压器BT，使加到电压继电器的交流电压逐渐降低，直到继电器动作返回，记录继电器的返回电压值。

(3)计算电压返回系数应符合要求值，否则应调整，使之达到要求。

3. 时间继电器的定值试验

在作定期检验时，用时间继电器的延时接点作为继电器动作反馈接点，给时间继电器线圈突然施加额定电压，时间继电器应正确动作并检测出动作时间。继电器在整定位置加以额定电压测量动作时间3次，取其平均值，要求每次测量值与整定值的误差应不超过0.07 s。对新安装的继电器还需在额定电压下测定最大与最小刻度位置时的动作时间。

4. 交流盘PLC控制器定值试验

PLC控制器电压定值和动作时间的测试与微机保护的测试方法相同，在此不赘述。

(二)交流系统整体试验

1. 在主备供电方式运行时，停电自投试验

在1号主电源和2号备用电源正常的情况下，首先断开主电源空气开关QF1，系统交流输入应能自动切换到备用电源供电，并给出报警信号。查询综合自动化装置后台机显示屏交流系统主页，系统模拟状态图显示：主电源接触器1 KM断开，备用电源接触器2 KM和母联接触器3 KM闭合；然后合上主电源空气开关QF1，系统交流输入应能切换到主电源供电，满足主电源主投，查询综合自动化装置后台机显示屏交流系统主页，系统模拟状态图显示：主电源接触器1 KM和母联接触器3 KM闭合，备用电源接触器2 KM断开。

2. 在同投供电方式运行时，停电自投试验

在1号主电源和2号电源正常供电的情况下，断开1号 电源空气开关QF1，系统交流输入应能自动切换到主备供电方式，由2号电源单独供电，并给出报警信号。查询综合自动化装置后台机显示屏交流系统主页，系统模拟状态图显示：1号电源接触器1 KM断开，2号电源接触器2 KM和母联接触器3 KM闭合。

然后合上主电源空气开关QF1，使交流电源处于同投供电方式。断开2号电源空气开关QF2，系统交流输入应能自动切换到主备供电方式，由1号电源单独供电，并给出报警信号。查询综合自动化装置后台机显示屏交流系统主页，系统模拟状态图显示：2号电源接触器2 KM断开，1号电源接触器1 KM和母联接触器3 KM闭合。

3. 事故照明自投试验

将交流电源停电，事故照明接触器将自动闭合，事故照明亮。将交流电源送电，事故照明接触器将自动断开，事故照明熄灭。

思考题

1. 简述交流屏馈线送电操作程序。
2. 交流系统缺相、失压的原因有哪些？如何处理？
3. 交流系统日常维护保养的项目有哪些？
4. 电压继电器如何进行定值试验？
5. 交流馈线开关如何进行故障跳闸试验？

模块五　变配电所直流系统检查维护、试验及故障处理

模块描述：能够正确进行直流系统的操作；按标准进行直流系统的试验；按规定对直流系统进行维护保养；能够处理直流系统的常见故障。

完成情况评估方法：从直流系统的操作、直流系统保险熔断故障处理、直流系统接地故障处理、直流系统日常维护及系统试验等方面进行综合评估。按百分制打分，80 分为合格。

一、直流系统的操作

（一）直流系统的开关操作

1. 交流进线开关

交流进线开关采用空气断路器，正常工作状态下的手柄在“合闸”位置。在检修直流屏内设备时，应保证交流进线开关在“断开”位置，确保维护人员安全。

2. 整流器输出开关

整流器输出开关采用空气断路器或负荷隔离开关，正常工作状态下的手柄在“合闸”位置。在检修整流器直流输出配电单元元器件时，应把整流器输出开关置于断开位置，确保维护人员安全。

3. 电池组输出开关

电池组输出开关一般采用负荷隔离开关，正常工作状态下的手柄在“合闸”位置。只有在对电池进行充放电维护时，才可以把电池组输出开关断开。

需说明的是，对于配置一组蓄电池的直流系统，只有在接入应急电池组后才可以断开电池组输出开关。

4. 母线联络开关

对于配置两组蓄电池的直流系统，每组电池各连接一段直流母线，两段直流母线之间装设联络开关，以实现在其中一组蓄电池充放电维护或整流器故障退出时，合上母联开关，由另一组蓄电池和整流器带全部的直流负荷。

母线联络开关一般采用负荷隔离开关，正常工作状态下的手柄为“断开”位置。只有在对一组电池进行充放电维护时，才可以把母联开关合上。

5. 操作母线联络开关时应注意

(1)对于允许电池组并联的直流系统（电池组输出开关与母联开关无机械闭锁措施），必须确认两组电池的电压差在 1 V 以内，才可以合上母联开关，否则电池组并联产生的较大环流会

危及直流系统的供电安全。

(2)对于不允许电池组并联的直流系统(电池组输出开关与母联开关机械闭锁),必须确认整流器的输出开关接通到负载回路(馈电母线),才可以合上母联开关,否则在开关切换过程中存在直流母线短时失压的现象。

6. 电池试验开关

电池试验开关采用空气断路器或负荷隔离开关,正常工作状态下的手柄在"断开"位置。在对电池进行充放电维护时,可通过试验开关接入放电负载。

(二)直流系统参数查阅

1. 直流参数查阅

在主界面按"开始"进入主菜单→选择按"运行信息",显示内容如图 7-13 所示。图中显示了"母线电压"、"整流输出电压、电流"、"电池组输出"、"电池组容量"、"电池组温度"、"母线对地电阻"及"当前时间"、"充电状态"。当一台监控装置同时监测两段直流母线,或同时监测两组整流器或蓄电池时,则交替显示相关回路设备的运行参数。点击"返回"图标返回主界面。

2. 交流信息查阅

在主界面按"开始"进入主菜单→选择按"交流信息",显示内容如图 7-14 所示。图中显示交流变送器监测到的整流器交流工作电压,测量值为线电压。当一台监控装置同时监测两组整流器时,则同时显示两组整流器的交流工作电压。当整流器关机(交流进线开关断开)时,交流电压显示变为 0 V 或 XXX. XV。当监控装置连接逆变电源装置时,向下翻页可查询逆变电源装置的运行信息。点击"返回"图标返回主界面。

浮充	2004-6-18	20:30:15
母线电压:224 V		
整流器输出:243 V 12.5 A		
电池组输出:243 V 0.02 A		
电池组容量:		
电池组温度:22.5℃		
母线对地电阻:+999.9 K −999.9 K		
报警	当前系统运行正常,点击开始	返回

图 7-13 运行信息界面图

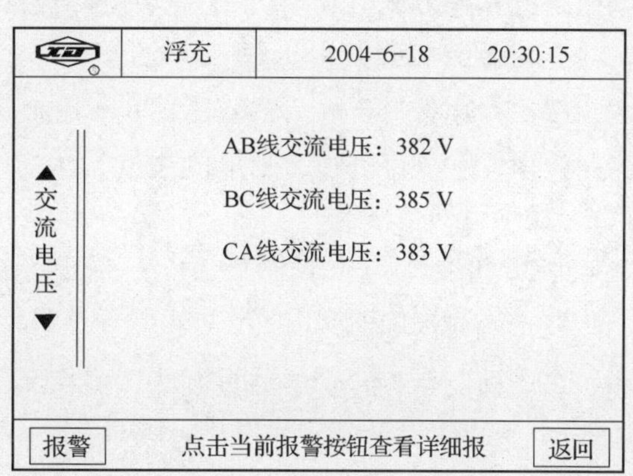

图 7-14 交流信息界面图

3. 电池巡检信息查阅

在主界面按"开始"进入主菜单→选择按"电池巡检",显示内容如图 7-15 所示。

4. 告警信息查询查阅

除系统控制和维护界面,在其他任一界面按"报警"进入当前报警页面,显示内容如图 7-16所示。图中当系统设置为实时弹出报警时,系统告警后,将自动弹出当前告警信息屏。当前报警信息包含告警发生的起始时间和告警内容,其中记录 1 为最近的告警事件。向下翻页可查看更多的当前报警信息。在无操作响应情况下,监控装置将会在一定时间后返回到主界面。

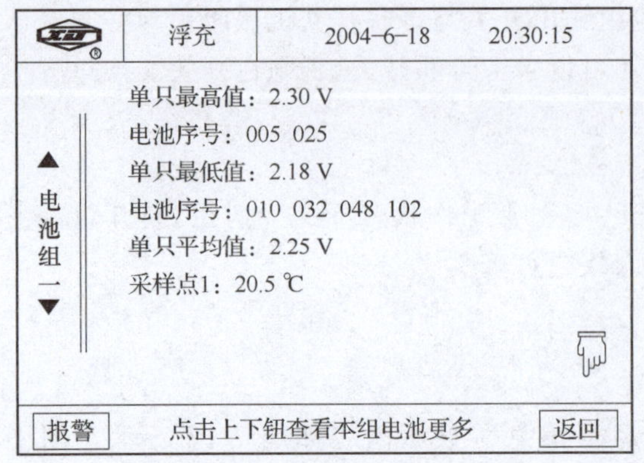

图 7-15 电池组信息界面图

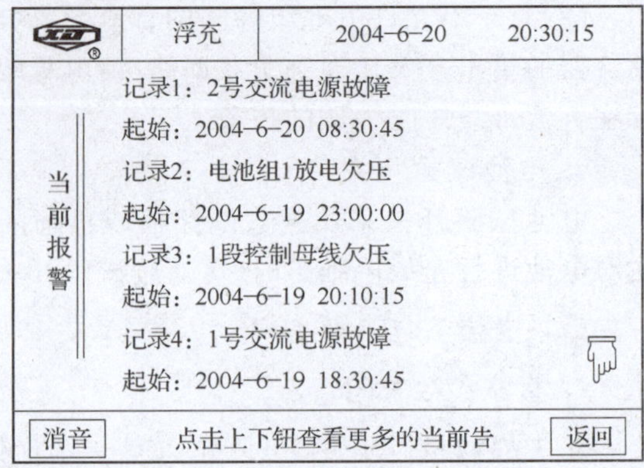

图 7-16 当前报警信息界面图

系统告警时，监控装置面板上相应类型告警的红色指示灯点亮，同时蜂鸣器发出告警声音（音响保护时间设置不为零），按“消音”键可解除音响。

5. 告警记录清除

在主界面按“开始”进入主菜单→选择按“系统维护”，输入用户密码，进入系统维护菜单→选择按“记录删除”，根据提示信息按“是”后即可清除历史告警信息。

6. 调整充电电压和电流查阅

在主界面按“开始”进入主菜单→选择按“系统维护”→输入用户密码，进入系统维护菜单→选择按“电池管理”。点击“浮充电压”、“均充电压”或“充电限流”项，修改浮充电压值、均充电压值或充电限流值后确认，上述项目即被修改。

7. 调整充电保护电压和电流查阅

在主界面按“开始”进入主菜单→选择按“系统控制”→输入用户密码，进入系统控制页面。点击“上电电压值”、“上电电流值”、“安全电压值”或“安全电流值”项，修改保护参数后确认，上述项目即被修改。

8. 电池均充、浮充控制

在主界面按“开始”进入主菜单→选择“系统控制”→输入用户密码→选择“电池管理方式”为“手动”→选择“手动运行方式”为“均充”，确认后将进入“均充”状态。观察充电模块的输出电压，将很快升高到均充电压。选择“手动运行方式”为“浮充”，确认后将进入“浮充”状态。

二、直流系统日常维护保养

（一）直流系统外部维护保养

1. 观察高频开关直流电源装置充电模块前后通风网应无灰尘和堵塞现象；整流变压器应完整无损，无过热或烧伤现象。将充电模块前后海绵通风滤尘网取下，用清水冲洗干净并晾干。

2. 装置及附件外壳应无划伤、碰伤及污损、锈蚀等情况，若有此现象，应及时进行处理。

3. 装置面板上的各种信号显示应与实际运行情况相符。

4. 装置面板上的各种按键和开关应灵活、有效，无卡滞现象，其他转换开关应操作灵活，接触良好。

5. 装置面板上的指示灯脏污和通风网有脏污时，应用柔软的丝绸布蘸酒精擦拭干净。

6. 装置面板及各附属设备和元器件的标志应齐全完好、清晰、整洁，并与实际设备相一致。

7. 检查各附属设备及元器件安装位置应正确牢靠，型号、规格应图实相符。各元器件表面应无灰尘、杂物，否则应用干净的刷子或电吹风除尘去污。

8. 检查各电缆、端子排及各接线端子和各部连线、电气连接良好、无过热、断股和散股、过紧或虚接、混线及电气损伤和机械损伤。端子排标号图实相符，且清晰齐全。检查各部螺栓连接紧固、接触良好、无锈蚀、损坏、松动、变形现象。

9. 检查盘后灯具、继电器、熔断器、仪表、连接片正常、牢固；熔丝、触头和灯泡的容量适当。

10. 用干净的布对蓄电池进行清扫和擦拭干净，将蓄电池充、放电刀闸断开并静止30 min，然后测量蓄电池的开路电压符合要求。

(二)直流系统装置的内部维护保养

在内部检查之前，必须办理工作票将设备退出运行，打开面板，检查内部插件情况。在进行检查时要采取防静电干扰的措施，防止静电干扰损坏系统内的芯片。

1. 用柔软的毛刷或小功率的电吹风清除插件上各元器件灰尘，若有油污，应用干净的丝绸蘸酒精擦拭干净。

2. 检查各插件的焊接点有无虚焊、开焊、熏黑现象。

3. 检查各插件的元器件应无电气损伤(如：击穿、闪络、放电、绝缘老化等)或机械损伤(断线、断裂、破损、变形、螺栓滑扣等)。

4. 检查内部各插接端子应结实、牢靠、无变形，接触良好，各引线排列整齐，状态良好。

5. 检查测量内部通风电机状态正常，工作良好，启、停温度符合要求。

6. 检查各插件本身应无变形、鼓肚、氧化或酸化现象。

三、直流系统故障与处理

(一)直流系统熔断器熔断故障与处理

1. 交流监视继电器输入保护熔断器熔断故障与处理

当微机监控装置发出交流电源故障告警时，用万用表测量交流输入工作电源正常，微机监控装置显示交流输入电压正常时，应检查交流监视继电器的任一相输入保护熔断器熔丝是否熔断，若熔断器熔丝熔断，更换新的熔断器，告警即可解除。

2. 整流器输出空气开关跳闸或熔丝熔断与处理

当微机监控装置发出输出空气开关故障或熔丝熔断告警时，说明整流器的输出空气开关故障跳闸或熔丝熔断。应检查整流器的输出空气开关是否正常，若空气开关已经损坏，应检查有无短路的地方，若有短路的线路和设备，处理好后更换新的空气开关。若空气开关正常，应检查熔断器熔丝是否熔断，若熔断器熔丝熔断，应检查有无短路的地方，若有短路的线路和设备，处理好后更换新的熔断器，告警即可解除。

3. 蓄电池充放电空气开关跳闸或熔丝熔断故障与处理

当微机监控装置发出蓄电池充放电空气开关跳闸或熔丝熔断告警时，说明蓄电池充放电空气开关跳闸或熔丝熔断。应检查蓄电池的充放电空气开关是否正常，若空气开关已经损坏，应检查有无短路的地方，若有短路的线路和设备，处理好后更换新的空气开关。若空气开关正常，应检查熔断器熔丝是否熔断，若熔断器熔丝熔断，应检查有无短路的地方，若有短路的线路和设备，处理好后更换新的熔断器，告警即可解除。

若微机监控装置没有蓄电池充放电空开跳闸或熔丝断告警功能。当微机监控装置发出蓄电池电压过低告警时，应检查微机监控装置显示的直流电压是否正常，若显示的直流电压正常，观看微机监控装置显示蓄电池组及单节蓄电池电压是否正常，若蓄电池电压不正常，应检查熔断器熔丝是否熔断，若熔断器熔丝熔断，应检查有无短路的地方，若有短路的线路和设备，处理好后更换新的熔断器，告警即可解除。

(二)直流系统接地故障处理

当直流监控装置显示直流接地故障报警时，应首先从直流监控装置查看故障类型(是正极接地还是负极接地故障)和绝缘电阻的大小。然后调阅馈电支路发生直流系统接地故障的情况，若各馈电支路没有发生绝缘下降问题，则可初步判定为直流系统自身发生绝缘故障，其查找方法见下面1项；若馈电支路发生绝缘下降问题，则通过直流监控装置确定哪条支路发生直流系统接地故障，其查找方法见下面2项。

1. 直流系统自身发生绝缘下降故障与处理

利用分段判断法查找直流系统自身绝缘下降故障。首先根据故障类型确定正极接地还是负极接地故障，若为正极接地故障，向正极部分查找；若为负极接地故障，向负极部分查找。再根据绝缘电阻的大小判断是接地故障还是绝缘下降故障，根据绝缘电阻的变化情况判断故障性质。

(1)接地故障与处理

接地故障的表现为某级绝缘电阻接近0 Ω。其故障查找方法为：先查找直流装置，再依次查找蓄电池系统、母线系统，最后查找绝缘监测装置自身。

其具体查找方法为：关掉直流装置电源和输出部分，由蓄电池向外供电，用万用表测量直流装置对地的电阻，若对地的电阻很小，说明故障在直流装置。将直流装置送电，逐个整流模块停电，确定哪个整流模块故障；若整流模块均无故障，将微机监控模块停电，若此时接地故障消失，则为微机监控模块故障；若上述装置均无故障，则投入直流装置电源和输出部分，将蓄电池断开，若接地故障消失，则故障点在蓄电池部分。若接地故障没有消失，则将母线系统停电，若接地故障消失，则故障点在母线系统。若接地故障没有消失，则故障点为绝缘监测设备自身故障。对查出的设备故障进行处理，直流系统即可恢复正常工作。

(2)绝缘下降故障与处理

绝缘下降故障的查找方法为：先查找蓄电池系统，再依次查找直流装置、母线系统，最后查找绝缘监测装置自身。

具体查找方法为：将蓄电池断开，若绝缘下降故障消失，则故障点在蓄电池部分；外观检查蓄电池有无漏液和溢液现象，若有，故障点为漏液的蓄电池。蓄电池断开后绝缘下降故障没有消失，则将蓄电池送电，关掉直流装置电源和输出部分，由蓄电池向外供电。查找直流装置、母线系统，绝缘监测装置自身绝缘下降故障查找方法同上(1)项。

(3)绝缘电阻大小变化

绝缘电阻大小变化的故障查找方法为：用万用表测量直流母线对地的电压，若正极和负极对地电压大小相等，且为稳定的标准电压值。说明绝缘监测装置自身或微机监控装置存在问题。应先查找绝缘监测装置自身是否有故障，若测量绝缘监测装置输出电压不稳定，故障点就在绝缘监测装置自身；否则故障点应在微机监控装置。

2. 馈电支路发生绝缘下降故障

查找馈电支路绝缘下降故障的方法为：先查绝缘监测装置自身故障，再查相关馈电支路故障。其具体查找方法如下。

（1）绝缘监测装置自身故障查找

当确定本馈电支路发生绝缘下降故障后，首先测量本馈电支路绝缘下降支路的对地电压，若对地电压为总电压的一半左右，基本可以判定绝缘监测装置自身故障。若对地电压比总电压的一半低很多，说明馈电支路发生绝缘下降故障。

（2）馈电支路故障查找

馈电支路绝缘下降故障查找的基本原则是：先室外后室内，先备用设备后运行设备，先低压设备后高压设备，先隔离开关后断路器。若馈电支路连接多个分支路，则先查找信号回路、监测回路，后查找控制回路和保护回路。依据上述方法对于馈电支路发生绝缘故障的情况，找出支路绝缘下降的原因并作相应的处理。

①隔离开关电机回路故障

隔离开关电机回路一般由两路直流电源环形供电。在查找故障时，先断开一路直流电源，由一路直流电源供电。首先甩开所有备用隔离开关的电源，观察绝缘下降故障是否消失，若绝缘下降故障消失，则故障点在备用隔离开关部分。接通直流电源后，逐个检查备用隔离开关电动操作机构箱的状态，观察有无漏雨潮湿并脏污，有无明显的接地点，若有，断开此隔离开关电动操作机构箱的电机电源，观察绝缘下降故障是否消失，若绝缘下降故障消失，则故障点就在此备用隔离开关电动操作机构箱内，处理后即可恢复正常。若没有明显的故障现象，则逐个甩开电动操作机构电机电源，当某个电动操作机构电机电源失电时，绝缘下降故障消失，则故障点就在此隔离开关电动操作机构箱内。若甩开所有备用隔离开关的电源时，绝缘下降故障没有消失，则故障点在运行隔离开关范围内。用逐个甩开电源的方法确定故障的隔离开关电动操作机构，然后进行故障处理。

②断路器电机回路故障

断路器电机回路故障查找处理方法与隔离开关电机回路故障查找处理方法相似，只是运行的断路器一般不能长时间停电，只能用短时分、合电机回路电源开关的方法进行故障查找。确定故障的断路器电机回路后，应倒备用使运行的断路器退出运行，然后再进行具体故障查找处理。

③综合故障

当发生控制回路、保护回路、信号回路直流接地故障时，其故障范围即涉及室内保护测控装置，又涉及断路器和隔离开关电动操作机构，其直流接地故障查找方法如下：

若控制回路、信号回路接的是同一处电源，应该利用短时分、合每个保护测控装置信号回路、控制回路的方法，确定是信号回路直流接地故障还是控制回路直流接地故障，然后再分别进行故障查找处理。

首先查找信号回路：短时分、合每个保护测控装置信号回路的开关，若使某个保护测控装置信号回路失电时，直流接地故障消失，则故障点就在此测控装置信号回路。然后确认此保护测控装置信号回路所连接的断路器或隔离开关电动操作机构，用甩线的方法将断路器或隔离开关电动操作机构的信号回路断开，若此时直流接地故障消失，则故障点就在此保护测控装置连接的断路器或隔离开关电动操作机构信号回路，用上面的方法进行查找处理即可；若此时直流接地故障没有消失，则故障点就在此保护测控装置本身的信号回路。倒备用使运行的保护测控装置退出运行，然后再进行具体故障查找处理。

控制回路、保护回路直流接地故障查找方法与信号回路基本相同，需要注意的是，在确定了那个保护测控装置控制回路、保护回路存在直流接地故障后，应先进行倒备用，使运行的保护测控装置退出运行，然后再按信号回路直流接地故障查找方法进行具体故障查找处理。

四、直流系统试验

(一)输出电压调整功能试验

1. 手动调压试验

把调压开关打到手动位，手动调节调压开关挡位从 0 位到 6 位变化，记录控制母线电压表 2 PV 指示值，在正常情况下，控制母线电压表 2 PV 也随着变化，并且每挡的电压变化范围在 4 V 左右。若符合此要求，说明能实现手动调整控制母线电压功能。

2. 自动调压试验

(1)正常观察

把调压开关打到自动位，在正常运行状态下，观察电压表 2 PV 指示，其电压在 110 V 左右(误差小于±3 V)，说明运行正常。

(2)升压试验

按图 7-17 接好线，将外加直流电源输出端 a、b 接在自动调压的输入端。首先将调压器 BT 调到零位。合上电源开关 K，调整调压器 BT，使输入电压逐渐升高，当输入电压升高到 100 V(三相时为$\sqrt{3}\times 100$ V)后，升压速度要减慢，并且利用万用表的直流电压挡测量直流电源装置的直流输出端 a、b 点的电压，当直流输出端 a、b 点的电压达到 110 V 后，输入电压每升高 5 V，暂停 5 min，观看自动调压装置是否动作正常，控制母线电压是否保持在 110 V 左右。若每次动作正常，说明自动调压装置状态良好；若动作不正常，说明自动调压装置故障，应及时进行检查处理。

(二)充电模块冗余备用试验

高频开关电源充电模块正常工作时，由 4 个充电模块并列运行。当一充电模块因故障退出运行时，其他模块应能正常工作。

检调方法：在高频开关电源正常工作时，拔下 2 号充电模块内部通信总线、直流输出、交流输入，系统应给出报警，查看参数查询第二页，显示 2 号充电模块的充电电压为 0 V，其他充电模块的充电电压、充电电流、控制母线输出电压、电流应正常。

将 2 号充电模块的内部通信总线、直流输出、交流输入恢复，并检查参数查询确认系统正常后，拔下 1 号充电模块的模块内部通信总线、直流输出、交流输入，重复上述试验。

(三)绝缘监察功能试验

1. 利用绝缘监察转换开关进行试验

绝缘监察转换开关 SA1 在竖直位置，电压表 3 PV 显示控制母线电压；将转换开关 SA1 顺时针扳动 45°到“正对地位置”时，电压表 3 PV 显示正极对地电压；将转换开关 SA1 逆时针扳动 45°到“负对地位置”时，开关接点③与④、⑦与⑧接通，电压表 3 PV 显示负极对地电压。若两极对地绝缘良好，则在“正对地”、“负对地”时，电压表 3 PV 指示对地电压为 1/2 母线电压值；如果某极对地绝缘不良，则在试验时电压表 3 PV 指示的电压低于 1/2 母线电压值，控制母线对地绝缘越不好，则电压表 3 PV 指示的电压越低。

2. 模拟试验绝缘监察功能

高频开关直流电源正常运行时，若出现控制母线对地绝缘不良，其微机监控装置将发出音响报警和显示有关异常信号，为确保此项功能正常工作，须作如下试验项目。

(1)绝缘监察功能试验

将 1 kΩ 电阻一端接地，另一端接控制母线总负极，高频开关直流电源微机监控装置将发出音响报警，操作报警查询键，进入报警查询子页，此子页中应有以反显方式显示的“母线绝缘不良”报警内容，同时显示母线负极绝缘电阻为 1 kΩ。按消音键可以停止音响，按返回键即可返回主页。扳动绝缘监察开关，负极对地电压接近零，正极对地电压接近全电压。将电阻接在控制母线总正极进行试验，其操作步骤相似，不再赘述。

将 1 kΩ 电阻一端接地，另一端接直流某馈线的负极，高频开关直流电源微机监控装置将发出音响报警，操作报警查询键，进入报警查询子页，此子页中应有以反显方式显示的“馈线绝缘不良”报警内容，同时显示某馈线的负极绝缘电阻为 1 kΩ。

(2)绝缘监察灵敏度试验

在控制母线正极或负极与地之间，加接 100 kΩ～2 MΩ 电位器，将电位器电阻值调整到 1 MΩ，高频开关直流电源微机监控装置将发出音响报警，若微机监控装置不发出音响报警，缓慢调整电位器使电阻值逐渐减小，直到监控模块发出音响报警为止，操作报警查询键，进入报警查询子页，此子页中应有以反显方式显示的“母线绝缘不良”报警内容，按消音键停止音响，按返回键即可返回主页。测量电位器此时的电阻值，要求不应小于 900 kΩ，否则应该调整高频开关直流电源的有关部分。

(四)交流输入中断试验

在高频开关电源正常运行的情况下，确认盘后装置电源转换开关 ZK 在“直流”位，然后进行交流输入中断试验。

1. 断电试验

依次断开盘面备用电源空气开关、主电源空气开关，系统给出音响报警信号，操作报警查询键，进入报警查询子页，此子页中应有以反显方式显示的“备用电源电压低、主电源电压低”，报警内容，按消音键停止音响，按返回键即可返回主页。

2. 送电试验

确认电压正常后，依次合上电源空气开关，此时直流电源整流模块立即被启动，并根据充电电流的大小自动控制对蓄电池由均充—浮充—正常运行的状态转换。

(五)输入电压波动稳压功能试验

1. 测量校对

用 0.5 级以上的电压、电流表测量控制母线的输出电压、输出电流，与微机监控装置显示的运行参数相比较，微机监控装置的电压、电流测量误差均不应大于±1%。

2. 断开电源

首先断开高频开关直流电源装置的交流电源开关(交流盘和直流盘的电源开关)，使直流电源装置停电。

3. 初始测试

按图 7-17 接好线，首先将调压器 BT 调到零位。合上电源开关 K，调整调压器 BT，使输入到高频开关直流电源的交流电压达到 220 V（三相为 380 V），测量其输出直流电压 U_{ab}，其电压应为标准电压（蓄电池均充时为 127 V，浮充时为 122 V）。

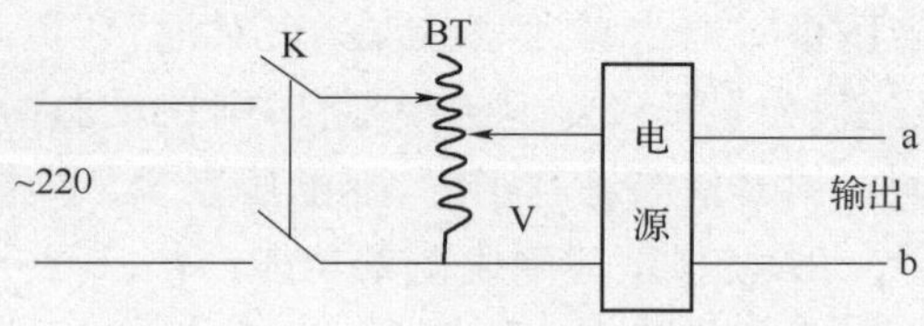

图 7-17　电压波动试验接线图

4. 输出直流电压稳定度校验

调整调压器 BT 使输入到直流电源输入端的交流电压在 $\pm25\%U$ 范围内变化，交流电压每变化 10%，测量一次其输出直流电压 U_{ab} 的数值，要求交流电压在最大值和最小值时，U_{ab} 变化值小于 $\pm3\%$。若 U_{ab} 变化范围大于要求值，应检查高频开关直流电源整流模块的采样回路、脉宽调制回路、变换器回路的工作性能是否正常，元器件是否损坏或变质。

（六）电池巡检功能检查

首先在监控装置显示屏上进行查看蓄电池参数，其查看步骤为：在系统使用主页触摸“参数查询”键，将进入参数查询子页的第一页，在参数查询第一页触摸“继续”键，则进行一次单节蓄电池检测并进入参数查询第二页，显示参数为各单节蓄电池电压和蓄电池组电压。

（七）均充、浮充转换功能检查

1. 试验均充、浮充转换功能

首先检查确认高频开关直流电源装置自用电电源盘后转换开关 ZK 在“直流”位，然后在监控模块使用主页上，触摸右下方的“系统操作”键，待画面切换到系统操作子页后，再触摸“停止”键，所有充电模块立即被停止。此时，由蓄电池单独向负载供电，为保证蓄电池放电电流在 0.1C(A)左右，应增加额外负载，蓄电池放电时间要大于半小时。

蓄电池放电结束后，触摸系统操作子页上的“启动”键，所有充电模块立即启动对蓄电池进行充电。在监控模块系统操作子页上，查看充电电压及均充、浮充键，应显示蓄电池在均充状态（充电电压为 127 V），随着充电时间的延长，均充电流逐渐减小，当充电电流减小到小于 0.01C(A)后一段时间，均充状态应能自动转变为浮充电状态（充电电压为 122 V）。

2. 查询均充、浮充参数值

在监控模块使用主页上，触摸右下方的“系统设定”键，画面将切换到系统设定子页的第一页，再触摸“继续”键，将进入系统设定子页的第二页、第三页。根据高频开关直流电源装置的整定值，查看系统设定子页的 1～3 页，监控模块画面上的显示值应与整定值一样，否则应进行修改。

监控模块画面上的显示值为“交流电压高”、“交流电压低”、“充电电压高”、“充电电压低”、“控母电压高”、“控母电压低”、“充电过充”、“控母过载”、“单支电池电压高”、“单支电池电压低”、“浮充电压”、“均充电压”、“均充间隔”、“充电电流”。

（八）交流输入互投试验

在主电源和备用电源正常的情况下，首先断开主电源空气开关，系统交流输入应能自动切换到备用电源，并给出报警信号。查询显示屏主页，系统模拟状态图显示：主电源接触器 KM

断开，备用电源接触器 KM 闭合；然后合上主电源空气开关，系统交流输入应能切换到主电源供电，满足主电源主投，查询显示屏主页，系统模拟状态图显示：主电源接触器 KM 闭合，备用电源接触器 KM 断开。

（九）告警功能测试

直流系统的整流器交流输入空气开关、交流监视继电器、防雷器、整流模块、整流器直流输出空气开关或熔断器、蓄电池输出空气开关或熔断器、直流馈电空气开关、硅堆调压装置、绝缘监测装置、蓄电池巡检装置等设备保护动作时，会产生相应的告警信号。这些告警信号可通过继电器触点或直接通信的方式，上传到直流系统的微机监控装置，显示记录相应的告警内容，各设备具体的告警信号和试验方法如下：

1. 整流器交流输入空气开关跳闸告警。当任一路交流输入空气开关故障跳闸时，系统能告警。对带有脱扣试验按钮的空气开关，闭合状态下按动试验按钮，空气开关应可靠分断，故障跳闸信号触点很快闭合，随后系统的微机监控装置产生相应的告警。空气开关恢复合闸后，告警自动解除。对于不带脱扣试验按钮的空气开关，采用短接空气开关报警输出触点的方法模拟测试。

2. 交流电源故障告警。当交流输入工作电源缺相或失压时，系统发出告警。断开交流监视继电器的任一相输入保护熔断器，其信号触点很快返回闭合，随后系统的微机监控装置产生相应的告警。保护熔断器恢复后，告警自动解除。

提示：该告警信号在整流器交流输入空气开关断开时被屏蔽。

3. 防雷器失效告警。当交流输入防雷器保护失效时，系统能告警。拔下防雷器模块的任一片压敏电阻，其信号触点很快闭合，随后系统的微机监控装置产生相应的告警。压敏电阻恢复后，告警自动解除。

4. 整流模块异常告警。当任何一个整流模块发生交流过压/欠压/缺相、直流过压/过流、温度过高现象时，系统能发出告警信号。对于高频开关整流模块，关断任何一个模块的交流输入开关，其信号触点很快返回闭合，随后系统的微机监控装置产生相应的告警。整流模块恢复工作后，告警自动解除。

提示：该告警信号在发生交流电源故障告警时被屏蔽。

5. 整流器输出空气开关跳闸或熔丝断告警。当整流器的输出空气开关故障跳闸、或熔丝断时，系统能发出告警信号。对于输出空气开关保护告警采用与交流输入空气开关跳闸告警测试相同的方法。对于熔丝保护采用轻触对应的报警熔丝开关的方法，保持一段时间后，系统的微机监控装置产生相应的告警。松开后告警解除。

6. 蓄电池输出空气开关跳闸或熔丝断告警。当电池组的输出空气开关故障跳闸或熔丝断时，系统能告警。对于空气开关保护告警采用与交流输入空开跳闸告警测试相同的方法。对于熔丝保护采用轻触对应的报警熔丝开关的方法，保持一段时间后，系统的微机监控装置产生相应的告警。松开后告警解除。

7. 直流母线接地告警。当直流母线发生绝缘降低的接地故障时，系统能告警。试验在绝缘监测功能测试的同时进行。

8. 直流馈电空气开关跳闸告警。当任一路直流馈电开关故障跳闸时，系统能告警。试验采用与交流输入空气开关跳闸告警测试相同的方法。

9. 母线调压装置异常。该信号仅在系统装设硅堆调压装置时提供，当降压硅堆故障开路或控制装置异常时，系统能告警。分别断开调压装置的输入隔离开关和硅堆电压检测接线，其信号触点很快闭合，随后系统的微机监控装置产生相应的告警。开关和接线恢复后，告警解除。

10. 蓄电池单体电压异常。该信号仅在系统装设电池巡检装置时提供，当任一只或分组电池的电压超限时，系统能告警。试验在电池巡检功能测试的同时进行。

(十)蓄电池性能测试

阀控式铅酸蓄电池的限压恒流充电电流和恒流放电电流均为 I_{10}($I_{10}=0.1C_{10}$)。额定电压为 12 V 的蓄电池，放电终止电压为 10.5 V。

电池组接入系统后，把监控装置电池管理设为"手动"方式，整流器设为"均充"方式对蓄电池充电，直到整流器自动转为"浮充"状态，且浮充电流连续 3 h 稳定在 1 mA/A · h 左右不变，表明电池已充足电，可对其进行容量核对性放电测试。

对蓄电池进行核对性放电试验时，环境温度宜控制在 25 ℃±10 ℃，并推荐采用专用的智能型放电设备，它可以根据设定的放电参数自动控制电池的放电电流，实现电池恒流放电，并自动记录放电时间和放电容量。蓄电池放电过程中应每隔 30 min 测量记录各单体电池的端电压值，并注意端电压下降较快的电池，只要其中一只电池的电压下降到了终止电压，应立即停止放电。此时核对电池的放电容量是否达到要求，若达不到可继续进行充放电循环。一般情况下，电池在 2～3 次充放电循环后容量可达到要求，若在 3 次充放电循环后容量仍达不到要求，应更换性能不良的电池。

思考题

1. 如何进行直流系统参数查阅？
2. 如何查找整流器输出空气开关跳闸或熔丝熔断故障？
3. 如何查找直流绝缘下降故障？
4. 直流系统装置内部维护和保养的内容有哪些？
5. 如何进行直流自动调压装置的自动调压试验？
6. 如何查询直流系统均充、浮充的参数值？

复　习　题

1. 控制功能的试验项目有哪些？
2. 综合自动化监控系统后台机失电如何处理？
3. 简述比例差动保护的测试方法。
4. 如何进行低电压闭锁三相过流保护试验？
5. 馈线保护单元试验的内容有哪些？
6. 变配电 PT 断线如何试验？
7. 如何在综自后台机上进行保护定值的修改？
8. 如何在保护测控装置上进行保护定值的修改？
9. 如何进行保护软压板投退修改？
10. 馈线阻抗Ⅰ段保护的范围是多少？

11. 牵引网馈电流速断保护的整定原则是什么？
12. 馈线传动试验项目有哪些？
13. 如何利用综合自动化系统进行分合闸传动试验？
14. 变配电所有几种非电量保护传动试验？
15. 交流系统整体试验内容有哪些？
16. 对 PLC 控制器及附件检查和维护有哪些内容？
17. 简述直流系统试验方法。
18. 直流系统在运行中可以做哪些试验？

第八章　变配电所应急故障处理

变配电所设备在运行过程中，由于设备制造、安装、检修维护、设备绝缘下降或自然灾害等原因常常造成设备故障，轻则造成设备损坏，重则造成供电系统故障，影响行车。在变配电所设备故障时，能尽快进行分析判断，对故障进行应急处理，保证安全可靠供电，是高速铁路变配电检修岗位必须具备的能力。

模块一　变配电所一次设备应急故障处理

模块描述：能按变配电所高压设备应急故障处理原则及程序，处理变压器、高压断路器、高压开关等高压设备故障。

完成情况评估方法：从变配电所高压设备应急故障处理原则及程序、变压器、高压断路器、互感器应急故障处理等方面进行综合评估。按百分制打分，80 分合格。

一、高压设备应急故障处理原则及程序

当变配电所高压设备发生事故后，值班人员不要慌乱、盲目进行处理，以免扩大事故；必须结合仪表和信号指示、设备外部特征、保护装置动作情况等综合判断事故的性质，按照处理原则及程序进行应急故障处理。

1. 迅速限制事故发展，消除事故根源，优先解除对人身和设备的安全威胁。

2. 用一切可能的办法保持设备的继续运行，力保不中断供电。

3. 与供电调度联系，改变或调整运行方式，对已经停电的设备要尽快恢复供电。

4. 事故处理时，无关人员要主动撤离现场。事故处理过程中，值班人员和检修人员要积极配合，有明确的分工，并将事故发生和处理经过，详细记录在值班记录本和运行日志中。

5. 事故发生在交接班时，由交班的值班人员处理，准备接班的值班人员协助，待事故处理告一段落后，再进行交接班。

6. 对危及人身、设备安全的触电、火灾、爆炸等事故，值班员有权先处理，解除对人身和设备的威胁后，再将情况向供电调度汇报。

7. 事故抢修可以不开工作票，但必须按规定做好安全措施后方可进行。

事故处理完成后，要按照规定进行事故分析，找出发生事故的原因，采取的防范措施，避免同类事故的重复发生。

二、变压器应急故障处理

（一）牵引变压器应急故障处理

1. 变压器绕组、铁芯、套管、调压开关故障

(1)故障现象

① 绕组：绝缘击穿、断线、变形。

② 铁芯：铁芯叠片之间绝缘、接地不良、穿芯螺栓绝缘击穿。

③ 绝缘套管：破损、闪络、击穿。

④ 调压开关：接触不良、断线、熔接。

(2)应急处理

① 出现以上四项中的任一项故障，变压器保护（如差动保护、重瓦斯保护等）动作，切除故障变压器，自动投入备用变压器，值班人员按规定做好记录并向供电调度汇报。

② 如果保护拒动，应在直接位或就地位操作断开拒动断路器，迫不得已时，在保证人身安全的情况下，紧急手动分闸，解除故障设备的威胁，再向供电调度汇报，将故障设备有效隔离后，恢复送电。

2. 变压器引出线、油箱故障

(1)故障现象

① 引出线：松股、断股。

② 油箱：焊接不好、密封垫圈不好造成渗油、漏油。

(2)应急处理

以上两项属不正常运行，不是很严重时，向供电调度、技术部门汇报，安排停电点倒换变压器。严重时，向供电调度、技术部门汇报，立即倒换变压器，进行抢修处理。

3. 变压器在运行中出现异常响声

(1)故障现象一及应急处理

现象："嗡嗡声"比平常大，音调异常，有"喀、喀"间歇声。

应急处理：立即报告供电调度并做好记录，同时加强对变压器的监视，若电压、电流异常波动，可认为由于过压、过流引起，属正常现象。

(2)故障现象二及应急处理

现象：内部音响极不正常，有强烈的不均匀的"叮叮"、"当当"、"咚咚"或内部有"叮叮当当"锤击声和"呼呼呼"刮风声。

应急处理：立即通知供电调度，撤除该变压器，投入备用变压器，通报技术部门对该变压器进行试验检测。

(3)故障现象三及应急处理

现象：有"嘶嘶"、"嗤嗤"声，一般因套管外部放电、介损套管损坏或接地不良引起放电造成。

应急处理：值班人员应向供电调度、技术部门汇报，安排计划清扫变压器，未处理前应加强监视，若放电发展迅速，应向供电调度汇报，立即切换变压器，进行抢修处理。

4. 变压器的油温急剧升高

(1)故障现象一及应急处理

现象：油温高于正常值，可观察到是由于变压器过负荷运行引起的。

应急处理：应立即通知供电调度，限制车流，减小负荷，并做好记录，同时注意加强对变压器的监视。

(2)故障现象二及应急处理

现象：负荷正常，但是油温异常（与平常比较在相同条件下运行，高出 10 ℃以上时）并不断上升，发出预告信号。

应急处理：立即向供电调度汇报，撤除该变压器，投入备用变压器，联系对该变压器进行试验、检查。

5. 变压器出现油位异常

(1)故障现象

① 油面下降,由于外壳有渗漏现象,使油面下降。

② 油温变化正常,而油位不变或变化异常。

③ 油位不断下降,并低于下限,发出预告信号。

(2)应急处理

① 油位下降且变化不大时,向供电调度汇报并做好记录,同时加强对变压器的监视,联系安排检查处理。

② 油位不断下降并发出预告信号时,应立即通知供电调度,撤除该变压器,投入备用变压器,安排对故障变压器进行检查维护。

6. 变压器轻瓦斯保护动作

(1)故障现象

变压器轻瓦斯保护动作,发出预告信号。

(2)应急处理

记录并向供电调度汇报。若发生穿越性短路或曾补油、滤油或更换净油器,可对瓦斯继电器放气,投运后加强监视。否则,全面进行外观检查:检查油位、油色及油温;电流、电压指示;音响及渗漏油情况。检查二次回路有无故障。

7. 变压器着火

应急处理:变压器着火,重瓦斯保护装置应立即动作,将变压器撤除运行。若保护失灵时,值班员应立即手动断开变压器两侧的断路器和隔离开关,采取措施将着火部分与其他设备及带电部分隔离,同时进行灭火工作。如果在变压器油箱上部燃烧,由于油枕的油压作用而向外面流油,则应将变压器下部油阀打开放油,将油放至低于着火处,同时向油箱下部未着火部分浇水,使油冷却。

(二)配电所变压器(调压器)故障应急故障处理

1. 变压器的接线绝缘子处放电及异响

应急处理:及时联系供电调度停运该变压器,将负荷切换到另一台变压器。

2. 变压器有异响、温控仪显示温度快速上升

应急处理:

(1)及时联系调度停运该变压器,将负荷切换到另一台变压器。

(2)检查温控仪及风机状态。

(3)对变压器室及变压器本体进行通风降温,报技术部门进行处理。

3. 变压器有冒烟、流胶、着火现象

应急处理:

(1)及时联系调度立即停运该变压器,将负荷切换到另一台变压器。

(2)做好安全措施后,及时对变压器本体进行灭火,防止危及其他设备的运行。

(3)对变压器室进行通风降温,报技术部门进行处理。

4. 调压器接线端子、电缆头处有放电现象

应急处理:

(1)及时联系调度停运该调压器,将负荷切换到临所。

(2)采取安全措施后,检查放电的接线端子、绝缘子、电缆头,检查有无爬电痕迹和碳化现象。

5. 调压器温度表无显示

应急处理:联系调度停运该调压器,将负荷切换到临所,采取安全措施后进行处理。

三、高压断路器应急故障处理

(一)断路器常见应急故障处理

1. 故障现象

断路器拒绝合闸、断路器拒绝分闸、气体压力过低和一次电气连接处温度过高或放电。

2. 应急处理

(1)断路器拒合(包括重合闸),供电调度应根据具体情况切换运行方式,将故障断路器退出运行。

(2)断路器拒绝分闸,用手动操作使断路器分闸,查清原因,作相应处理。

(3)变压器一次、二次侧断路器拒绝合闸,应先切换运行方式,查清原因,作相应处理。

(二)断路器自动跳闸后的处理

1. 应急处理

全面检查跳闸断路器及所在系统的有关设备,查明跳闸原因,根据继电保护和自动装置动作情况,采取措施尽快恢复供电。

2. 处理程序

(1)确认跳闸断路器及保护、自动装置动作情况、故障测距数值、音响及 SOE 信息。

(2)检查一次设备,有无异常,向供电调度汇报,必要时临时处理。

(3)检查二次回路,确认并排除二次回路故障,不危及安全运行后向供电调度汇报,方可投入故障回路有关的设备。

(三)运行中的断路器出现异常情况的应急处理

1. 异常音响

(1)原因分析

在断路器触头损坏、触头不对位、油或 SF_6 气体等绝缘介质性能下降或气体压力不足时引起内部放电声;套管或支持绝缘子污秽、破损引起闪络放电;引线松股、断股、线夹松动引起外部放电声。

(2)应急处理

① 不是很严重,向供电调度汇报,安排停电处理,并作相应的记录。

② 很严重,向供电调度汇报,同时立即断开上一级断路器,退出故障断路器,上一级没有断路器或不能断开时,在保证人身安全的前提下,可退出故障断路器,并安排抢修。

2. 严重过热

(1)原因分析

内部持续放电,导致断路器过热;过负荷或断路器达不到额定容量或泄漏电流增大及触头长时间接触不良引起过热;SF_6 断路器气体压力不够,降低灭弧性能,引起过热。

(2)应急处理

向供电调度汇报,立即断开上一级断路器,退出故障断路器,上一级没有断路器或不能断开时,在保证人身安全的前提下,可断开该断路器,退出故障断路器,并安排抢修。

3. 断路器发生爆炸

(1)原因分析

引起断路器爆炸的原因：一是存在内部放电、过热等潜伏性故障；二是触头合闸不对位，使灭弧室起不到预期的作用；三是合闸缓慢，使电弧持续时间长或断流容量不足；四是气体断路器气压过高超过上限；五是真空断路器波纹管漏气使真空度降低，导致灭弧性能下降。

(2)应急处理

确认断路器爆炸后，将爆炸断路器与电源可靠隔离且采取必要的安全措施，才可靠近设备进行检查，检查有无破坏周围设备，排除危及安全送电因素后，向供电调度汇报，投入备用设备恢复送电。

4. 保护动作而断路器拒分时应急处理

保护动作，并给出故障信息、音响信号，而对应的断路器拒分时，先手动控制使断路器分闸；若值班人员没来得及处理，导致保护越级跳闸，及时向供电调度汇报现场的情况，将故障设备隔离后，投入备用设备，恢复送电。再根据现象判断、查找断路器拒分的原因，并将查找处理情况，向供电调度汇报。

5. 保护越级跳闸时的应急处理

及时向供电调度汇报，将本级断路器手动紧急分闸后，恢复上一级断路器的送电，缩小停电范围。有备用设备时，先投入备用设备，恢复送电后，再查找、处理本级断路器拒分的原因。

四、互感器应急故障处理

(一)互感器油位异常

当互感器的油位过高或过低时，应及时向供电调度汇报，采取安全措施后，进行充放油处理。

(二)互感器一次侧绝缘有损伤、放电，漏油、溢油、看不见油位、内部音响异常

向供电调度汇报，撤出运行互感器，投入备用互感器，若无备用互感器，应将阻抗保护、变压器二次低压启动过电流保护退出运行，作好安全措施后，进行故障处理。

(三)互感器爆炸着火

应立即撤除运行，投入备用互感器，后向供电调度汇报，并做好记录及事故经过报告。

(四)电压互感器二次回路故障

1. 现象与原因

现象：保护测控装置显示“220 kV 压互回路断线”或“2×27.5 kV 压互回路断线”，同时发出预告音响。

原因：二次保险熔断、二次空气开关跳闸、辅助开关接点转换不到位、二次接线接头松动等。

2. 应急处理

(1)检查对应的 220 kV 或 2×27.5 kV 电压表、对应的测控装置，若电压指示正常不影响设备正常运行，属误发信号，应查明并排除二次回路故障。

(2)当显示“220 kV 压互回路断线”，并确认压互一次侧有电时，应立即检查二次侧空气开关、辅助开关接点转换情况、压互二次接线接头有无松动等，尽快处理故障。

(五)GIS 柜内电压互感器故障

1. 故障原因

(1)未按施工工艺施工或施工中操作不当，造成电压互感器内部绝缘下降或放电。

(2) 电压互感器本身质量有问题。

2. 应急处理

(1)与供电调度联系，立即停运 GIS 柜，对 GIS 柜进行检查试验。

(2)对电压互感进行试验更换。

(六)运行中的电流互感器二次回路开路

1. 现象与原因

电流互感器运行中发出异常声响，随负荷变化，声响变化明显，此时可基本判断为电流互感器发生二次回路开路。

2. 应急处理

立即申请退出运行中的电流互感器。对于 2×27.5 kV 母线断路器的电流互感器或 220 kV电流互感器开路，要立即向供电调度报告情况，申请倒换变压器，退出故障设备，再进行检查处理。

五、高压隔离开关应急故障处理

(一)接触部分过热

通知供电调度，在采取措施前，应加强监视，发热剧烈时，应转移负荷，退出运行，进行检修；退出运行后，造成停电或损坏较大时，可临时将刀闸短接。

(二)瓷瓶损坏严重、有放电烧伤痕迹

不严重的放电痕迹，可暂不停电，通知供电调度，申请停电检修；瓷瓶外伤严重，对地击穿，瓷瓶爆炸等，通知供电调度应立即停运进行处理。

(三)开关拒动

1. 若为操动机构故障，通知供电调度，申请停电检修、调整机构。

2. 若为开关接触部分故障，如刀口油泥过多、刀口熔焊等。因接触部分引起的拉不开，不能强行拉开，否则将造成支持绝缘子损坏，扩大事故，通知供电调度，申请停电检修。

(四)隔离开关误操作

值班人员不按规程操作，错合、错分隔离开关，造成弧光短路，瓷瓶烧伤，供电中断。如果发生错拉隔离开关，在拉开初始有强烈弧光，此时禁止强行拉开，迅速将开关重新合上，待停电后检修刀口烧伤部分。当发现错合闸时，在刀闸快合上时会有强烈弧光，不允许再重新拉开，应迅速合上，必要时，断开主断路器，停电检修刀闸烧伤部分。对于刚开始误合闸而未发生电弧时，若已判定系误合闸，此时允许立即拉开。

(五)电动隔离开关拒动

首先检查分合闸保险有无熔断，其次对二次回路其他部分进行检查，依次在远方位、当地位操作一次，如不能成功，通知供电调度，申请停电检修。

六、绝缘子应急故障处理

(一)支持绝缘子闪络

1. 现象

相应供电回路开关跳闸，重合成功。

2. 应急处理

若是轻微放电、闪络，应对其表面进行清扫或涂以快干型有机硅树脂，以提高其绝缘水平，经供电调度同意下可强送电，并加强设备巡视、观察。

(二)支持绝缘子击穿

1. 现象

相应供电回路开关跳闸，重合失败，检查其他设备正常。

2. 应急处理

(1)如果支持瓷瓶因误操作或因潮湿、严重烧伤或者爆炸，应在不影响与接地部分之间安全距离的条件下，拆掉其严重烧伤或爆炸的绝缘件，尽快恢复送电，加强巡视。安排停电点，安装支持瓷瓶，恢复其正常运行。

(2)如果隔离开关支持瓷瓶严重烧伤或爆炸时，申请停电更换处理。

七、防雷设备应急故障处理

(一)室外氧化锌避雷器故障

1. 避雷器泄漏超标

(1)现象与原因：避雷器在线检测仪显示避雷器的泄漏电流超标。原因是氧化锌避雷器阀片出现问题或检测仪故障。

(2)应急处理：向供电调度汇报，改变运行方式或将该避雷器退出运行，对避雷器、检测仪进行试验，以确定故障做相应处理。

2. 避雷器爆炸

及时向供电调度汇报，改变运行方式或将该避雷器退出运行，组织更换故障避雷器。

(二)GIS 开关柜避雷器击穿、爆炸故障

及时向供电调度汇报，改变运行方式，退出 GIS 开关柜，拆除故障避雷器，并对 GIS 开关柜进行检查试验，正常后投入运行，再分析原因，作相应的处理。

八、高压电缆应急故障处理

(一)电缆头故障

1. 现象

相应馈线保护跳闸，重合失败，变电所电缆头故障测距显示近点短路；分区所、AT 所电缆头故障，测距显示在分区所、AT 所位置。

2. 应急处理

(1)变电所一般采用 3 根电缆并联运行。发生故障后，向供电调度汇报，利用环供方式或上下行联络开关，将故障馈线短时退出，再将故障的一根电缆退出，用另外两根电缆恢复正常运行方式。把电缆预留量调整好，重新制作电缆头。

(2)分区所、AT 所一般采用 2 根电缆并联运行。将分区所、AT 所退出后，重新制作电缆头。

(3)配电所电源采用电缆进线，发生故障后，电源失压跳闸，向供电调度汇报，重新制作电缆头。如是调压器进线电缆头故障，调压器柜过流或速断保护动作跳闸；调压器出线电缆头故障，通过小电阻柜启动调压器柜断路器跳闸，向供电调度汇报，重新制作电缆头。

（二）电缆故障

1. 现象

因变电所、分区所、AT 所电缆较短，电缆故障时，相应馈线保护跳闸重合失败，变电所电缆故障测距显示近点短路，分区所、AT 所测距显示在分区所、AT 所位置。

2. 应急处理

(1)变电所馈线电缆故障

断开所内对应断路器、隔离开关及对应上网隔离开关，甩开故障电缆，闭合上、下行联络隔离开关，恢复供电，同时限制列车对数，调整保护定值。

(2)分区所馈线电缆故障

断开所内对应断路器、隔离开关及对应上网隔离开关，甩开故障电缆，开环运行。

(3)变电所上下行馈线电缆同时故障

断开所内对应断路器、隔离开关及对应上网隔离开关，甩开故障电缆，采取相邻变电所越区供电方式供电，同时调整保护定值。

(4)AT 所馈线电缆故障

断开所内对应断路器、隔离开关及对应上网隔离开关，甩开故障电缆。

九、高压熔断器应急故障处理

高铁变配电所只有 SF_6 环网柜采用熔断器保护。当熔断器熔断后，应退出环网柜，从柜体、变压器两方面查找原因，排除故障后，再确定是否更换熔断器。

思考题

1. 哪些原因可能造成牵引变压器主保护动作？主保护动作后如何应急处理？
2. 运行中的断路器出现异常音响应如何应急处理？
3. 保护动作而断路器拒分时应急处理办法是什么？
4. 互感器一次侧对地放电、内部音响异常如何应急处理？
5. 误操作高压隔离开关时应如何处理？
6. 分区所、AT 所电缆故障时，值班员应如何处理？
7. 当发生避雷器爆炸故障时，值班人员应如何处理？

模块二　变配电所二次设备应急故障处理

模块描述：能按变配电所二次设备应急故障处理原则及程序，处理变配电所保护误动、拒动、二次控制及信号回路故障。

完成情况评估方法：从应急故障处理原则及程序、故障查找处理的基本方法，保护误动、拒动、二次控制及信号回路故障的查找处理等方面进行综合评估。按百分制打分，80 分为合格。

一、变配电所二次设备应急故障处理原则及程序

1. 根据故障现象、事故或预告信号显示、有关表计显示等情况进行综合分析，确定事故的

性质和范围。

2. 二次回路故障可能涉及控制、保护、计量等多个回路,应分清主次,由主要回路着手,一般按控制回路、保护回路、信号回路、交直流系统的顺序进行故障查找处理。

3. 查找具体回路时,应先排除电源部分的故障。

4. 正确使用万用表等工具,根据测量数据先判断故障性质,再查找具体故障点。

5. 在故障性质判定后,及时向供电调度汇报,退出故障设备,通过切换运行方式或投入备用设备恢复送电。

二、变配电所二次设备故障查找处理的基本方法

1. 直观检查法

利用眼看、耳听、鼻嗅、触摸的检查方法,查找设备故障。

(1)眼看,即通过巡视观察,检查设备信号显示和屏幕显示内容是否正常,二次设备有无变形、烧伤或断线的现象。

(2)耳听,即在设备带电运行时,认真听设备本身有无异响和有无设备异常音响报警。

(3)鼻嗅,即在设备带电运行时或刚停电后,闻嗅有关设备和元器件有无异常气味。若有烧焦和过热气味,应及时逐点检查。

(4)触摸,即在设备带电运行时或刚停电后,利用手的背面触及低压带电设备的绝缘部分,检查有无温度过高等现象。

(5)短接通路法,即利用导线将被怀疑内部开路的元器件进行短接,检查故障是否消失。

(6)断线分离法,即初步判断为装置内部发生短路故障时,断开被怀疑回路,检查故障是否消失。

(7)替换法,若发生元器件性能不良或软击穿,利用一般仪表无法测量出元器件故障时,应利用相同性能的新元器件代替旧元器件后,通电运行来观察故障是否消失。

2. 旁路试验法

(1)在保护装置不能正常动作,而又无故障信号显示时,应手动操作进行断路器分、合闸试验。

(2)在继电保护不能正常动作,而又无故障信号显示时,短接继电保护分、合闸出口继电器接点(外接端子)的方法,来分析判断故障。

(3)开出、开入检查试验法。若重合闸动作不正常而又无故障信号显示时,利用微机保护开出进行试验检查。

3. 电气测量法

(1)电阻测量法。将二次设备停电,利用万用表电阻挡测量故障回路。

(2)对地电位法。在二次设备(二次回路)不停电的情况下,利用电压表或万用表电压挡分析回路各点对"地"的电位变化情况,来分析判断故障回路的故障点。

(3)电压降法。采用电压降法,应保证二次设备(二次回路)电源正常或找一相正常电源作参考点,检查时,先将电压表或万用表(电压挡)的"+"或"-"试笔固定在正极或负极上,然后用试笔逐点测量二次回路的各元件的电压值,根据所测量电压值的大小来分析判断故障回路的故障点。

(4)参数判断法。综合分析微机设备存储的故障电流、故障电压、阻抗值、阻抗角、谐波含量等多项参数,判断二次设备是否发生故障。

三、变配电所保护误动和拒动故障查找处理

(一)保护误动和拒动故障查找处理

以馈线 GIS 柜为例说明常见故障查找处理方法,其他设备可参照学习。保护误动和拒动故障查找处理,须结合馈线保护与控制回路图纸进行分析,如图 8-1 所示。

1. 保护误动

判据:用电位法判定图中 X31 电位正常,供电回路没有故障,但保护出口引起断路器跳闸。

处理:向供电调度汇报,请求退出故障设备,投入备用设备运行。向技术部门汇报,安排检修人员,对故障保护装置作相关的试验,判定故障原因并作相应的处理。

2. 保护拒动

判据:用电位法判定图中 X31 电位正常,供电回路确实出现故障,但断路器未跳闸。

处理:采取紧急分闸,切除故障,并向供电调度、技术部门汇报,安排检修人员,对故障保护装置作相关的试验,判定故障原因并作相应的处理。

(二)配电所保护误动和拒动故障查找处理

以电力一级(综合)贯通西馈出柜回路为例分析处理,如图 8-2 所示。

1. 配电所保护误动故障查找处理

(1)原因分析

① 保护装置内部开出板上保护合闸出口继电器 HCJ1、保护合闸保持继电器 HCJ4 故障,导致保护误动合闸。

② 当断路器在分位时,控制回路中出现正极接地(假设+KM 接地)时,有两种情况会造成保护误合闸。A:高压柜内端子排上 X20/7D 端子→保护装置上 C6 接线端子之间的二次线接地;B:保护装置上 C7→C5 接线端子间二次线接地。

③ 当断路器在合位时,控制回路中出现正极接地(假设+KM 接地),有两种情况会造成保护误分闸。A:高压柜内端子排上 X20/3A→保护装置上 C3 接线端子之间的二次线接地;B:保护装置上 C9→C4 接线端子间二次线接地。

(2)处理方法

① 更换保护装置内部开出板上继电器 HCJ1、HCJ4 或者更换保护开出板,并做传动试验。

② 排查可能接地的线路,进行检查处理,直至微机直流绝缘监测装置上的接地报警信息消除后做传动试验。

2. 配电所保护拒动故障查找处理

(1)原因分析

① 保护装置内部开出板上光电隔离器件故障,导致保护跳闸信号不能通过光电隔离器件开出跳闸信号。

② 保护装置内部开出板上保护出口继电器 BCJ1 故障,导致保护跳闸信号不能正常驱动保护跳闸回路。

③ 保护装置内部开出板上保护分闸保持继电器 BCJ4 故障,导致不能正常保持保护跳闸信号。

断路器弹簧储能电机
断路器合闸回路
合闸闭锁
就地合闸
远方合闸
断路器分闸回路
远方分闸
就地分闸
二控制屏
二保护屏
注：取消防跳
原理图
500081409.1
ABB
ABB XIAMEN SWITCHGEAR CO.LTD
馈线开关
郑西客运专线220 kV新荥阳牵引变电所
SHEET NO
TOTAL PAGES 19
DRAWING NO
XZX1-5638-SF2
REFERENCE NO
S2E30-R75SJ-SF002
This drawing and the information contained thereon is the property of ABB IXIAMENI Switchgear Co.LTD and shall not be used,reproduced for any purpose,or shown to third parties without the written consent of ABB IXIAMENI Switchgear Co.LTD

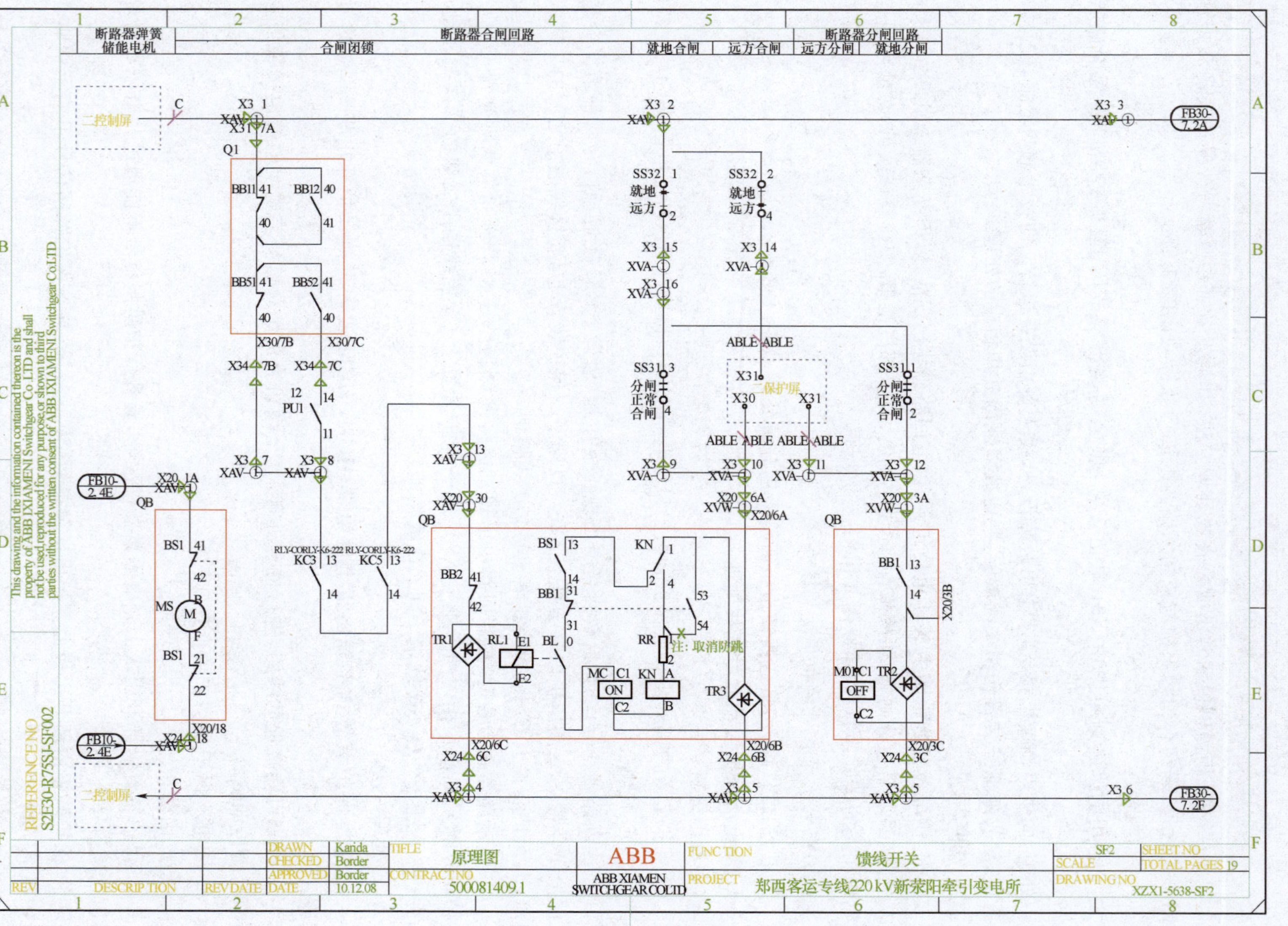

图 8-1 馈线开关原理图

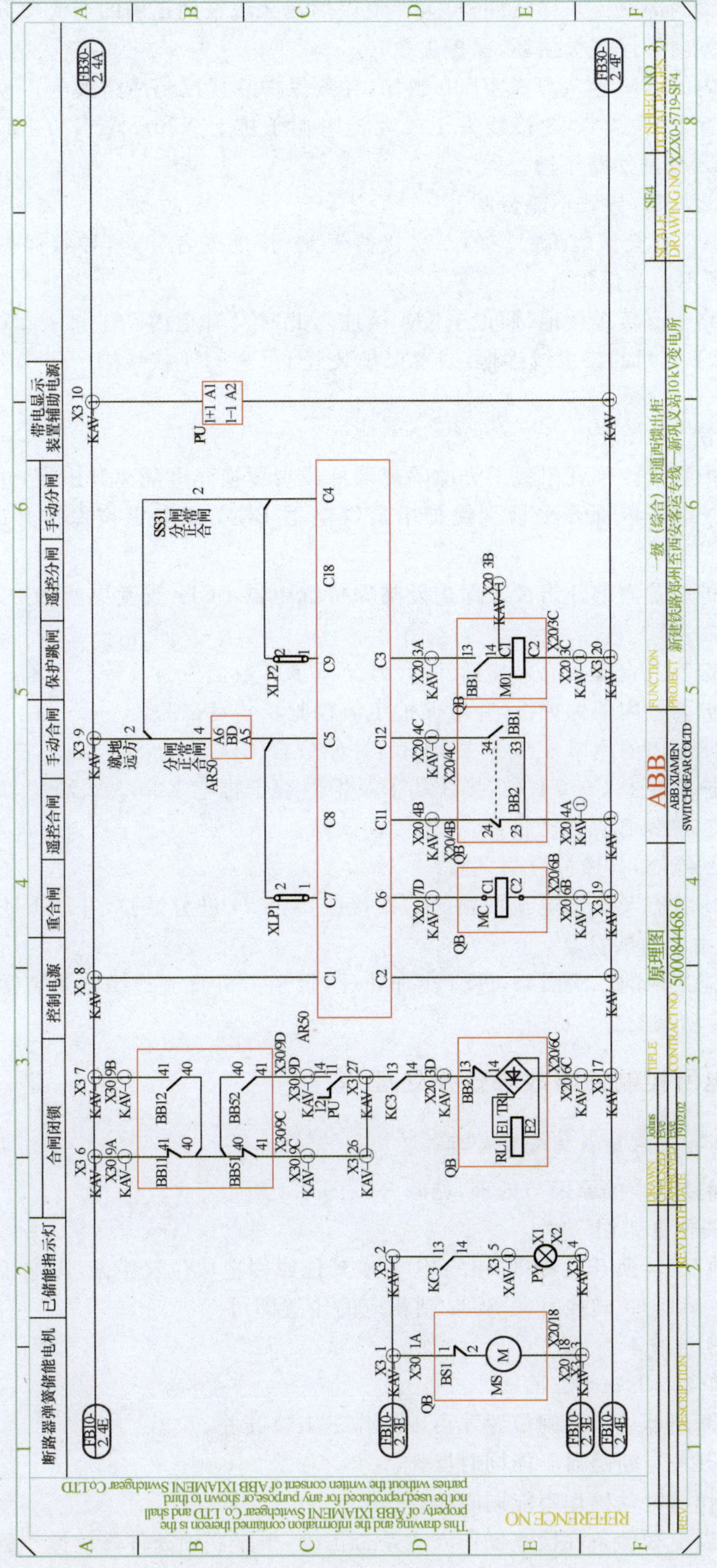

图 8-2　一级（综合）贯通西馈出柜断路器控制回路原理图

④ 保护装置内部交流采样插件损坏，导致保护板无法收到正确的交流参数，保护失效。

⑤ 保护装置内部保护板损坏，保护失效。

⑥ 高压柜内的KM空气开关FB30脱扣，导致保护装置控制回路失电。

⑦ 保护装置上C9、C4、C3接线端子或者柜内端子排上X20/3A、X20/3C、X3/20接线松动接触不良，导致分闸回路不通。

⑧ 分闸线圈故障，导致不能分闸。

⑨ LH故障或者交流电流回路的二次接线短路、接地或者开路，导致保护装置采集到错误的电流参数而不启动保护。

⑩ 控制回路中有负极接地(假设－KM接地)，此时又有柜内端子排上X20/3A→保护装置上C3接线端子之间的二次线接地，或者保护装置上C9→C4接线端子间二次线接地会造成保护拒分。

(2)处理方法

① 更换保护装置内部开出板上光电隔离器件或者更换光电隔离开出板，并做传动试验。

② 更换保护装置内部开出板上保护出口继电器BCJ1或者更换保护开出板，并做传动试验。

③ 更换保护装置内部开出板上保护分闸保持继电器BCJ4或者更换保护开出板，并做传动试验。

④ 更换保护装置内部交流采样插件，并做交流采样数据校验及传动试验。

⑤ 更换保护装置内部保护板，并做保护定值校验及传动试验。

⑥ 合上高压柜内的KM空气开关FB30，并做分合闸试验。

⑦ 检查保护装置上C9、C4、C3接线端子及柜内端子排上X20/3A、X20/3C、X3/20接线，并测量各点电位，确保各点接触良好，并做传动试验。

⑧ 更换分闸线圈，并做分合闸试验。

⑨ 检查LH状态及交流电流回路的二次接线，对LH进行试验，并从LH出线侧做交流采样数据校验，做传动试验。

⑩ 排查可能接地的二次回路，进行检查处理，直至微机直流绝缘监测装置上的接地报警信息消除后做传动试验。

四、变配电所控制回路故障查找处理

(一)变电所控制回路故障查找处理

影响控制回路异常的原因与处理，如图8-3、图8-4所示。

1. 转换开关位置错误

“远方/就地”位转换开关SS32，由于作业或其他原因造成位置错误，影响控制操作。根据需要操作“远方/就地”位转换开关SS32到相应的位置即可。

2. 控制联锁条件不满足

联锁条件包含以下三个方面：

(1)只有当断路器处于分闸位置才可以操作三工位开关。

(2)三工位开关与断路器不能同时操作。

(3)手动操作与电动操作不能同时执行。

处理：根据以上联锁条件检查操作方式是否正确，根据联锁条件修改操作程序即可。

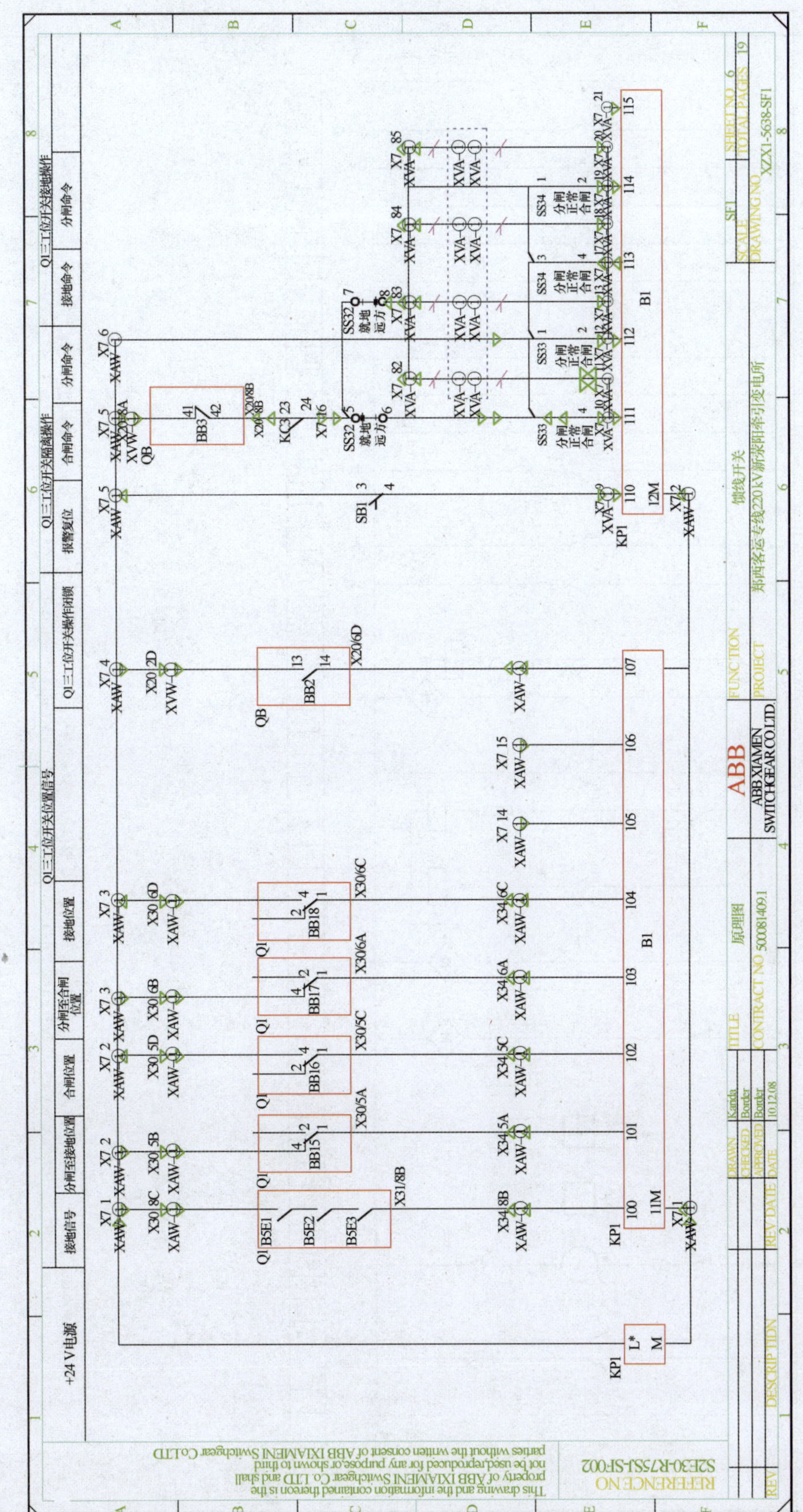

图 8-3　馈线开关原理图(三工位辅助开关接点位置)

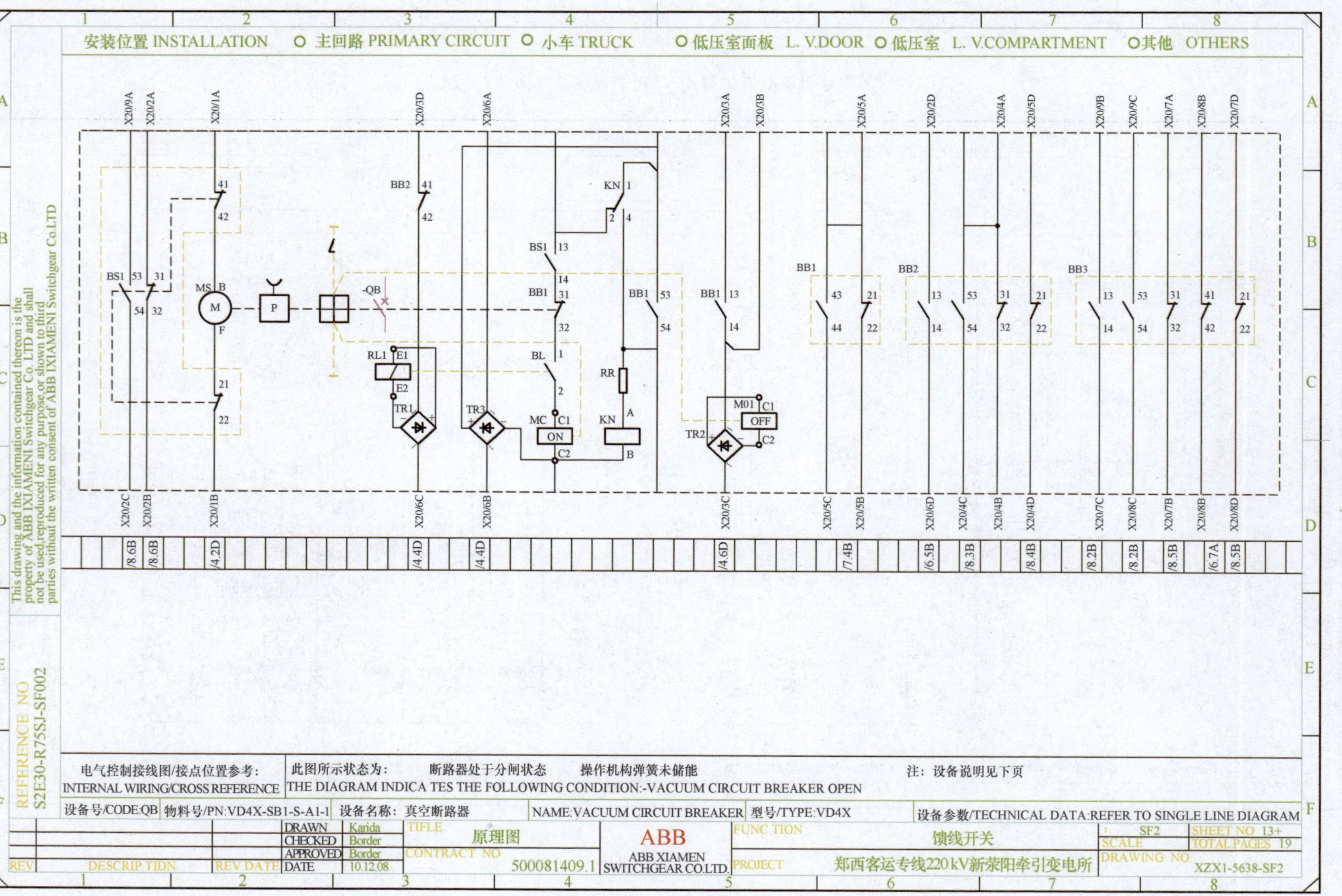

图 8-4 断路器辅助开关接点位置

3. 辅助开关转换不良

(1)三工位辅助开关接点位置及对应的端子排如图 8-3 所示。

(2)三工位辅助开关对应编号及含义如表 8-1 所示。

表 8-1　三工位辅助开关对应编号及含义

符　　号	说　　明	备　　注
BB58	三工位开关接地位置辅助开关	
BB151、152	操作孔盖板的辅助开关	
BSE1、2、3	三工位开关接地位置辅助开关	
BB211	三工位开关分闸位置辅助开关	
BB212	三工位开关合闸位置辅助开关	
BB214	三工位开关合闸位置辅助开关	
BB251	三工位开关分闸位置辅助开关	
BB253	三工位开关分闸位置辅助开关	
RL1	闭锁电磁铁	
M	三工位隔离/接地开关驱动电机	
BB11	三工位开关分闸位置辅助开关	
BS12	三工位开关合闸位置辅助开关	
BB13	三工位开关分闸位置辅助开关	
BB15	三工位开关分闸位置辅助开关	
BB16	三工位开关合闸位置辅助开关	
BB51	三工位开关分闸位置辅助开关	
BB52	三工位开关接地位置辅助开关	
BB57	三工位开关分闸位置辅助开关	

(3)断路器辅助开关接点位置及对应的端子排如图 8-4 所示。

判定:根据操作方式,查找对应的控制回路,用导通法判定对应的辅助开关是否转换、故障。

处理:及时将故障情况向供电调度汇报,切换运行方式恢复送电,再向技术部门汇报,安排检修人员处理。

4. 断路器储能回路异常

判定:检查是 BS1 辅助开关转换不良,还是电机故障。

处理:及时将故障情况向供电调度汇报,切换运行方式恢复送电,再向技术部门汇报,安排检修人员处理。

5. 三工位开关电机操作回路异常

判定:检查是 X30/2C、X30/2D 端子不良,还是电机故障。

处理:及时将故障情况向供电调度汇报,切换运行方式恢复送电,再向技术部门汇报,安排检修人员处理。

(二)配电所控制回路故障查找处理

1. 断路器控制回路故障

以一级(综合)贯通馈出柜为例,如图 8-5、图 8-6 所示。

(1)现象:“远方/就地”转换开关在“远方”位时,断路器拒合。

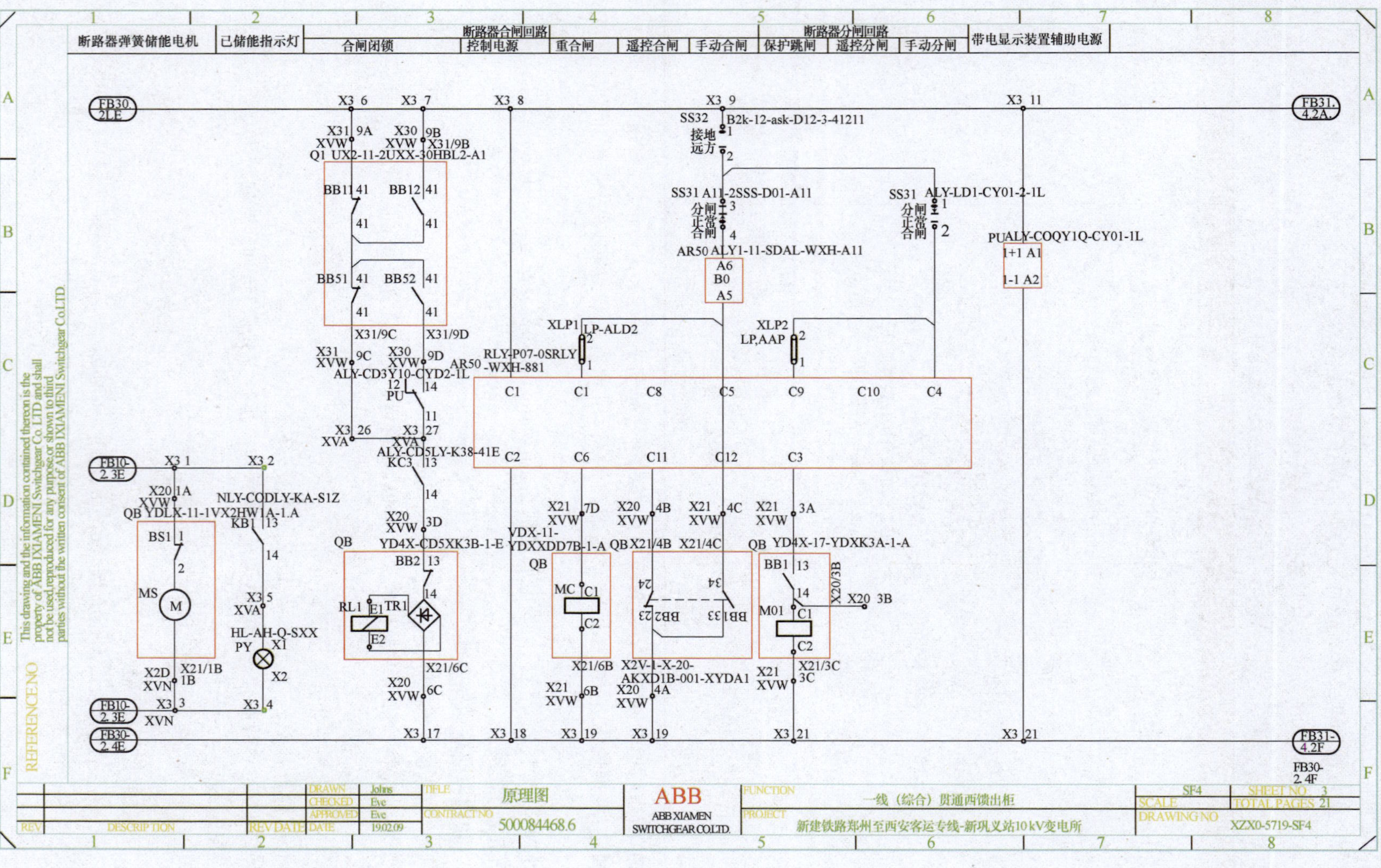

图 8-5 一级（综合）贯通馈出柜原理图（一）

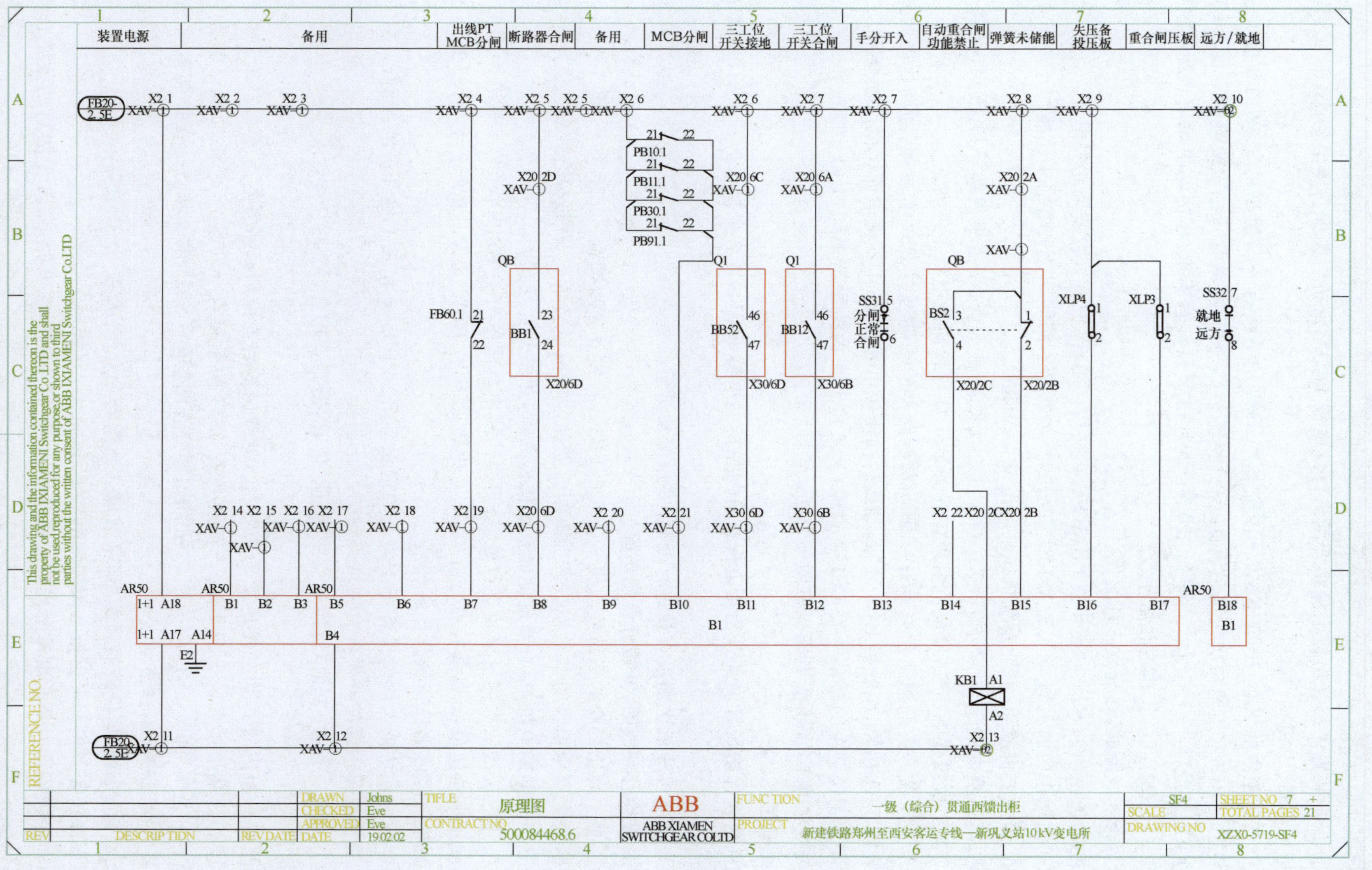

图 8-6　一级（综合）贯通馈出柜原理图(二)

原因分析

① 保护装置内部开出板上保护合闸出口继电器 HCJ1、保护合闸保持继电器 HCJ4 故障，导致拒绝合闸。

② 高压柜内的 X2－10(＋KM)→转换开关 SS32 的 7 接点→转换开关 SS32 的 8 接点→保护装置的 B18 端子间二次线接触不良；保护装置上 C7→C5 接线端子二次线接触不良；保护装置上 C6 接线端子→柜内端子排上 X20/7D 间的二次线接触不良；柜内端子排上 X20/6B→X3－19(－KM)间的二次线接触不良。

③ 合闸线圈故障，导致不能合闸。

④ 高压柜内的 KM 空气开关 FB20、FB30 脱扣，导致保护装置控制回路失电。

⑤ 高压柜内的 KM 空气开关 FB10 脱扣，导致断路器储能回路失电而未储能。

⑥ 储能电机故障；储能系统机械故障造成无法储能。

⑦ 高压柜内端子排 X3－1→X20/1A 间二次线接触不良；高压柜内端子排上 X20/1B→X3－3 间二次线接触不良；储能电机限位开关 BS1 坏导致储能电机不停转。

⑧ 三工位开关的辅助开关 BB12、BB51 和断路器的辅助开关 BB2 有故障；断路器的桥式整流装置 TR1 故障；接触器 KC3 故障；导致合闸闭锁电磁铁 RL1 不受电而机械闭锁合闸。

⑨ 三工位开关的微动开关 BB152 故障；三工位开关的接触器 KC1、KC2 故障；导致三工位开关接触器 KC3 不受电而机械闭锁合闸。

处理方法

① 更换保护装置内部开出板上保护合闸保持继电器 HCJ4，或者更换保护开出板，并做传动试验。

② 用电位法依次测量查找进行处理，并做传动试验。

③ 更换合闸线圈，并做分合闸试验。

④ 合上高压柜内的 KM 空气开关 FB20、FB30，并做分合闸试验。

⑤ 合上高压柜内的 KM 空气开关 FB10，看储能电机运转情况，并做分合闸试验。

⑥ 更换储能电机；检查修复储能系统机械故障，并做分合闸试验。

⑦ 用电位法依次测量查找进行处理；更换储能电机限位开关 BS1，并做传动试验。

⑧ 用电位法依次测量检查三工位开关的辅助开关 BB12、BB51 和断路器的辅助开关 BB2；更换故障的部件并做分合闸试验。

⑨ 用电位法依次测量检查三工位开关的微动开关 BB152 和三工位开关的接触器 KC1、KC2，更换故障的部件并做分合闸试验。

(2)现象："远方/就地"转换开关在"就地"位时，断路器拒合。

原因分析

① 高压柜内的 KM 空气开关 FB30 脱扣，导致保护装置控制回路失电。

② 柜内端子排 X3－9(＋KM)→转换开关 SS32 的 1 接点→转换开关 SS32 的 2 接点→"断路器分合闸"开关 SS31 的 3 接点→"断路器分合闸"开关 SS31 的 4 接点→保护装置的 A6 端子间二次线接触不良。

③ "远方/就地"位转换开关 SS32 故障、"断路器分合闸"开关 SS31 故障。

④ 保护装置内部开出板上闭锁继电器 BSJ2 故障，导致拒绝合闸。

⑤ 保护装置内部开出板上光电隔离器件故障，导致闭锁继电器 BSJ2 无法启动致使合闸回路不通。

⑥ 检无压和检同期条件不满足导致闭锁继电器 BSJ2 不启动而拒合。

⑦ 保护装置的 A5 端子→C5 端子间二次线接触不良；保护装置上 C6 接线端子→高压柜内端子排上 X20/7D 之间的二次线接触不良；柜内端子排上 X20/6B→X3－19(－KM)间的二次线接触不良。

⑧ 合闸线圈故障导致不能合闸。

⑨ 三工位开关的辅助开关 BB12、BB51 和断路器的辅助开关 BB2 有故障；断路器的桥式整流装置 TR1 故障；接触器 KC3 故障；导致合闸闭锁电磁铁 RL1 不受电而机械闭锁合闸。

⑩ 三工位开关的微动开关 BB152 故障；三工位开关的接触器 KC1、KC2 故障；导致三工位开关接触器 KC3 不受电而机械闭锁合闸。

处理方法

① 合上高压柜内的 KM 空气开关 FB30，并做分合闸试验。

② 用电位法依次测量查找进行处理，并做传动试验。

③ 更换"远方/就地"位转换开关 SS32 和"断路器分合闸"开关 SS31，并做分合闸试验。

④ 更换保护装置内部开出板上闭锁继电器 BSJ2 或者更换开出板，并做传动试验。

⑤ 更换保护装置内部开出板上光电隔离器件或者更换开出板，并做传动试验。

⑥ 检查检无压和检同期条件是否满足。

⑦ 用电位法依次测量查找进行处理，并做传动试验。

⑧ 更换合闸线圈，并做分合闸试验。

⑨ 用电位法依次测量检查三工位开关的辅助开关 BB12、BB51 和断路器的辅助开关 BB2；更换故障的部件并做分合闸试验。

⑩ 用电位法依次测量检查三工位开关的微动开关 BB152 和三工位开关的接触器 KC1、KC2，更换故障的部件并做分合闸试验。

(3)现象："远方/就地"转换开关在"远方"位时，断路器拒分。

原因分析

① 高压柜内的 KM 空气开关 FB20、FB30 脱扣导致保护装置控制回路失电。

② X2－10(＋KM)→转换开关 SS32 的 7 接点→转换开关 SS32 的 8 接点→保护装置的 B18 端子间二次线接触不良。

③ 保护装置内部开出板上保护出口继电器 BCJ1、保护分闸保持继电器 BCJ4 故障导致分闸信号不能正常驱动分闸回路。

④ 保护装置上 C9 →C4 之间的二次线接触不良；C3 接线端子→柜内端子排上 X20/3A 之间的二次线接触不良；X20/3C→X3/20(－KM)之间的二次线接触不良导致分闸回路不通。

⑤ 分闸线圈故障导致不能分闸。

处理方法

① 合上高压柜内的 KM 空气开关 FB20、FB30，并做分合闸试验。

② 用电位法依次测量查找进行处理，并做传动试验。

③ 更换保护装置内部开出板上保护开出继电器 BCJ1、保护分闸保持继电器 BCJ4 或者更换开出板，并做传动试验。

④ 更换分闸线圈，并做分合闸试验。

2. 三工位开关控制回路故障

以一级(综合)贯通馈出柜为例，如图 8-7、图 8-8、图 8-13 所示。

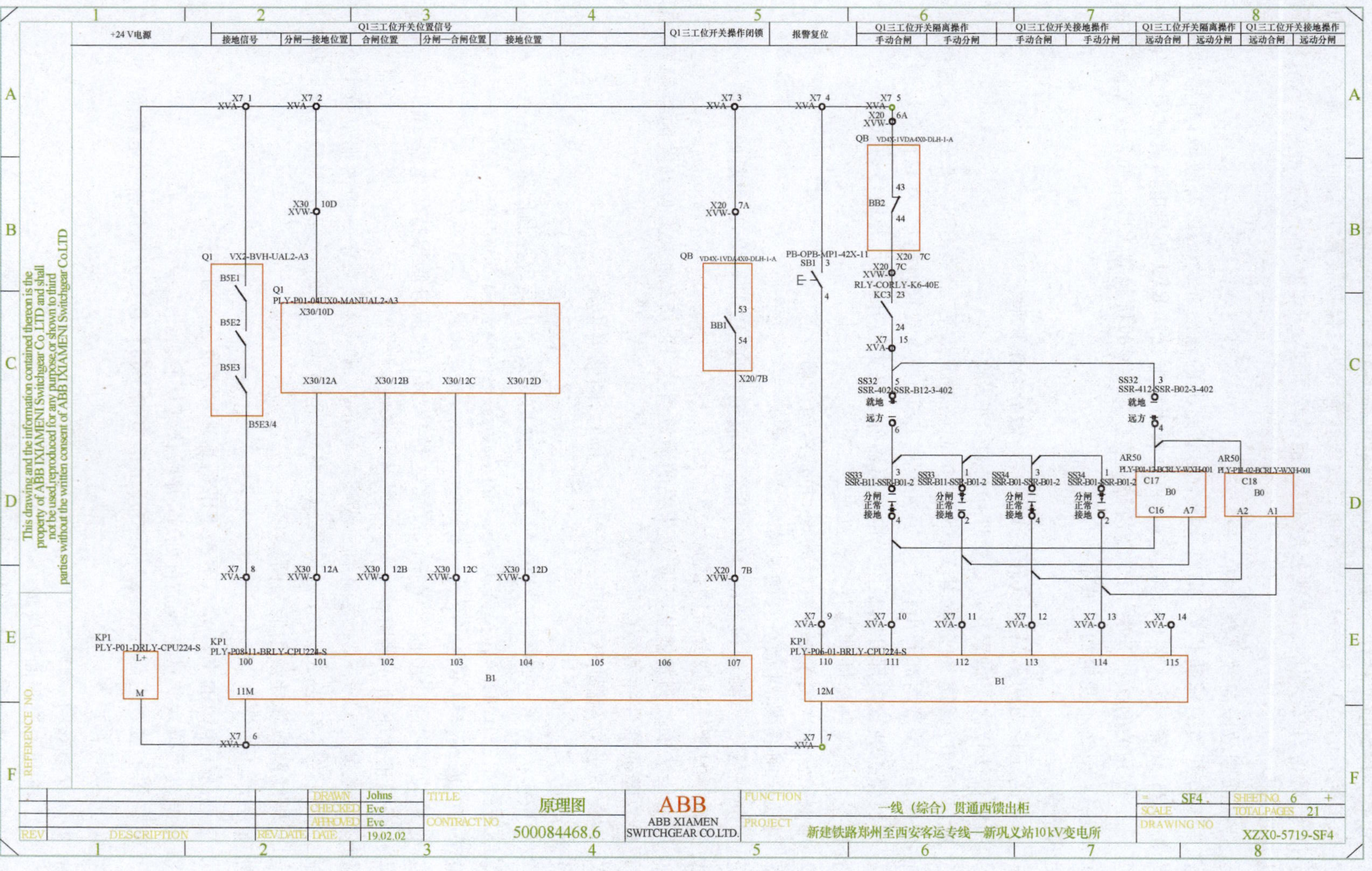

图 8-7 一级（综合）贯通馈出柜三工位开关控制回路原理图

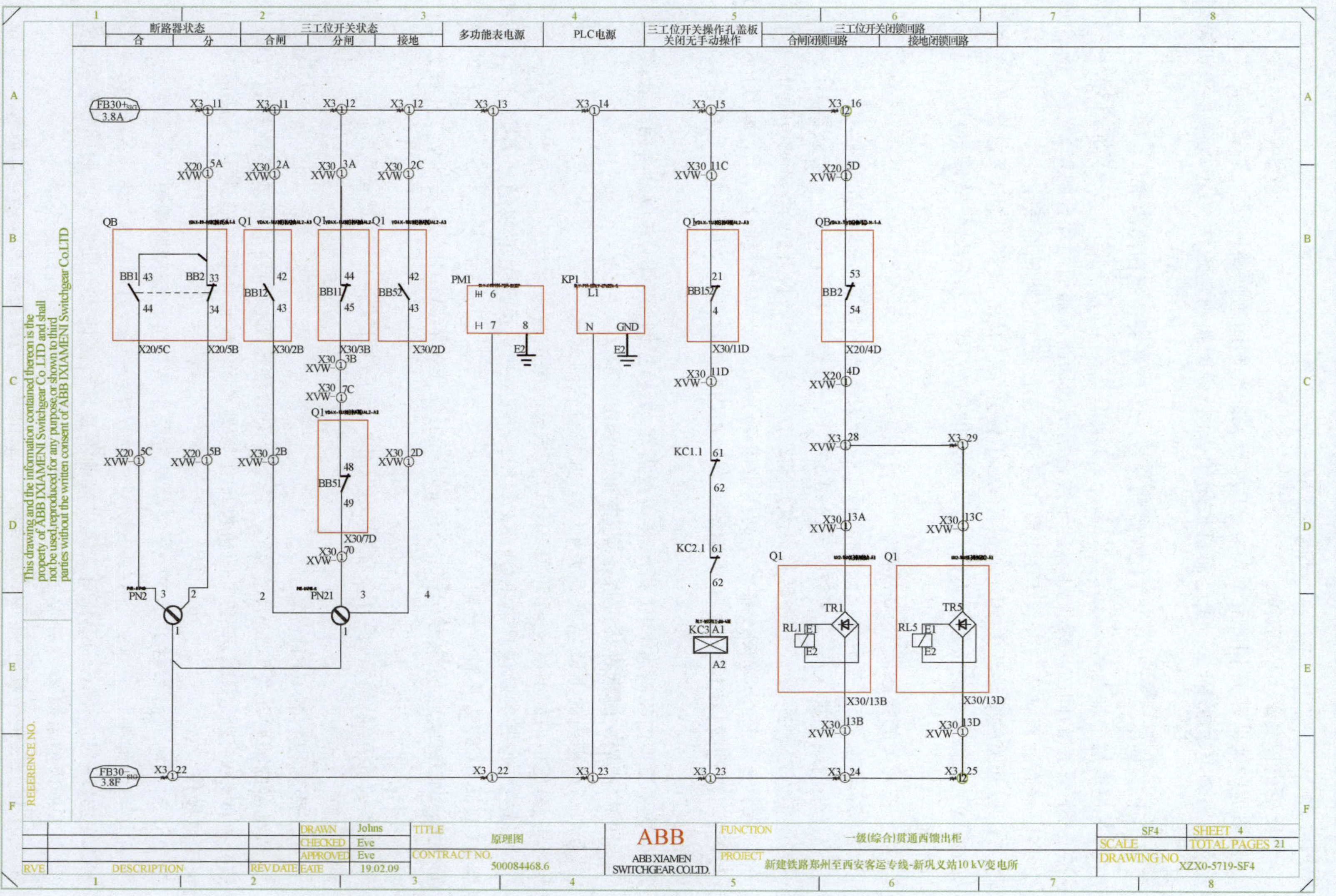

图 8-8　一级（综合）贯通馈出柜三工位开关闭锁回路及信号回路原理图

(1)现象:“远方/就地”转换开关在“就地”位时,三工位开关拒合。

原因分析

① 高压柜内控制器 KP1 故障。

② 断路器的辅助开关 BB2 有故障;三工位开关的合闸闭锁回路的桥式整流装置 TR1 故障导致合闸闭锁电磁铁 RL1 不受电而机械闭锁合闸;合闸闭锁电磁铁 RL1 故障导致机械闭锁合闸。

③ 高压柜内的 KM 空气开关 FB30 脱扣导致三工位开关控制回路失电。

④ 高压柜内端子排上 X3－16(＋KM)→X20/5D→X20/4D→X3－28→X30/13A→X30/13B→X3－24(－KM)间二次线接触不良导致合闸闭锁回路不通而闭锁合闸。

⑤ 高压柜内的 KM 空气开关 FB11 脱扣导致三工位开关电机回路失电。

⑥ 三工位开关的微动开关 BB151 故障;三工位开关的接触器 KC1、KC2 故障;三工位开关电机故障;三工位开关的接触器 KC1、KC2 的辅助接点 KC1.1、KC2.1 故障;导致三工位开关电机不能运转。

⑦ 三工位开关的接触器 KC3 故障。

⑧ “远方/就地”位转换开关 SS32 和“三工位开关隔离操作”开关 SS33 故障;

⑨ 高压柜内端子排 X7－5→X20/6A→X20/7C→接触器 KC3 的 23→接触器 KC3 的 24 端子→高压柜内端子排 X7－15→转换开关 SS32 的 5 端子→转换开关 SS32 的 6 端子→开关 SS33 的 3 端子→开关 SS33 的 4 端子→高压柜内端子排 X7－10→控制器 KP1 的 I11 端子间二次线接触不良;控制器 KP1 的 12M 端子→高压柜内端子排 X7－7 间二次线接触不良。

处理方法

① 查看高压柜内控制器 KP1 指示灯是否正常,更换控制器 KP1 并做分合闸试验。

② 用电位法依次测量查找进行处理,并做分合闸试验。

③ 合上高压柜内的 KM 空气开关 FB30,并做分合闸试验。

④ 合上高压柜内的 KM 空气开关 FB11,并做分合闸试验。

⑤ 更换三工位开关的接触器 KC1、KC2、KC3,更换三工位开关的接触器 KC1、KC2 的辅助接点 KC1.1、KC2.1,并做分合闸试验。

⑥ 更换“远方/就地”位转换开关 SS32 和“三工位开关隔离操作”开关 SS33,并做分合闸试验。

(2)现象:“远方/就地”转换开关在“就地”位时,三工位开关拒合“接地位”。

原因分析

① 高压柜内控制器 KP1 故障。

② 断路器的辅助开关 BB2 有故障;三工位开关的接地闭锁回路的桥式整流装置 TR5 故障导致合闸闭锁电磁铁 RL5 不受电而机械闭锁接地操作;接地闭锁电磁铁 RL5 故障导致机械闭锁接地操作。

③ 高压柜内的 KM 空气开关 FB30 脱扣导致三工位开关控制回路失电。

④ 高压柜内端子排上 X3－16(＋KM)→X20/5D→X20/4D→X3－28→X3－29→X30/13C→X30/13D→X3－25(－KM)间二次线接触不良导致接地闭锁回路不通而闭锁合接地。

⑤ 高压柜内的 KM 空气开关 FB11 脱扣导致三工位开关电机回路失电。

⑥ 三工位开关的微动开关 BB151 故障;三工位开关的接触器 KC1、KC2 故障;三工位开关电机故障;三工位开关的接触器 KC1、KC2 的辅助接点 KC1.1、KC2.1 故障;导致三工位电

机不能运转。

⑦ 三工位开关的接触器 KC3 故障。

⑧ “远方/就地”位转换开关 SS32、“三工位开关接地操作”开关 SS34 故障。

⑨ 高压柜内端子排 X7－5→X20/6A→X20/7C→接触器 KC3 的 23→接触器 KC3 的 24 端子→高压柜内端子排 X7－15→转换开关 SS32 的 5 端子→转换开关 SS32 的 6 端子→开关 SS34 的 3 端子→开关 SS34 的 4 端子→高压柜内端子排 X7－12→控制器 KP1 的 I13 端子间二次线接触不良;控制器 KP1 的 12M 端子→高压柜内端子排 X7－7 间二次线接触不良。

处理方法

① 查看高压柜内控制器 KP1 指示灯是否正常,更换控制器 KP1 并做接地分合闸试验。

② 用电位法依次测量查找进行处理,并做接地分合闸试验。

③ 合上高压柜内的 KM 空气开关 FB30,并做接地分合闸试验。

④ 合上高压柜内的 KM 空气开关 FB11,并做接地分合闸试验。

⑤ 更换三工位开关的接触器 KC1、KC2、KC3,更换三工位开关的接触器 KC1、KC2 的辅助接点 KC1.1、KC2.1;并做接地分合闸试验。

⑥ 更换“远方/就地”位转换开关 SS32 和“三工位开关接地操作”开关 SS34,并做接地分合闸试验。

(3)现象:“远方/就地”转换开关在“就地”位时,三工位开关“合闸位”拒分。

原因分析

① 高压柜内控制器 KP1 故障。

② 断路器的辅助开关 BB2 有故障。

③ 高压柜内的 KM 空气开关 FB30 脱扣导致高压柜内控制器 KP1 失电。

④ 高压柜内的 KM 空气开关 FB11 脱扣导致三工位开关电机回路失电。

⑤ 三工位开关的微动开关 BB151 故障;三工位开关的接触器 KC1、KC2 故障;三工位开关电机故障;三工位开关的接触器 KC1、KC2 的辅助接点 KC1.1、KC2.1 故障;导致三工位电机不能运转。

⑥ 三工位开关的接触器 KC3 故障。

⑦ “远方/就地”位转换开关 SS32 和“三工位开关隔离操作”开关 SS33 故障。

⑧ 高压柜内端子排 X7－5→X20/6A→X20/7C→接触器 KC3 的 23→接触器 KC3 的 24 端子→高压柜内端子排 X7－15→转换开关 SS32 的 5 端子→转换开关 SS32 的 6 端子→开关 SS33 的 1 端子→开关 SS33 的 2 端子→高压柜内端子排 X7－11→控制器 KP1 的 I12 端子间二次线接触不良;控制器 KP1 的 12M 端子→高压柜内端子排 X7－7 间二次线接触不良。

处理方法

① 查看高压柜内控制器 KP1 指示灯是否正常,更换控制器 KP1 并做分合闸试验。

② 用电位法依次测量查找进行处理,并做分合闸试验。

③ 合上高压柜内的 KM 空气开关 FB30,并做分合闸试验。

④ 合上高压柜内的 KM 空气开关 FB11,并做分合闸试验。

⑤ 更换三工位开关的接触器 KC1、KC2、KC3,更换三工位开关的接触器 KC1、KC2 的辅助接点 KC1.1、KC2.1,并做分合闸试验。

⑥ 更换“远方/就地”位转换开关 SS32 和“三工位开关隔离操作”开关 SS33,并做分合闸试验。

五、变配电所信号回路故障查找处理

（一）变电所信号回路故障查找处理

1. 三工位开关位置信号异常

如图 8-9 所示，三工位开关分别有：合闸位、隔离位、接地位三个位置信号，根据三工位开关实际位置分别判定是 $BB12_{45}^{44}$、$BB11_{44}^{45}$、$BB51_{44}^{45}$、$BB52_{45}^{44}$ 辅助开关转换不良，还是三工位开关位置指示器 PN21 故障。

处理：不管是辅助开关转换不良还是位置指示器故障，均不影响运行，向供电调度、技术部门汇报，安排检修人员检修。

2. 带电显示器信号异常

用高压验电器判定，是否是带电显示器故障。

处理：带电显示器故障，不影响运行，向供电调度、技术部门汇报，安排检修人员检修。

3. 断路器状态信号异常

断路器分别有：合闸、分闸两个位置信号，根据断路器的实际位置分别判定是 $BB11_{44}^{43}$、$BB11_{22}^{21}$ 辅助开关转换不良，还是断路器状态指示器 PN2 故障。

处理：不管是辅助开关转换不良，还是状态指示器故障，均不影响运行，向供电调度、技术部门汇报，安排检修人员检修。

4. 三工位开关操作孔盖板关闭信号异常

三工位开关操作孔盖板关闭信号：分别判定是 $BB152_{1}^{4}$ 辅助开关转换不良，还是三工位开关操作孔盖板没有关闭。

处理：辅助开关转换不良，向供电调度汇报，切换运行方式，向技术部门汇报，安排检修人员检修。如果三工位开关操作孔盖板没有关闭，关闭操作孔盖板，向供电调度汇报即可。

5. 气室压力异常

用压力表通过检测孔检查判定是柜体压力异常，还是气体密度压力传感器 BP1、BP2 故障。

处理：如果柜体压力异常，向供电调度汇报，切换运行方式，退出气体异常开关柜，打开通风机，向技术部门汇报，安排检修人员检修；气体密度压力传感器 BP1、BP2 故障，向供电调度和技术部门汇报，安排检修人员检修。

6. 微型空气开关跳闸及加热器回路故障

如图 8-10 所示，微型空气开关跳闸及加热器回路故障，检查开关回路，可以试送一次，再次跳闸，根据跳闸回路查找故障点，根据微型空气开关回路是否影响设备运行，向供电调度汇报，确定是否需要切换运行方式，切换运行方式后，向技术部门汇报，安排检修人员检修。

（二）配电所信号回路故障查找处理

以一级贯通馈出为例，如图 8-11～图 8-14 所示。

1. 高压柜上"断路器已储能指示灯"在断路器已经储能时不亮

原因分析

如图 8-11、图 8-14 所示，断路器储能电机限位开关 BS2 坏；KB1 接触器坏；高压柜内的 KM 空气开关 FB20、FB10 脱扣；高压柜内端子排 X2－8→X20/2A→20/2C→接触器 KB1 的 A1 端子→接触器 KB1 的 A2 端子→高压柜内端子排 X2－13 间二次线接触不良；高压柜内端

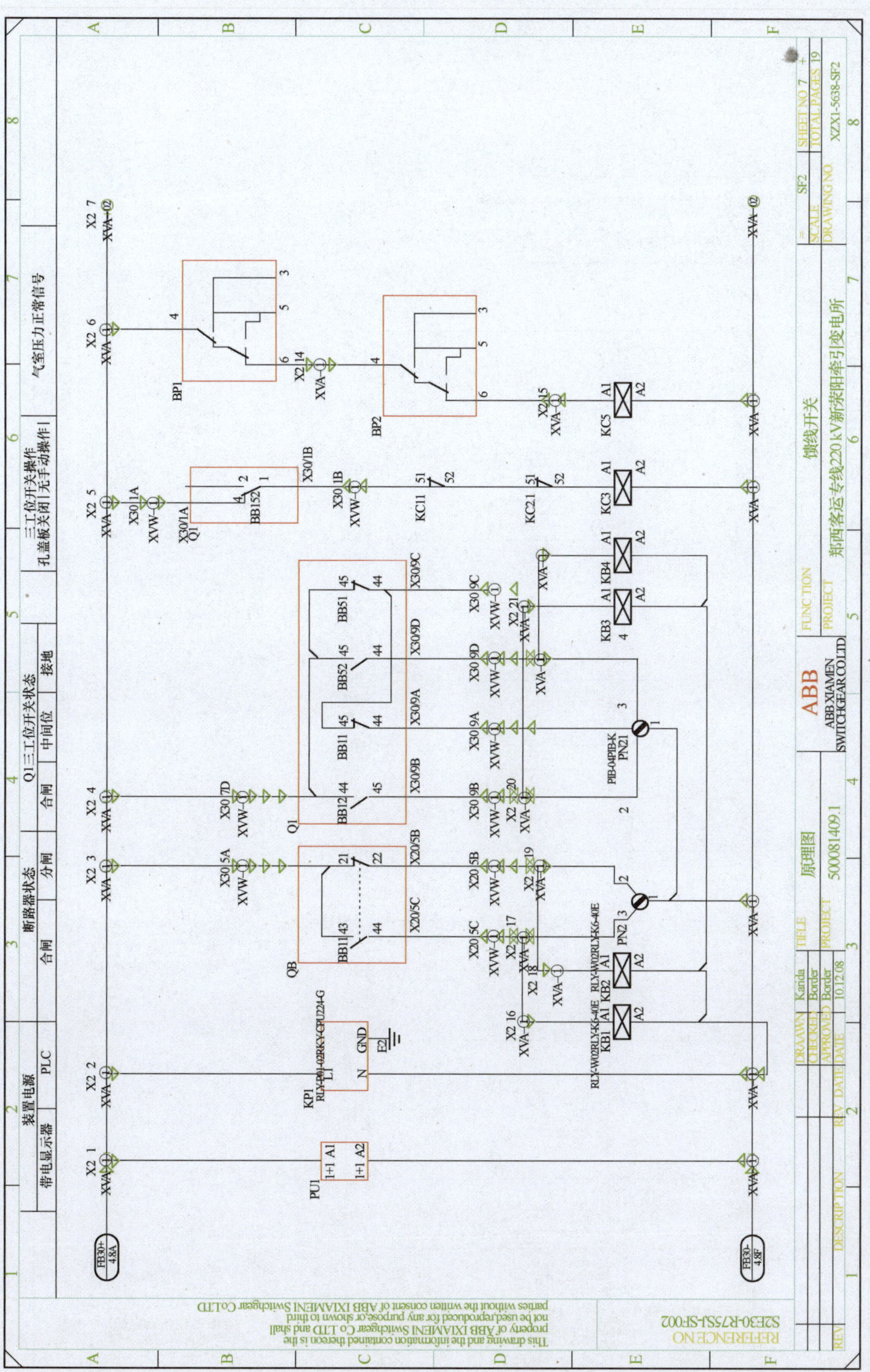

图 8-9　三工位开关及断路器位置信号图

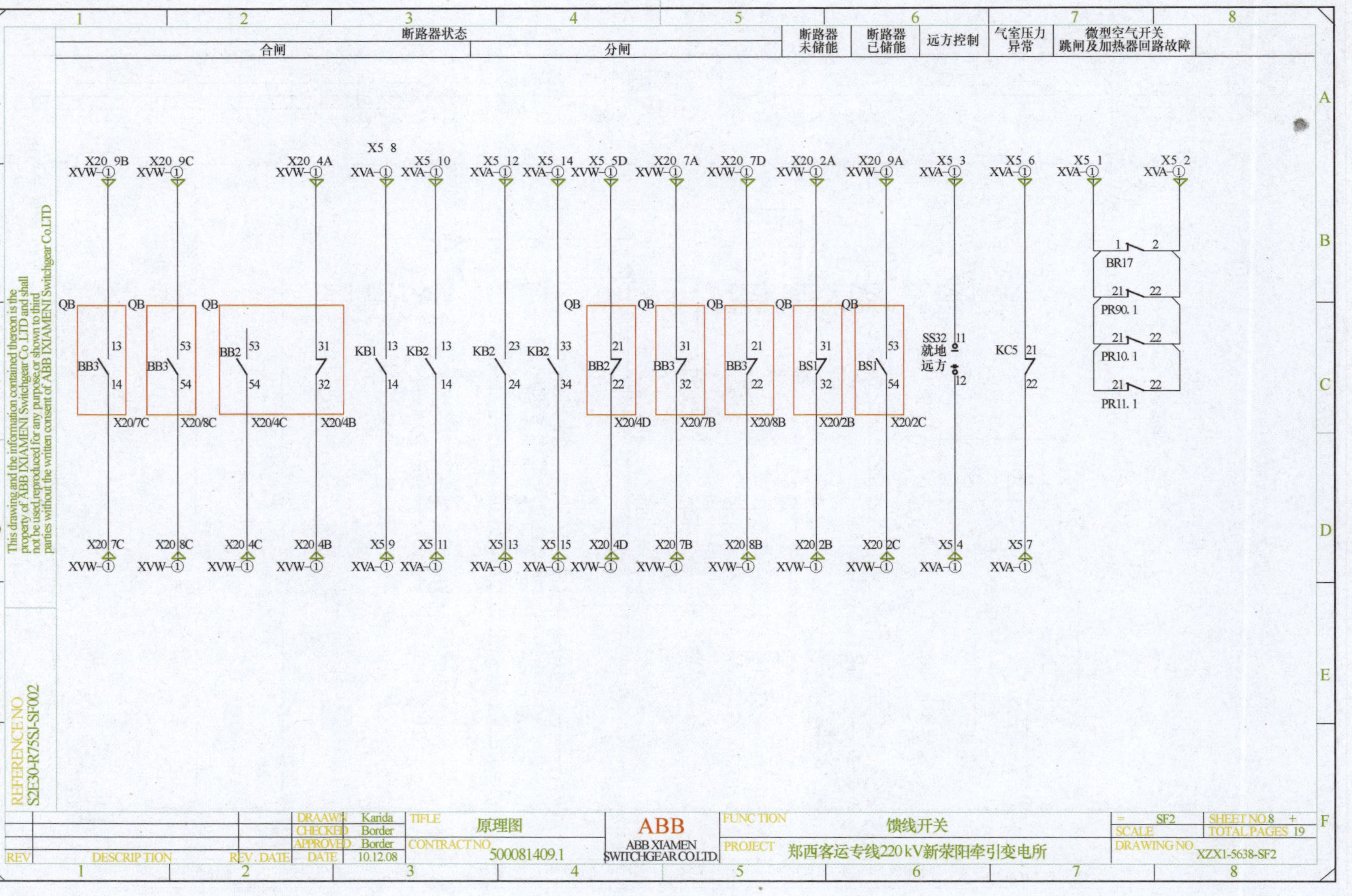

图 8-10　空气开关跳闸及加热器回路图

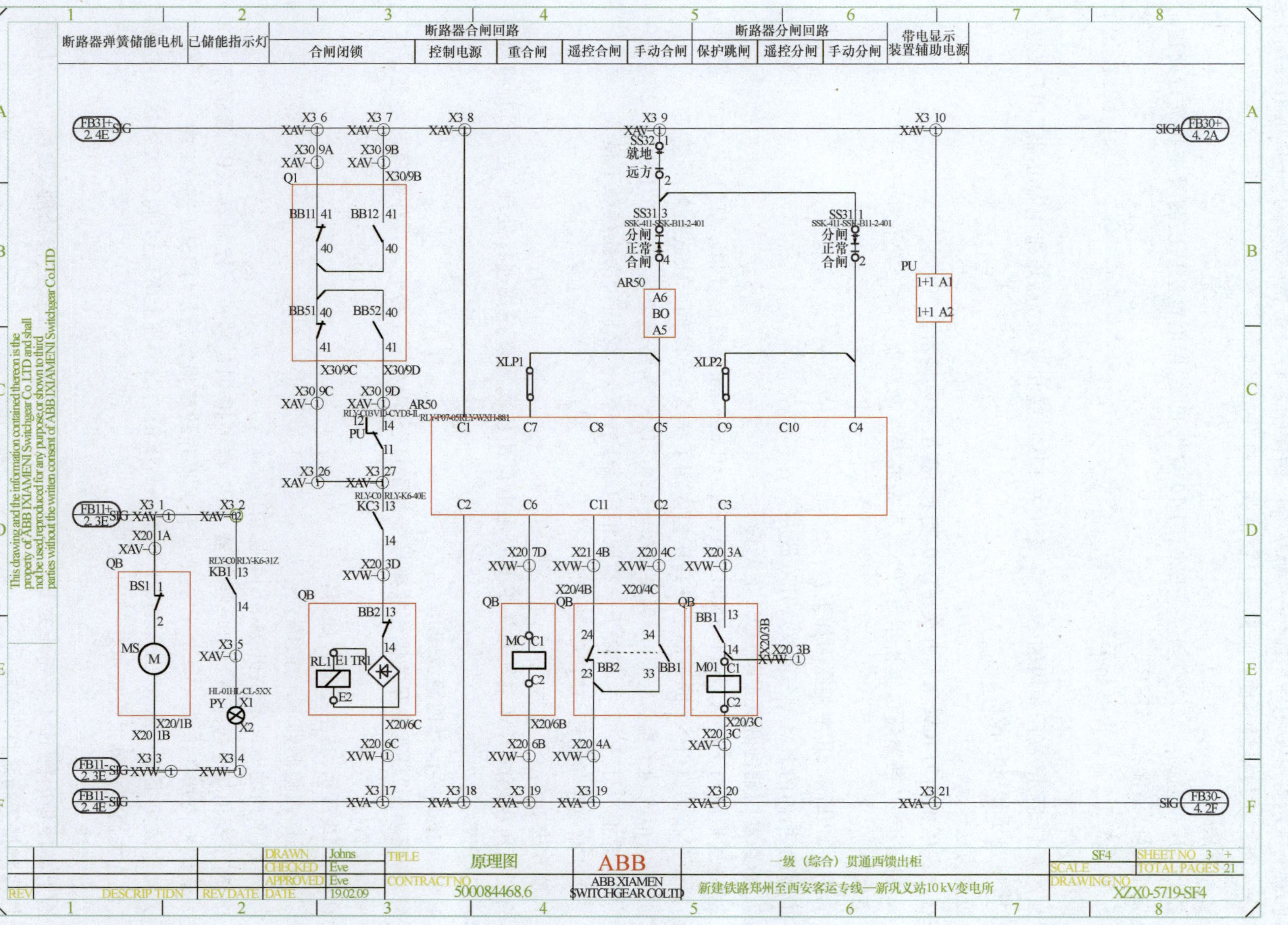

图 8-11　一级贯通西馈出柜断路器储能回路及断路器控制回路、高压带电显示器回路

子排 X3－2→接触器 KB1 的 13 端子→接触器 KB1 的 14 端子→高压柜内端子排 X3－5→“断路器已储能指示灯”PY 的 X1 端子→“断路器已储能指示灯”PY 的 X2 端子→高压柜内端子排 X3－4 间二次线接触不良；“断路器已储能指示灯”PY 故障。

处理方法

合上高压柜内的 KM 空气开关 FB20、FB10 空气开关，用电位法依次测量查找进行处理，更换“断路器已储能指示灯”PY。

2. 高压柜上“高压带电显示器”不亮

原因分析

如图 8-11 所示，高压柜内的 KM 空气开关 FB30 脱扣导致“高压带电显示器”PU 失电，“高压带电显示器”PU 故障。

处理方法

合上高压柜内的 KM 空气开关 FB30，更换“高压带电显示器”PU。

3. 高压柜上“断路器位置指示灯”PN2 不亮或者与断路器实际位置不对应

原因分析

如图 8-12 所示，其主要原因如下：

① 高压柜内的 KM 空气开关 FB30 脱扣。

② 断路器的辅助开关 BB1、BB2 有故障。

③ 高压柜内端子排 X3－11→X20/5A→X20/5C→“断路器位置指示灯”PN2 的 3 端子→“断路器位置指示灯”PN2 的 1 端子→高压柜内端子排 X3－22 间二次线接触不良。

④ 高压柜内端子排 X3－11→X20/5A→X20/5B→“断路器位置指示灯”PN2 的 2 端子→“断路器位置指示灯”PN2 的 1 端子→高压柜内端子排 X3－22 间二次线接触不良。

⑤ “断路器位置指示灯”PN2 故障。

处理方法

合上高压柜内的 KM 空气开关 FB30，用电位法依次测量查找进行处理，更换“断路器位置指示灯”PN2。

4. 三工位开关信号回路故障

(1)高压柜上“三工位开关操作故障报警指示灯”SB1 在三工位开关操作故障时不亮。

原因分析

如图 8-13 所示，其主要原因如下：

① 高压柜内控制器 KP1 故障。

② 高压柜内的 KM 空气开关 FB11 脱扣。

③ 高压柜内端子排上 X1－1→控制器 KP1 端子排 01L 端子→控制器 KP1 端子排 Q00 端子→高压柜内端子排上 X1－7→“三工位开关操作故障报警指示灯”SB1 的 X1 端子→“三工位开关操作故障报警指示灯”SB1 的 X2 端子→高压柜内端子排上 X1－4 间二次线接触不良；“三工位开关操作故障报警指示灯”SB1 故障。

处理方法

合上高压柜内的 KM 空气开关 FB11，用电位法依次测量查找进行处理，更换“三工位开关操作故障报警指示灯”SB1。

(2)高压柜上“三工位开关位置指示灯”PN21 不亮或者与三工位开关实际位置不对应。

原因分析

如图 8-12 所示，其主要原因如下：

① 高压柜内的 KM 空气开关 FB30 脱扣。

② 三工位开关的辅助开关 BB11、BB12、BB51、BB52 有故障。

③ 高压柜内端子排 X3－11→X30/2A 间二次线接触不良。

④ 高压柜内端子排 X3－12→X30/3A 间二次线接触不良。

⑤ 高压柜内端子排 X3－12→X30/2C 间二次线接触不良。

⑥ 高压柜内端子排 X30/2B→"三工位开关位置指示灯"PN21 的 2 端子间二次线接触不良；高压柜内端子排 X30/2D→"三工位开关位置指示灯"PN21 的 4 端子间二次线接触不良；高压柜内端子排 X30/3B→X30/7C→X30/7D→"三工位开关位置指示灯"PN21 的 3 端子间二次线接触不良。

⑦ "三工位开关位置指示灯"PN21 的 1 端子至高压柜内端子排 X3－22 间二次线接触不良。

⑧ "三工位开关位置指示灯"PN21 故障。

处理方法

合上高压柜内的 KM 空气开关 FB30，用电位法依次测量查找进行处理，更换"三工位开关位置指示灯"PN21。

5. 其他信号回路故障现象

(1)后台机监控系统实时报警信息窗口中出现："出线 PT MCB 分闸"报警。

原因分析

如图 8-14 所示，其主要原因是高压柜内的空气开关 FB60 脱扣。

处理方法

合上空气开关 FB60。

(2)监控系统实时报警信息窗口中出现："MCB 分闸"报警。

原因分析

如图 8-14 所示，其主要原因是高压柜内的空气开关 FB10、FB11、FB30、FB91 有脱扣。

处理方法

合上空气开关 FB10、FB11、FB30、FB91。

(3)后台机监控系统实时报警信息窗口中出现："气体压力异常"报警。

原因分析

如图 8-15 所示，其主要原因如下：

① 高压柜内的空气开关 FB30 脱扣。

② 高压柜内端子排 X3－15→X20/8C→X20/8D→接触器 KB2 的 A1 端子→接触器 KB2 的 A2 端子→高压柜内端子排 X3－24 间二次线接触不良。

③ SF_6 气体压力传感器故障。

处理方法

合上空气开关 FB30，用电位法依次测量查找进行处理，更换 SF_6 气体压力传感器。

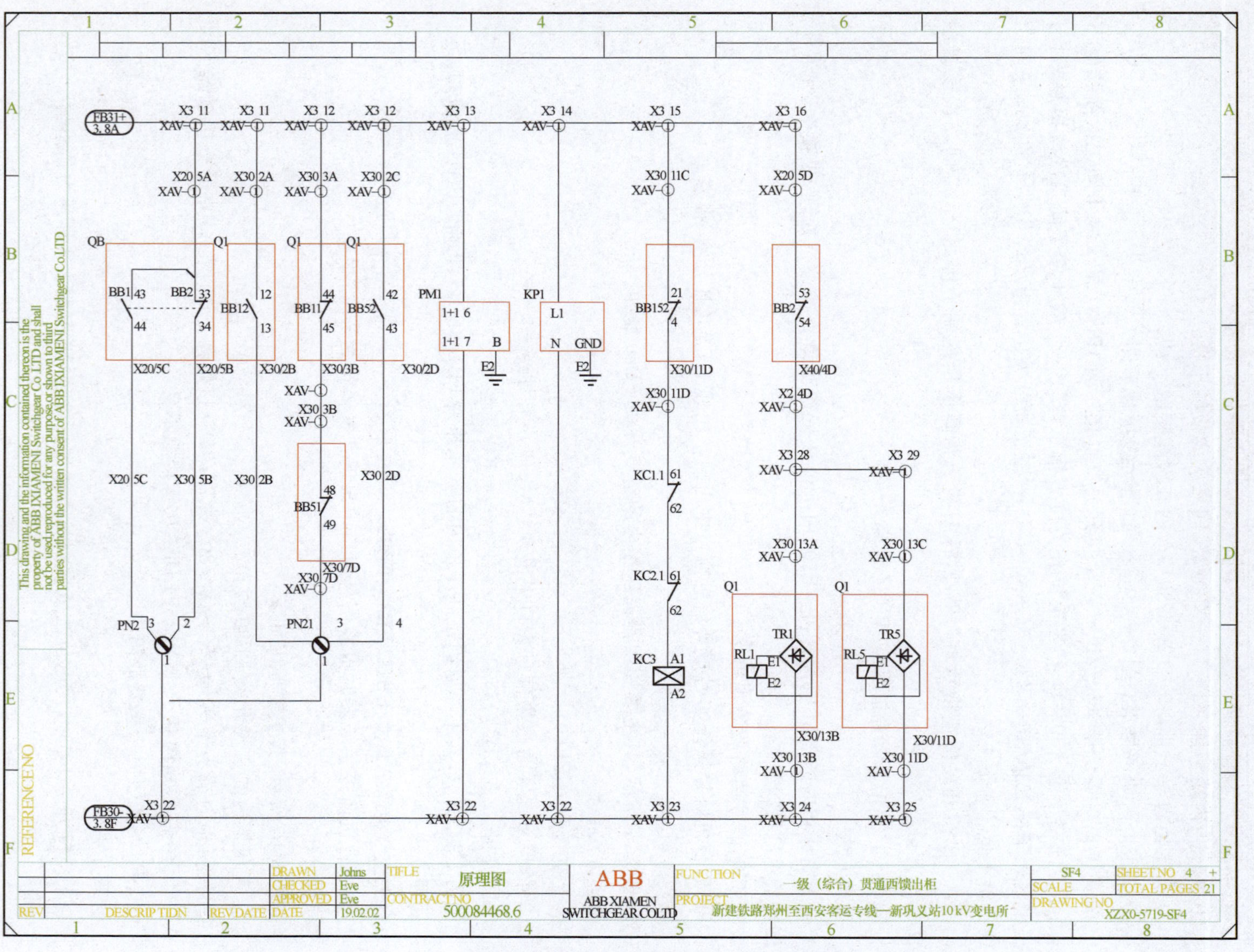

图 8-12 一级贯通西馈出断路器及三工位开关位置信号回路

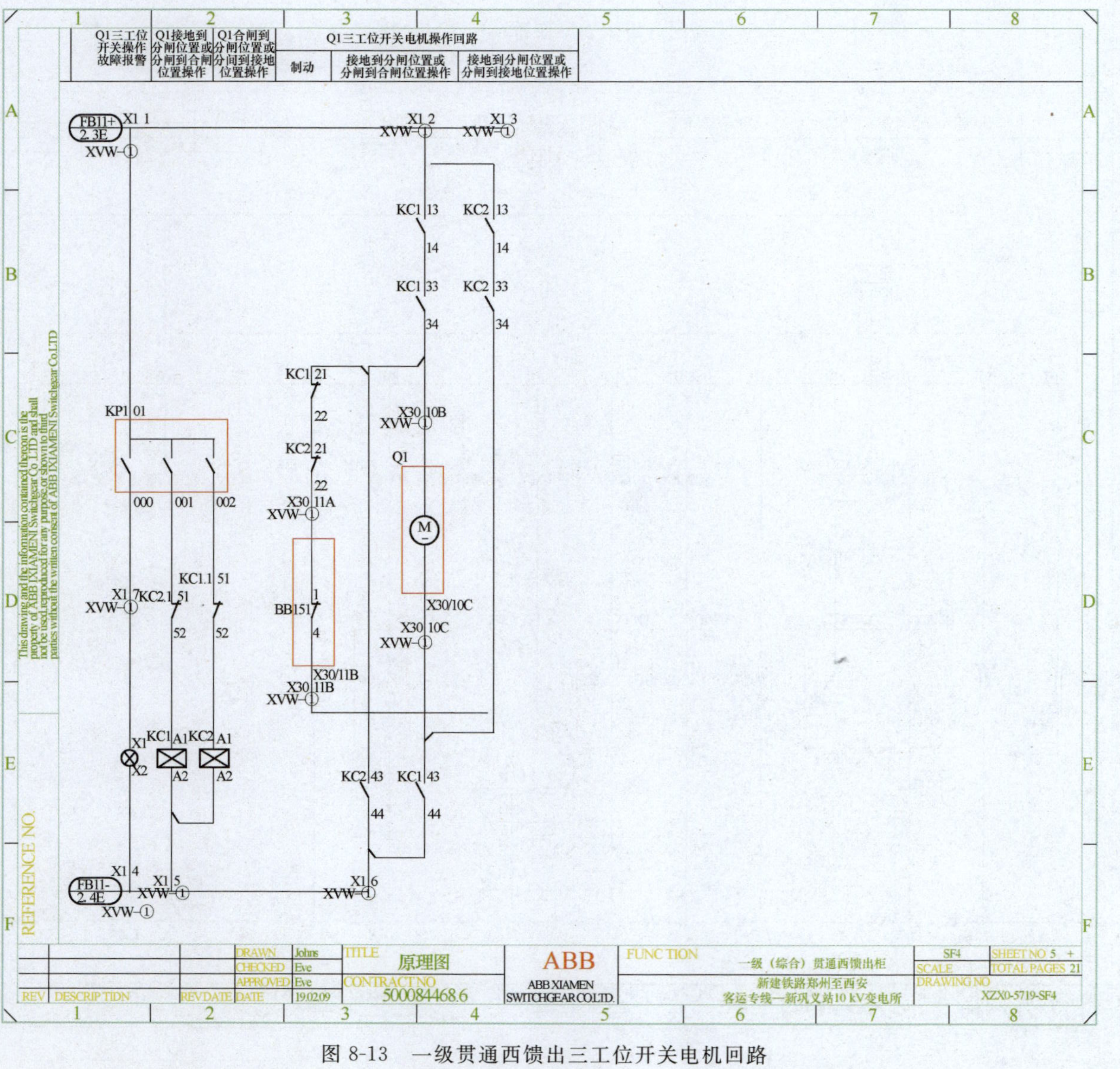

图 8-13　一级贯通西馈出三工位开关电机回路

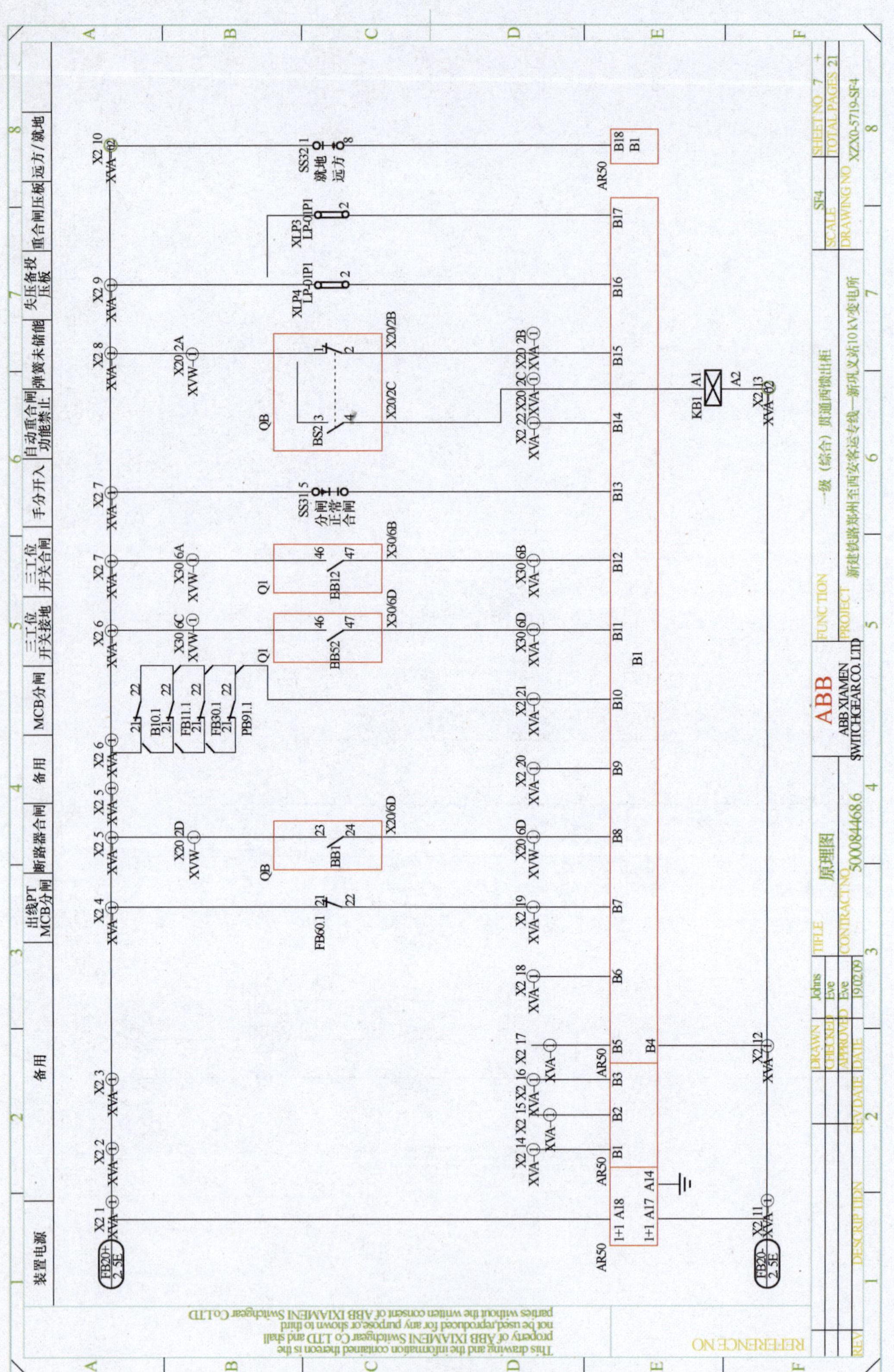

图 8-14 一级贯通西馈出信号回路

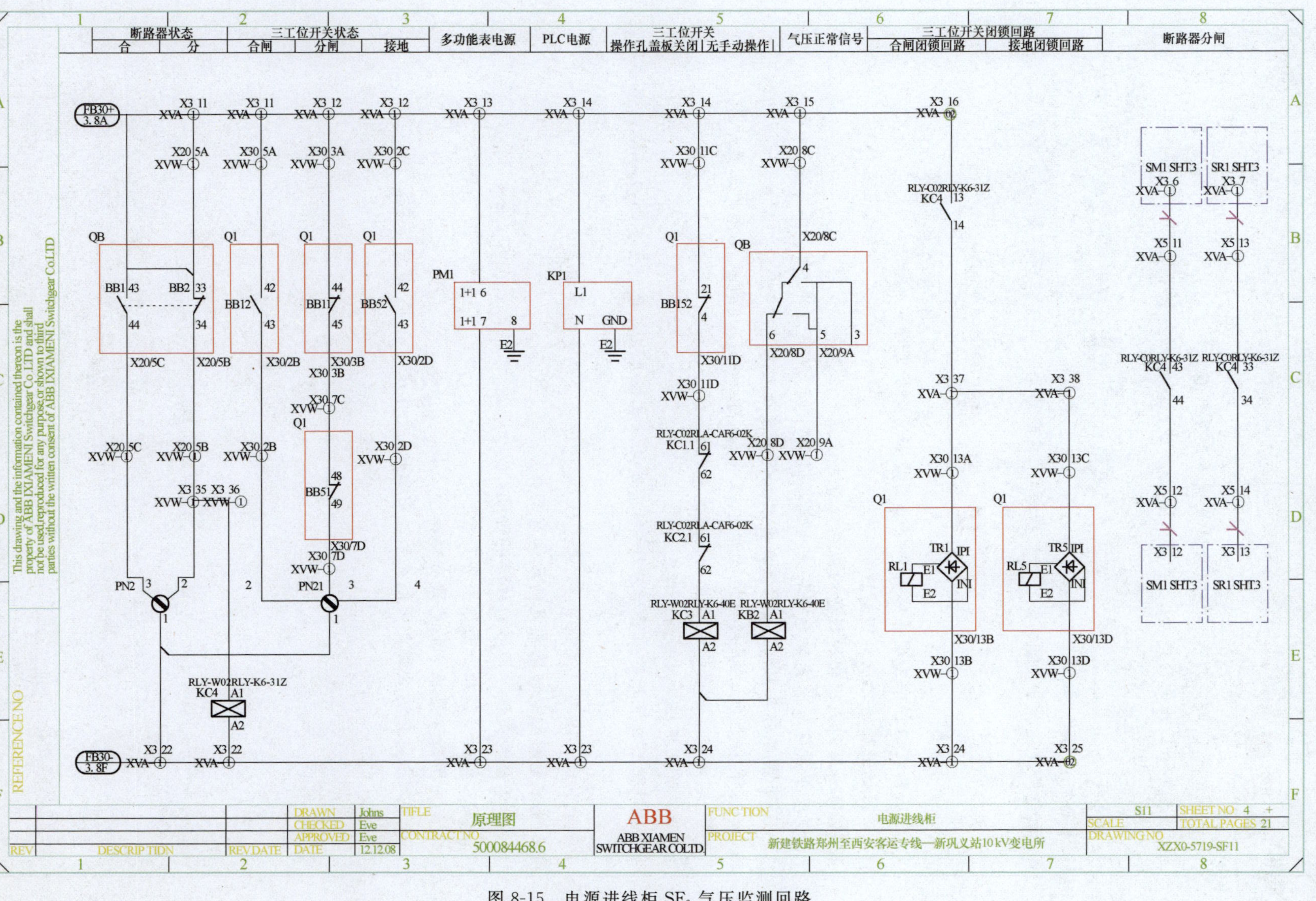

图 8-15　电源进线柜 SF_6 气压监测回路

思考题

1. 简述变配电所二次设备应急故障处理原则及程序。
2. 结合你所工作的变电所二次原理图,分析说明变电所保护误动作的原因。
3. GIS柜“气体压力异常”可能由哪些原因造成?
4. GIS柜“断路器位置指示灯”不亮或与断路器实际位置不对应可能由哪些原因造成?
5. GIS柜断路器“就地”位拒合可能由哪些原因造成?
6. 配电所高压柜上“断路器已储能指示灯”在断路器已经储能时不亮,可能有哪些原因?

复 习 题

1. 变压器在运行中出现异常音响值班员应如何分析处理?
2. 保护越级跳闸时应如何处理?
3. 电动隔离开关拒合和拒分的应急处理办法是什么?
4. 绝缘子击穿故障变配电所将发生哪些现象?
5. GIS开关柜避雷器故障时,值班员应如何应急处理?
6. 变电所、分区所、AT 所电缆故障时,变电所、分区所、AT 所哪些保护装置动作?
7. SF_6环网柜熔断器熔断后应如何应急处理?
8. 变电所保护拒动应如何处理?
9. GIS柜“三工位开关位置指示灯”不亮或与三工位开关实际位置不对应可能由哪些原因造成?
10. 配电所 GIS 柜三工位开关“远方位”接地位拒分的原因有哪些?
11. 变配电所控制回路常见的故障有哪些?
12. 三工位开关信号回路的故障有哪些?
13. 变电所断路器拒合的原因有哪些?
14. 配电所断路器拒分的原因有哪些?
15. 什么原因会造成配电所监控系统中出现“气体压力异常”报警信息?

附录　高速铁路变配电设备检修岗位技能实训设备配置标准建议表

序号	实训项目	设备及材料名称	基本配置标准		备　　注
			单位（规格）	数量	
1	变配电作业标准用语及程序	模拟变配电所	座	1	综合自动化设备1套
2	常用仪器见常用工具、仪器、仪表使用	对讲机、万用表、兆欧表、电流表、电度表、相位表、相序表、接地电阻测试仪、验电器、红外热像仪	套	5	其中兆欧表变配电所相应电压等级各2套
		力矩扳手、电动压接钳	套	2	
3	安全防护用具使用及紧急救护	防毒面具、灭火器	套	5	
		安全防护必备用品	套	1	含接地线、防护旗、防护灯、夜间反光标志、安全带、安全帽、绝缘鞋、防护服、短接线、验电器、绝缘手套
4	计算机基本操作	计算机	台	40	电教室
5	变配电所基本识图	图纸	套	10	
6	设备巡视	望远镜	个	2	
7	设备运行监视	变配电所	座	1	综合自动化设备1套
8	倒闸操作	安全帽、绝缘手套、绝缘鞋	套	4	
9	签发办理工作票	图纸、工作票、圆珠笔			
10	运行记录填写	倒闸操作本和作业命令记录本、保护装置整定记录本、测温记录本、值班日志本、设备跳闸记录本、避雷器动作记录本、蓄电池记录本、保护装置动作及断路器自动跳闸记录本、设备缺陷记录本	套	1	根据需要配备

续上表

序号	实训项目	设备及材料名称	基本配置标准		备　注
			单位（规格）	数量	
11	变压器检查维护、试验及故障处理	常用的高压试验设备	套	2	能满足高压试验要求的场地
12	高压开关检查维护、试验及故障处理				
13	GIS 柜检查维护				
14	互感器检查维护、试验及故障处理				
15	防雷设备检查维护、试验及故障处理				
16	补偿装置检查维护、试验及故障处理				
17	绝缘子检查维护、试验及故障处理				
18	高压电缆检查维护、试验及故障处理				
19	变配电综合自动化装置检查维护、试验及故障处理	继电保护综合测试仪	套	2	本栏只列专用仪器
20	变配电保护定值查询校对				
21	变配电所传动试验				
22	直流系统试验、维护及故障处理	蓄电池核对性充放电仪	套	2	

参 考 文 献

[1]何其光．电力及牵引变电所[M]．北京：中国铁道出版社，1994.

[2]王修文，李西岐．变电值班工[M]．成都：西南交通大学出版社，2000.

[3]陈天翔．电气试验[M]．北京：中国电力出版社，2005.

[4]陈家斌．变电运行与管理技术[M]．北京：中国电力出版社，2005.

[5]柳泽荣．变压器安装与运行技术手册[M]．特变电工股份有限公司新疆变压器厂，2010.

[6]王亚妮．变配电技术[M]．北京：中国铁道出版社，2006.

[7]黄益庄．变电站综合自动化技术[M]．北京：中国电力出版社，2000.

[8]王国光．变电站综合自动化系统二次回路及运行维护[M]．北京：中国电力出版社，2005．

[9]杨新民，杨隽琳．电力系统微机保护培训教材[M]．北京：中国电力出版社，2000.

[10]王亚妮．变电所综合自动化技术[M]．北京：中国铁道出版社，2008.

[11]李群湛，连级三，高仕斌．高速铁路电气化工程[M]．成都：西南交大出版社，2005.

[12]杨扩武．牵引变电所[M]．北京：中国铁道出版社，2008.

[13]许继．TA21 型牵引变电所安全监控与综合自动化系统(V2.0)说明书，2005.

[14]铁道部令第 29 号．铁路技术管理规程．2006.

[15]铁道部令第 30 号．铁路交通事故调查处理规则．2007.

[16]行业标准 TB 10621—2009. 高速铁路设计规范(试行).

[17]行业标准 TB 10710—2010. 高速铁路电力牵引供电工程施工技术指南．

[18]铁运〔1999〕101 号．牵引变电所安全工作规程、牵引变电所运行检修规程．

[19]铁运〔1999〕103 号．铁路电力安全工作规程．

[20]铁科技〔2008〕222 号．铁路 200～250 km/h 既有线技术管理办法．

[21]铁科技〔2009〕212 号．铁路客运专线技术管理办法(试行)(300～350 km/h 部分).

[22]国家标准 GB/T 50150—2006.《电气装置安装工程电气设备交接试验标准》.

[23]国家标准 GB/T 7252—2001.《变压器油中溶解气体分析和判断导则》.